Pommern auf der Flucht 1945

Rettung über die Ostsee aus den Pommernhäfen
Rügenwalde, Stolpmünde, Kolberg, Stettin,
Swinemünde, Greifswald, Stralsund, Saßnitz

Die persönlichen Daten zum Autor Heinz Schön stehen im Vorwort am Beginn des Buches.

Heinz Schön

Pommern
auf der Flucht 1945

*Rettung über die Ostsee
aus den Pommernhäfen
Rügenwalde, Stolpmünde, Kolberg,
Stettin, Swinemünde, Greifswald,
Stralsund und Saßnitz*

Dokumentation, Fotos und Zeitzeugenberichte

Zeitgut Verlag

Bildnachweis:

Die Abbildungen in diesem Buch stammen hauptsächlich aus dem Ostsee-Archiv und dem Pommern-Archiv Heinz Schön. Die Fotos von Schiffen wurden dem Autor von Reedereien und ehemaligen Besatzungsmitgliedern zur Verfügung gestellt, die Personenaufnahmen stammen aus Privatbesitz. Mehrere Fotos wurden von russischen und polnischen Archiven bereit gestellt.

Karte in Vor- und Nachsatz von Peter Palm, Berlin.

Bibliografische Information Der Deutschen Bibliothek
Die Deutsche Bibliothek verzeichnet diese Publikation in der Deutschen Nationalbibliografie; detaillierte bibliografische Daten sind im Internet über http://dnb.ddb.de abrufbar.

© 2013 by Zeitgut Verlag GmbH, Berlin,
4. Auflage 2024
Zeitgut Verlag GmbH
Klausenpaß 14, 12107 Berlin
Telefon 030 - 70 20 9 3 0
Telefax 030 - 70 20 93 22
E-Mail: info@zeitgut.de
www.zeitgut.de
Herausgeber: Jürgen Kleindienst
Lektorat: Andrea Cramer, Dr. Tammo Luther, Barbara Grebe
Karte in Vor- und Nachsatz: Peter Palm, Berlin
Umschlaggestaltung: Daniel Kreisel, Berlin
Druck: CPI buchbuecher
Printed in Germany
ISBN 978-3-86614-270-1

Inhalt

Kapitel 7   Swinemünde

Kapitel 8   Greifswald

Kapitel 9   Stralsund

Kapitel 10   Saßnitz – Rügen

Kapitel 11   Der letzte Akt des Krieges

Quellen- und Literaturverzeichnis 423

Vorwort

So kam Pommern in mein Leben

Weit entfernt von Pommern und der Ostsee wurde ich am 3. Juni 1926 in Jauer in Niederschlesien geboren. Dort wuchs ich auf und verlebte eine schöne Kinderzeit. Von meinem siebten Lebensjahr an wehte in Deutschland die Hakenkreuzfahne. Nach der Aufnahme in das „Deutsche Jungvolk" marschierte ich als „Pimpf" durch die Straßen meiner Heimatstadt und sang mit den anderen das Lied „Unsre Fahne flattert uns voran, unsre Fahne ist die neue Zeit!" Dabei ahnte ich nicht, wie tief diese „neue Zeit" auch in mein und meiner Familie Leben eingreifen sollte. Bei Kriegsende 1945 fand ich mich – eltern- und heimatlos – als internierter 18-jähriger Zahlmeister-Assistent der deutschen Handelsmarine im Hafen von Kopenhagen wieder.

Von Kindheit an war Lesen mein Hobby. Bücher über die Seefahrt, über Seeabenteuer und Schiffe interessierten mich ganz besonders. Später einmal zur See zu fahren war mein Jugendtraum. Mit 14 Jahren meldete ich mich zu einem mehrwöchigen Lehrgang im Marine-Wehrertüchtigungs-lager der „Hitlerjugend" in Schlesiersee. Ich absolvierte die Ausbildung und verließ das Lager mit dem Marine-HJ-Lei-stungsabzeichen und der bestandenen Seesportprüfung „A". Danach gründete ich in meiner Heimatstadt Jauer innerhalb der „Hitlerjugend" eine Marine-HJ und wurde deren Führer.

Sechs Monate später nahm ich an einem Lehrgang an der Marine-HJ-Seefahrtsschule Seemos am Bodensee teil. Dort legte ich die Seesportprüfung „B" ab. Damit hatte ich jedoch mein Ziel noch nicht erreicht. Das gelang mir erst im April 1943 mit meiner Einberufung auf das Segelschulschiff „Horst Wessel", das der Marine-HJ als Reichsseesportschule in Stralsund diente.

Die Ausbildung auf der „Horst Wessel" dauerte zwei Monate. In dieser Zeit fand meine erste Begegnung mit der Ostsee und mit Pommern statt. Ich lernte Stralsund, Saßnitz, die Insel Rügen und mit der Segeljacht „Jutta" auch den kleinen Hafen Wolgast kennen. Die seemännische Grundausbildung schloss ich mit der Seesportprüfung „C" ab. Damit war ich fast am Ziel meiner Wünsche.

Zurück in Jauer wurde ich Marine-Sachbearbeiter des HJ-Banners 810. Fortan widmete ich meine Freizeit ausschließlich dieser Aufgabe. Meine Hoffnung, als Kriegsoffiziersbewerber in die seemännische Laufbahn der Kriegsmarine aufgenommen zu werden, erfüllte sich jedoch nicht. Nach bestandener Eignungsprüfung stellte man bei einem Gesundheitstest fest, dass ich kurzsichtig war und deshalb nicht für die Seeoffizierslaufbahn, sondern nur für den Verwaltungsdienst geeignet sei. Mein Traum war in weite Ferne gerückt.

Nun suchte ich nach anderen Wegen, zur See zu fahren. Ich bewarb mich bei der Hamburg-Südamerikanischen Dampfschifffahrts-Gesellschaft, einer Reederei mit Sitz in Hamburg, für die Zahlmeisterlaufbahn der Handelsmarine – und wurde angenommen. Nach einer kurzen Grundausbildung als Zahlmeister-Anwärter im Zentralbüro des

Stammsitzes in Hamburg erhielt ich Mitte Februar 1944 mein erstes Bordkommando als Zahlmeister-Assistent auf dem ehemaligen „Kraft-durch-Freude"-Schiff „Wilhelm Gustloff". Das Schiff lag in Gotenhafen in der Danziger Bucht und diente seit Mitte November 1940 der 2. Unterseeboots-Lehrdivision als Wohn- und Ausbildungsschiff.

Bordkommando: Zahlmeister-Assistent

In der letzten Januarwoche 1945 wurde die „Wilhelm Gustloff" zum Flüchtlingstransporter umgerüstet und trat am Mittag des 30. Januar 1945 mit mehr als 10 000 Menschen an Bord, darunter etwa 9 000 Flüchtlingen, ihre Fahrt mit Ziel Swinemünde an. Noch am selben Abend, um 21.15 Uhr, zerstörten zwölf Seemeilen querab Stolpmünde drei Torpedos des sowjetischen U-Bootes „S 13" die Schiffswände. Die „Wilhelm Gustloff" sank innerhalb von 62 Minuten und riss mehr als 9 000 Menschen, darunter mehr als 8 000 Frauen und Kinder, mit in den Tod. Ich hatte großes Glück. Als einer von 1 252 Überlebenden verließ ich am Mittag des 31. Januar 1945 im pommerschen Hafen Saßnitz auf Rügen das Torpedoboot „T 36", das mich aus den eiskalten Fluten der Ostsee gerettet hatte.

Wenige Wochen später stand ich erneut am Eisenbahnkai in Saßnitz, wieder mit einem Marschbefehl der Kriegsmarinedienststelle Hamburg. Dieses Mal ging es als Zahlmeister-Assistent auf das Verwundeten- und Flüchtlingstransportschiff „General San Martin". Der Dampfer lag auslaufbereit auf Reede. Ein Verkehrsboot brachte mich zum Schiff, dass Verwundete und Flüchtlinge von Gotenhafen nach Saßnitz gebracht hatte. Seit Tagen bemühte sich die Schiffsleitung, die Menschen von Bord zu geben, was sich als sehr schwierig erwies. Erst als drei kleinere Schiffe, die „Wullenweber", die „Stettin" und die „Binz", die Verwundeten und Flüchtlinge übernommen und an Land gebracht hatten, war der Dampfer „General San Martin" auslaufbereit.

Durch die siebentägige Liegezeit auf der Reede waren die Proviantvorräte verbraucht. Sie wieder aufzufüllen, war eine meiner Aufgaben. Doch alle Bemühungen, in Saßnitz Verpflegung zu beschaffen, blieben erfolglos. Mein Chef, Zahlmeister Wurl, machte deshalb Kapitän Buuck den Vorschlag, auf der Rückreise nach Gotenhafen einen Zwischenstopp in Swinemünde einzulegen, um dort Verpflegung, Öl und Wasser an Bord zu nehmen. Als die „General San Martin" am frühen Abend des 5. März 1945 die Reede von Saßnitz verließ und Richtung Swinemünde dampfte, ahnte ich nicht, bald ein weiteres Mal dem Tod ins Auge sehen zu müssen, der am nächsten Tag, dem 6. März 1945, in Gestalt eines britischen Luftangriffs über Swinemünde, den Hafen und die Reede hereinbrechen sollte.

Am 6. März in Swinemünde angekommen, mussten wir wie viele andere Schiffe auch auf der Reede ankern und warten. In den folgenden Tagen bemühten wir uns um Öl, Wasser und Verpflegung. Öl und Wasser erhielten wir. Da jedoch alle auf Reede und im Hafen liegenden Schiffe Verpflegung angefordert hatten, wurden wir immer wieder auf den nächsten Tag vertröstet.

Endlich, am 12. März 1945, sollte es klappen. Ein Verkehrsboot brachte mich und unseren Proviantmeister gegen Mittag in den Swinemünder Hafen. Als wir ausgestiegen waren und am Kai standen, gab es Fliegeralarm. Was danach kam, glich der Hölle. Fast pausenlos fielen Bomben auf die Trecks, die durch die Stadt zogen, auf die abfahrbe-

reiten, mit Flüchtlingen überladenen Güterzüge, auf die
Menschenansammlungen auf dem Bahnhof und im Hafen,
auf die Hafenanlagen und die Schiffe auf Reede. Der Angriff der alliierten Bomber galt nicht militärischen Zielen,
sondern wehrlosen Frauen und Kindern, alten und kranken Menschen. Zahllose verwundete, blutende Menschen,
Tote und Trümmer. Ich entging dem Tod nur, weil ich mich
in einen nahen Luftschutzbunker hatte retten können.

Am 14. März 1945 verließ unser Schiff im Geleit mit den
Dampfern „Malgache" und „Masuren" die Reede von Swinemünde mit Fahrtziel Gotenhafen. Der Tod war unser stän-
diger Begleiter. Am 17. März entkamen wir einem Angriff
sowjetischer U-Boote. Am 18. März erreichten wir Gotenhafen, nahmen Flüchtlinge und mehr als 3 000 Verwundete an Bord und liefen unter russischem Artilleriebeschuss
wieder aus. Zielhafen war noch einmal Saßnitz. Danach
sollte es wieder zurück gehen.

Da die Häfen von Danzig und Gotenhafen inzwischen
unter ständigem Artilleriebeschuss standen und Angriffen
aus der Luft ausgesetzt waren, musste die „General San
Martin" wie viele andere Schiffe auch auf der Reede von
Hela ankern. Auf der Halbinsel Hela warteten etwa 200 000
Flüchtlinge und Verwundete auf ihre Rettung über See. Ihre
Anbordnahme wurde tagsüber immer schwieriger und er-
forderte immer mehr Zeit, weil sie durch ständigen russischen Artilleriebeschuss und Bomber- und Jagdflieger-
angriffe behindert wurde. Wir mussten unser Schiff immer
wieder auf der Reede verlegen, um zu verhindern, dass sich
die russische Artillerie auf uns einschoss oder eine Flieger-
bombe uns traf.

Nachdem wir die ganze Nacht geladen hatten, war am
frühen Morgen des 7. April die „General San Martin" bis

auf den letzten Winkel besetzt. An Bord befanden sich 800
liegende und 1 300 sitzende Verwundete, zusätzlich rund
1 400 Flüchtlinge. Dabei handelte es sich ausschließlich um
Mütter mit Kindern und um 200 kinderlose Frauen und
Mädchen, die sich zur Verwundetenbetreuung bereiterklärt
hatten. Mit Sanitätspersonal, Kriegsmarine- und Zivilbesatzung waren mehr als 4 000 Menschen an Bord. Gegen
16.00 Uhr erfolgte nochmals ein Fliegerangriff, der aber keinen großen Schaden anrichtete. Um 19.00 Uhr verließ das
Schiff die Reede von Hela. Über Funk war der Schiffsleitung der Zielhafen benannt worden: Kopenhagen. Aufat-
men unter den Flüchtlingen und Verwundeten, als er bekanntgegeben wurde.

Am 9. April kam die „General San Martin" im Hafen von
Kopenhagen an. Sie wurde rasch entladen und konnte schon
am Abend des 10. April den Heimweg antreten. Zurück auf
Hela-Reede kamen erneut Verwundete und Flüchtlinge an
Bord. Erst am 15. April konnte das Schiff im Geleit Hela-
Reede verlassen, einen Tag vor dem Dampfer „Goya". Es
war der 13. und letzte Flüchtlings- und Verwundetentrans-
port der „General San Martin", die damit insgesamt 35 111
Menschen über die Ostsee gerettet hatte.

Kriegsende

Nachdem die „General San Martin" im Kopenhagener Hafen an der „Langen Linie" festgemacht und alle Verwundeten und Flüchtlinge ausgeschifft hatte, mussten in den ersten Maitagen das gesamte Sanitätspersonal, alle Angehörigen der Kriegsmarine und die Flakbesatzung von Bord
gehen. Am 5. Mai 1945 um 8.00 Uhr trat die Teilkapitulation der Deutschen Wehrmacht für Nordwestdeutschland, ein-

schließlich aller Inseln und Dänemark, in Kraft. Wenige Stunden später wurde der Dampfer „General San Martin" von alliierten Soldaten besetzt und die noch an Bord befindliche Handelsschiffsbesatzung – wozu auch ich gehörte – interniert.

Am 24. Mai 1945 verließ das Schiff gemeinsam mit dem Dampfer „Pretoria" Kopenhagen mit Fahrtziel Hamburg. Hier musste die internierte Besatzung an Bord bleiben. Die „General San Martin" wurde für Reparaturarbeiten in die Deutsche Werft verlegt. Teile der Besatzung, vor allem die Älteren, durften abmustern und von Bord gehen. Alle Offiziere und Jüngeren mussten weiter an Bord bleiben, bis die Reparaturarbeiten abgeschlossen waren. Danach wurde der Dampfer, der bis dahin Eigentum der Hamburg-Südamerikanischen Dampfschifffahrts-Gesellschaft gewesen war, als Kriegsbeute Großbritannien zugesprochen, von der britischen Marine übernommen und unter dem neuen Namen „Empire Deben"als Truppentransporter eingesetzt.

Da die „Hamburg-Süd" keine Schiffe mehr besaß, entließ mich die Reederei Mitte Juli 1945 aus ihrem Dienst.

Doch wo sollte ich hin? Über den Suchdienst des Deutschen Roten Kreuzes erfuhr ich, dass mein Vater, Teilnehmer am Ersten Weltkrieg und damals schwer verwundet, während der Flucht aus Schlesien mit 55 Jahren noch zum Volkssturm eingezogen worden war und seitdem als vermisst galt. Meine Mutter und meine beiden Schwestern mit ihren Kindern waren wieder in Jauer, wohin man sie von ihrem Flüchtlingsaufenthalt im Riesengebirge zurückgeschickt hatte. Nun lebten sie dort als Deutsche unter Polen. Auf der Suche nach einer neuen Bleibe fand ich im Herbst 1945 Zuflucht bei Verwandten in Göttingen. Diese Stadt wurde für acht Jahre meine neue Heimat.

Die Erlebnisse in der Flüchtlingsstadt Gotenhafen Ende
1944, der Flüchtlingsansturm auf die „Wilhelm Gustloff"
Ende Januar 1945, der Untergang des Schiffes und das
Flüchtlingselend, das ich auf elf Fahrten mit dem Dampfer
„General San Martin" sah und dabei 22-mal über das Grab
der „Gustloff" fuhr, hatten bei mir 18-Jährigem einen trau-
matisch-tiefen Eindruck hinterlassen. Noch lange nach
Kriegsende ließen mich die Bilder nicht mehr los.

Bereits während der Fahrten auf der „General San Martin" hatte ich begonnen, Tagebuch zu führen, mit der Absicht, nach Kriegsende die Flucht über die Ostsee 1944/45
aufzuarbeiten. Schon in den letzten Monaten des Jahres
1945 begann ich, mein Vorhaben zu realisieren, Kontakte
zu Überlebenden der „Wilhelm Gustloff" aufzunehmen und
Erfahrungsberichte, Dokumente und Fotos der Flucht über
die Ostsee zusammenzutragen.

Chronist der Rettung über die Ostsee

Als wieder deutsche Zeitungen erschienen, veröffentlichte
ich erste Berichte über die „Gustloff"-Tragödie und über
die Flucht aus Ostpreußen, Westpreußen und Pommern
1944/45 über die Ostsee. Die Artikel lösten eine wahre Flut
von Leserzuschriften an mich aus. Im Februar 1949 schrieb
ich in einer Wochenzeitung meine erste große Reportage,
der 1951 eine 15-teilige Serie folgte. Während der drei Monate, in denen die Artikelserie erschien, erhielt ich über
1 500 Leserbriefe. 1952 veröffentlichte ich in einem Göttin-
ger Verlag mein erstes Buch unter dem Titel: „Der Untergang der ‚Wilhelm Gustloff'".

In den 1950er Jahren orientierte ich mich beruflich neu.
Mitte 1953 übernahm ich die Funktion des Fremdenver-

kehrsdirektors der westfälischen Hansestadt Herford, wobei ich gleichzeitig als Leiter des Stadttheaters fungierte.

1958 drehte der deutsch-amerikanische Regisseur Frank
Wisbar auf der Grundlage meines „Gustloff"-Buches den
Kinofilm „Nacht fiel über Gotenhafen". Der Spielfilm, an
dessen Entstehen ich in der dreimonatigen Drehzeit als
Berater – die Deutsche Film-Hansa Hamburg hatte mich
verpflichtet – mitwirkte, hinterließ in der Besetzung mit
Sonja Ziemann, Brigitte Horney, Mady Rahl, Gunnar Möl-
ler, Günther Pfitzmann, Wolfgang Preiss, Dietmar Schön-
herr, Erik Schumann, Carl Lange und vielen anderen einen
nachhaltigen Eindruck. 1960 erschien das Taschenbuch zum
Film unter dem Titel: „Die letzte Fahrt der ‚Wilhelm Gustloff'".

1965 richtete die Bundesregierung an der Ostakademie
Lüneburg die Forschungsstelle Ostsee ein, die unter Leitung von Konteradmiral a. D. Conrad Engelhardt, dem letzten Seetransportchef Ostsee 1945, eine Dokumentation über
die Rückführung von Flüchtlingen, Verwundeten und Soldaten 1944/45 mit Schiffen der Kriegs- und Handelsmarine
über die Ostsee erarbeiten sollte. Admiral Engelhardt bat
mich um ehrenamtliche Mitarbeit in dem aus sieben Personen bestehenden Gremium. Sieben Jahre, bis zur Auflö-
sung der Forschungsstelle Ostsee 1972, arbeitete ich mit
Admiral a. D. Engelhardt eng zusammen. Gleichzeitig bau-
te ich mein privates Ostsee-Archiv weiter aus.

Da die damalige Bundesregierung mit Rücksicht auf die
eingeleitete neue Ostpolitik auf die Herausgabe einer offiziellen Dokumentation über die Flucht über die Ostsee 1944/
45 verzichtete, setzte ich meine Arbeit und Materialsamm-
lung nebenberuflich weitere zehn Jahre fort und veröffentlichte 1983 meine 700-seitige Dokumentation „Ostsee '45 –

Menschen, Schiffe, Schicksale", der in den folgenden 25 Jahren weitere Dokumentationen über Flucht und Vertreibung folgten.

Am 30. Januar 1985, dem 40. Jahrestag der „Gustloff"-Katastrophe, organisierte ich in Zusammenarbeit mit dem Kuratorium Albatros – Rettung über See e.V. im Ostseebad Damp bei Eckernförde das erste „Gustloff"-Treffen, an dem etwa 500 Überlebende sowie Besatzungsmitglieder der betreffenden Rettungsschiffe teilnahmen. 1986 folgte das erste Ostsee-Treffen in Damp für alle, die die Flucht über die Ostsee 1944/45 mitgemacht hatten. Weitere Treffen, die ich gemeinsam mit dem Kuratorium Albatros – Rettung über See organisierte, fanden in jährlicher Folge in Damp statt.

1987 wurde erstmalig Seeleuten, die sich bei der Rettungsaktion Ostsee 1944/45 besondere Verdienste erworben hatten, mit der von mir gestifteten „Rettungsmedaille Ostsee 1944/45" ausgezeichnet. Die Übergabe erfolgte durch den Vorsitzenden des Kuratoriums Albatros – Rettung über See e.V., Fregattenkapitän Friedrich Rohlfing, Ex-Präsident des Deutschen Marinebundes, und durch mich als Stifter.

An dem 1995 veranstalteten zweiten „Gustloff"-Treffen, 50 Jahre nach dem Untergang des Schiffes, waren erstmalig Überlebende sowie Retter aus den neuen Bundesländern zugegen, denen bislang die Teilnahme verwehrt war.

1997 folgte ein letztes Treffen in Damp und in Oksböl, Dänemark. Unter dem Motto „Deutsche danken Dänemark" stand es unter der Schirmherrschaft und persönlichen Teilnahme der Präsidentin des Deutschen Bundestages, Rita Süssmuth, und des Präsidenten des Dänischen Folketings, Erling Olsen.

1987 gingen 66 „Gustloff"-Überlebende auf eine von mir initiierte zehntägige Bus-Schiffsreise. Wir besuchten nach dreitägigem Aufenthalt in Stettin die Stadt Swinemünde, in deren Hafen am 31. Januar und 1. Februar 1945 Überlebende ihre Rettungsschiffe verlassen hatten. Da uns ein Besuch von Saßnitz auf Rügen von den Behörden der DDR nicht erlaubt wurde, galt unser nächster Halt dem Anlandehafen Kolberg, wo am 31. Januar 1945 472 Überlebende ihr Rettungsschiff, das Torpedoboot „Löwe", verlassen hatten. Nach mehrtägigem Aufenthalt fuhren wir weiter nach Gotenhafen. Dort besuchten wir den Hafen, den die „Gustloff" am Mittag des 30. Januar 1945 verlassen hatte. Ausflüge auf die Nehrung und auf die Halbinsel Hela weckten in mir viele Erinnerungen. Die Rückreise erfolgte von Danzig-Neufahrwasser aus mit einer großen polnischen Fähre, deren junger polnischer Kapitän spontan meine Bitte erfüllte, den Kurs zu ändern und über dem Grab der „Wilhelm Gustloff" kurz zu stoppen, wo wir zum Gedenken an die „Gustloff"-Toten der See einen Kranz übergaben.

Nach meiner Pensionierung Mitte 1990 konnte ich mich voll meiner archivarischen und publizistischen Arbeit widmen. So setzte ich meine bereits 1985 begonnene Vortragstätigkeit intensiv fort, die sich ab 1990 vor allem auf die neuen Bundesländer konzentrierte. Ich folgte Einladungen von Vertriebenenorganisationen der Ostpreußen, Westpreußen, Danziger und Pommern, Marinekameradschaften, Museen und Schulen. Ich hielt Vorträge in Wien, in St. Petersburg, Kaliningrad, in Gdynia sowie in Kanada.

Meine Foto-Dokumentarausstellungen „Flucht über die Ostsee – Der Untergang der ‚Wilhelm Gustloff'" und „Das Ostsee-Drama 1945 – Die größte Rettungsaktion der Seegeschichte" wurden in den Kulturzentren der Vertriebenen in Berlin, Münster, Ellingen und Düsseldorf, aber auch 1990 über mehrere Monate im Berliner Dom, danach in der Füh-

rungsakademie der Bundeswehr in Hamburg, im Pommern-
zentrum Travemünde, der Ostsee-Akademie und im Rathaus der Stadt Wismar gezeigt. Große Resonanz fand meine Ausstellung „Flucht aus Pommern über die Ostsee", die
ich auf Einladung der Pommerschen Landsmannschaft 1996
in der Mensa der Universität Greifswald beim Deutschland-
treffen der Pommern zeigte.

Meine Bemühungen, die Flucht von zweieinhalb Millionen Menschen aus Ostpreußen, Westpreußen, Danzig und
Pommern am Ende des Zweiten Weltkrieges über die Ostsee, die damit verbundene größte Rettungsaktion der Seegeschichte, die Tragödie der gesunkenen Schiffe und das
Kriegsende in den deutschen Ostseehäfen von Memel bis
Flensburg aufzuarbeiten und an die Opfer von Flucht und
Vertreibung zu erinnern, sind in den letzten Jahrzehnten
auch mit öffentlichen Ehrungen gewürdigt worden.

In den letzten zwanzig Jahren unternahm ich per Schiff,
Bus und Pkw mehrere Reisen nach Pommern, einige davon
in Begleitung von deutschen und ausländischen Fernseh-
teams. Diese Fahrten gaben mir Gelegenheit, Stralsund und
Saßnitz, Greifswald, Stettin, Swinemünde, Kolberg, Stolpmünde und Rügenwalde wiederzusehen.

Als Fachberater nahm ich an den Expeditionen entlang
der pommerschen Ostseeküste zu den Wracks der „Gustloff", der „Steuben" und der „Goya" teil, wobei Aufnahmen für Fernsehdokumentationen der ARD, des ZDF und
amerikanischer TV-Sender hergestellt wurden.

Darüber hinaus produzierten in den letzten Jahren Fern-
sehsender in den USA, Kanada, Großbritannien, Schweden
und Polen Dokumentarfilme über die Flucht über die Ostsee und über die Schiffskatastrophen der „Gustloff", „Steuben" und „Goya". 2004 engagierte mich eine TV-Film-Pro-

duktion aus Toronto als Fachberater und Interviewpartner für die Fernseh-Dokumention „Flucht über die Ostsee – Das Schicksal von drei Überlebenden der ,Wilhelm Gustloff'". Vom Seebad Leba aus fuhren wir mit einem kleinen gemieteten Schiff zur Untergangsstelle der „Wilhelm Gustloff". Über ihrem Grab beschrieben wir drei Überlebenden, eine damalige Marinehelferin, ein damals 12-jähriger Flüchtlingsjunge aus Elbing, der 1955 nach Toronto ausgewandert war, und ich als einziges noch lebendes „Gustloff"-Besatzungsmitglied die Katastrophennacht. Die genannten Dokumentationen sorgten dafür, dass das Leid der Flüchtlinge aus Ostpreußen, Westpreußen, Danzig und Pommern über die Grenzen unseres Landes hinaus bekanntgemacht wurde.

Weitere TV- und Hörfunkaktivitäten wurden nicht zuletzt auch durch die im Januar 2002 veröffentlichte Novelle des Literatur-Nobelpreisträgers Günter Grass „Im Krebsgang", in der er das Schicksal des Flüchtlingsschiffes „Wilhelm Gustloff" in den Mittelpunkt stellt, ausgelöst. Grass nutzte meine bereits 1984 erschienene Dokumentation „Die ,Gustloff'-Katastrophe – Bericht eines Überlebenden" als Quelle und bezog mich namentlich in die Handlung ein. Die Novelle, inzwischen in 25 Sprachen übersetzt, wurde bei der Leipziger Buchmesse im April 2002 in meinem Beisein der Öffentlichkeit vorgestellt.

Von der Vergangenheit eingeholt

Nach dem Erscheinen der Grass-Novelle hatte mich der Chef der UFA Film- und Fernseh-Gesellschaft, Norbert Sauer, zu einem Gespräch in das Babelsberger UFA-Studio eingeladen und mir im Beisein des Drehbuchautors Professor

Dr. Rainer Berg, Hamburg, mitgeteilt, dass die UFA die Absicht habe, für das ZDF einen Spielfilm über die letzte Fahrt der „Wilhelm Gustloff" zu produzieren. Er bat mich, als Fachberater an dem TV-Film-Projekt mitzuarbeiten. Wir wurden uns einig, dass ich sowohl den Drehbuchautor als auch die Produktion unter Leitung von Norbert Sauer und den Regisseur Joseph Vilsmeier beraten würde. Zu diesem Zeitpunkt ahnte ich noch nicht, welcher psychischen und physischen Belastung ich mich damit aussetzen würde.

Die Erarbeitung des Drehbuches nahm etwa drei Jahre in Anspruch. Zwischenzeitlich gelang es der UFA, die Finanzierungsgrundlage zu schaffen, wobei davon ausgegangen wurde, dass die Realisierung des gewaltigen technischen Filmvorhabens zwischen zehn und elf Millionen Euro kosten und zum teuersten Film werden würde, den die UFA bis dahin produziert hatte.

Der erste Drehtag und weitere elf Aufnahmetage wurden für mich zu einem ganz besonderen Erlebnis. Ich befand mich in Stralsund, in dem Hafen, den ich 64 Jahre zuvor als Marine-Hitlerjunge erstmalig gesehen hatte. Als ich das Hafengelände betrat und mich umblickte, entdeckte ich an der Stelle am Kai, an dem 1943 das Segelschulschiff „Horst Wessel" ankerte, das Museumsschiff „Gorch Fock". Auf der anderen Seite des Hafenbeckens ragte eine graue Schiffswand in die Höhe mit der Aufschrift „Wilhelm Gustloff", davor stand die nachgebaute breite Holztreppe, auf der sich in den letzten Januartagen 1945 mehr als 8 000 Flüchtlinge auf das Schiff gedrängt hatten.

Allein begab ich mich auf einen Rundgang über das abgesperrte Aufnahmegelände. In einem Wirrwarr von Pferdefuhrwerken, Militärkraftwagen, Kübelwagen, Kinderwagen, Koffern und gestapeltem Gepäck begegneten mir die Kom-

parsen, als Flüchtlinge gekleidete Frauen und Kinder, Krankenschwestern, Marinehelferinnen, Sanitäter, verwundete
Wehrmachtssoldaten mit weißen Kopfverbänden oder hum-
pelnd am Stock gehend, behelmte Feldpolizisten, im Krieg
„Kettenhunde" genannt. Alles war vertreten. Ich bahnte
mir den Weg an die Pier, blieb stehen, drehte mich um –
und fühlte mich in den Januar 1945 versetzt. Schließlich
stand ich vor der 60 Meter langen und 12 Meter hohen nach-
gebauten grauen Schiffswand der „Wilhelm Gustloff". Auf
Pontons errichtet, konnte sie, von Schleppern gezogen, ablegen.

Die Erinnerung holte mich ein, als ich im Stralsunder
Film-Hafen einen Schuppen betrat, in dem einige Hundert
als Flüchtlinge verkleidete Mütter und Kinder zusammengedrängt auf dem Holzfußboden kauernd oder auf Feldbet-
ten liegend stumm auf ihr Schiff warteten. Die Filmkom-
parsen, selbst die Kinder, hatten begriffen, worum es ging.
Es herrschte eine fast lähmende Stimmung, nur das Wei-
nen einiger kleiner Kinder war zu hören. Einige Frauen
starrten mich an, dass es mich schauderte. Ich musste hier
raus, heraus aus der Erinnerung. Doch das gelang mir während der gesamten Drehzeit nicht.

Draußen begegnete ich der Gegenwart, als ich den Haupt-
darstellern Kai Wiesinger, Valerie Niehaus, Dana Vávrová,
Ulrike Kriener, Anja Knauer, Heiner Lauterbach, Francis
Fulton-Smith, Michael Mendl, Detlev Buck, Willi Gerk, Alexander Held, Karl Markowic und anderen vorgestellt wurde.
In den Drehpausen oder bei gemeinsamen Essen am Abend
wollten sie immer wieder von mir wissen: „Wie war das
damals?" Ich beantwortete ihnen Fragen, die weit über die
letzte Fahrt der „Gustloff" und über die letzten Monate des
Zweiten Weltkrieges hinausgingen.

Eine Woche vor Ausstrahlung des ZDF-Zweiteilers „Die Gustloff" im März 2008 wurde der Film in Berlin Bundeskanzlerin Angela Merkel, Mitgliedern der Bundesregierung und des Bundestages sowie weiteren Persönlichkeiten des politischen, kulturellen und öffentlichen Lebens vorgestellt.

Das vorliegende Buch soll an das Geschehen in Pommern 1945 erinnern, an die Menschen und ihre Schicksale, an die Flucht von zweieinhalb Millionen Menschen aus Ostpreußen, Westpreußen, Danzig und Pommern vor der Roten Armee über die Ostsee. Sie alle sind Opfer von Diktatur und Gewaltherrschaft, von Krieg, Flucht und Vertreibung gewesen.

Bad Salzuflen, im Januar 2013
Heinz Schön

Kapitel 1
Kriegswende im Osten

Am 22. Juni 1944, dem 3. Jahrestag des deutschen Überfalls auf die Sowjetunion, begann die Rote Armee ihre lange geplante und sorgfältig vorbereitete Offensive gegen die von Generalfeldmarschall Busch geführte Heeresgruppe Mitte der deutschen Wehrmacht. Die deutsche Heeresführung hatte für den Sommer 1944 zwar mit einem neuen Angriff der Russen gerechnet, mit dem Hauptstoß aber nicht an diesem Abschnitt der deutsch-sowjetischen Front und schon gar nicht in dieser Wucht.

Die Rote Armee hatte für ihre Offensive in Weißrussland eine absolute Überlegenheit an Kräften und Mitteln geschaffen. Mit 126 Infanteriedivisionen, 40 Panzerbrigaden, 16 motorisierten Brigaden und 6 Kavalleriedivisionen, insgesamt mehr als 2,5 Millionen Mann, überrannte sie die schwache deutsche Abwehr, bestehend aus 38 Divisionen mit knapp 500 000 Mann.

Anfang Juli war die Front der Heeresgruppe Mitte völlig zusammengebrochen. In kurzer Zeit gingen 28 von 38 Divisionen verloren, 398 000 deutsche Soldaten fielen, wurden verwundet oder gefangen genommen. Die sowjetischen Truppen waren hier auf einer Breite von 350 Kilometern nach Westen vorgestoßen und standen nunmehr 140 Kilometer vor Memel, dem nordöstlichsten deutschen Hafen.

Nach der vernichtenden Niederlage der Heeresgruppe

Mitte schob Hitler Generalfeldmarschall Busch die Verantwortung zu und enthob ihn seines Postens. Neuer Chef der
Heeresgruppe wurde Generalfeldmarschall Model.

Die entstandene bedrohliche Lage für das gesamte Memelland und den wichtigen militärischen Stützpunkthafen
Memel zwang Hitler, der „vorübergehenden Evakuierung
der nicht kampffähigen Bevölkerung aus Memel und dem
Memelland" nach Pillau, Danzig und Gotenhafen zuzustimmen. Damit entsprach er den begründeten Forderungen der
militärischen Führung an der Memelfront, denn ihrer Meinung nach war für eine längerfristige erfolgreiche Verteidigung des Hafens Memel als Nachschubhafen und als Aus-
bildungszentrum für die U-Boot-Waffe seine rechtzeitige
Räumung von der Zivilbevölkerung die Voraussetzung.

Mit den Schiffen „Angelburg", „Goya", „Heinz Horn",
„Lech", „Messina", „Nordland", „Sumatra", „Vega", „Wel-
heim" und „Wolta" wurden über 50 000 Memelländer, fast
ausschließlich Mütter mit Kindern, Kranke und alte Menschen, vom Hafen Memel nach Pillau, Danzig und Gotenhafen evakuiert. Die Hoffnung der Menschen, bald wieder
in ihre Heimat zurückkehren zu können, erfüllte sich nicht.
Im Gegenteil. In wenigen Monaten sollte die neue Entwicklung an der Ostfront sie erneut zur Flucht zwingen.

Diese erste Evakuierungsaktion aus einer deutschen Ost-
see-Hafenstadt war der Beginn der Flucht über die Ostsee.

20. Juli 1944 – Das Attentat auf Hitler

Seit Beginn des Krieges gegen die Sowjetunion im Juni 1941
war Hitlers Hauptaufenthaltsort die „Wolfsschanze", sieben Kilometer ostwärts der Stadt Rastenburg in Ostpreußen. Hier hatte er ab 1940 durch die Organisation Todt un-

ter der Tarnbezeichnung „Chemische Werke Askania" ein Bunkersystem mit etwa 100 verschiedenen militärischen Objekten und Gebäuden, umgeben von einem 50 bis 150 Meter breiten Minengürtel und einem 10 Kilometer langen Stacheldrahtzaun, errichten lassen. Die Bunker und Quartiere wurden von den Stäben verschiedener Truppengattungen der Wehrmacht genutzt.

Einen besseren Standort für sein „Führerhauptquartier" hätte es nicht geben können. Ostpreußen war weit ab vom Kriegsgeschehen, Gefahr aus der Luft gab es so gut wie nicht. Der Rastenburger Stadtwald, ein Mischwald aus Laub- und Nadelholz mit einem beachtlichen Eichenbestand, bot eine hervorragende natürliche Tarnung.

Die Lagebesprechung in Hitlers Hauptquartier am Mittag des 20. Juli 1944 fand nicht, wie üblich, im Führerbunker statt, da an diesem Tag begonnen wurde, die Wände von Hitlers Bunker von einem auf vier Meter zu verstärken. Deshalb war man für die Besprechung in das Gästehaus ausgewichen, das aus zwei aneinander gebauten Baracken bestand.

Hier explodierte um 12.42 Uhr eine Zeitzünderbombe, die Claus Graf Schenk von Stauffenberg, Generalstabschef des Ersatzheeres und Widerständler, in einer Aktentasche verborgen hereingebracht und in der Nähe Hitlers abgestellt hatte. Durch die leichte Bauart des Gästehauses war die Wirkung der Bombe weit geringer, als sie in dem geschlossenen Betonbunker gewesen wäre. Hitler erlitt nur leichte Verletzungen. General Schmundt, einer seiner engsten Mitarbeiter, wurde allerdings so schwer verletzt, dass er später an den Folgen verstarb.

Stauffenberg konnte in dem Tumult die „Wolfsschanze" unbehelligt verlassen. Im festen Glauben, Hitler wäre tot,

flog er nach Berlin zurück, um vorbereitete Maßnahmen
zur Übernahme der Regierungsgewalt einzuleiten. Doch
seine Mitverschwörer zögerten, den Putschplan umzuset-
zen, da sie keine eindeutige Nachricht über Hitlers Tod erhalten hatten.

Gegen 18.00 Uhr schien es, als würde der Staatsstreich
gelingen. In einigen Wehrkreisen liefen Operationen für eine
Machtübernahme an. Bis sich Hitler selbst im Rundfunk
zu Wort meldete. Noch am selben Abend wurden Stauffenberg und seine Mitverschwörer von einer Gruppe regime-
treuer Offiziere festgenommen und erschossen. In den nächsten Tagen und Wochen rollte eine Verhaftungswelle gegen
Teilnehmer, Mitwisser und deren Angehörige des Wider-
stands gegen das nationalsozialistische System durch das
Land. Fast 200 Todesurteile wurden verhängt.

Der „Tag der Wahrheit"

An allen Fronten befanden sich die deutschen Truppen auf
dem Rückmarsch, im Süden wie im Westen und im Osten.
Die Zeit der Illusionen war vorbei. Die Realität hatte
Deutschland eingeholt.

Für den 3. August 1944 hatte Hitler Offiziere aller drei
Wehrmachtteile und der Waffen-SS zur ersten Lagebesprechung seit dem Attentat auf ihn zu sich befohlen. In
einem einstündigen Vortrag berichtete zunächst der Chef
des Wehrmachtsführungsstabes Generaloberst Jodl über
die „West-Lage" und die „Süd-Lage". Danach war Generaloberst Guderian an der Reihe, über die „Ost-Lage" zu
sprechen.

Hitler und Guderian waren keine Freunde. Hitler hatte
Guderian Ende 1941 wegen des Misserfolgs vor Moskau als

Panzergruppenchef ablösen lassen. Da er ihn jedoch als Panzertruppen-Spezialist brauchte, holte er Guderian im Februar 1943 zurück und ernannte ihn zum Inspekteur der Panzertruppen, der für die Modernisierung der motorisierten Truppenteile zuständig war. Nach dem 20. Juli 1944 machte Hitler Guderian zum Chef des von ihm gehassten Generalstabes des Heeres. Guderian trat dieses Amt nur an, weil er glaubte, Hitler militärisch beraten und seine Entscheidungen beeinflussen zu können.

Nüchtern, ohne jede Beschönigung, berichtete Guderian über die katastrophale Lage an der Ostfront. Was Ostpreußen betraf, schlug er im Interesse der militärischen Handlungen vor, „die Bevölkerung aufzulockern und die zahlreichen aus dem Reich nach Ostpreußen Evakuierten zurückzuschicken. Man könnte Ostpreußen auch von Alten, Kranken und unbeschäftigten Frauen mit ihren Kindern freimachen."

Hitler war dagegen. Damit würde man nur das Volk rebellisch machen. Die Bevölkerung habe dort auszuhalten, wo sie ist.

Guderian wagte noch einen zweiten, ebenso unbequemen Plan vorzutragen: die Heeresgruppe Nord auf die Dünalinie zurückzunehmen. Die dadurch frei werdenden Divisionen könnten für den Schutz der ostpreußischen Grenzen eingesetzt werden.

Aber das ließ Hitler schon gar nicht gelten.

Der 20. Juli hatte bei Hitler Spuren hinterlassen, sein Misstrauen gegenüber den Wehrmachtgenerälen verstärkte sich. Er trug sich mit dem Gedanken, ihre Befehlsgewalt zu beschränken und dafür den Reichsverteidigungskommissaren weitergehende Vollmachten zu übertragen.

Von den Orts- und Kreisleitern der NSDAP aufgerufen, heben Land-
arbeiter, Arbeitsdienstmänner, Hitlerjungen und Soldaten im Früh-
herbst 1944 20 Kilometer vor der Grenze zu Ostpreußen einen sechs
Meter breiten und sechs Meter tiefen Graben aus, der die Rote Armee
daran hindern soll, auf ostpreußischen Boden vorzudringen.

„... die Heimat mit nackten Fäusten verteidigen"

Erich Koch, Gauleiter und Reichsverteidigungskommissar
von Ostpreußen, widmete sich seit Wochen seiner neuen
Aufgabe als „Bauherr des Ostwalls" – und das mit sichtba-
rem Erfolg. Der Vormarsch der Roten Armee in Richtung
auf die Grenze Ostpreußens hatte ihn veranlasst, Hitler vor-
zuschlagen, einen „Ostpreußen-Schutzwall" zu errichten,
der, etwa 20 Kilometer vor der Grenze zu Ostpreußen verhindern sollte, dass sowjetische Panzer auf ostpreußischen
Boden vordringen können. Auf einer Gesamtlänge von

1 000 Kilometern sollte ein sechs Meter breiter und sechs Meter tiefer Graben ausgehoben werden. Die Gesamtplanung lag in den Händen von Festungsbaustäben des Heeres, die sich aber nicht um Einzelausführungen vor Ort kümmern konnten. Das war Aufgabe des sogenannten Abschnittsführers, meist der jeweilige Kreisleiter der NSDAP, der aber oft keine entsprechende technische Vorbildung besaß.

Nachdem Hitler den Bau genehmigt hatte, holten die Ortsgruppenleiter der NSDAP, dem Befehl Kochs folgend, zehntausende Männer von ihren Arbeitsplätzen, schulpflichtige Hitlerjungen, Männer des Reichsarbeitsdienstes, alte Männer, Betriebsleiter, Beamte, Angestellte und Arbeiter, ohne Rücksicht darauf, ob sie kriegswichtige Funktionen ausübten und deshalb vom Wehrdienst freigestellt worden waren. Einspruchsmöglichkeiten gab es nicht. Ein Massenaufgebot an Menschen, Pferden und Wagen rückte über die ostpreußische Grenze vor und begann mit dem Bau.

Am 24. August 1944 meldete Koch Hitler, dass der Schutzwall in den befohlenen Grundzügen fertiggestellt sei. Kein Meter deutschen Bodens werde preisgegeben. Ostpreußen sei deutsch und werde immer deutsch bleiben. Wenn nötig „werden Mann, Frau und Kind die Heimat mit nackten Fäusten verteidigen".

Bomben auf Königsberg

Bis jetzt hatte noch kein Soldat der Roten Armee ostpreußischen Boden betreten und auch im Luftraum über Ostpreußen war es noch ruhig. Im Gegensatz zu Städten wie Berlin oder Hamburg war die ostpreußische, weitabgelegene Landeshauptstadt bisher von alliierten Bombenangriffen verschont geblieben. Die Bevölkerung fühlte sich noch relativ sicher.

Doch dann heulten plötzlich in der Nacht vom 26. zum 27. August 1944 in Königsberg die Sirenen auf. Fliegeralarm! Der Nachthimmel über der Stadt war taghell erleuchtet. Mehrere hundert, von britischen Flugzeugen abgeworfene Magnesiumlichter schwebten langsam zu Boden und ließen die Zielgebiete für den Bombenabwurf besser erkennen. Um dem zu erwartenden Flakfeuer zu entgehen, waren die britischen Flugzeuge über das deutsch besetzte Norddänemark und das neutrale Schweden eingeflogen.

Die Piloten der 167 britischen Lancaster-Bomber hatten 460 Tonnen Bomben an Bord. Die Bomben trafen vor allem den Stadtteil Maraunenhof zwischen Cranzer Allee, Herzog-Albrecht-Allee und dem Wallring im Nordosten. Wohngebäude und auch einige in diesem Gebiet liegende Wehrmachtsanlagen wurden zerstört. Da die britische Luftwaffe auch flammenwerfende Stabbrandbomben einsetzte, hatte der Angriff eine verheerende Wirkung. Weite Teile der Stadt brannten.

Die ganze Nacht über und am nächsten Tag waren Feuerwehrleute, Soldaten und Hilfskräfte bemüht, Verletzte und Tote aus den Trümmern zu bergen und die Bedürftigen in Notquartieren unterzubringen. Insgesamt waren etwa 1 000 Tote zu beklagen, vorwiegend Frauen und Kinder. 10 000 Menschen hatten ihr Obdach verloren.

Während viele Königsberger um Angehörige trauerten und zahlreiche Schwerverletzte mit dem Tod rangen, hieß es im „Manchester Guardian", der größten Londoner Zeitung am Morgen des 28. August 1944: „Lancaster-Bomber der Royal Airforce machten Samstagnacht einen Flug über 2 000 Meilen, um ihren ersten Angriff auf Königsberg ...

*In zwei Nachtangriffen Ende August 1944 verwandelt die britische Luft-
waffe Königsberg, die Hauptstadt Ostpreußens, in ein Trümmerfeld. Die
Angriffe der britischen Bomber und Jagdflugzeuge gelten nicht militärischen Zielen, sondern der Vernichtung der Königsberger Innenstadt.*

durchzuführen. Die Bomber waren zehn Stunden lang in
der Luft. Ihre Ladung schloss eine große Anzahl der flam-
menwerfenden Brandbomben ein. Ihr Angriff war auf neun-
einhalb Minuten begrenzt. Nach dieser Zeit zeigte sich dort
das, was einer der Piloten als das größte Feuer, das er je
gesehen habe, beschrieben hat. Feuerbrünste, die 250 Meilen weit zu sehen waren."

Die letzten Schwelbrände waren noch nicht erloschen,
die letzten Verschütteten noch nicht geborgen, als in der
Nacht vom 29. zum 30. August 1944 erneut alle Sirenen in
Königsberg aufheulten. 189 britische Bomber, wieder unter Verletzung der Neutralität über Schweden eingeflogen,

griffen die Stadt an. Mit ihren 490 Tonnen Bomben verwandelten sie in knapp zehn Minuten Königsberg in einen „Vorhof zur Hölle".

Ein Feuersturm, verursacht durch Sprengbomben und phosphorgefüllte, flammenwerfende Stabbrandbomben, fegte durch die Straßen. Mütter mit Kindern, alte Menschen, die nicht mehr so schnell die Schutzräume erreichen konnten, verbrannten auf offener Straße ebenso wie Feuerwehrleute, Krankenschwestern und Ärzte, die den Verletzten zu Hilfe eilten. Machtlos standen Feuerwehr und Luftschutz dem Inferno gegenüber. Das Schloss, der Dom, zwölf Kirchen, die alte und die neue Universität, die Börse, das Opernhaus, die Stadtbibliothek, mehrere Museen gingen in Flammen auf. Die dicht bebauten historischen Innenstadtteile Altstadt, Löbenicht und Kneiphof und das malerische Speicherviertel am Pregel wurden fast vollständig in Schutt und Asche gelegt. Das alte Königsberg gab es nicht mehr.

Der zweite schwere Luftangriff kostete etwa 5 000 Königsbergern das Leben, doppelt so viele waren verletzt, 150 000 Menschen obdachlos geworden. Fast die Hälfte aller Gebäude der Stadt waren zerstört oder schwer beschädigt, während die Industrieviertel, der Hafen und der Hauptbahnhof nahezu unversehrt blieben.

Die beiden britischen Luftangriffe mit ihren verheerenden Auswirkungen führten der Königsberger Bevölkerung deutlich vor Augen, dass Gefahr nicht nur von den sowjetischen Panzern drohte, sondern auch von der alliierten Luftwaffe. Ostpreußen war zum Angriffsziel geworden.

Die Angst und die ungewisse Zukunft veranlassten im September 1944 viele Mütter, die in den Bombennächten ihre Wohnung verloren hatten, mit ihren Kindern Königsberg zu verlassen und bei Verwandten „im Reich" Zuflucht

*Gauleiter und Reichsverteidigungskommissar für die Provinz Ostpreu-
ßen, Erich Koch, vereidigt im Oktober 1944 in Königsberg das erste ostpreußische Volkssturmbataillon.*

zu suchen. Damit die Reise nach dem Westen nicht als Flucht
ausgelegt werden konnte, lösten sie Bahnkarten mit Rück-
fahrkarte. Mehrere tausend Kinder, die 1942/43 aus dem
durch alliierte Luftangriffe stark gefährdeten Berlin in das
„sichere" Ostpreußen evakuiert worden waren, wurden im
September offiziell mit der Bahn zurückgeschickt.

Das letzte Aufgebot

Mitte September 1944 gab es Anzeichen für eine Herbstoffensive der Roten Armee gegen Ostpreußen, das jedoch nur
bedingt verteidigungsbereit war.

Am 25. September 1944 unterzeichnete Hitler den „Erlass zur Bildung des Volkssturms". Die Gauleiter der NSDAP wurden angewiesen, alle nicht einberufenen waffenfähigen deutschen Männer zwischen 16 und 60 Jahren in den Volkssturm einzuziehen. Betroffen waren über sechs Millionen Männer.

Die Bildung des Volkssturms war der letzte Versuch einer allgemeinen Mobilisierung der deutschen Bevölkerung gegen die an allen Fronten vorrückenden Alliierten. Die Volkssturmmänner wurden mit Gewehren, Panzerfäusten und leichten Maschinengewehren ausgestattet. Uniformen erhielten sie nicht, sie trugen Zivil mit einer Armbinde mit der Aufschrift „Deutscher Volkssturm". Sie besaßen keine Erkennungsmarken wie Wehrmachtsangehörige. Die Männer wurden praktisch ohne militärische Ausbildung in den Krieg geschickt. Zehntausende Volkssturmangehörige verloren in den letzten Kriegsmonaten bei ihren Einsätzen an der Heimatfront ihr Leben, die meisten in Ostpreußen und in Pommern.

Gauleiter Koch, der sich selbst zum „Führer des ostpreußischen Volkssturms" ernannt hatte, meldete als erster bereits am 17. Oktober 1944 in die „Wolfsschanze", dass das erste Volkssturmbataillon stehe. Kochs „Goldaper Bataillon" bestand aus 400 Mann, in vier Kompanien gegliedert. Den Tross bildeten 24 Wagen, hauptsächlich mit polnischen Fahrern.

Die ersten Rotarmisten in Ostpreußen

Zu diesem Zeitpunkt befanden sich bereits die ersten Rotarmisten auf ostpreußischem Boden. Mitte September war die Rote Armee erneut zur Offensive übergegangen. Im Norden durchbrach vom 6. bis 10. Oktober ein russischer Angriff die nördlich von Memel stehende deutsche Front. Am 10. Oktober erreichten Panzerspitzen der 1. Baltischen Front die Ostseeküste im Raum Memel. Die Reste der Heeresgruppe Nord waren damit von Ostpreußen abgeschnitten und bis zum Kriegsende in Kurland blockiert. Die Hafenstadt Memel konnte nur noch über See und über die Kurische Nehrung versorgt werden.

Die in Memel stationierten Unterseeboots-Lehrdivisionen und die 24. U-Boot-Flottille hatten mit allen Booten und Schiffen den Hafen Memel bereits verlassen und sich mit etwa 3 000 Zivilisten nach Westen abgesetzt. Am 9. Oktober 1944 evakuierte der Frachter „Kanonier" zwei Bataillone und den Stab der Infanteriedivision „Großdeutschland", die gemeinsam mit dem XXVIII. Armeekorps unter Führung von General der Infanterie Gollnick die Verteidigung der zur Festung erklärten Stadt Memel übernommen hatten.

In wenigen Tagen gelang es der 3. Weißrussischen Front bis in den Raum südlich Ebenrode und nördlich der Rominter Heide vorzudringen. Trotz erbitterter Abwehrkämpfe gingen Eydtkau, Wirballen, Ebenrode und die Rominter Heide verloren. Am 20. Oktober überrannten Einheiten der Roten Armee die schwache deutsche Abwehrfront, stießen bis Goldap vor, das aber zurückerobert werden konnte. Die Rote Armee stand bis zu einer Tiefe von 40 Kilometern und einer Breite von 150 Kilometern in Ostpreußen.

Gauleiter Koch sah sich auf Grund der militärischen Lage gezwungen, der „vorübergehenden Evakuierung" der ostpreußischen Grenzland-Bevölkerung zuzustimmen, die von Ende Oktober bis Mitte November 1944 mit Bahntransporten, zumeist in das Erzgebirge, durchgeführt wurde.

Mit der sowjetischen Herbstoffensive wuchs bei der Bevölkerung, besonders bei Müttern mit Kleinkindern, der
Wille, ihre ostpreußische Heimat zeitweilig zu verlassen.
Züge fuhren noch. Doch Gauleiter Koch stellte das uner-
laubte Verlassen Ostpreußens unter Strafe. Damit setzte er
mehr als eineinhalb Millionen Menschen der Gefahr aus,
bei der nächsten Offensive der Roten Armee ihr Leben zu
verlieren.

Das Todesurteil für Ostpreußen

Den deutschen Truppen gelang es nicht, die Rote Armee
hinter die Grenze Ostpreußens zurückzuschlagen. Obwohl
das kurzzeitig von den Russen besetzte Goldap zurückerobert wurde, war davon auszugehen, dass die Stadt bei
der zu erwartenden russischen Winteroffensive eines der
ersten Angriffsziele im Norden sein würde. Die „Wolfsschanze", Hitlers Hauptquartier, lag nur 70 Kilometer von Goldap
entfernt.

Die Entscheidung, die „Wolfsschanze" aufzugeben und
Ostpreußen zu verlassen, hatte Hitler immer wieder hin-
ausgezögert. Als er die Warnung erhalten hatte, dass zur
Unterstützung der Roten Armee drei alliierte Luftlande-
divisionen eingesetzt werden sollten, fiel kurzfristig die
Entscheidung, die inzwischen gründlich vorbereitet worden war. Die Führer-Grenadierbrigade, die hier stationiert
war, stellte Hitler für den Fronteinsatz in Ostpreußen zur
Verfügung. Die Bunkeranlagen wurden vom Stab der 4. Armee unter General Friedrich Hoßbach übernommen, der
am 24. Januar 1945, als die Rote Armee Ostpreußen überrannte, unter der Codebezeichnung „Unternehmen Insel-
sprung" die Sprengung der „Wolfsschanze" mit allen ober-

und unterirdischen Einrichtungen durch deutsche Pioniere veranlasste.

Gauleiter Koch erfuhr erst einen Tag später, dass Hitler Ostpreußen verlassen hatte. Er glaubte der Meldung nicht. Eine telefonische Rückfrage bestätigte ihm die Richtigkeit.

Nach einem kurzen Zwischenaufenthalt in Berlin bezog Hitler am 10. Dezember 1944 sein neues Hauptquartier „Adlerhorst" bei Ziegenberg in der Nähe von Bad Nauheim. Von dort aus leitete er die Ardennenoffensive, die ihm militärstrategisch wichtiger schien, als die Verteidigung Ostpreußens. Hitler glaubte mit einer erfolgreichen Offensive im Westen dem Krieg im letzten Moment noch eine Wende geben und die Westalliierten zum Separatfrieden zwingen zu können.

Indessen bereitete die Rote Armee ihren letzten, abschließenden Feldzug vor: die Offensive mit fünf Fronten in den vier strategischen Richtungen Ostseeküste, Berlin, Prag und Wien.

Generaloberst Guderian, Chef des Generalstabes des Heeres, verfügte über detaillierte Informationen über die Stärke der sowjetischen Angriffsarmeen. Er hielt es für seine Pflicht, Hitler darüber persönlich zu informieren. Das geschah am 26. Dezember 1944 in Hitlers neuem Hauptquartier „Adlerhorst". In seinem Vortrag begründete Guderian erneut die dringende Notwendigkeit, die Truppen in Ostpreußen unverzüglich zu verstärken. Die Überlegenheit der Roten Armee bei der Infanterie wurde auf 11 zu 1 geschätzt, bei den Panzern auf 7 zu 1, bei Geschützen auf 20 zu 1. Die Luftüberlegenheit der Russen gab Guderian mit 20 zu 1 an.

Hitler bezweifelte diese Angaben, hielt sie für überhöht und entschied kurz und knapp: „Keine Verstärkung der

Truppen in Ostpreußen... !" Damit waren die Würfel zu-
gunsten der von ihm persönlich geleiteten Ardennenoffensive im Westen gefallen.

Ende Dezember 1944 verlegte Hitler sein Hauptquartier
nach Berlin, wo in der Reichskanzlei die täglichen Lagebesprechungen stattfanden. Gleichzeitig ordnete er die Verle-
gung aller Oberkommandos an, er wollte sie alle in seiner
unmittelbaren Nähe wissen.

Januar 1945

In den ersten Januartagen 1945 schloss die sowjetische
militärische Führung die Planungen für die bevorstehende
Offensive in allen Einzelheiten ab. Im Norden sollte Ostpreußen innerhalb von 18 Tagen bis zur Ostsee durchquert,
die deutschen Kräfte sollten aufgespalten, eingekesselt und
vernichtet, Memel, Königsberg und Pillau eingenommen
werden. Danach, ab Anfang März 1945, sollte der massierte Schlag auf Pommern und die pommersche Ostseeküste
mit Einnahme Kolbergs und des wichtigsten deutschen Ver-
sorgungshafens Stettin–Swinemünde erfolgen.

Für dieses hochgesteckte Angriffsziel stellte Stalin allein
der 2. und 3. Weißrussischen Front, die die Hauptlast der
Operationen in Ostpreußen und Pommern zu tragen hatten, 1 600 000 Soldaten, 25 000 Geschütze, 3 800 Panzer und
Artilleriegeschütze auf Selbstfahrlafetten, 3 000 Flugzeuge, 13 500 000 Granaten, 620 000 000 Patronen, 2 200 000
Geschosse für Raketenwerfer zur Verfügung. Man wartete
nur noch auf eine konstante winterliche Kälte, die die Wege
festigte, Äcker und Wiesen befahrbar machte und Seen und
Flüsse mit Eis überzog.

Am Morgen des 13. Januar 1945 brach bei 25 Grad unter

Null in den schneebedeckten ostpreußischen Grenzgebie-
ten die Hölle los. Geschütze allen Kalibers, schwere und
überschwere Granatwerfer und Stalinorgeln mit ihren heu-
lenden Geschossen zerrissen die winterliche Stille. Die dünn
besetzten deutschen Stellungen wurden mit tausenden Tonnen Stahl und Sprengstoff überzogen.

Nach drei Stunden wurde es still. Den deutschen Verteidigern, die den Feuerhagel unversehrt überstanden hatten,
stockte der Atem. Nur eine Stunde dauerte die Pause, in
der beide Seiten in aller Eile Verwundete bargen. Dann begann der Höllenlärm von neuem. Die Rote Armee konzentrierte ihr Feuer auf schmale Land- und Waldstreifen entlang des ostpreußischen Grenzgebietes. Sturmgassen wurden geschossen. Mit hunderten von Panzern und Sturmgeschützen drangen die Bodentruppen vor. Am vierten Tag,
nachdem bessere Sicht war, wurden sie aus der Luft von
Schlachtfliegern und Bombern unterstützt, die ihre todbringende Last auf die deutschen Verteidiger und weiter im Hinterland auf Dörfer und Städte, Bahnhöfe und Brücken, Straßen und Häuser abwarfen.

Mit Stoßrichtung Königsberg – Kurisches Haff durchbrach die 3. Weißrussische Front unter Armeegeneral
Tschernjachowski bei Gumbinnen die Front der 3. deutschen Panzerarmee unter Generaloberst Raus. Mit Stoßrichtung Elbing – Weichselmündung – Danziger Bucht drang
die 2. Weißrussische Front unter Marschall Rokkossowski
aus ihren Bereitstellungsräumen im Narew-Dreieck mit
sechs Armeen und fünf Panzerkorps gegen die 2. deutsche
Armee unter Generaloberst Weiß vor. Am 16. Januar trat
auch die 43. Armee der sowjetischen 1. Baltischen Front
aus dem Raum Tilsit zum Angriff an und stürmte entlang
des Kurischen Haffs an Königsberg vorbei.

Bei der gewaltigen Übermacht an Menschen und Material erzielte die Rote Armee bereits am ersten Angriffstag bedeutende Geländegewinne. Obwohl die deutschen Verteidiger erbitterten Widerstand leisteten, konnten sie den Vormarsch der sowjetischen Panzer, Sturmgeschütze und Infanterie-Divisionen nur abschnittsweise verlangsamen. Aufhalten konnten sie ihn nicht.

„Nur weg, bevor die Russen kommen!"

Unter der Zivilbevölkerung Ostpreußens brach Panik aus. Wer den Russen nicht in die Hände fallen wollte, musste flüchten. „Nur weg, bevor die Russen kommen!", hörte man überall.

Die Flucht mit der Eisenbahn nach Westen war ab Mitte Januar 1945 kaum noch möglich. Bei Eiseskälte, schneidendem Wind und hohem Schnee luden Mütter ihre Kinder und das Allernötigste an Hausrat auf Wagen, wurden alte und kranke Menschen von ihren Angehörigen auf Karren oder Schlitten gesetzt. Eilig wurden Trecks zusammengestellt, die sich nach Norden und Westen in Bewegung setzten. Ziel waren die Ostseehäfen Pillau und in der Danziger Bucht, um per Schiff Richtung Westen zu gelangen.

Doch oft waren die sowjetischen Panzer schneller, überholten die Trecks, schossen sie zusammen, plünderten die Fluchtwagen, vergewaltigten Frauen und Mädchen. Jetzt zeigten sich die verhängnisvollen Folgen des vom ostpreußischen Gauleiter Koch ausgesprochenen Fluchtverbots.

Als am 22. Januar Panzerspitzen der Roten Armee das westpreußische Elbing erreichten, waren der Eisenbahnverkehr sowie die Straßen- und damit die Treckverbindun-

Starke Panzereinheiten führen den Vormarsch der Roten Armee durch Ostpreußen im Januar 1945 an. Tag für Tag erobern die sowjetischen Truppen weitere Dörfer und Städte. Die Möglichkeiten der Zivilbevölkerung zur Flucht werden immer geringer.

gen nach Westen gekappt. Am gleichen Tag fuhr auch der letzte D-Zug von Königsberg nach Westen, nachdem einen Tag zuvor der „Gauleiter-Sonderzug" die Parteiprominenz aus Königsberg in den Pillauer Hafen gebracht hatte, wo sie nachts auf das Lazarettschiff „Pretoria" eingeschifft und über die Ostsee in Sicherheit gebracht wurde.

Währenddessen eroberte die Rote Armee Tag für Tag
weitere Dörfer und Städte. Die deutschen Verteidiger konnten nur noch im Rückwärtsgang den Vormarsch der Roten
Armee verzögern. Mehrere Frontabschnitte mussten von
den deutschen Verteidigern, um einer Einschließung zu
entgehen, kampflos geräumt werden. Zwangsläufig blieben
dabei hunderte Frauen, Kinder und alte Menschen, die nicht
mehr rechtzeitig hatten fliehen können, in ihren Dörfern
zurück. Sie wurden zur wehr- und rechtlosen Beute der Roten Armee.

Die Möglichkeiten, aus Ostpreußen herauszukommen,
wurden von Tag zu Tag geringer. In der letzten Januarwoche lag nur noch ein Drittel Ostpreußens in deutscher
Hand. Vielen Menschen blieb nur noch der Weg über das
zugefrorene Frische Haff auf die schmale Frische Nehrung,
um nach Pillau oder westwärts in die Häfen der Danziger
Bucht zu kommen. Auf dem zugefrorenen Frischen Haff
hatten Pioniere der Wehrmacht vier nebeneinanderliegen-
de Fahrwege, die durch in das Eis gesteckte Tannenbäume
begrenzt wurden, angelegt. Mehr als eine halbe Million Ostpreußen flohen bis zur Eisschmelze über diese „Eis-Stra-
ßen", die am Tag Straßen des Todes waren, wenn sowjetische Flugzeuge Bomben auf das Eis warfen, wenn Menschen
und Pferde im Tiefflug mit Bordwaffen beschossen wurden
und die Treckwagen in den Eislöchern versanken. Ein Krieg
gegen wehrlose Frauen und Kinder.

Die Frontlage um Königsberg hatte sich dramatisch zugespitzt. Sowjetische Truppen hatten das Umfeld um die
ostpreußische Hauptstadt erreicht und begonnen, die Stadt
einzuschließen. Am 25 Januar 1945 wurde Königsberg von
sowjetischer Artillerie beschossen. Einen Tag später gelang
es der 39. und der 43. sowjetischen Armee zwischen Kö-

nigsberg und Cranz ins westliche Samland vorzustoßen und damit die Landverbindung Pillau – Königsberg zu unterbrechen. Am 27. Januar wurde die noch zurückgebliebene Zivilbevölkerung von Königsberg aufgefordert, die zur „Festung" erklärte Stadt in Richtung Pillau zu verlassen. Was folgte, war eine planlose Massenflucht. Als Festungskommandant wurde General Lasch eingesetzt.

Tags darauf drangen Russen beiderseits des Pregels vor. Es gelang ihnen, bis an die Nord – und Nordostfront des Befestigungsgürtels von Königsberg vorzustoßen mit der Absicht, die Festungsstadt völlig einzuschließen. Am 29. Januar stießen Verbände der Roten Armee zwischen Brandenburg und Haffstrom bis an das Frische Haff vor. In einem Blitzangriff drangen die Sowjets in Metgethen, dem Villenvorort von Königsberg, ein und richteten dort ein Massaker unter den Bewohnern an, das am nächsten Tag von deutschen Soldaten entdeckt wurde, die den Ort wieder freigekämpft hatten.

Am 30. Januar kämpfte die Panzergrenadierdivision „Großdeutschland" die vorübergehend von den Russen besetzten Orte Brandenburg und Heide-Waldburg wieder frei. Damit wurde die wichtige Verbindung nach Königsberg wiederhergestellt.

Ende Januar, 17 Tage nach Beginn der Offensive, waren die meisten ostpreußischen Dörfer und Städte von der Roten Armee besetzt, war Ostpreußen nach Westen hin abgeriegelt, der Ring um die „Festung" Königsberg geschlossen.

In der Hauptrichtung Berlin war am 12. Januar 1945 die 1. Weißrussische Front unter Marschall Schukow ebenfalls zur Offensive angetreten. Ihre Spitzen hatten Ende Januar die Oder im Bereich von Zehden bis Glogau erreicht.

Massenflucht über die Ostsee

Für hunderttausende Ostpreußen lag die größte Hoffnung, das Land noch verlassen und sich vor der Roten Armee in Sicherheit bringen zu können, bei der Marine. Der Fluchtweg nach Pillau und auf der Frischen Nehrung nach Danzig und Gotenhafen war noch frei. Dort lagen die Schiffe, die die Flüchtlinge aufnehmen und über die Ostsee retten konnten. Die großangelegte Evakuierungsaktion unter der Bezeichnung „Operation Hannibal" lief an.

Nachdem Dönitz bereits im Herbst 1944 die Räumung des U-Boot-Stützpunktes Memel angeordnet hatte, sah er sich am 20. Januar 1945 aufgrund der Frontentwicklung gezwungen, die in Pillau, Gotenhafen und Danzig stationierten Unterseeboots-Lehrdivisionen mit allen Booten, Wohn- und Ausbildungsschiffen in Häfen der westlichen Ostsee, nach Swinemünde, Kiel und Flensburg, zu verlegen.

Am 25. Januar 1945 verließ das erste, von Kriegsschiffen gesicherte Geleit, bestehend aus der „Robert Ley", dem ehemaligen Flaggschiff der „Kraft-durch-Freude-Flotte", sowie den Dampfern „Pretoria", „Ubena" und „Duala", den Hafen von Pillau. An Bord der Schiffe befanden sich mehr als 20 000 Flüchtlinge. Ohne Feindberührung erreichten sie ihre Zielhäfen.

Zur gleichen Zeit wurde in den Häfen der Danziger Bucht, Gotenhafen und Danzig-Neufahrwasser, mit der Einschiffung von Flüchtlingen auf die bisher den U-Boot-Lehrdivisionen als Wohnschiffe dienenden großen Passagierschiffe „Wilhelm Gustloff", „Hansa", „Cap Arcona", „Hamburg", „Deutschland", „Antonio Delfino", „Oceana" und weitere kleine Schiffe begonnen. „Wilhelm Gustloff", „Cap Arco-

In der letzten Januarwoche 1945 wird die im Kriegshafen Gotenhafen-Oxhöft liegende „Wilhelm Gustloff" vom Wohnschiff der 2. U-Boots-Lehrdivision zum Flüchtlingsschiff umgerüstet. Danach nimmt sie 10 500 Passagiere, davon 9 000 Flüchtlinge, an Bord.

na" und „Deutschland" nahmen jeweils 10 000 bis 13 000 Passagiere an Bord. Damit konnten bis zum 3. Februar 1945 mehr als 50 000 Menschen über die Ostsee in Sicherheit gebracht werden.

Das mit 10 500 Passagieren, davon 9 000 Flüchtlingen, beladene ehemalige KdF-Schiff „Wilhelm Gustloff", das am Mittag des 30. Januar 1945 aus Gotenhafen ausgelaufen war und die Alleinfahrt, nur von einem Torpedoboot begleitet, gewagt hatte, wurde am selben Tag abends um 21.16 Uhr von dem sowjetischen U-Boot „13" torpediert und sank nach 62 Minuten. Diese als größte Schiffskatastrophe in die Seefahrtsgeschichte eingegangene Tragödie forderte 9 454 Todesopfer, nur 1 252, davon 471 Flüchtlinge, überlebten.

Die „Gustloff"-Katastrophe, die sich trotz aller Geheim-
haltungsversuche wie ein Lauffeuer in den Ostseehäfen
unter den Flüchtlingen und Seeleuten herumsprach, hin-
derte in den folgenden Wochen und Monaten hunderttausende Menschen nicht daran, mit Schiffen über die Ostsee
zu fliehen.

Kapitel 2
Angriffsziel Pommern

Die Nachricht vom Untergang der „Wilhelm Gustloff" am 30. Januar 1945 hatte nicht nur die in den Ostseehäfen zwischen Königsberg und Kolberg auf Rettung über See wartenden Flüchtlinge in Schrecken versetzt, sondern auch die Seekriegsleitung unter Führung von Großadmiral Dönitz betroffen gemacht.

Während der turnusmäßigen „Führerkonferenz über Marineangelegenheiten" am 31. Januar 1945 versuchte Dönitz diese erste große Katastrophe eines mit fast 9 000 Flüchtlingen beladenen Schiffes zu bagatellisieren: Bei solchen umfangreichen Transporten in der Ostsee seien Verluste von vornherein in Rechnung zu stellen, so schmerzlich der Verlust auch immer im einzelnen sei. Es sei ein besonderes Glück, wenn bisher nicht mehr Verluste eingetreten seien. Laut Dönitz könnten die russischen U-Boote in der Ostsee nur wegen des Fehlens deutscher U-Bootsjagd durch Flugzeuge so ungestört auftreten. Wegen des Mangels an eigenen Sicherungskräften müsse sich die Kriegsmarine auf die unmittelbare Sicherung der Geleite beschränken und könne flächenmäßige U-Bootsjagd nur in geringem Umfang betreiben.

Nach Meinung des Großadmirals war also nicht der unzureichende Geleitschutz der „Gustloff", faktisch ihre Alleinfahrt auf Veranlassung des U-Boot-Führungsstabes

Die Versenkung der „Wilhelm Gustloff" durch ein sowjetisches U-Boot hat gezeigt, wie gefahrvoll die Evakuierung der Zivilbevölkerung aus den Ostprovinzen über die Ostsee ist. Großadmiral Dönitz befiehlt eine stärkere Geleitsicherung für Flüchtlingsschiffe. (Bild aus dem ZDF-Zweiteiler „Die Gustloff" aus dem Jahr 2008.)

Ausbildung, schuld an der Katastrophe, sondern die Luftwaffe.

Wie man die mehr als 200 000 Flüchtlinge aus Pillau, Gotenhafen, Danzig und von der Halbinsel Hela über See abtransportieren wollte, stand erstaunlicherweise nicht auf der Tagesordnung der Marine-Führerkonferenz.

Dönitz und die Flucht über die Ostsee

Schon nach dem Zusammenbruch der Heeresgruppe Mitte im Juni 1944 und dem folgenschweren Einbruch in das Memelland durch die Rote Armee hätte Großadmiral Dönitz reagieren und Vorbereitungen für einen Massentransport von mehreren hunderttausend Menschen aus den östlichen Ostseehäfen nach Westen einleiten müssen. Dass eine massive sowjetische Offensive gegen Ostpreußen, Westpreußen und Pommern zeitnah bevorstand und der Krieg für Hitler nicht mehr zu gewinnen war, dürfte zu diesem Zeitpunkt jedem realistisch denkenden und weitsichtigen Militärbefehlshaber bewusst gewesen sein.

Am 9. Juli 1944 hatte Großadmiral Dönitz an einer Lagebesprechung bei Hitler teilgenommen, in deren Mittelpunkt die offenkundige Verschlechterung der Situation im Ostseeraum stand. Er betonte, wie wichtig die Kontrolle der Ostsee für die Einfuhr des schwedischen Erzes sei, das für die Rüstung und ganz besonders für den U-Boot-Bau benötigt werde. Sollte der Feind weiter südlich an die Ostsee durchbrechen, in Litauen oder Ostpreußen, würden der Finnische Golf und die baltischen Inseln für die Seelage wertlos werden, feindliche Stützpunkte zur See würden die Erzverschiffung bedrohen oder völlig zum Erliegen bringen sowie die Übungsplätze für die eigenen U-Boote stören. Hauptsächliches Ziel sei es, zu verhindern, dass die Russen an die offene See durchbrechen. Wenn einmal der Feind dorthin durchgestoßen sei, würde es die Bedrohung der deutschen Seeverbindung in der Flanke, die von russischen Flugplätzen in Litauen aus gegeben wäre, unmöglich machen, die nördliche Heeresgruppe und die in Finnland stehenden Truppen über See zu versorgen. Ein unmittelbarer Durchbruch der Sowjets südlich von Kurland würde die größte Gefahr für die Seelage bedeuten.

Bereits zwei Wochen später, am 25. Juli 1944, musste mit der Evakuierung aus den baltischen Häfen begonnen werden. Innerhalb von drei Monaten wurden aus Reval, Riga,

Libau und Windau etwa 300 000 Menschen über See abtransportiert, weitere 200 000 folgten wenig später. Zu den
Schiffen, die bei diesen Transporten eingesetzt wurden, gehörten auch die beiden großen Passagierschiffe „Deutschland" und „Steuben".

Weder das Oberkommando der Kriegsmarine noch ein einziger Generalstabsoffizier fragten sich, was geschehen sollte, wenn plötzlich mehr als eine Million Menschen aus Ostpreußen, Westpreußen, Danzig und Pommern in die Ostseehäfen flüchten würden und über See abtransportiert werden wollten, woher der dafür erforderliche Schiffsraum kommen sollte, wie Frachtschiffe binnen kurzer Zeit für den
Transport von Passagieren umgerüstet werden könnten und
nicht zuletzt woher Kohle und Öl für die Schiffe zu beschaffen seien. Keine zentrale Dienststelle der Wehrmacht, der
Marine, der NSDAP oder einer Hilfsorganisation in den
Ostseehäfen von Memel bis Swinemünde befasste sich mit
der Frage, wie Massen von Flüchtlingen, Mütter mit Kindern, Kranke und alte Leute und nicht zuletzt verwundete
Soldaten, die sich in den Häfen sammeln würden, dort verpflegt werden könnten.

Diese Versäumnisse wurden im Januar 1945 in erschrek-
kendem Maße offenbar, als hunderttausende Menschen aus
Ostpreußen, Westpreußen, der Danziger Bucht und dem
östlichen Pommern auf der Flucht vor der Roten Armee in
die Häfen strömten. Für die Rettung über die Ostsee war
nichts vorbereitet worden, obwohl Hitler, Dönitz und dem
Oberkommando der Wehrmacht die Absicht der Alliierten
bekannt war, dass die Rote Armee Ostpreußen, Westpreußen, Danzig, Pommern und Schlesien bis zur Oder und
Neiße besetzen würde.

Jetzt, im Januar 1945, stand Großadmiral Dönitz, Oberbefehlshaber der Kriegsmarine und verantwortlicher Einsatzleiter aller Schiffe in der Ostsee, akut vor diesem Problem. Eine gewaltige logistische Aufgabe wartete auf ihre Bewältigung. Menschenleben retten war in den letzten Kriegsmonaten die vorrangige Aufgabe deutscher Seeleute an der gesamten deutschen Ostseeküste.

Unmittelbar nach der „Führerkonferenz über Marineangelegenheiten" vom 31. Januar 1945 informierte sich Großadmiral Dönitz telefonisch über die aktuelle Lage in Pillau, Gotenhafen und Danzig. Er erfuhr, dass sich die Situation in den drei Ostseehäfen von Stunde zu Stunde verschärfte, da immer mehr Flüchtlinge aus Ostpreußen, Westpreußen, dem Danziger Raum und dem östlichen Pommern in die Häfen strömten und die dort für den Flüchtlingstransport nutzbaren Schiffe keinesfalls ausreichten, um alle Menschen abbefördern zu können. Es fehlte auch ein verantwortlicher Offizier für die Gesamtkoordination der See-Rettungsaktion für alle Ostseehäfen von Königsberg bis Flensburg.

Nach Meinung von Dönitz kam dafür nur Konteradmiral Conrad Engelhardt in Frage, der erfahrene Seetransportchef der Wehrmacht, dessen Dienststelle sich in Eberswalde, nahe Berlin, befand. Dönitz ernannte ihn auf dem kurzen Dienstweg per Telefon zum „Seetransportchef Ostsee". Engelhardts Bitte, ihm, Dönitz, direkt unterstellt zu werden, erfüllte dieser ohne Diskussion. Engelhardt erhielt alle für seine neue Aufgabe erforderlichen Vollmachten.

Dönitz traf an diesem Tag eine weitere wichtige Entscheidung: Er ordnete an, dass kein mit Flüchtlingen beladenes Handelsschiff mehr die Fahrt nach Westen ohne Geleit und ohne ausreichende Sicherung durch Kriegsschiffe antreten dürfe.

„Admiral der Flüchtlingsflotte"

Engelhardt, als Sohn eines preußischen Landrats in Lüneburg geboren, war 1916 in die Marine eingetreten. Als der
Zweite Weltkrieg begann, war er Chef des Stabes Nordfrank-
reich. Später, inzwischen zum Kapitän zur See befördert,
organisierte Engelhardt beim Marinebefehlshaber Ostland
im estnischen Reval den Nachschub mit Handelsschiffen.
Anfang 1941 wurde er vorübergehend zum italienischen Generalstab kommandiert, um die Einschiffung der ersten Di-
vision von Rommels Afrika-Korps zu organisieren. Als das
Afrika-Korps sich später über mangelnden Nachschub be-
klagte, wurde Engelhardt auch mit dieser Aufgabe betraut.
Danach war er Seetransportchef Italien, womit ihm alle See-
transportstäbe im Mittelmeer einschließlich Südfrankreich
unterstanden.

Engelhardt war während seiner zahlreichen Komman-
dierungen bei seinen Vorgesetzten nicht immer gern gesehen. Er setzte sich oft über Zuständigkeitsfragen hinweg,
war wenig nachgiebig, nahm kein Blatt vor den Mund und
Entscheidungen nicht zurück; er war sich der Rückendekkung von Großadmiral Dönitz bewusst.

1944 stand Engelhardts Beförderung zum Konteradmiral an. Zuvor hatte er sich mit der Generalität überworfen.
Als Dönitz ihm die Beförderungsurkunde überreichte, soll
er bemerkt haben: „Nun werden Sie sich auch den Feld-
marschällen gegenüber besser durchsetzen können!"

Dazu hatte Engelhardt kaum noch Gelegenheit. Nach
dem Verlust von Sizilien, Sardinien, Korsika, der Krim und
Nordafrika wurden er und sein Stab nach Deutschland abkommandiert, um als „Rückzugsspezialisten" eingesetzt zu
werden. Engelhardt bezog mit seinem Stab ein neues Do-

mizil, die Kaserne in Eberswalde bei Berlin. Hier befanden sich alle Ämter des Oberkommandos der Kriegsmarine und der Seetra, der Schifffahrtsabteilung der Seekriegsleitung. Diese leitete alle Handelsschiffe mit militärischen Aufgaben, die mit den „Ostländern" verkehrten und von dort Verwundete oder Truppen, inoffiziell aber auch Flüchtlinge, zurückbrachten.

Bereits vor seiner Berufung zum Seetransportchef Ostsee hatte Konteradmiral Engelhardt Erfahrungen im Seetransport über die Ostsee gemacht. Im Sommer 1944 hatte er die Räumung von Reval, Riga, Libau und Windau geleitet und von dort mehr als 500 000 Menschen über die Ostsee in Sicherheit gebracht. Als Realist konnte er sich vorstellen, eines Tages auch aus den südlicher gelegenen Ostseehäfen Soldaten, Verwundete und Flüchtlinge vor der Roten Armee über die Ostsee in Sicherheit bringen zu müssen.

Als Seetransportchef Ostsee schuf Engelhardt die organisatorischen Voraussetzungen für die Zusammenarbeit mit den in allen großen Ostseehäfen sitzenden Kriegsmarinedienststellen (KMD). Die KMD Danzig mit Zweigstellen in Gotenhafen, Hela und Pillau leitete Fregattenkapitän Bartels, in Kolberg, Saßnitz und Stettin wirkten die Fregattenkapitäne Kolbe, Koch und Nicol. Die Leiter der KMD waren in Friedenszeiten Kapitäne oder Offiziere der Handelsmarine und verstanden ihr Handwerk.

Bei Übernahme seiner neuen Aufgabe als Seetransportchef Ostsee verfügte Engelhardt weder über eine aktuelle Liste, in welchen Ostseehäfen zwischen Königsberg und Kolberg welche Schiffe von welcher Größe und Aufnahmekapazität zur Verfügung standen, noch über Informationen, ob diese Schiffe nach jahrelanger Liegezeit als Wohnschiffe an den Hafenkais noch fahrtüchtig und für den Rettungseinsatz nutzbar waren. Außerdem war die Frage zu klären, welche Einheiten der Kriegsmarine die Sicherung der Flüchtlingsschiff-Geleite übernehmen sollten.

Eine Blitzumfrage bei den Kriegsmarinedienststellen und deren Zweigstellen in den Ostseehäfen verschaffte Engelhardt innerhalb von 24 Stunden eine vorläufige Übersicht. Diese erste Bestandsaufnahme betrachtete er nur als Zwischenergebnis; er ließ nicht locker, weitere Schiffe in seine „Flotte" einzureihen. Auch das Problem der Flüchtlingsschiff-Geleitsicherung bekam Engelhardt rasch in den Griff. Für diese Aufgabe standen die 9. Sicherungsflottille unter dem Kommando von Fregattenkapitän Adalbert von Blanc in der östlichen Ostsee und die 10. Sicherungsdivision unter dem Kommando von Konteradmiral Bütow für die mittlere Ostsee bereit. Beide Sicherungsdivisionen verfügten über insgesamt 17 Flottillen und weitere 350 kleinere Fahrzeuge; sie unterhielten in allen größeren Ostseehäfen Zweigstellen und Sonderstäbe.

Eine der wichtigsten Umfragen hatte Engelhardt gleich zu Beginn gestartet; er befragte die Hafenkapitäne in Pillau, Gotenhafen, Danzig und auf Hela über die Anzahl der dort auf Abbeförderung wartenden Flüchtlinge und Verwundeten. Das Ergebnis war erschreckend: Es waren mehr als 200 000, mit ständig wachsender Tendenz.

Die Rote Armee hatte inzwischen das Frische Haff bei Elbing erreicht, Panzerspitzen die Stadt Elbing. Damit war die Land- und Eisenbahnverbindung nach Westen gesperrt, der „Ostpreußen-Kessel" entstanden. Die Flucht der Zivilbevölkerung war nur noch nach Norden mit Ziel Pillau möglich oder über das zugefrorene Frische Haff auf die Frische Nehrung und weiter über die Nehrungsstraße in die beiden großen Häfen in der Danziger Bucht. Dort eintreffende

Trecks wurden nach Pommern weitergeleitet, doch viele Flüchtlinge ließen ihre Wagen einfach stehen und gingen zu Fuß in den nächsten Hafen.

Engelhardt, der sich ständig über die Frontlage informierte, stellte Mitte Februar fest, dass sich die Situation um die Danziger Bucht etwas entspannte. Nach der Besetzung von Elbing bewegte sich die Rote Armee nicht in Richtung Danziger Bucht, sondern Richtung Kolberg. Gotenhafen und Danzig schienen zunächst kein Angriffsziel zu sein. Ein Ende des Flüchtlingsansturms auf die Häfen der Danziger Bucht erwartete Engelhardt für Ende Februar/Anfang März, wenn die Eisschmelze einsetzen und damit die Flucht über das Frische Haff nicht mehr möglich sein würde.

„Frauen und Kinder zuerst!"

Auf den großen Passagierschiffen wurden die Festsäle, Gesellschaftsräume, Aufenthaltsräume der Besatzungen und Offiziersmessen zu Massenquartieren umgerüstet, um möglichst viele Menschen aufnehmen zu können. Vor allem Mütter mit Säuglingen und Kleinkindern wurden in Kabinen, die von der Besatzung geräumt worden waren, untergebracht. Die Einschiffung der Flüchtlinge erfolgte mit Unterstützung von Soldaten der Kriegsmarine bei Tag und bei Nacht. Mütter mit Kindern, Kranke und ältere Menschen hatten dabei absoluten Vorrang.

Wegen Platzmangels auf den Schiffen mussten die Flüchtlinge größere Gepäckstücke mit letzten Habseligkeiten auf den Hafenkais zurücklassen. Diese Beschränkung machte es möglich, auf den größten Schiffen bis zu 10 000 – in Ausnahmefällen sogar bis zu 13 000 – Passagiere an Bord zu nehmen.

Völlig überfüllt nehmen die Schiffe in Pillau, Gotenhafen, Danzig und Hela ihre Fahrt Richtung Westen auf. Bei der Einschiffung haben Mütter mit Kindern, kranke und ältere Menschen Vorrang.

Neben den überwiegend mit Flüchtlingen beladenen Passagier- und Frachtschiffen nahmen auch Kriegsschiffe und Geleitfahrzeuge Zivilisten mit, in Einzelfällen auch U-Boote. Nach Engelhardts Aufzeichnungen wurden im Januar und Februar 1945 aus dem Hafen Pillau 278 219 Flüchtlinge über die Ostsee gerettet, aus Gotenhafen im gleichen Zeitraum 251 530.

Während der Abtransport von Flüchtlingen und Verwundeten aus Pillau und der Danziger Bucht wiederholt durch Luftangriffe gestört wurde und deshalb Eile geboten war, hatte sich die Stoßrichtung der Roten Armee an der Landfront in Ostpreußen und Westpreußen geändert. Es war ihr bisher nicht gelungen, Königsberg einzunehmen, den wichtigen Hafen Pillau zu besetzen und auf die Frische Nehrung vorzudringen. Ihr nächstes Angriffsziel war deshalb die Danziger Bucht mit den beiden großen Häfen Danzig und Gotenhafen sowie die pommersche Festung Kolberg, die gemeinsam mit Truppen der Polnischen Armee bis Mitte März erobert werden sollten. Ein weiterer Angriffskeil richtete sich gegen Stettin und die Odermündung.

Engelhardt musste sich Mitte Februar 1945 darauf vorbereiten, auch aus den östlichen Pommernhäfen Rügenwalde, Stolpmünde und Kolberg Flüchtlinge abzutransportieren. Eine telefonische Rückfrage bei den dortigen Kriegsmarinedienststellen bestätigte ihm diese Notwendigkeit.

Die pommersche Bevölkerung selbst war zwar noch nicht in Aufbruchstimmung, aber sie wurde seit Wochen mit dem Fluchtgeschehen konfrontiert. Seit Ende Januar zogen Trecks aus Ostpreußen durch das östliche Pommern. Ein Teil der Flüchtlinge hatte hier seine Fuhrwerke zurück gelassen und sich in den nächsten Hafen begeben. Die Menschen waren bei der Kälte nicht zu bewegen, ihre wochenlange Flucht im Treck fortzusetzen. Besonders viele Wagen stauten sich in Kolberg.

Nach zahllosen, gefahrvollen Kilometern erreichen die ostpreußischen Flüchtlingstrecks Pommern. Im Glauben, hier sicher zu sein, sind die Flüchtlinge doch nur Vorboten dessen, was wenig später der pommerschen Bevölkerung und erneut ihnen bevorsteht.

*Solange der Schienenweg Richtung Westen noch offen ist, versuchen viele
Menschen, mit der Eisenbahn weiter zu kommen. Geduldig warten sie
mit ihren Habseligkeiten auf den nächsten Zug, der oft schon bei seiner
Ankunft völlig überfüllt ist.*

Die Flucht hat viele Gesichter

Solange der Schienenweg nach Westen als Fluchtweg
noch offen war, konnte sich eine große Zahl von Flüchtlingen in Sicherheit bringen. Personenzüge durften allerdings nur mit kleinem Gepäck bestiegen werden. Bahn-
Flüchtlinge mit großem Gepäck mussten sich mit Stroh-
lagerplätzen in unbeheizten Güterwagen zufrieden geben. Bedingt durch das Kriegsgeschehen dauerte die
Fahrt mit der Bahn nach Westen mehrere Tage. Zerstörte Bahnanlagen und gesprengte Brücken machten immer wieder Umwege erforderlich.

Einer dieser mit Flüchtlingen überfüllten Züge mit teils offenen Güterwagen, der über eine Woche unterwegs gewesen war, stand Anfang Februar 1945 wenige Kilometer von Stolp entfernt sehr lange Zeit vor einem Haltesignal. Nachdem der Zug weitergefahren war, entdeckten Streckenwärter am Bahndamm mehrere Bündel liegen. Mit Entsetzen stellten sie fest, dass es sich um dreißig Kinderleichen handelte, die man am Bahndamm abgelegt hatte. Die Kinder waren während der langen Fahrt in den eiskalten Viehwagen erfroren. Die Bahnwärter holten einen Geistlichen, der sich der Kinderleichen annahm und sie in Jeseritz bei Stolp beerdigte.

Wenn die Trecks aus Ostpreußen in pommerschen Ortschaften stoppten und meist jüngere Frauen, Mütter und ältere Kinder bei den Einheimischen nach Lebensmittelläden, Ärzten und Apotheken fragten, dann berichteten sie ihnen oft unter Tränen über die ungeheuren Strapazen der Flucht: Wie sie mit ihren Wagen und Schlitten, die sie notdürftig mit Teppichen und Planen vor der grimmigen Kälte geschützt hatten, bei Eissturm und Schnee zahllose Kilometer gefahren sind, um das Frische Haff zu erreichen, wo sie von Pionieren der Wehrmacht auf eine der vier Eisstraßen eingewiesen wurden.

Nicht wenige Wagen versanken in Eislöchern, russische Tiefflieger schossen mit Bordwaffen auf Menschen und Pferde. Halbversunkene und zerstörte Treckwagen und Tote blieben zurück. Säuglinge starben vor Hunger und Kälte in den Armen ihrer Mütter. Auf der Nehrung bewegte sich dann der kilometerlange Flüchtlingsstrom auf der einzigen Straße, die es hier gab, mühsam nach Westen.

Tausende Menschen aus Ostpreußen und aus der Danziger Bucht wählten Ende Januar und im Februar den Fluchtweg über die Ostsee. Kleine Schiffe und Seefahrzeuge brachten sie in die Pommernhäfen Rügenwalde, Stolpmünde und Kolberg, größere Schiffe nach Swinemünde, Stralsund und Saßnitz auf der Insel Rügen.

Auch die Flüchtlingstransporte über die Ostsee waren Gefahren ausgesetzt, vor allem durch Minentreffer und U-Boot- und Luftangriffe. Aber die an Bord befindlichen Menschen waren vor den Unbilden des Wetters geschützt, hatten meist warme Unterkünfte, wurden verpflegt und oft ärztlich versorgt. Massive Probleme stellten sich erst ein, wenn sie die Schiffe verließen und mit der Bahn weiterfahren mussten.

Die Trecks, die in den ersten Februartagen 1945 über die Landstraßen Pommerns zogen und täglich an Zahl und Umfang zunahmen, die Eisenbahnzüge, die mit Flüchtlingen in pommersche Bahnhöfe einliefen, und die kleinen und großen Schiffe, die in den Häfen ihre Menschenfracht entluden, waren Vorboten dessen, was wenig später mehr als einer Million Pommern sowie den Flüchtlingen, die es bis hierher geschafft hatten, bevorstand.

Der „Pommernwall"

Indessen residierte Franz Schwede-Coburg, der Gauleiter der Provinz Pommern und Reichsverteidigungskommissar dieses Landes, unangefochten und seinem „Führer" treu ergeben in der Provinzhauptstadt Stettin.

1888 in Drawöhnen im Kreis Memel als sechster Sohn eines Försters geboren, hatte Franz Schwede, wie er da-

mals noch hieß, eine Lehre als Schlosser absolviert. 1907
verpflichtete er sich zu einem vierjährigen freiwilligen Mi-
litärdienst. Nach einem zweijährigen Auslandskommando
auf dem in Ostasien stationierten Kreuzer „Emden" kam
er 1913 auf das neue Panzerschiff „Prinzregent Luitpold",
auf dem er während des Ersten Weltkrieges die Skagerrak-
schlacht erlebte. Nach dem Besuch der Deckoffiziersschule
in Kiel wurde Schwede 1918 zum Maschinisten-Deckoffi-
zier ernannt und anschließend auf den neu in Dienst gestellten Frontkreuzer „Dresden" kommandiert. 1919 erlebte
er in Scapa Flow die Selbstversenkung der Deutschen Hoch-
seeflotte.

Nach dem Krieg wurde Schwede durch Vermittlung der
Fürsorgeabteilung der Marinestation der Nordsee Techni-
scher Betriebsleiter eines im Bau befindlichen Sägewerks
in St. Andreasberg im Harz. 1922 trat er in Coburg, wo er
als Elektromaschinist arbeitete, in die NSDAP ein und war
ein Jahr später deren Ortsgruppenleiter. 1929 wurde Schwede mit der Führung des Nationalsozialistischen Kraftfahr-
korps, einer paramilitärischen Organisation der NSDAP,
beauftragt.

Danach folgte ein rasanter politischer Aufstieg: Wahl zum
dritten Bürgermeister von Coburg, Wahl zum bayerischen
Landtagsabgeordneten, Wahl zum ersten Bürgermeister von
Coburg, Wahl zum Vizepräsidenten des Bayerischen Land-
tages, Ernennung zum SA-Standartenführer, Ernennung
zum Coburger Oberbürgermeister und 1933 schließlich die
Wahl zum Reichstagsabgeordneten für den Wahlkreis 26/
Franken. Am 1. Juli 1934 wurde Franz Schwede Regierungs-
präsident der Regierung Niederbayern-Oberpfalz in Regens-
burg.

Hitler, der Franz Schwede als „bewährten alten Kämpfer" schätzte, ernannte ihn 1934 zum Gauleiter von Pommern und zum Preußischen Staatsrat. Schwede verabschiedete sich von Coburg nach Stettin und nannte sich fortan Franz Schwede-Coburg.

Mit Kriegsbeginn wurde Schwede-Coburg zum Reichsverteidigungskommissar für den Wehrkreis II und nach der Neuordnung der Reichsverteidigungsbezirke im November 1942 zum Reichsverteidigungskommissar für den Gau Pommern ernannt. Schwede-Coburg war zu diesem Zeitpunkt fest davon überzeugt, dieses Amt nie wirklich ausüben zu müssen. Das kriegsferne Pommern, vor allem Hinterpommern, war ein bevorzugtes Aufnahmeland für viele tausend Bombengeschädigte, insbesondere Mütter mit Kindern aus Berlin und westdeutschen Großstädten. Pommern war bis dahin vom Luftkrieg fast verschont geblieben.

Als Hitler nach den Erfolgen der Roten Armee im Sommer 1944 auch für die Provinz Pommern den Bau eines „Schutzwalls" anordnete, mobilisierte Gauleiter Schwede-Coburg zehntausende Männer und Frauen, Hitlerjungen und jeden, der noch in der Lage war, mit Schippe, Schaufel und Spaten umzugehen. Obwohl sich viele Pommern zu dieser Zeit nicht vorstellen konnten, dass Soldaten der Roten Armee jemals in ihre Heimat vordringen könnten, folgten sie bereitwillig dem Befehl zur Mitarbeit an diesem Bauwerk, das der Gauleiter hochtrabend „Pommernwall" nannte und das Kritiker als „gigantische Improvisation" bezeichneten.

Die Verteidigungsanlage, die zum Teil schon vorhandene Befestigungsanlagen einschloss, stellte für den Gauleiter und seine Parteifunktionäre eine große organisatorische Aufgabe dar. Hunderte Stettiner wurden mit Sonderzügen der Deutschen Reichsbahn und zahllosen LKWs in den etwa

125 Kilometer entfernten Raum Deutsch Krone gebracht. Die Schippkolonnen, darunter viele Frauen, wurden in behelfsmäßig eingerichteten Schulen, Turnhallen, Gaststätten und Scheunen auf Strohlagern untergebracht. Tagsüber verrichteten sie eine meist ungewohnte Arbeit bei mäßiger Verpflegung. Das alles nahmen sie auf sich in der Überzeugung, einer guten, für die Verteidigung ihrer Heimat notwendigen Sache zu dienen.

Mit fortschreitender Jahreszeit, herbstlichem Regen und frühem winterlichen Schneefall stürzte das unbesetzte Grabensystem teilweise wieder ein und taugte für seine vorgesehene Aufgabe nicht mehr.

Schukow und Rokossowski gegen Himmler

Ende Januar 1945 stellte Marschall Schukow, Befehlshaber der 1. Weißrussischen Front, seine Truppen zum Stoß auf die Oder, dem letzten natürlichen Hindernis auf dem Weg nach Berlin, der Reichshauptstadt, bereit. Unter seinem Befehl standen zwei Panzerarmeen und fünf Infanteriearmeen, dazu die 1. Polnische Armee; sie sollte dabei sein, wenn das Land erobert wird, das nach dem Willen Stalins Deutschland an Polen abtreten sollte. Die Nordflanke der 1. Weißrussischen Front wurde von Truppen der 2. Weißrussischen Front unter Marschall Rokossowski, die mit weiteren vier Armeen für die Erstürmung Pommerns bereitstand, unterstützt.

Dieser ungeheuren zahlenmäßigen Übermacht stand allein die Heeresgruppe Weichsel mit zum Teil schwer angeschlagenen Verbänden gegenüber. Der Chef des Generalstabes des Heeres, Generaloberst Guderian, war entsetzt, als er von der Berufung Himmlers zum Oberbefehlshaber der Heeresgruppe Weichsel erfuhr. Für ihn war das ein Fehlgriff, denn Himmler verfügte weder über Erfahrungen in der Truppenführung noch über Fronterfahrung. Guderian bot vergeblich alle Beredsamkeit auf, um Hitler von dieser Entscheidung abzubringen.

Schon die ersten Anordnungen Himmlers für die Zivilbevölkerung Pommerns und die sich im Land aufhaltenden beziehungsweise ankommenden Flüchtlingstrecks hatten katastrophale Folgen: Himmler verbot ihnen die Flucht über Land nach Westen, womit er mehr als eine Million Deutsche, vor allem Frauen und Kinder, der Gefahr aussetzte, in die Hände der Roten Armee zu fallen.

Auch Gauleiter Schwede-Coburg verbot der pommerschen Zivilbevölkerung zu fliehen. Flucht wurde als Defätismus unter Strafe gestellt. Die Kreis- und Ortsgruppenleiter der NSDAP erhielten entsprechende Anweisungen; sie lehnten daraufhin jede rechtzeitige Räumung ab. Schwede-Coburg wies per Fernschreiben die Kreisleiter der NSDAP an, die Bevölkerung zur Verteidigung der Heimatfront aufzurufen.

Für eine erfolgreiche Verteidigung Pommerns fehlte es nicht nur an einer starken geschlossenen Verteidigungsfront, sondern auch an Waffen, Munition und Transportmitteln. Örtliche Militärstäbe entwickelten Aktivitäten, um Hitlerjungen, Polizisten, Volkssturmmänner, Genesende und Trossangehörige für eine improvisierte Abwehr in „Alarmeinheiten" zusammenzufassen. Der Boden noch gefroren und mit leichtem Pulverschnee bedeckt, lag Pommern Ende Januar fast verteidigungslos vor den Angreifern.

Sowjetische Truppen versuchten Ende Februar 1945, die Eroberung Westpreußens abzuschließen, Danzig, Gotenhafen und die Danziger Bucht zu besetzen. Stalin drängte auf eine zügige Eroberung Pommerns bis zur Odermündung und die Besetzung von Stettin und Swinemünde. Schukow und Rokossowski sollten die deutschen Verteidiger in Hinterpommern bis zur Ostseeküste bei Kolberg zurückdrängen, aufspalten, einkesseln und somit vor der geplanten Berlin-Offensive ausschalten.

Anfang März drangen Truppen der 2. Belorussischen Front bis an die Ostseeküste östlich von Köslin vor. Sie stießen dabei lediglich auf eine schwach besetzte Verteidigungslinie, notdürftig verstärkt durch Volkssturm-, HJ- und RAD-Einheiten. Mit diesem Vorstoß schnitten sie die letzte bis dahin noch bestehende Landverbindung zur 2. deutschen Armee und Danzig ab. Gleichzeitig stieß Schukow mit fünf Armeen vor und erreichte bereits nach wenigen Stunden mit 30 Panzern das Schloss in Plathe, das Hauptquartier der 3. deutschen Panzerarmee. Am 4. März gaben die deutschen Verteidiger den 30 Kilometer südöstlich von Stettin gelegenen Eisenbahn- und Straßenknotenpunkt Stargard, das „Tor nach Stettin", auf.

Zwei Tage später traten Schukows Armeen zu einem massierten Angriff auf die Reste der 3. Panzerarmee an, die sich östlich von Stettin verzweifelt zur Wehr setzten und von der sowjetischen Übermacht gezwungen wurden, sich in den gut ausgebauten Brückenkopf Stettin–Altendamm–Greifenhagen zurückzuziehen.

Am 7. März standen Schukows Truppen am Ost-Ufer des Stettiner Haffs und am Ost-Ufer der Dievenow bei Cammin. Damit hatte Schukow nach nur einer Woche sein Offensivziel, die Ostseeküste westlich Kolberg, erreicht. Die meisten hinterpommerschen Städte waren kampflos aufgegeben worden. Nur der Stettiner Brückenkopf konnte noch gehalten werden.

Die Zivilbevölkerung, Frauen, Kinder, Kranke und Alte, blieb sich in jenen Tagen und Wochen weitgehend selbst überlassen. Als die ersten sowjetischen Angriffsspitzen in Hinterpommern auftauchten, begann die Massenflucht, besonders aus den Kreisen Köslin, Kolberg und Belgard. Angehörige der Trecks aus Ost-und Westpreußen, denen die Weiterfahrt untersagt worden war, versuchten in ihrer Not, mit Eisenbahnzügen Richtung Westen zu gelangen. Doch diese Rettungsmöglichkeit schwand von Tag zu Tag. Als letzte Hoffnung blieb die Flucht in die Häfen und weiter per Schiff über die Ostsee.

Die an der Ostseeküste Hinterpommerns liegenden Häfen waren nur kleine Fischereihäfen, die von größeren Schiffen nicht angelaufen werden konnten und regelmäßig freigebaggert werden mussten. Deshalb mussten kleine und kleinste Boote oft bei schlechtem und stürmischem Wetter die Flüchtlinge befördern oder auf größere, auf See ankernde Schiffe bringen.

Nur in den ersten sieben Märztagen bestand in den beiden kleinen östlichsten pommerschen Häfen Rügenwalde und Stolpmünde noch die Möglichkeit, von einem Schiff oder Boot aufgenommen und über die Ostsee gerettet zu werden.

Während Admiral Engelhardt mit seinem Stab die Abbeförderung von Flüchtlingen aus Pillau, Gotenhafen, Danzig und von der Halbinsel Hela organisierte, ließ er sich laufend über die Situation im Hafen von Kolberg und den östlichen Nachbarhäfen informieren und sprach mit Fregattenkapitän Kolbe, seinem Seetra-Einschiffungsoffizier in Kolberg, und der dortigen Kriegsmarinedienststelle alle Maßnahmen ab. Alle beteiligen militärischen Stellen waren sich einig, Stolpmünde und Rügenwalde von der Zivil-

bevölkerung zu räumen und beide Häfen kampflos aufzugeben, während Kolberg so lange verteidigt werden sollte,
bis die letzten Flüchtlinge und die Festungsbesatzung auf
Schiffen und Booten den Hafen verlassen hätten.

Kapitel 3
Rügenwalde

Die Rote Armee in der Übermacht

Der erste Hafen in Pommern, der in Gefahr geriet, von Truppen der Roten Armee angegriffen und besetzt zu werden, war Rügenwalde. Sowjetischen Verbänden war es innerhalb von sechs Tagen, vom 24. Februar bis zum 1. März 1945, gelungen, eine gewaltige Schneise durch Hinterpommern bis zur Ostseeküste zu schlagen. Nach harten Kämpfen war die Stadt Köslin in den ersten Märztagen gefallen, die Innenstadt bei den Kämpfen weitgehend zerstört worden. In den nächsten zehn Tagen konnten die Russen die Schneise nach Osten bis an die westpreußische Grenze erweitern.

Marschall Rokossowski versuchte jetzt, mit massierten Schwerpunktangriffen westlich der Weichsel und an der Ostseeküste die deutsche Front an der unteren Weichsel aus den Angeln zu heben. Die abgekämpften deutschen Einheiten hatten dem wenig entgegenzusetzen. Sie litten unter anderem an Brennstoffmangel, weshalb sie ihre Fahrzeuge zum Teil sprengen mussten. Die langen Treckkolonnen der Flüchtlinge waren den Truppenbewegungen hinderlich. Die Bevölkerung, die zunächst nach Westen geflüchtet war, flutete nun nach Osten zurück, da Truppen der Roten Armee die Straßen in Hinterpommern unterbrochen hatten.

Der Zeitpunkt war abzusehen, an dem die deutsche Front
den starken sowjetischen Angriffen nicht mehr standhalten konnte. Die Kräfte mussten auf den Schutz der wichtigen Pommernhäfen konzentriert werden.

Am 6. März näherten sich sowjetische Truppen von Südwesten her der Linie Rügenwalde – Schlawe. Hier standen
stellenweise nur sehr schwache deutsche Verbände. Das
relativ kleine Rügenwalde hatte militärische Bedeutung,
weil hier sowohl die Kriegsmarine als auch das Heer milita-
rische Einrichtungen unterhielten.

Das Heer verfügte in Rügenwalde über ein Artillerie-Ver-
suchsgelände. Bereits am 30. Januar 1945 hatte das Heeres-
waffenamt den Befehl erteilt, den Platz von wichtigen Ver-
suchsgeräten zu säubern. Ende Februar bestand die Besatzung lediglich aus zwei Restbatterien der Lehr- und Er-
satzabteilung der Küstenartillerie; die Männer waren nur
mit Panzerfäusten und Karabinern bewaffnet. Die Kriegsmarine unterhielt in Rügenwalde eine Marineflakschule,
die in der Lage war, eine Hafensperrbatterie zu besetzen.

Nachdem sowjetische Verbände am 6. März rasch über
Zanow nach Rügenwalde vorgestoßen waren, wurde die Lage
für die Bevölkerung und die auf Abtransport über See wartenden Flüchtlinge immer bedrohlicher. Tage zuvor hatte
die Kriegsmarine zwar 200 Marineflak-Helferinnen mit kleinen Fahrzeugen über See abtransportiert, eine planmäßige
Evakuierung der Zivilisten fand jedoch bis jetzt nicht statt.

Kapitän Kolbe: Rettung nach Plan

Konteradmiral Engelhardt, der die bedrohliche Lage, besonders was die Häfen Rügenwalde und Stolpmünde betraf, rechtzeitig erkannt hatte, war klar: Er brauchte vor

Rügenwalde, das kleine Ostseebad im östlichen Teil Pommerns, ist vor dem Zweiten Weltkrieg sehr beliebt gewesen.

Ort einen Mann, der Seetransporte professionell zu organisieren verstand, der einen Draht zu den Handelsschiffskapitänen und Kriegsschiff-Kommandanten hatte und sich durchsetzen konnte. Er fand diesen Mann in Carl Clemens Kolbe aus Leer in Ostfriesland, ehemaliger Handelsschiffskapitän, jetzt Fregattenkapitän der Kriegsmarine. Durch Zufall hatte Engelhardt erfahren, dass Kolbe, den er von früher kannte, das Wehrbezirkskommando in Kolberg leitete. Bevor er ihn anrief, erinnerte er sich daran, dass er seinerzeit in Athen mit ihm gemeinsam innerhalb kürzester Zeit die Probleme in der Ägäis, die durch unbefugtes Eingreifen von Heer und Luftwaffe ein großes Durcheinander hervorgerufen hatten, gelöst hatte.

Engelhardt schätzte den jetzt 52-jährigen Fregattenkapitän als einen „dynamischen, einsatzwilligen Mann mit einem hervorragenden Organisationstalent und großen seemännischen Kenntnissen"; er hielt ihn für den besten Mann, über den er verfügen konnte, und setzte ihn deshalb auf dem „kurzen Dienstweg" telefonisch als „Einschiffungsoffizier für den Abtransport von Flüchtlingen aus den Pommernhäfen" ein. Er befahl Kolbe, sich sofort nach Rügenwalde und danach nach Stolpmünde zu begeben.

Kolbe, froh, endlich von seinem Schreibtischposten befreit zu sein und vor einer neuen Herausforderung zu stehen, brach umgehend am Morgen des 6. März mit dem Flugsicherungsboot „FLB 434"nach Rügenwalde auf.

Der erste Pommernhafen wird geräumt

Die Marine hatte bereits Maßnahmen eingeleitet, um den Abtransport der Rügenwalder Bevölkerung und der Flüchtlinge sicherzustellen; sie hatte die beiden Navigationsschiffe „Regulus" und „Zenith" nach Rügenwalde befohlen.

Als Fregattenkapitän Kolbe hier eintraf, war der Feind nur noch sechs Kilometer vom Strand entfernt. Die Einschiffung der Zivilbevölkerung und der Flüchtlinge auf die Dampfer „Bille", „Peter", „Zenith" und „Regulus" geschah unter Zeitdruck, aber ohne Panik. Als die Schiffe am Abend den Hafen verlassen hatten, ging Kolbe wieder an Bord des Flugsicherungsbootes „FLB 434", das ihn nach Stolpmünde brachte.

Nach Sprengung der Befestigungsanlage in Rügenwaldermünde, einer Brücke in der Stadt und aller wichtigen Versuchsanlagen verließ die gesamte Besatzung gegen Mitternacht ihre Stellungen und setzte sich nach Stolpmünde ab. Einige Stunden später besetzten sowjetische Einheiten kampflos Rügenwalde, das deshalb nahezu unzerstört blieb.

Zu dieser Zeit war der Dampfer „Regulus" mit Fahrtziel Swinemünde bereits weit draußen auf See. An Bord des Schiffes befand sich auch die knapp 14-jährige Schülerin Helga Greinke mit ihrer Mutter und ihrer Schwester.

Sie berichtet über die letzten Tage in Rügenwalde, ihre Flucht über die Ostsee nach Swinemünde und weiter nach Grimmen bei Stralsund, wo sie den Russen doch noch in die Hände fiel und von wo aus sie mit Mutter und Schwester zurück in das besetzte Rügenwalde getrieben wurde, um im Dezember 1946 von dort nach Westdeutschland ausgewiesen zu werden:

Von Rügenwalde nach Rügenwalde

Am 28. April 1931 in Greifswald geboren, war ich Anfang März 1945 erst knapp 14 Jahre alt, als es nach vielen schönen Kinderjahren hieß, von meiner Heimatstadt Rügenwalde in Pommern Abschied zu nehmen und auf die Flucht zu gehen.

Wir, meine Mutter, damals 44 Jahre alt, meine jüngere Schwester Ingrid und ich – unser Vater war als Soldat an der Front –, wohnten am Stadtrand von Rügenwalde in der Kopfbergsiedlung. Von unserer Wohnung aus im Hufenweg hatten wir eine herrliche Aussicht bis zum nächsten Dorf Sackshöhe und auch auf einen Teil der Ostsee zwischen dem Kiefernwald und dem Darlowberg. Es war im Sommer wie im Winter ein schönes Bild mit den Schiffen auf der Ostsee.

Anders im Winter 1944/45. Pferdetrecks mit Flüchtlingen, vielen Frauen mit Kindern aus Ost- und Westpreußen, zogen tagtäglich über die Straße aus Richtung Sackshöhe. Es

Zeitzeugin Helga Lörke, geb. Greinke. Sie hat ihre Erinnerungen an die Zeit der Flucht und Vertreibung aufgeschrieben.

lag viel Schnee, und durch den Sturm über See gab es hohe Schneewehen. Immer wieder machten Trecks Pause in Rügenwalde, während andere gleich weiterzogen. In der Stadt wurden die Flüchtlinge verpflegt. Ich erinnere mich an den Berg von Butterbroten, die wir Mädchen für die Flüchtlinge streichen mussten.

Ich besuchte die Hanse-Schule, eine Mittelschule, und

befand mich in der 4. Klasse, meine jüngere Schwester in der 3. Klasse. Doch schon ab 1944 wurde die Schule von der Wehrmacht als Lazarett eingerichtet und genutzt. Der Unterricht fand von da an wechselseitig mit der Hagener Mittelschule in der Volksschule statt, später in verschiedenen Geschäftsräumen rund um den Marktplatz. Meine Klasse fand Aufnahme im Geschäft Speer.

Ab Januar 1945 war dann der ganze Schulunterricht vorbei. Alle Räume wurden für Flüchtlinge aus Ost- und Westpreußen gebraucht. Wir älteren Mädchen halfen in der Küche des Lazaretts, beim Brote streichen, beim Austeilen heißer Getränke, aber auch beim Schneeschippen. Es ging in diesen Tagen nur darum, den Flüchtlingen zu helfen. Dass die Russen auch bis nach Rügenwalde kommen würden, daran haben zumindest wir Kinder im Januar 1945 noch nicht geglaubt. Es waren ja noch alle Bewohner da!

Da wir gleich an der Landstraße wohnten, beherbergten wir oft Flüchtlinge zum Übernachten. Diese haben meiner Mutter immer wieder gesagt, auch sie solle sich Gedanken machen und bald auf die Flucht gehen. Meine Mutter hat mit meiner Schwester und mir mehrmals überlegt, wo wir wohl etwas vergraben könnten. Doch das sollte auch unauffällig geschehen, niemand sollte davon wissen. So haben wir in der Mühle an der Stolpmünder Straße Steine hochgehoben und ein großes Loch geschaufelt. Der Sand wurde in den gegenüberliegenden Stall getragen. So blieben draußen im Schnee keine Spuren. Eine große Kiste stand bereit. Dann trugen wir in Taschen einige für uns wertvolle Sachen zur Mühle. Die volle Kiste wurde im Loch versenkt, mit Sand zugeschippt, Steine darauf gesetzt und noch alle möglichen Gerätschaften darübergestellt.

Ende Februar 1945 konnte man den Kanonendonner auch

Die Hanse-Schule in Rügenwalde, eine Mittelschule für Jungen und Mädchen, wird ab 1944 als Lazarett genutzt.

bei uns immer öfter und stärker hören. Oben vom Dachfenster aus sahen wir abends den Himmel rot gefärbt. Die Front rückte immer näher. Es war ein unheimliches Gefühl.

Dazu kamen die Berichte der Flüchtlinge, die aus der Nähe von Königsberg stammten, dort schon unter russischen Beschuss geraten und dann von deutschen Soldaten wieder freigekämpft worden waren. Sie erzählten Grauenhaftes.

Meine Angst vor den Russen wuchs von Tag zu Tag. Ich wollte fort, weg von Rügenwalde. Meine Mutter scheute aber die Flucht über die Ostsee, was das nächstliegende war. Sie wollte mit uns Mädchen nicht auf ein Schiff, nachdem sie vom Untergang der »Wilhelm Gustloff« gehört hatte, bei dem mehrere tausend Frauen und Kinder Ende Januar in der Ostsee ertrunken waren.

Am 2. März 1945 hieß es plötzlich, die Bewohner von Rügenwalde könnten die Stadt verlassen. Nun war es soweit. Nun begann auch unsere Flucht. Der einzige Fluchtweg, der sich uns bot, war nun doch die Flucht mit einem Schiff über die Ostsee. Mit der Bahn kamen wir nicht mehr weg. Doch unsere Mutter zögerte noch immer!

Am 6. März 1945 hatte meine Schwester Geburtstag. Als ich vormittags kurz in der Stadt war, hörte ich, dass mehrere Schiffe im Hafen erwartet wurden. Meine Schwester und ich flehten meine Mutter an, auch mit uns zum Hafen zu gehen. Doch sie wollte nicht. Sie hielt es für besser, mit uns zu Verwandten in die Nähe von Stolp zu flüchten, zu Fuß. Was wir damals nicht wussten: Da wären wir gar nicht mehr hingekommen.

Wir Mädchen konnten unsere Mutter schließlich überreden. So machten wir uns um die Mittagszeit bei kaltem und stürmischem Wetter doch auf den Weg zur Münde: mit Bettsack, Rucksack und großer Tasche. Die Flüchtlingstrecks kamen uns nun wieder in Richtung Osten entgegen, denn der Russe stand inzwischen kurz vor der Stadt, von Westen her.

Im Rügenwalder Hafen befanden sich bereits viele hundert Menschen. Die Menge stand von der Mole bis weit hinter der Zugbrücke. Wir mussten auch schon hinter der Brücke bleiben. Von Schiffen war jedoch nichts zu sehen und wenn, dann fuhren sie weit draußen auf See vorbei.

Das Warten auf ankommende Schiffe dauerte und dauerte. Es wurde kälter und kälter – und immer dunkler. Ab und zu liefen kleine Gruppen deutscher Soldaten über die Zugbrücke in Richtung Osten. Die Russen schossen fortwährend

Leuchtkugeln in den Himmel. Sie schienen vom Hafen noch etwa zehn Kilometer weit weg zu sein.

Erst am frühen Abend wurden Schiffe gesichtet. Zwei nahmen Kurs auf den Rügenwalder Hafen. Alles stand nun voller Erwartung. Würden wir auf diesen beiden Schiffen Platz finden? Für die wartenden Menschen hinter der Brükke – also auch für uns – schien das fast aussichtslos. Aber dann schoben sich zwei Schiffe, die »Zenith« und die »Regulus«, rückwärts durch die Molen. Das war nicht ganz einfach bei dem starken Seegang. Plötzlich hob sich die Zugbrücke und eines der Schiffe machte genau vor uns fest – es war die »Regulus«!

Direkt vor uns wurde der Laufsteg aufgelegt, und wir durften fast als erste auf das Schiff. Wir haben dadurch alle unsere Sachen gerettet. An Bord, durch das Bullauge blickend, konnten wir aber sehen, dass viele, die es besonders eilig hatten an Bord zu kommen, versuchten, ihr Gepäck vom Kai auf das Schiff zu werfen. Dabei landete es oft im Wasser – und war verloren.

Nicht nur Rügenwalder, sondern auch viele Ostpreußen, die in Rügenwalde halt gemacht hatten, kamen an Bord des Schiffes. Sie ließen Pferde und Wagen auf dem Hafenkai stehen und trennten sich von vielem, was sie von zu Hause mitgenommen hatten. Nach den Strapazen tagelanger Flucht wollten sie nur noch ihr nacktes Leben retten.

Wir fühlten uns auf dem Schiff sicher und geborgen. Im Schiffsrumpf befand sich ein großer Raum, in dem wir Unterschlupf fanden, mit langen Tischen und Bänken. In der Mitte verlief ein Gang. Vor unseren Bullaugen waren Metallblenden angebracht und bei zunehmender Dunkelheit wurden sie verschlossen, sodass kein Licht nach außen drang. Wir saßen dicht an dicht auf einer Bank, keiner rührte

*sich vom Fleck. Wir hörten stärker werdendes Motorenge-
räusch und spürten, dass das Schiff Fahrt aufnahm.*

*Nach einiger Zeit – offenbar lagen die schützenden Molen
bereits hinter uns – bemerkten wir das Auf und Ab des Schiffes. Der Wind hatte zugenommen und mit ihm die Seekrankheit der Flüchtlinge, die Seegang nicht gewohnt waren. Hinaus konnte keiner. Die Luft in unserem Raum wurde stickig.
Man konnte kaum atmen. Selbst an ein Schlafen im Sitzen,
den Kopf in den Händen und mit Ellenbogen auf dem Tisch,
war bei der Schaukelei des Schiffes fast nicht zu denken.
Unendlich langsam ging die Nacht vorüber.*

*Als es hell wurde, mussten wir an die frische Luft. Wir
Kinder hatten rasch heraus, dass man auf den oberen Decks
nicht so schnell seekrank wurde. Deswegen blieben wir oben
an der Reling, obwohl es dort sehr kalt war. Doch oben war
die Seereise interessanter als unter Deck. Wir sahen aufge-
tauchte U-Boote und Schnellboote, die bei den hohen Wellen
mit dem Bug mehr in der Luft als im Wasser lagen. Als wir
uns Swinemünde näherten, sichteten wir immer mehr Schiffe. Große und kleine, aber auch gesunkene Schiffe, teils mit
dem Bug oder Heck aus dem Wasser ragend. Ein größeres
weißes Schiff, versehen mit einem aufgemalten roten Kreuz,
lag auf der Seite.*

*Am Morgen des 7. März 1945 erreichten wir die Reede
von Swinemünde. Unser Schiff, die »Regulus«, stoppte und
ankerte. Mutter hatte am Tag zuvor aufgeschnappt, dass wir
nicht in Swinemünde aussteigen dürften, sondern erst in
Saßnitz auf der Insel Rügen. Warum also jetzt dieser Halt?
Schnell sprach sich an Bord herum, dass wir nun doch nicht
nach Saßnitz kämen, weil tags zuvor der Hafen von Saßnitz
bombardiert und zerstört worden sei. Wir würden in Swinemünde das Schiff verlassen können.*

*Die Unruhe auf dem Schiff wuchs. Etwa 900 Leute soll-
ten sich auf der »Regulus« befinden. Wie sollten wir von
Swinemünde aus weiterkommen? Ob von dort noch Züge
ins Reich fahren, wusste an Bord niemand.*

*Die Hoffnung, bald in den Hafen einlaufen und ausstei-
gen zu können, erfüllte sich nicht. Es hieß warten. Wie lange wusste niemand, auch die Matrosen nicht, die wir fragten. Die »Regulus« ankerte auf der Reede und rührte sich
nicht vom Fleck. Immer mehr Schiffe kamen dazu und ankerten in unserer Nähe – Schiffe aus dem Osten und voller
Flüchtlinge.*

*Die Besatzung unseres Schiffes erleichterte uns die War-
tezeit. Sie gab sich viel Mühe, uns Flüchtlinge wenigstens
etwas zu versorgen. Wir bekamen heißen Kaffee und eine
wärmende Suppe.*

*Stunden und Tage vergingen. Die Ungeduld wurde zur
Ungewissheit. Wann endlich würden wir im Hafen von Swinemünde einlaufen? Ein Gerücht machte an Bord die Runde: Man warte auf einen Geleitzug mit mehreren Flüchtlingsschiffen, die nach Dänemark führen und denen sich
die »Regulus« anschließen solle.*

*Wieder näherte sich ein Tag dem Ende. Die Luft in unse-
rem Raum, in dem wir nun schon einige Tage saßen, wurde
immer unerträglicher. Lüften war nur durch Öffnen der
Türen möglich. Der Kapitän hatte ein Herz für Kinder. Er
erlaubte den älteren, auch mir und meiner Schwester, oben
in der Brotkammer, in der große Mengen von Kommissbro-
ten aufgestapelt waren, zu schlafen. Wir waren froh und
dankbar darüber.*

*In der Nacht hörten wir draußen an Deck laute Stimmen
und erkundigten uns, was los war. Ein älterer Flüchtling
war aus Verzweiflung über Bord gesprungen und schwamm*

in der Ostsee. Sofort wurde ein Rettungsboot zu Wasser gelassen und mit Scheinwerfern nach dem Mann gesucht. Er konnte aus dem Wasser gezogen und wieder an Bord gebracht werden.

Am Morgen des 11. März 1945 hatte sich an Bord schnell herumgesprochen, dass die Wartezeit endlich vorbei sei. Der Geleitzug nach Dänemark, dem sich die »Regulus« anschließen sollte, war in der vergangenen Nacht an unserem ankernden Schiff vorbeigefahren. Unser Kapitän befahl deshalb »Anker auf«. Die »Regulus« verließ die Reede von Swinemünde und lief in den Hafen ein. Die Ausschiffung der Flüchtlinge begann.

Wir waren sehr froh, endlich in einem sicheren Hafen gelandet zu sein und wieder festen Boden unter den Füßen zu fühlen. Unsere Ausladung verlief rasch. Wie wir hörten, sollte die »Regulus« bereits am nächsten Morgen wieder nach Osten auslaufen, um weitere Flüchtlinge nach Westen zu bringen.

Es war inzwischen Nachmittag geworden. Meiner Mutter, meiner Schwester und mir wurde ein Quartier in der Swinemünder Tirpitz-Schule zugewiesen. Die Tirpitz-Schule bestand aus einem großen alten Gebäude mit riesigen Säulen. Sie war voll belegt mit Flüchtlingen. Wir wurden in einen mit Stroh ausgelegten Klassenraum eingewiesen, der uns für die nächste Nacht als Schlafraum dienen sollte.

Als ich am nächsten Morgen, am 12. März, erwachte und nach einer Toilette suchte, erschrak ich. Man hatte auf dem Schulhof, für jeden einsehbar, »Donnerbalken« aufgebaut, auf denen man seine Notdurft verrichten konnte. Dies schien mir unmöglich. Eine solche sanitäre Masseneinrichtung hatte ich noch nie gesehen – und werde sie auch nie vergessen.

Also ging ich mit einer Schulkameradin, die ebenfalls mit

der »Regulus« nach Swinemünde gekommen war und die
ich vor der Schule getroffen hatte, in die Stadt. Wir klingel-
ten am nächsten Haus an einer Wohnungstür und durften
dort die Toilette benutzen.

Da meine Mutter und meine Schwester neben dem Gepäck in unserem Quartier Wache hielten und auf weitere
Nachrichten warteten, wie es am nächsten Tag mit uns weitergehen solle, nahmen wir zwei Mädchen die Gelegenheit
wahr, uns in der Stadt umzusehen. Die Straßen waren voller Flüchtlinge mit Pferdewagen, dazwischen auch viele zu
Fuß gehende Frauen und Alte mit Hand- und Kinderwagen. Es ging sehr mühsam voran. Immer wieder musste der
Treck anhalten, wenn Straßen sich kreuzten.

Als wir an einer Apotheke vorbeikamen, in die Leute hin-
eindrängten, vermuteten wir, dass es hier etwas zu kaufen
gäbe. Neugierig gingen auch wir hinein. Wir ließen uns dabei auch nicht von den Sirenen stören, die plötzlich zu heulen begannen: Fliegeralarm! Dann aber ertönte ein fürchter-
liches Krachen. Kaum hatten wir die Apotheke verlassen,
schnappten uns zwei Soldaten, fragten uns, wo wir hinge-
hörten und meinten, wir sollten sofort zur Tirpitz-Schule
laufen. Wir rannten so schnell wir konnten, während es
unaufhörlich krachte und Bomben fielen.

An der Schule angekommen, kam uns treppab ein Men-
schenhaufen entgegen. Alles rannte aus dem Gebäude. Die
Leute suchten nach Schutzräumen. Sie fürchteten, dass das
Gebäude von Bomben getroffen, brennen und einstürzen
würde. In dem Gewühl von Menschen verlor ich meine Schulkameradin aus den Augen.

Nun hatte ich es besonders eilig, meine Mutter und meine
Schwester zu finden. Und ich fand sie in dem Klassenraum,
wo sie angstvoll auf mich gewartet hatten. Glücklich nah-

men wir uns in die Arme. Dann rannten wir die Treppen hinunter dem Ausgang zu. Vor der Tür, die nach draußen führte, ein schreiender Menschenknäuel. Jeder wollte zuerst nach draußen. Pausenlos krachten die Bombeneinschläge, die einen Höllenlärm verursachten, der alles übertönte. Die dicken Betonpfeiler neben uns wankten, als Luftminen, die der Schule galten, auf dem Schulhof einschlugen. Angstvoll umklammerten wir drei uns hinter einem Pfeiler, der zwar wankte, aber standhielt. Endlich schien draußen das Bombardement zu Ende zu sein. Es war auch so. Die Flugzeuge hatten abgedreht.

Draußen bot sich uns ein furchterregender Anblick. Der Schulhof glich einem metertiefen Krater. Die Schule stand noch, jedoch ohne Fenster und in Staub gehüllt. Unser Versuch, in unserem Klassenraum unsere Sachen wiederzufinden, glückte. Da Decke, Wände und Fenster stark beschädigt oder überhaupt nicht mehr vorhanden waren, fanden wir unsere Sachen von Staub und Mörtel bedeckt, aber alles war noch da. Schnell packten wir alles zusammen und hatten es dann sehr eilig, das stark beschädigte Schulgebäude zu verlassen.

Da wir befürchteten, die Flugzeuge würden noch einmal wiederkommen, versuchten wir so schnell als möglich, aus der brennenden Stadt herauszukommen. Überall lagen Trümmer und Tote. Wir kamen auch an dem Haus vorbei, in dem sich die Apotheke befunden hatte und sahen nur noch einen schwelenden Trümmerhaufen. Furchtbar der Gedanke, ich wäre noch drinnen gewesen, als das Haus getroffen wurde. Meine Mutter hätte nie erfahren, was aus mir geworden wäre.

Eine Entwarnung gab es nicht. Der Strom war ausgefallen. Swinemünde hatte sich innerhalb weniger Minuten zu

Edith Greinke, Rügenwalde, Hufenweg 6, mit ihren Töchtern Ingrid und Helga vor der Flucht aus ihrer Heimat Anfang März 1945.

einer toten Stadt gewandelt, zu einer Stadt der Toten. Niemand würde je feststellen können, wie viele Menschen – Swinemünder und Flüchtlinge, die sich an diesem Morgen in der Stadt aufgehalten hatten – bei diesem Bombenangriff den Tod fanden.

Wie wir verließen jetzt viele die Stadt, um irgendwo in der näheren Umgebung eine Unterkunft zu finden. Am Stadtrand sahen wir noch einige kleinere Häuser, die verschont geblieben waren. Hier bat unsere Mutter flehend um eine Unterkunft für die Nacht – und ihre Bitte wurde erfüllt. Wir durften im Wohnzimmer eines Hauses auf dem Fußboden schlafen. Ich lag auf einem Schaffell und war sehr lange wach, weil ich Angst hatte, dass die Flugzeuge wiederkommen würden.

Erst am nächsten Morgen sahen wir, dass im Haus noch weitere Flüchtlinge Unterkunft gefunden hatten. Sie waren wohl nach uns angekommen. Erstaunt entdeckten wir, als wir uns von den Wirtsleuten verabschieden wollten, dass sie nicht mehr da waren. Sie hatten das Haus wohl noch des Nachts verlassen.

Da in Swinemünde am Tag nach dem Bombenangriff auch die Versorgung zusammengebrochen war und sich auch niemand mehr um die Flüchtlinge, deren Unterkunft und Verpflegung kümmern konnte, zogen wir drei, Mutter, meine Schwester und ich, mit dem Rucksack auf dem Rücken und dem Bettsack in der Hand weiter am Strand entlang in Richtung Ahlbeck in der Hoffnung, von dort weiterzukommen. Soldaten riefen uns aus ihren Dünenstellungen zu und fragten, ob wir Hunger hätten. Sie boten uns frisches Pferdefleisch an. Aber darauf hatten wir keinen Hunger, obwohl uns der Magen knurrte.

In Ahlbeck haben wir zwei Tage und eine Nacht bei strömendem Regen im eiskalten dunklen Bahnhof auf einen angekündigten Zug gewartet. Mit vielen anderen Flüchtlingen wurden wir schließlich von einem Güterzug aufgenommen, den wir in Stralsund verließen, um uns erst einmal nach den Strapazen der vergangenen Tage und Nächte bei Verwandten in dem südlich von Stralsund liegenden Grimmen auszuschlafen. Zigaretten als Tauschobjekte verhalfen uns zur Weiterfahrt bis Grimmen in einem sonst hoffnungslos überfüllten Zug: Wir durften im fensterlosen Bremserhäuschen mitfahren. Dies war keine gute Idee. Wir hätten besser im Güterzug ausgeharrt, auch wenn wir nur eine kleine Strecke weitergekommen wären, es war bitterkalt.

Unser Kommen weckte bei unseren Verwandten keine große Freude. Man wollte nicht verstehen, warum wir in Rügen-

*walde alles im Stich gelassen hatten und geflüchtet waren.
Doch dann erkrankte ich an Scharlach, sodass an eine Weiterfahrt vorerst nicht zu denken war. Mit meinem Vater war
abgesprochen, dass Grimmen unsere Anlaufstelle sein sollte, also blieben wir.*

*In Grimmen befanden sich schon viele Flüchtlinge, dar-
unter besonders viele Stettiner, die sich hier sicher fühlten.
Hinter dem Grundstück unserer Verwandten war eine Radarstation der Wehrmacht. Wir wunderten uns, dass die
Soldaten bereits fort und ihre Baracken geräumt waren. Das
gab uns zu denken, auch die Tatsache, dass in Grimmen
überhaupt keine Soldaten mehr waren. Doch wir fühlten uns
hier sicher. Ein Aufruf zum Verlassen von Grimmen gab es
nicht und so blieben wir.*

*Eines Tages besetzten russische Soldaten fast lautlos die
Stadt. Auf einer höher gelegenen Straße sah ich Panzer fahren. Auch in der Stadt selbst war alles ruhig geblieben, es
gab keinerlei Gegenwehr. Eine größere Anzahl von Bewohnern musste die Besetzung durch die Russen vorausgesehen
haben, denn an vielen Häusern hingen weiße Fähnchen.*

*Meine 17-jährige Cousine, meine Schwester und ich ver-
brachten die ersten Tage nach der Besetzung auf dem Stall-
boden. Die Leiter wurde hochgezogen und Verpflegung gab
es per Seil. Selbst meine Cousine war lange der Meinung,
die Russen wären gar nicht so schlimm, bis einer ihr hinter-
herkam und sie durch den halben Ort gejagt hat. Sie war
ihm jedoch noch einmal entwischt. Später rückten andere
Einheiten nach und wir konnten uns nicht mehr nach draußen wagen. Wir waren immer um größte Sicherheit bemüht
und hielten uns nur auf dem Grundstück auf.*

*Etwa eine Woche nach der Kapitulation gab der russische
Kommandant von Grimmen bekannt, dass alle Personen,*

die sich in Grimmen aufhielten, dort aber keinen festen
Wohnsitz hätten, in ihre Heimatorte zurückkehren müssten.
Wir wollten aber trotz allem bleiben. Unser Onkel ließ sich
jedoch nicht darauf ein und forderte uns auf, der Anordnung Folge zu leisten. Unsere Mutter versuchte daraufhin,
in Grimmen selbst eine kleine Wohnung zu mieten, aber auch
das war nicht möglich.

Onkel Otto überließ uns seinen Handwagen für den Heimweg. Wir mussten schweren Herzens Grimmen verlassen und
uns auf den Weg nach Hause begeben – nach Rügenwalde.

Wir waren nicht die Einzigen, die sich auf den Weg nach
Osten begaben. Es war ein kilometerlanger Zug, der sich in
den frühen Morgenstunden des 20. Mai 1945 von Grimmen
aus zu Fuß in östlicher Richtung in Bewegung setzte. Dieser
sonderbare Flüchtlingstreck nach Osten zog sich von Tag zu
Tag mehr und mehr auseinander und wurde länger und
länger. Manch einer kam schnell vorwärts, manch einer war
langsamer und brauchte mehr Zeit.

In den Wäldern wurden wir immer wieder von Soldaten
der Wlassow-Armee, Russen in deutschen Uniformen, an-
gehalten. Was sie brauchen konnten, nahmen sie uns weg.
Sie suchten vor allem Männerkleidung und Verpflegung.
Nach dieser Ausplünderung der Handwagen suchten die
Flüchtlinge bei den russischen Ortskommandanten Schutz,
bevor sich der Treck durch Waldgebiete bewegte. Dieser
Schutz wurde uns auch gewährt. Ein bewaffneter russischer
Soldat führte den Treck an – und am Ende des Zuges ging
ein weiterer Soldat. Bei Betreten des Waldes wurde mehrmals in die Luft geschossen als Zeichen dafür, dass Soldaten diesen Treck begleiten. Das half. Denn Soldaten der Wlassow-Armee, die man entdeckte, wurden von den Russen sofort erschossen.

*Zu essen hatten wir so gut wie nichts mehr. Wenn wir bei
den Bauern um etwas Essbares baten, hieß es: »Wir haben
selbst nichts. Wärt ihr doch zu Hause geblieben!«*

*Ab Stettin waren wir nur noch eine kleine Gruppe Flücht-
linge. Zum Schluss blieben Mutti, meine Schwester Ingrid
und ich allein übrig. Über die Oder sind wir irgendwo in
der Nähe von Pölitz übergesetzt worden mit einem alten
Prahm, der mit einem Seil gezogen wurde. Wir standen dicht
gedrängt, so voll war die Fähre.*

*Da wir immer auf Seitenwegen unterwegs waren, sind wir
auf diese Weise über die Oder gekommen. Bewusst haben
wir Hauptübergangsstellen gemieden, da Mutter gehört hatte,
dass an diesen Plätzen oft Frauen, junge Mädchen und Bur-
schen zum Treiben des Viehs bis nach Russland ausgesucht
wurden. Dieser Gefahr entgingen wir. Im Oderbereich haben wir an Wegen oder auf Feldern noch viele tote Soldaten
und Flüchtlinge liegen sehen. Keiner bemühte sich, sie zu
beerdigen.*

*Bei diesem Elendsmarsch nach Rügenwalde, der Tag um
Tag schwerer wurde und überhaupt nicht enden wollte, quäl-
ten uns Hunger und Durst. Übernachtet haben wir meist
auf Bauernhöfen. Der Handwagen, unser einziger und wich-
tigster Besitz, wurde dann unter Heu und Stroh versteckt,
damit russische Soldaten, die nachts umherzogen, ihn nicht
sehen und damit feststellen konnten, dass sich Fremde im
Haus aufhielten oder im Stall versteckten. In Hinterpommern waren weit mehr Russen unterwegs als es in Vorpommern der Fall gewesen war.*

*Für uns drei fand sich immer wieder ein Platz, wo wir
uns nachts verstecken konnten. Auch mit der Verpflegung
wurde es besser, denn ab und zu bekamen wir in den Dörfern von den Bewohnern, die selbst kaum zu essen hatten,*

etwas geschenkt. In den Städten fanden wir manchmal in zerstörten Häusern eine relativ sichere Unterkunft, weil man dort wohl niemand vermutete. So haben wir einmal sogar einen Kochtopf im Schutt gefunden, der für uns sehr wertvoll wurde.

In Schlawin, nicht weit von Rügenwalde entfernt, erkrankte ich an Ruhr und war nicht fähig, weiterzugehen. Wir mussten drei Tage Pause einlegen. Erst danach ging es weiter.

Am 11. Juni 1945 erreichten wir endlich Rügenwalde, das wir am 6. März verlassen hatten. 21 Tage waren wir von Grimmen bis zurück nach Rügenwalde gewandert. Jeden Abend hatten wir Sorge, ein Nachtquartier zu finden, jeden Tag Mühe, unseren Durst und Hunger zu stillen. Wir waren immer von der Angst begleitet, krank zu werden und nicht mehr gehen zu können. Der Weg zog sich lang, unendlich lang von Grimmen über Loitz, Jarmen, Anklam, Pasewalk, Löcknitz, Pölitz, Gollnow, Regenwalde, Körlin, Köslin, Zanow, Schlawe, Schlawin bis nach Rügenwalde.

In dem von russischem Militär besetzten Rügenwalde hatten die Polen bereits im Frühsommer die Verwaltung übernommen. Das Wiedersehen mit unserer Heimatstadt, in die wir nun drei Monate nach der Flucht wieder einzogen, trieb uns die Tränen in die Augen. Das Stadtbild zeigte sich so wie Anfang März bei unserem Abschied. Auch der Hafen war unzerstört. Aber die Stadt wirkte verlassen und leblos. Die restlichen Bewohner hatte man zu Fuß – nur Handgepäck durfte mitgenommen werden – auf umliegende Dörfer geschickt, um deren Häuser und Wohnungen ungestört plündern zu können. Diese Menschen kamen ungefähr zur gleichen Zeit zurück, als auch wir ankamen. Nur die arbeitsfähigen Männer und Frauen behielten die Russen auf den Gütern, um die Arbeit zu bewältigen. Männer, die nach Rü-

genwalde zurückkamen, sperrte man zunächst im Schloss-
keller ein, um sie danach mit Viehherden in Richtung Russ-
land zu schicken. Auch Jugendliche waren darunter.

Wie alle anderen zurückkehrenden Bewohner fanden auch
wir in unserer Wohnung außer einigen großen Möbelstük-
ken nichts mehr vor, nicht einmal einen Hosenknopf. Unser
Kohleherd war zerschlagen, Türgriffe abmontiert. Trotzdem,
wir hatten wieder ein Dach über dem Kopf. Der Krieg war
zu Ende und irgendwie würde es schon weitergehen.

Wir hatten ja noch unsere versteckten Sachen. Aber wie
sollten wir unbemerkt unsere Kiste wieder ausgraben? Es
waren zu dieser Zeit noch nicht ganz so viele Polen in der
Stadt, sodass wir einigermaßen unbemerkt das Tor zur
Schrotmühle verriegeln und unsere Habe geschützt vor frem-
den Blicken wieder hervorholen konnten. Glücklicherweise
befand sich unsere Wohnung nur etwa fünf Minuten von
der Schrotmühle entfernt, so ließ sich alles schnell heimtra-
gen. In der Kiste, die wir mit Freude öffneten, befanden sich
unser Besteck sowie Bett- und Tischwäsche. Aus der zum
Teil selbst gewebten Bettwäsche hat meine Mutter uns spä-
ter noch Kleider genäht.

Wenige Tage nach unserer Ankunft mussten wir uns,
Mutter, meine Schwester und ich, bei der Ortskommandan-
tur melden. Dort wurden wir registriert und zur Arbeit ein-
geteilt. Zuerst sollten wir alle Häuser reinigen, die von den
Russen und Polen beschlagnahmt worden waren. Immer
mehr Polen kamen nach Rügenwalde. Sie zogen einfach in
die Häuser ein, die ihnen gefielen.

Dann sollten wir Nähmaschinen verladen, die im ober-
sten Stock der Volksschule gelagert waren, sicher deshalb,
weil sie sonst gestohlen worden wären. Die Nähmaschinen
wurden nach Russland abtransportiert.

Später haben wir tagelang auf der Münde Holzstämme verladen, eine schwere körperliche Arbeit, eigentlich etwas für Männer. Dazu bekamen wir einen Eisenhaken in die Hand, mit dem wir die langen Stämme vom Stapel ziehen und auf Lastwagen verladen mussten.

Zur Erntezeit wurden wir dann zur Arbeit auf einer russischen Kolchose eingesetzt, wofür wir Brot erhielten. Zur Heuernte sollte jeder eine Harke mitbringen. Wer keine hatte, musste das Heu mit einem Stock wenden, was sehr schwer und anstrengend war. Auch das Kornbinden musste ich erst lernen. Waren die Garben nicht fest genug gebunden, rissen die Russenfrauen, die uns beaufsichtigten, alles auseinander und wir bekamen das Stroh um die Ohren. Wenn wir beim Korneinfahren mal bei uns am Haus vorbeikamen, habe ich schnell ein paar Garben abgeworfen. Meine Mutter sammelte sie dann schnell auf, klopfte das Korn aus den Ähren und mahlte es. Dies ergab ein grobes Mehl. Für uns war das aber etwas ganz Besonderes. Meine Mutter hatte einige Kartoffeln gefunden und sie am Haus in ein kleines Beet gesetzt. Sie wuchsen tatsächlich heran. Wir konnten einige Kartoffeln ernten. Man musste aber schnell sein, bevor es jemand anderes tat. Es ging ums Überleben und jeder nahm, was er bekommen konnte.

Bis in den Sommer hinein wurde uns noch erlaubt, hin und wieder zum Konfirmandenunterricht zu gehen. Ich bin dann am 1. Oktober 1945 von Superintendent Molzahn in der Gertrud-Kapelle auf dem Friedhof in Rügenwalde konfirmiert worden. Danach waren auch Gottesdienste nicht mehr möglich. Die Pfarrersfamilie Molzahn gehörte mit zu den Ersten, die aus Rügenwalde ausgewiesen wurden. Unsere Marienkirche war zu jener Zeit schon ein katholisches Gotteshaus geworden.

Nach und nach wurden die Geschäfte wieder eröffnet, die allerdings nun von Polen betrieben wurden. Aber wir konnten nichts einkaufen, da wir kein Geld hatten und auch für unsere Arbeit keines bekamen.

Nach der Ernte wurde ich in die Gutsmolkerei eingeteilt. Dort lernte ich das Buttern: Ich musste die Zentrifuge den ganzen Tag drehen. Dadurch kam ich manchmal an etwas Milch und auch mal an ein kleines Stück Butter heran. Die Aufsicht in der Gutsmolkerei oblag einer deutschstämmigen Polin. Sie bewohnte etwas später in unserer Wohnung ein Zimmer und befestigte an ihrem Fenster eine rot-weiße Fahne. Auch wenn sie nicht immer da war, so waren wir dadurch doch vor nächtlichen polnischen Plünderern geschützt, die immer noch umherzogen. Besonders begehrt waren bei ihnen Glühbirnen, doch die hatten wir schon lange nicht mehr. Wirklich vermisst haben wir sie auch nicht. Nach dem Dunkelwerden fiel man sowieso todmüde in den Schlaf.

Meine Arbeitszeit begann 4 Uhr morgens deutscher Zeit und dauerte bis zum Dunkelwerden. Den Weg zur Arbeitsstelle und auch zurück legte ich immer mit großer Angst zurück. Man wusste nie, ob man unversehrt zu Hause ankommen würde. Schwer war es auch, die 20-Liter-Kannen mit Milch vom Kuhstall bis zur Molkerei zu tragen – es gab aber keine andere Möglichkeit, sie zu transportieren.

Gegenüber der Molkerei war die sogenannte Gutsküche für die Arbeiter, die auf dem Hof arbeiteten, eingerichtet. Im Waschkessel wurde für die Leute jeden Tag gekocht. Das »Stammgericht«, das es öfter gab, war eine Suppe aus Kartoffeln und Rübenblättern. Manchmal gelang es uns, einen Eimer Buttermilch aus der Molkerei zu »organisieren«. Die Buttermilch schütteten wir in den Kessel, da schmeckte die Suppe besser.

Während dieser Zeit arbeitete meine Mutter bei den Polen, die immer zahlreicher die Stadt bevölkerten. Sie musste putzen und Wäsche waschen und bekam dafür etwas zu essen. Meine Schwester versorgte bei einem polnischen Bäcker dessen kleines Kind – und erhielt dafür auch etwas zu essen.

So lebten wir eineinhalb Jahre unter russischer und polnischer Herrschaft. In der Vorweihnachtszeit 1946 begann man, die ersten Aussiedler-Transporte zusammenzustellen. Am Abend des 13. Dezember kamen Polen zu uns mit dem Befehl, dass wir am nächsten Morgen zum Abtransport fertig sein müssten und bis dahin die Wohnung nicht mehr verlassen dürften. Sie sagten, wir würden abgeholt und die Wohnung danach versiegelt.

Kaum hatten diese Polen unsere Wohnung verlassen, kamen unsere polnischen Nachbarn und kauften uns für wenig Geld alles ab, was wir zurücklassen mussten. Ein paar Zlotys waren für uns viel Geld.

Wir wurden wirklich wie angekündigt am nächsten Morgen in unserer Wohnung abgeholt und zum Bahnhof begleitet, wo sich bereits eine größere Anzahl ausgewiesener Deutscher eingefunden hatte. Auf dem Weg dahin und auch noch auf dem Bahnhof kamen immer wieder Russen, die nach ihren Arbeitsleuten suchten, um sie wieder mitzunehmen. Ich habe mich deshalb laufend versteckt und war heilfroh, als ich auf der Ladefläche eines Güterwagens saß, in den man uns verfrachtet hatte. Wir waren alle erleichtert, als sich der Zug in Bewegung setzte. So hatten wir das »Glück«, am 14. Dezember 1946 aus Rügenwalde ausgewiesen zu werden – aus der Heimat, die jetzt den Polen gehörte. Dies war für uns eine bittere Erkenntnis, mit der wir uns aber abfinden mussten.

Mit unserer von den Polen veranlassten Vertreibung ver-

ließen auch die Russen Rügenwalde und zogen mit allem Vieh und den Arbeitern der Kolchose nach Liegnitz in Niederschlesien.

Als unser Zug Schlawe erreicht hatte, hieß es aussteigen. Nun wurden wir zu einem Kornspeicher geführt. Polen boten sich an, unsere letzte Habe mit dem Pferdewagen zu fahren, gegen Entgelt. Sie ließen die Pferde aber so schnell laufen, dass die älteren Leute, die keinen Platz auf den Wagen gefunden hatten, nicht folgen konnten. So verloren sie auch noch das Letzte, was sie besaßen. Auch wir hatten unser Gepäck zum Kornspeicher fahren lassen, aber uns hinten am Pferdewagen festgehalten. Wir mussten nebenher mitrennen, um ein Verschwinden des Wagens mit unserem Gepäck in eine andere Richtung zu verhindern.

Auf dem Speicher befanden sich schon viele Menschen aus dem ganzen Kreis Schlawe. Wir saßen auf unseren Sachen, die wir bei uns hatten. Am Abend wurden viele Kirchenlieder gesungen, was mich sehr beeindruckte. Spät in der Nacht kamen noch Plünderer, doch sie konnten nicht viel ausrichten. Einige von den Ausgewiesenen überlebten diese Nacht nicht. Sie waren an Erschöpfung gestorben. Man trug die Toten am frühen Morgen einfach nach draußen.

Zwei Tage dauerte es, bis man auch die letzten zur Ausweisung aus dem Kreis Schlawe bestimmten Deutschen zum Kornspeicher gebracht hatte. Es wurde ein langer Transportzug zusammengestellt, der aus Viehwagen bestand, in dessen Böden man eimergroße Löcher eingelassen hatte. Dann endlich setzte er sich in Richtung Westen in Bewegung.

Unterwegs hielt der Zug längere Zeit auf verschiedenen Stationen. Hier nutzten die neuen polnischen Bewohner die Gelegenheit, die Menschen in den Waggons zu plündern.

Leidtragende waren zuerst diejenigen, die vorn an der Tür saßen. Zu essen gab es auf der ganzen Fahrt nichts. Man lebte von dem, was man noch bei sich trug. Doch viele besaßen nichts mehr. Wenn wir Glück hatten, konnten wir bei einem Halt warmes Wasser, das die Lokomotive abließ, zum Trinken holen.

Am 18. Dezember 1946 erreichte unser Zug Stettin. Wieder hieß es aussteigen, wieder kamen wir in ein Lager, dieses Mal nach Frauendorf. Jeder musste sehen, wie er dorthin kam. Das Lager bestand aus mehreren großen Wohnblöcken mit größtenteils fehlenden oder kaputten Fenstern und Türen. In dieser Behausung haben wir Weihnachten 1946 erlebt. Auf dem Innenhof stand ein beleuchteter Tannenbaum, aber Heiligabend wurde das Licht gekappt. Verpflegung gab es nicht. Man hätte etwas kaufen können, wenn man Zloty gehabt hätte.

In Stettin wurden dann zwei Züge zusammengestellt, einer sollte in die Westzonen, einer in die Ostzone fahren. Niemand wusste, für welchen er eingeteilt wurde. Wir landeten glücklicherweise im Westzonen-Transport. Wie waren wir froh!

Am 30. Dezember 1946 fuhr unser Zug ab. Am 1. Januar 1947 traf er in Lübeck ein. Hier hieß es: »Alle aussteigen!« Wieder kamen wir in ein Lager. Es bestand aus Wellblechhütten. Doch wir befanden uns im Westen, in der britischen Besatzungszone. Das war zu spüren. Zum ersten Mal erhielten wir etwas zu essen: Butterbrote mit Leberwurst!

Am 2. Januar 1947 wurden wir zum Bahnhof gebracht und dort aufgefordert, einen Personenzug zu besteigen, ohne zu erfahren, wohin dieser fahren würde. Gerüchten zufolge sollte er ins Rheinland fahren. Von Rügenwalde an der pommerschen Ostseeküste in das Land am Rhein – ein weiter,

Helga Greinke in der neuen Heimat Münstereifel. Der Flucht aus Rügen-walde im März 1945 folgte die erzwungene Rückkehr in den von den Russen besetzten Ort und zwei Jahre später die Vertreibung.

weiter Weg. Wir waren gespannt darauf, wo unsere Fahrt enden würde.

Am 3. Januar erreichten wir Wipperfürth. Nach kurzem zweitägigem Lagerleben wurden wir am 5. Januar 1947 nach Oberliblar gebracht und von dort am 7. Januar mit dem

Lastwagen nach Münstereifel. Hier befand sich wieder ein Lager – und dabei waren wir das Lagerleben schon so leid. In jedem Lager wurden wir mit einer großen Pumpe voller Desinfektionsmittel entlaust, was auch nötig war, denn wir hatten lange Zeit keine Gelegenheit zum Waschen gehabt.

In Münstereifel erhielten wir Quartier in einem Hotel. In einem großen Raum war auf beiden Seiten Stroh ausgelegt. Darauf lag alles durcheinander: Männer, Frauen, Kinder. Auch gegessen wurde auf dem Fußboden. Ein kleiner Junge sagte einmal: »Hier muss man essen wie ein Hund!« *Er hatte recht.*

In Münstereifel spürte man deutlich, dass wir »ungebetene Gäste« *waren. Unser Aufenthalt im Notquartier zog sich hin, denn es wollte niemand Flüchtlinge aufnehmen, freiwillig schon gar nicht. Die meisten Eifler schienen bisher noch nicht weiter als bis nach Köln gekommen zu sein, wenn überhaupt, und konnten sich nicht vorstellen, wo wir herkamen und warum wir unsere Heimat verlassen hatten.*

Nach und nach wurden uns Zimmer zugewiesen. Wir drei kamen in ein Dorf in der näheren Umgebung. Uns stand ein Zimmer zu. Nun lebten darin meine Mutter, meine Schwester und ich. Ein kleines Zimmer, das man nur durch unser Zimmer betreten konnte, wurde abgeschlossen. Es war leer und unbenutzt. Wir durften es erst später benutzen, als mein Vater hinzukam. Unser Zimmer war mit einem breiten Bett mit Stroheinlage, einem wackeligen Tisch, einem Militärschrank ohne Tür und einem Stuhl möbliert. Kochen konnte meine Mutter im Keller auf einem Herd, unter dem meistens der Hund lag. Die Wirtsleute waren zurückhaltend, aber freundlich. Geschirr, zum Beispiel Tasse oder Teller, hatten wir nicht. Auch wenn wir diese Sachen mitgenommen hätten, so wären wir nie heil damit bis in die Eifel ge-

kommen. So zog meine Mutter notgedrungen von Haus zu
Haus und bettelte um Tassen und Teller. Sie brachte dann
abends etwas Geschirr mit. Manches war zwar angeschla-
gen, aber wir konnten wieder vom Teller essen und aus der
Tasse trinken. Bis dahin hatten wir uns mit einer leeren
Büchse beholfen. Selbst damit waren wir zuerst zufrieden,
waren wir doch in Freiheit. Wir waren sehr bescheiden geworden.

Kapitel 4
Stolpmünde

„Hafen der Hoffnung" für Abertausende

Nachdem Rügenwalde als erster Pommernhafen geräumt werden musste und sowjetische Truppen vor Stolpmünde, Kolberg und Stettin standen, setzte sich bei den verantwortlichen Stäben der Wehrmacht mehr und mehr die Erkenntnis durch, dass der sowjetische Vormarsch in Pommern nicht mehr aufzuhalten war, dass er nur noch durch punktuelle Defensivmaßnahmen verzögert werden konnte. Hauptaufgabe der deutschen Verteidigung konnte es jetzt nur noch sein, die Häfen Stolpmünde, Kolberg, Swinemünde, Stralsund, Greifswald und Saßnitz auf Rügen so lange zu halten, bis Schiffe die schätzungsweise mehreren hunderttausend Flüchtlinge aus Ostpreußen, Westpreußen und Danzig, Verwundete und Soldaten über See in Sicherheit gebracht hatten.

Auch auf den Bahnhöfen warteten zahllose Flüchtlinge und Verwundete sowie Bewohner der pommerschen Städte und des Hinterlandes auf Züge Richtung Westen. Die Wahrscheinlichkeit, dass noch ein Zug fuhr, wurde jedoch von Tag zu Tag geringer. Es gab immer weniger Eisenbahnwagen, Lokomotiven, Kohle und auch Bahnpersonal. Vor allem stellte sich die Frage, wohin die Züge die zahllosen Flüchtlinge und Verwundeten bringen sollten. Welche Stadt

war noch in der Lage, sie aufzunehmen, Unterkünfte und
Lazarette zur Verfügung zu stellen und für ausreichende
Verpflegung der zumeist vollkommen erschöpften und mit-
tellosen Neuankömmlinge zu sorgen?

Aus diesem Grund knüpften sich nahezu alle Hoffnun-
gen an die Marine. Sie allein war in der Lage, mit ihren
Schiffen Menschenmassen aufzunehmen und über die Ostsee in Sicherheit zu bringen, nach Schleswig-Holstein oder
nach Dänemark. Die dänische Hauptstadt Kopenhagen
wurde immer mehr zu einem der wichtigsten Anlandehäfen für größere Flüchtlingsschiffe, die auf jeder Fahrt mehrere tausend Menschen befördern konnten.

Inzwischen hatten besonders kleinere Seefahrzeuge, die
in den letzten Wochen aus Hela, Danzig und Gotenhafen
entlang der pommerschen Küste nach Westen gefahren
waren, Stolpmünde angelaufen. Tausende Menschen waren Anfang März 1945 auf diesem Weg in den relativ kleinen Stolpmünder Hafen gelangt. Darüber hinaus war ein
großer Teil der Bewohner von Stolp nach Stolpmünde geflohen, und viele Flüchtlinge der Trecks aus Ostpreußen,
Westpreußen und dem Danziger Raum, die Pommern noch
rechtzeitig erreicht hatten, ließen ihre Wagen stehen und
begaben sich zum Hafen in der Hoffnung auf einen Schiffsplatz.

Nun aber, nach dem raschen Vormarsch sowjetischer Einheiten in Hinterpommern, liefen alle diese Menschen Gefahr, in die Hände der Russen zu fallen, sofern sie nicht
rechtzeitig von hier wegkommen. Nach der Einnahme von
Rügenwalde war unverkennbar, dass Stolpmünde das nächste Angriffsziel der sowjetischen Truppen sein würde.

Als Fregattenkapitän Kolbe, der Einschiffungsoffizier für
den Abtransport von Flüchtlingen aus den Pommernhäfen,

Stolpmünde besitzt 1945 den größten Hafen Hinterpommerns.

aus Rügenwalde kommend am 7. März mit dem Flugsicherungsboot „FLB 434" in Stolpmünde eintraf, erfuhr er, dass
die von der Kriegsmarinedienststelle Danzig eingeleiteten
Evakuierungsmaßnahmen bereits angelaufen waren. Zwei
moderne Motorschiffe der Bremer Neptun-Reederei hatten
bereits das aus Stolp evakuierte Lazarett mit 200 Verwundeten, 60 Schwestern, die Ärzte und das Sanitätspersonal
sowie mehr als 1 000 Flüchtlinge über die Ostsee abtransportiert. Weitere 120 Menschen waren auf dem Weg von
Stolp nach Stolpmünde.

Fregattenkapitän Kolbe nahm unverzüglich mit Oberst
Gürke, dem Chef der Stolpmünder Flak-Artillerieabteilung,
und Korvettenkapitän Wolff, dem Chef der Marinekomman-
dantur, Kontakt auf. Wolff hatte den Befehl erhalten, den
Stolpmünder Hafen zu verteidigen. Doch das schien sinnlos, darüber waren sich Gürke, Wolff und Kolbe einig.

Als erste Maßnahme ließ Kolbe noch am selben Abend
das Hafengebiet durch Matrosen der Sicherungsdivision,
Flaksoldaten, Zollbeamte und Polizisten räumen. Die schon
einige tausend Menschen zählende Flüchtlingsmenge wurde von der Bollwerkkante zurückgedrängt. Die Menge folgte den Anweisungen, nachdem Kolbe bekannt gegeben hatte, dass er 14 Schiffe mit einer Verdrängung von 200 bis zu
1 500 Bruttoregistertonnen (BRT) erwarte.

14 Schiffe retten 18 000 Menschen

Ungeduldig warteten die Menschen, bis die Schiffe festge-
macht hatten. Es handelte sich um den Dampfer „Söder-
hamn" (1 499 BRT), gefolgt von „Reiher" (1 304 BRT), dem
Schulschiff „Nautik" (1 126 BRT) und den weit kleineren
Schiffen „Pickhuben", „Karlsruhe", „Nadir", „Oktant",
„Amrum", „Sextant" sowie die in Stolpmünde beheimate-
ten „Martha Geiss" und „Kolberg". Die kleinsten waren
„Bernd" und „Wiking 2".

Im Laufe der Nacht traf ein Fernschreiben von General
Weiß, dem Oberbefehlshaber der 2. Armee, ein, der un-
missverständlich den Kreis der Einzuschiffenden ein-
schränkte: „Kein kampffähiger Mann verlässt Pommern!",
befahl er. Kampffähig in diesem Sinne waren alle männlichen Personen zwischen 16 und 60 Jahren.

Die Einschiffung begann zunächst ruhig und geordnet.
Dann aber setzte urplötzlich Unruhe ein, die von Minute
zu Minute zunahm. Es wurde gedrückt, geschoben, gesto-
ßen. Die Masse drängte auf die schmalen, sich unter der
schweren Last biegenden Landgänge. Dass Frauen mit Kindern zuerst einsteigen sollten, blieb blanke Theorie. Abge-
hetzt, erschöpft und nach Luft ringend, fielen die Menschen

In der Hoffnung, einen Schiffsplatz zu bekommen, eilen Flüchtlinge mit letzten Habseligkeiten zum Hafen.

geradezu in die Laderäume; einen Quadratmeter Boden mussten sich vier Personen teilen. Inmitten einer Gruppe Verwundeter brachte man einen Kindertransport an Bord. Allein hätte man die Kinder nicht auf das Schiff lassen können, sie wären möglicherweise erdrückt worden. Alte, die an Bord getragen werden mussten, brachen dort zusammen. Allen saß die Angst im Nacken, doch noch zurückbleiben zu müssen; morgen konnten die Russen ja schon hier sein. Wer keinen Schiffsplatz fand, schien verloren, da nahm kaum einer Rücksicht auf den anderen.

Soldaten des Auffangstabes „Heldenklau" suchten unter den Flüchtenden nach wehrfähigen Männern. 18 Arbeits-

Mit kleineren Booten und Schiffen werden in der ersten Märzwoche 1945 Flüchtlinge von Stolpmünde nach Swinemünde gebracht.

dienstmänner des Jahrgangs 1927 wurden „ausgesiebt". Die Papiere eines Generalarztes, der sich auf der „Reiher" eingeschifft hatte, wurden besonders sorgfältig geprüft. Im Motorenraum der „Amrum" nahm man einen Oberleutnant fest, dessen Papiere wohl nicht in Ordnung waren. Einige Landser, die sich klammheimlich absetzen wollten, wurden von den Streifen mitten unter den Flüchtlingsfrauen entdeckt.

Als abzusehen war, dass die 14 Schiffe nicht ausreichen würden, forderte Fregattenkapitän Kolbe telefonisch und über Funk Hilfe an: „Ich brauche schnell schnelle Schiffe!"

Doch es dauerte seine Zeit, bis sie kamen.

Alle Schiffe waren inzwischen überfüllt. Das Wetter hatte sich in den letzten Stunden verschlechtert. Beißende Kälte und ein Nordoststurm hatten viele Flüchtlinge, die noch auf einen Schiffsplatz warteten, in den Windschutz der Häuser am Hafen getrieben. Da entdeckte Kolbe ein Schiff, das eine Stolpmünder Reederei für ihre Leute reserviert hatte. Kolbes Drohung „Entweder Sie nehmen noch 200 Flüchtlinge an Bord oder ich verhindere Ihr Auslaufen!" verfehlte ihre Wirkung nicht.

Plötzlich gab es heftige Detonationen, so dass die Wartenden glaubten, die Russen seien da. In Wirklichkeit hatte der Nachrichtenoffizier die Marinefunkstation gesprengt und sich abgesetzt. Auch Oberst Gürke hatte sich befehlsgemäß abgesetzt. Zurück blieb nur eine schwache Sicherungsgruppe.

Fregattenkapitän Kolbe atmete auf, als endlich einige Schnellboote einliefen und die letzten Flüchtlinge aufnahmen. Niemand musste zurückbleiben.

Stolpmünde menschenleer

Im Morgengrauen des 8. März war es soweit. Ein Schiff nach dem anderen legte ab. Selbst auf den Oberdecks standen die Menschen dicht an dicht gedrängt. Lieber Kälte und Sturm ertragen, als den Russen in die Hände fallen! Auf den Schiffen befanden sich überwiegend Frauen und Kinder. Neben den genannten 14 Schiffen lief alles aus, was sich noch im Stolpmünder Hafen befand: Fischkutter, Fährprähme und Motorboote.

Ein vollbesetzter Fährprahm, der sich als letzter der langen Kette von Schiffen und Booten angeschlossen hatte, schlug bei dem zunehmenden Nordoststurm plötzlich unter, tauchte kurz wieder auf – man sah noch einmal die sich aneinander klammernden hilflosen Menschen –, dann hatte die See ihn verschluckt und die Männer, Frauen und Kinder darauf in den Tod gerissen.

Ohne jeden Geleitschutz, der ohnehin nicht zur Verfügung stand, nahm die Armada der Flüchtlingsschiffe Kurs auf Swinemünde. Die Menschen auf ihnen ahnten nicht, was sie dort erwartete.

Nachdem das letzte Schiff außer Sicht war, verließ auch Fregattenkapitän Kolbe mit dem U-Jäger „119" Stolpmünde. Er glaubte, der Letzte gewesen zu sein.

Der Hafen bot ein trostloses Bild. Das Bollwerk lag voll von zurückgelassenen Habseligkeiten, vom Koffer bis zum Fahrrad, vom Kinderwagen bis zum Schinken. Verlassene Wehrmachtsfahrzeuge standen herum.

Die Russen sind da!

Doch nicht alle Stolpmünder hatten die Stadt verlassen. Vor allem Mütter mit ihren kleinen Kindern hatten sich die Nacht über in Kellern verkrochen. Jetzt kamen sie ängstlich hervor und mussten entsetzt feststellen, dass sie allein waren.

Indessen schlugen die ersten russischen Granaten ein. Dann begann es am Stadtrand zu brennen. Später stieg dichter Qualm vom Bahnhof hoch. Kurz darauf huschten die ersten russischen Schützen die Hauswände entlang.

Während die ersten russischen Soldaten auf das Hafengelände eilten, lief plötzlich ein U-Boot der 250-Tonnen-Klasse ein. Die Russen starrten auf das Boot. Ein russisches oder ein deutsches?

Es war ein deutsches U-Boot. Es hatte Stolpmünde angelaufen, um einen Tauchschaden reparieren zu lassen. Der Kommandant ahnte nicht, dass der Hafen bereits vom Feind besetzt war. Noch bevor das Boot angelegt hatte, sprangen zwei deutsche Marineoffiziere an Deck, klärten mit wenigen Worten über die Lage auf, und augenblicklich lief das Boot mit äußerster Kraft aus dem Hafen. Die beiden Offiziere gehörten zur Kriegsmarinedienststelle Danzig; sie hatten sich eben absetzen wollen.

Noch am selben Morgen war Stolpmünde fest in russischer Hand.

Nach Abschluss der blitzartigen Räumung Stolpmündes konnte Kolbe dem Seetransportchef Engelhardt melden: „Die eingesetzten 14 Schiffe nahmen 18 310 Menschen an Bord, die kleinen Fahrzeuge und die Schnellboote nahmen nochmals rund 2 000 an Bord, so dass über 20 000 Menschen aus Stolpmünde gerettet werden konnten."

Als nächstes stand Kolbe vor einer neuen, weit schwierigeren Aufgabe: dem Abtransport von einigen zehntausend Menschen aus Kolberg.

Abschied von Stolpmünde

Zu den Letzten, die den Hafen von Stolpmünde verließen, gehörte Oberlotse Heidrich, der über die letzten Tage in seiner Heimatstadt berichtet:

Als ich am frühen Morgen des 7. März 1945 gegen sechs Uhr mit dem Dampfer »Reiher« in den Stolpmünder Hafen einlief, da ahnte ich nicht, dass dies meine letzte Lotsung gewesen sein sollte. Ich kam von Gotenhafen und hatte das Flüchtlingselend dort bereits kennengelernt. Nachdem mir bekannt wurde, dass Stolpmünde geräumt werden sollte, bat ich meine Vorgesetzten, mich nach Stolpmünde zu schicken, um beim Abtransport der Flüchtlinge helfen zu können.

Schon beim Einlaufen kam mir der so vertraute Hafen plötzlich fremd vor. Die Kaianlagen waren überfüllt mit weinenden Frauen und Kindern, mit alten und gebrechlichen Menschen. Gepäckstücke, Bettzeug, alle möglichen Habseligkeiten lagen weggeworfen abseits. Autos und Pferdegespanne standen herrenlos herum – es war entsetzlich.

Meinen von mir gelotsten Dampfer wollte ich beim Nothafen festmachen, als kurz vor uns eine mit etwa 100 Personen beladene Marinefähre quer vor den Bug schor. Es wäre nicht auszudenken gewesen, was geschehen wäre, wenn wir die Fähre gerammt hätten. Doch ich bekam das Schiff mit einem »Voll rückwärts« und einem Ankermanöver aus der Gefahrenzone.

Ich stieg an Land und eilte nach Hause. Schon unterwegs erfuhr ich, dass meine Frau an diesem Tage Stolpmünde mit einem Dampfer verlassen hatte. Meine Schwiegereltern, die ich in unserem Haus antraf, erschienen mir gefasst und zuversichtlich – sie wollten bleiben. Mehrere Frauen und Kinder hatten im Hause Quartier genommen. Sie kamen aus Ostpreußen und waren zur weiteren Flucht nicht mehr zu bewegen. Wie ich später erfuhr, haben diese Frauen sich und ihren Kindern das Leben genommen. Meine Schwiegermutter wurde von einem Russen in der Diele erschossen. Mein Schwiegervater ist in Stettin verschollen.

Noch im Laufe des Vormittags stellte ich mich der Marinedienststelle zur Verfügung und half, wo ich nur konnte. Zwei Dampfer, die in der Nähe des Zollamtes lagen, wurden schon zur Abfahrt am nächsten Morgen vorbereitet. Die armen Menschen – sie taten mir in der Seele leid – mussten nun zehn, zwölf oder noch mehr Stunden zusammengepfercht in den Laderäumen oder an Deck stehen, ehe das Schiff ablegte. Der Nordost wehte, dazu leichter Schneefall – mit Decken über den Köpfen schützten sie sich vor Schnee und Kälte. Sie standen ausharrend und frierend, es war ein Bild des Jammers.

In den frühen Morgenstunden des 8. März sollten die Schiffe in See stechen. In der Nacht hatte der Wind mit Nordost sieben bis acht aufgefrischt. Gleich nach Mitternacht war ich im Hafen und fasste den Entschluss, die Schiffe um der Flüchtlinge willen am Auslaufen zu hindern. Jeder überkommende Brecher hätte die Menschen am Oberdeck in Eisklumpen verwandelt oder über Bord gerissen. Als gegen neun Uhr morgens ein Korvettenkapitän der Kriegsmarine erschien, drohte er mir, mich zu erschießen, weil ich die Schiffe nicht hatte auslaufen lassen. Mit dem Diagramm unseres Windmessers überzeugte ich ihn schließlich doch noch, dass ich richtig gehandelt hatte.

Im Laufe des Vormittags flaute der Wind ab und die Dampfer konnten auslaufen. Am Hafen wurde es merklich stiller und eine leise Ahnung machte sich breit, dass die Stunden Stolpmündes gezählt waren.

Gegen 15 Uhr war es soweit. Ein Boot der Marine hatte festgemacht, wohl um die letzten Marinesoldaten abzusetzen. Etwas später lief das Schiff wieder aus; ich mit an Bord. Aus dem Fenster des Lotsenwachzimmers schlugen Flammen. Hier hatte ich fast 20 Jahre gelebt und gearbeitet, darauf gewartet, eingesetzt zu werden. Bei Wind und Wetter hatte ich die Schiffe ein- und ausgelotst. Ich schaute mich noch lange um...

Dankbar für ein neu geschenktes Leben

Inmitten der unzähligen Menschen, die am Mittwoch, dem 7. März 1945, bei Sturm und Schneetreiben im Hafen von

Stolpmünde auf ein Schiff warteten, befand sich auch die
24-jährige schwangere Lehrerin Eva-Leonore Danielzik aus
Arenswalde im Kreis Johannisburg in Ostpreußen. Sie und
ihr 56-jähriger Vater waren bereits am 18. Januar 1945 aus
ihrem Heimatort geflohen. Es war der 48. Tag ihrer Flucht,
als sie Stolpmünde erreichten und weit mehr als 500 Kilometer hinter sich gelassen hatten. Über die Flucht aus Ostpreußen an die pommersche Ostseeküste und ihre Rettung
über die Ostsee hat Eva-Leonore Danielzik eine Nieder-
schrift angefertigt, die sie mit den Worten überschrieb: „Ich
bin dankbar für ein neu geschenktes Leben".

*Die Heimat meiner Familie ist Ostpreußen. Wir lebten in
Arenswalde, Kreis Johannisburg. Dort wurde ich 1920 auf
dem Gut meiner Eltern geboren, meine Schwester 1922.*

*Nach meiner Ausbildung zur Lehrerin bin ich von 1940
bis 1942 in Strasburg/Westpreußen und von 1942 bis zur
Flucht am 17. Januar 1945 in Markthausen, Kreis Schröt-
tersburg/Weichsel, tätig gewesen.*

*Auch mein Vater, Otto Danielzik, geboren 1889, war seit
1940 im Kriegseinsatz und verwaltete im Auftrag der Ostpreußischen Landgesellschaft mehrere Güter im Kreis
Schröttersburg, zuletzt in Raunen. Von dort flüchteten wir
am 18. Januar 1945.*

*Meine Mutter war 1941 gestorben und mein Vater hatte
1942 wieder geheiratet. Zum Zeitpunkt der Flucht befand
sich seine zweite Frau in Rogasen bei Posen und flüchtete
von dort mit ihrer Tochter und deren vier kleinen Kindern
nach Greifswald zu Verwandten.*

*In der Nacht vom 17. zum 18. Januar 1945 ließ mich mein
Vater mit einem Fuhrwerk von Markthausen nach Raunen
holen. Im Gutshaus hatte man einen Hauptverbandsplatz*

eingerichtet, der aber schon in der Nacht wieder verlagert werden sollte. Man riet auch uns zur Eile.

Darum brachen wir am 18. Januar 1945, so gegen 21.30 Uhr, mit drei Wagen und unseren polnischen Kutschern auf und erreichten Schröttersburg am 19. Januar früh um 5 Uhr. Hier verließen uns die Kutscher. Da Vater zum Volkssturm musste, beluden wir einen Wagen mit Futter, Lebensmitteln, Bettzeug und wichtigem Gepäck und spannten die zuverlässigsten Pferde vor. Die anderen beiden Wagen blieben zurück. Nach einem russischen Schlachtfliegerangriff fuhr ich allein mit unserem Gespann – meinen kleinen Terrier an der Seite – von Schröttersburg in lockerer Reihe mit vielen anderen Wagen westwärts.

Bei dem strengem Frost und den vereisten Straßen ging es nur langsam vorwärts. Mancher Wagen blieb unterwegs liegen. Mit uns fuhren Wehrmachtskolonnen, Soldaten gingen zu Fuß nebenher. Immer dichter wurde der Zug der Flüchtenden. Von jenseits der Weichsel waren Maschinengewehrfeuer und Kanonendonner zu hören.

So kam ich in drei Tagen nur etwa 60 Kilometer weit, als ich in Kikol hinter Lipno, mitten im Gewühl, an einer Straßeneinmündung meinen Vater stehen sah! Er war vom Volkssturm entlassen worden und nun, teils zu Fuß, teils von Wehrmachtsfahrzeugen mitgenommen worden, auf der Suche nach mir bis dahin gekommen. Von diesem 21. Januar 1945 an flüchteten wir gemeinsam weiter. Wir nahmen noch einen Mann der Organisation Todt mit, der nach Berent musste.

In der Nacht vom 23. Januar 1945 fuhren wir auf das brennende Thorn zu und mussten nach Norden abbiegen. Über Kulmsee ging es weiter, bis wir vor Graudenz zur Weichsel bei Schöneich abgeleitet wurden. Am 24. Januar über-

querten wir in halbstündiger Fahrt die fest zugefrorene Weichsel.

Aber je weiter wir fuhren, umso näher schienen uns die Russen zu sein, die in Keilen nach Westen und Norden vorstießen – das Schießen war oft ganz nahe.

Immer weiter ging es in nordwestlicher Richtung. Bei strengem Frost um minus 25 Grad gab es Sturm und Schneetreiben, vereiste und oft schlechte Straßen. Am Tage waren sie häufig so verstopft, dass wir meistens nachts fuhren und am Tage rasteten.

Über Neuenburg – Hochstüblau – Berent langten wir am Dienstag, dem 6. Februar 1945, in Lauenburg/Pommern an. Wir hatten etwa 480 Kilometer zurückgelegt.

Dort hieß es, Trecks müssten in Pommern bleiben, könnten nicht weiter nach Westen fahren. Da wir nach drei Wochen der Flucht dringend eine Zeit der Erholung brauchten, blieben wir in der Stadt, die ich von meiner Hochschulzeit kannte. Von Lauenburg aus wurde noch Post befördert. So gaben wir unseren Angehörigen das erste Lebenszeichen, auch meiner Schwester nach Norwegen. Als meine Stiefmutter die Nachricht sandte, dass sie in Greifswald wohlbehalten eingetroffen sei, entschlossen wir uns, den Versuch zu wagen, auf einer nördlichen Route über Swinemünde auch dorthin zu gelangen.

So machten wir uns am Mittwoch, dem 28. Februar 1945, gegen 8.30 Uhr, wieder auf den Weg und fuhren über Stolp und Schlawe bis etwa sechs Kilometer vor Rügenwalde. Dort versperrten zwei liegengebliebene Laster die Straße. Bei eisigem Weststurm, der unseren Wagen und unsere zitternden Pferde umzuwerfen drohte, verbrachten wir eine schreckliche Nacht.

Am Morgen des 2. März kamen wir in Rügenwalde an,

bezogen Quartier und sahen am Abend den Feuerschein der herannahenden Front von Bublitz und Rummelsburg her.

Am Sonntag, dem 4. März, kam die Nachricht: die Russen seien östlich von Köslin bei Schübbenahnow über die Bahnlinie vorgestoßen. Damit war der Kessel zu! Alle Trecks sollten zurück nach Gotenhafen. Die Entfernung dahin betrug etwa 170 Kilometer! Auch wenn wir Gotenhafen erreichten, was dann? Wir waren uns sicher, wenn wir der Umklammerung entkommen wollten, mussten wir versuchen, zur Küste, zu einem Hafen zu kommen, um eventuell ein Schiff zu erreichen, das uns aufnehmen und nach Westen bringen könnte: Stolpmünde war nicht weit!

Am gleichen Tag brachen wir um 12.30 Uhr wieder in Richtung Osten auf. Nun rollten die Trecks in beiden Richtungen: viele noch nach Westen, andere wie wir nach Osten.

Am 6. März kamen wir über Pustamin – dort hatten wir einer jungen Frau mit Kind und Eltern eine Mitfahrgelegenheit geboten – gegen 13 Uhr in Stolpmünde an. Mit List und Tücke gelangten wir zum Hafen und auf einen Hof nahe der Kommandantur. Bei der Hafenstreife erkundigten wir uns nach Schiffen: Ja, es wurden mehrere erwartet.

Bei Sturm und Schneetreiben packten wir zwei Koffer und zwei Säcke mit Sachen und luden von unserem Wagen Lebensmittel für die Hafenstreife ab, auch unsere Pelzdecke. Alles andere ließen wir zurück, schweren Herzens auch die treuen Pferde. Ein Zahlmeister wollte alles übernehmen. Meinen treuen Hund brachte ich zu den Soldaten mit der Bitte, ihn zu erschießen, weil ich meinte, wo Tausende von Menschen am Hafen auf Schiffe warteten, könnte ich meinen Hund nicht mitnehmen.

Die Nacht über saßen wir in einem Heim der Nationalsozialistischen Volkswohlfahrt (NSV) und standen am Mitt-

*Eva-Leonore Danielzik. Am 48. Tag ihrer Flucht erreicht die 24-jährige
Lehrerin aus Arenswalde in Ostpreußen mit ihrem Vater den rettenden
Hafen von Stolpmünde.*

*woch, dem 7. März, ab 7 Uhr, mit unserem Gepäck am Ha-
fen, ununterbrochen, bei Sturm und Schneetreiben, ohne
Essen, inmitten unzähliger Menschen, die in der Nacht zu
Fuß aus Stolp geflüchtet waren.*

  *Ein Schiff legte an, aber nur Frauen mit Kindern durften
einsteigen. Männer im volkssturmpflichtigen Alter sollten*

sich melden. Dazu gehörte auch Vater. Ich wollte jedoch nicht fahren, wenn er dableiben musste. Aber er kam frei und wieder zum Hafen zurück. Ein zweites Schiff wurde beladen, jedoch die Menschenmenge nahm nicht ab und wir standen auch immer noch am Kai. Dabei stürmte und schneite es unablässig.

Am Abend, etwa gegen 18 Uhr, suchte und fand uns in der Menge ein Soldat der Hafenstreife und brachte uns auf die »Karlsruhe«, einen kleinen Frachter, der etwas abseits angelegt hatte. Das Schiff war für den Stolper Arbeitsdienst reserviert, nahm aber unter Zurücklassung von Material noch Verwundete und Flüchtlinge und eine Schulklasse aus dem Westen an Bord. Bestimmungshafen war Wismar.

So kamen wir an Deck und fanden gleich neben einer Ladeluke Platz zum Sitzen. Auf dem Schiff sollen sich 1 500 Menschen befunden haben, doch der Kapitän lehnte es ab, bei Windstärke 9 auszulaufen.

Es wurde Nacht und wir warteten Stunde um Stunde, in Kälte und Wind an Deck sitzend. Ich war voller Bangen, hatten wir doch vom Untergang der »Wilhelm Gustloff« gehört. Ich fragte Vater: »Wollen wir nicht das Schiff wieder verlassen?« Aber er tröstete mich: »Nun sind wir hier und wollen auch bleiben!«

Wir froren sehr, deshalb ging er noch einmal von Bord und holte mir von der Hafenstreife unsere Pelzdecke, in die wir uns einpackten. Am Morgen, wir lagen mit dem Schiff immer noch am Kai, sah ich plötzlich meinen Hund, meinen Murks, suchend im Hafen umherirren. Aber ich habe ihn nicht gerufen. Warum nur? Warum habe ich mich beherrscht und ihn im Stich gelassen? Er hätte wohl auch noch ein Plätzchen gefunden.

An diesem Donnerstag, dem 8. März, gegen 8 Uhr, legte

Otto Danielzik, Jahrgang 1889, wird kurz vor Fluchtbeginn zum Volkssturm eingezogen. Seine Tochter Eva-Leonore und er haben Glück, sie finden sich wieder und gehen gemeinsam den beschwerlichen Weg von Ostpreußen bis nach Stolpmünde.

die »Karlsruhe« ab. Es hieß, die Russen seien schon vor der Stadt gewesen. Einige Jungen standen anfangs an der Reling und immer, wenn eine Boje zu sehen war, riefen sie: »Da – eine Treibmine!« Das war immer schrecklich zu hören und belastete sehr, da wir ja um die Gefahren wussten.

Dann wurde ich auch noch seekrank. Der Magen war leer, aber das Würgen schlimm. Die Toiletten auf dem kleinen Frachter reichten nicht aus. Die Männer erleichterten sich vom Heck des Schiffes aus über Bord, später auch wir Frauen hinter einer Sichtschutzwand.

Einmal konnte ich heißen Kaffee bekommen, gegessen haben wir aber kaum. Ob es auf dem Schiff etwas zu essen gab oder ob wir vielleicht noch etwas hatten, ich weiß es nicht mehr.

Menschen starben und wurden im Meer versenkt – Kinder wurden an Bord geboren. Dabei begleitete uns immer die Sorge, auf eine Mine zu stoßen, von U-Booten oder Flugzeugen beschossen und versenkt zu werden.

Sechs Tage und sechs Nächte waren wir unterwegs. Erst fuhren wir nordwärts bis vor Bornholm, dann südwärts bis Rügen. Angesichts der Kreidefelsen lagen wir 56 Stunden vor der Insel Rügen, auf andere Schiffe und Geleitschutz wartend. Später sahen wir Schnellboote und wohl andere Marineeinheiten in unserer Nähe.

Nachts gab es ein paar Mal Fliegeralarm. Dann hielten wir die Ladeluken mit Decken zu, damit der Lichtschein aus den Laderäumen nicht zu sehen war. Die Motoren wurden gedrosselt oder ganz abgestellt. Wir schaukelten wie eine Nuss-Schale auf den Wellen. Es war, als ducke sich das Schiff. Wir duckten uns mit und hielten den Atem an, bis die Flugzeuge wieder verschwunden waren. Es sollen englische Maschinen gewesen sein, die die Ostsee verminten.

Alle Tage und Nächte saßen wir fast immer auf einem Fleck, erlebten an Deck unter freiem Himmel alle Wetter: Schnee und Regen, Sonne und Wind, Kälte und Nebel.

Endlich, am Dienstag, dem 13. März 1945, legten wir mittags in Wismar an. Wir waren gerettet! Dankbar für unser neu geschenktes Leben gingen wir an Land!

*Viele Stationen gab es danach. Von Wismar aus fuhren
wir mit dem Zug und kleinem Reisegepäck nach Greifswald,
wo wir am 14. März 1945 gegen Mittag anlangten.*

*Am 21. März fuhr ich dann allein weiter zu meiner Freun-
din nach Schweinitz, in die Nähe von Wittenberg. Dort erlebte ich Ende April 1945 doch noch die Russen und eine
schlimme Zeit: viel Leid und Schmerzen, die Geburt und
den Tod meiner Tochter, Sorgen, Krankheit und Not – aber
auch viel Hilfe und Trost, Verständnis und Liebe. Immer
gab es einen Weg, den Mut und die Kraft ihn zu gehen, das
Schicksal zu tragen und – nach allem Erlebten – das Leben
mit Tatkraft und Zuversicht zu gestalten.*

Ein Schiff rettete mich

Ebenfalls an Bord des Frachters „Karlsruhe" befand sich
die aus Stolp nach Stolpmünde geflohene Ursula Natzke.
Über ihre Flucht und ihre Rettung über die Ostsee berichtet sie:

*Zu jener Zeit war ich 19 Jahre alt und wohnte bei meinen
Eltern in Stolp, in der Henkelstraße 3, als Anfang März 1945
die Front immer näher rückte, die Lage immer bedrohlicher
wurde und der Ring um Stolp sich immer enger schloss.
Wir planten die Flucht, da abzusehen war, wann die Russen
die Stadt besetzen würden. Unsere Hoffnung war, nach Stolpmünde zu entkommen und dort ein Schiff zu finden, das
uns über die Ostsee in Sicherheit bringen würde. Doch so
einfach war es nicht, eine Genehmigung zur Flucht zu erhalten.*

*Da räumte man einem alten Ehepaar, Verwandten von uns,
deren Sohn Arbeitsdienstführer war, die Möglichkeit ein, mit*

einem Lastwagen nach Stolpmünde zu fahren. Zwei Schiffe wären dort vom Reichsarbeitsdienst (RAD) gechartert worden und würden auch Angehörige mitnehmen. Die Verwandten boten mir an, mitzukommen, und gaben mich, da man nur Angehörige der Arbeitsdienstleute in Stolpmünde zum Hafen lassen wollte, als Braut ihres Sohnes aus. Meinen Eltern blieb die Möglichkeit mitzukommen verwehrt.

Im Stolpmünder Hafen angekommen, versuchte der Reichsarbeitsdienst, nur eigene Leute mit Angehörigen und deren Gepäck in »seine Schiffe« zu verladen. Der Hafenkommandant verhinderte dies jedoch, indem er sehr laut und deutlich zu verstehen gab: »Und wenn der ganze Arbeitsdienst hierbleibt, die Flüchtlingsfrauen und Kinder kommen mit!«

Es standen dort Menschen am Kai, die, aus Ostpreußen kommend, sich zum Teil schon wochenlang auf der Flucht befanden. So geschah es dann, wir konnten ein Schiff betreten. Es war der Dampfer »Karlsruhe«. Insgesamt 2 000 Menschen sollen es gewesen sein, die auf dem relativ kleinen Schiff Platz fanden.

Ich saß in einem der großen Laderäume auf dem Boden, meine alten Verwandten auf Kisten. An ein Hinlegen war nicht zu denken, dafür fehlte der Platz.

Am 8. März verließ der Frachter »Karlsruhe« den Stolpmünder Hafen. Es herrschte starker Seegang. Kaum hatten wir die Hafenausfahrt hinter uns, wurden bereits viele Menschen seekrank.

Einige Flüchtlinge, die schon länger unterwegs waren, besaßen Kochtöpfe und Pfannen. Diese mussten herhalten, um das Erbrochene die steile Leiter hinauftragen zu können. Leute, die in der Nähe lagen, bekamen dabei bei dem starken Seegang manches ab.

Nach heftigem Sturm und Schneetreiben kann der kleine Frachter „Karlsruhe" endlich am 8. März 1945 in Stolpmünde ablegen und seine nahezu 2 000 Passagiere nach Wismar bringen.

Nach einigen Stunden legte sich der Sturm, und aus dem Zustand der Seekrankheit »erwacht«, wurde einem erst bewusst, in welch gefahrvoller Lage wir uns befanden. Nachts verminten feindliche Flugzeuge die Ostsee. Dann wurde die Maschine gestoppt und das Licht gelöscht. Wir hofften, nicht getroffen zu werden, auch nicht von den Torpedos feindlicher U-Boote.

Als ich nach drei Tagen zum ersten Male aus der Ladeluke stieg, fand ich eine alte, am Boden liegende Frau, um die sich niemand kümmerte. Mit Hilfe eines RAD-Führers brachte ich sie zum Arzt. Der praktizierte in einem nicht sehr großen Raum, in dem sich bereits etwa dreißig Menschen aufhielten. Als mich der Marinearzt mit der Frau sah, schnauzte er mich an, ob ich nicht sähe, dass die Frau nur simuliere. Bereits zum dritten Male brächte man sie zu ihm. Ich sollte sehen, wo ich mit der Frau bliebe. Wir legten sie dann irgendwo auf einer weichen Unterlage ab. Viele der alten Menschen waren völlig verwirrt.

Abends an Deck traf ich den Arzt. Er entschuldigte sich für sein barsches Verhalten am Vormittag und äußerte sich sehr pessimistisch. Er meinte, obwohl er seit Kriegsbeginn Schiffsarzt gewesen sei, hätte er aber noch nie so etwas Furchtbares erlebt wie jetzt auf diesem Schiff. Er glaube nicht, dass wir es je schaffen würden, heil durch den Minengürtel zu kommen. Da wir im Geleit fuhren, waren bisher dreimal Minenräumboote vor dem Schiff hergefahren. Nun müssten sie weiter. Sie würden nur noch einmal versuchen, uns den Weg freizuräumen.

Ich aber fühlte mich da schon gerettet, war den Russen entkommen, war jung und wollte leben. Die Tragweite seiner Worte habe ich gar nicht so recht erfasst. Ich kann mich nicht erinnern, dass sie große Angst in mir auslösten.

Auf dem Schiff gab es kaum etwas zu essen und zu trinken. Man musste stundenlang vor dem Gang zur Toilette anstehen – jeder sollte sie nur drei Minuten benutzen. Man konnte kaum schlafen.

Einmal spendierten uns – einem anderen Mädchen und mir – die Matrosen eine Waschschüssel mit heißem Wasser. Wir konnten uns in einem separaten Raum waschen! Es war gerade Sonntag. Für uns ein Fest!

Das menschlich Unangenehme war, dass die hohen RAD-Führer glaubten, ihnen gehöre das Schiff, für sie sei das alles gemacht. Sie ließen dies auch sehr häufig verlauten. Wie die Verhältnisse wirklich waren, entzog sich meiner Kenntnis. Es sprach schon für sich, dass sich am Ende des Krieges junge, kräftige Männer des RAD in sichere Regio-

nen absetzten, jedoch 50- bis 60-jährige Männer, darunter auch mein Vater, im Volkssturm zur letzten Reserve der Wehrmacht aufgeboten wurden – und den Russen in die Hände fielen.

Nach sieben langen Tagen und sechs fast schlaflosen Nächten landeten wir am Vormittag des 13. März 1945 im Hafen der Hansestadt Wismar und wurden von dort sofort nach Schwerin in ein Arbeitsdienstlager gebracht. Hier erhielten wir eine gute Verpflegung – und konnten uns endlich im Stroh ausgestrecken und von den Strapazen erholen.

Es gab auf dem Schiff manch traurige und groteske Episode, die mir nur vage im Gedächtnis geblieben sind. Die Flucht und die Rettung über die Ostsee erscheint mir heute wie ein großes Geschenk des Schicksals, das es – verglichen mit dem schlimmen Geschick anderer Menschen aus dem Osten und dem der Daheimgebliebenen – mit mir sehr gut gemeint hat.

Ich verdanke der Marine, vor allem der Besatzung der »Karlsruhe«, mein Leben.

Flucht eines Stolper Jungen

Der am 26. November 1934 in Stolp in Pommern geborene Dieter Frömming, musste als Zehnjähriger mit seiner 6-jährigen Schwester und seiner 30-jährigen Mutter seine Heimatstadt verlassen. Die drei flohen mit der Bahn, was erst beim zweiten Mal klappte, nach Stolpmünde, um dort ein rettendes Schiff zu finden. Ein kleiner Frachter nahm Dieter Frömming, seine Mutter und Schwester auf und brachte sie nach Swinemünde. Von dort wollten die Frömmings weiter, denn sie hatten ein Fluchtziel: Kolbermoor in Oberbayern im Landkreis Aibling, das sie nach einer abenteuerlichen Reise quer durch Deutschland mit der Eisenbahn schließlich erreichten.

Über diesen Fluchtweg berichtet Dieter Frömming so lebendig, als sei es erst gestern geschehen:

Mitte Januar 1945 hörte meine Mutter in den Nachrichten, dass die Russen in Ostpreußen eingebrochen und im Vormarsch auf Königsberg seien. Wir wohnten in Stolp, in Pommern, weit vom Krieg entfernt. Trotzdem hatte meine 30-jährige Mutter die Befürchtung, die Russen könnten in einigen Wochen auch bis Stolp vorgedrungen sein. Deshalb sagte sie bereits in der letzten Januarwoche 1945 zu meiner Schwester und mir – ich war am 26. November 1944 zehn Jahre alt geworden: »Wir packen und fahren mit der Bahn nach Oberbayern zu unseren Verwandten, dorthin kommen die Russen mit Sicherheit nie!« *In unserer Nachbarschaft in Stolp dachte zu diesem Zeitpunkt wohl kaum jemand daran, die Stadt zu verlassen.*

Wir packten die wichtigsten Sachen, aber nur das, was wir auch tragen konnten. Am letzten Januartag waren wir reisefertig und so ging es zum Bahnhof in Stolp. Unsere Mutter hatte die Fahrkarten für uns drei nach Kolbermoor, Kreis Bad Aibling in Oberbayern, in der Tasche. Doch der erwartete Eisenbahnzug kam nicht. Die russischen Truppen hatten inzwischen Pommern erreicht und den Stolper Raum von Süden her abgeschnitten, so dass die Züge nicht mehr durchkamen. Wir gaben die Fahrkarten zurück, denn niemand konnte uns sagen, ob und wann der Zugverkehr nach Süden wieder aufgenommen werden würde. Es dauerte tatsächlich vier Wochen, bis deutsche Soldaten die Einschließung wieder freigekämpft hatten.

In den ersten Märztagen 1945 unternahmen wir einen

zweiten Versuch, Stolp mit der Bahn zu verlassen. Dieses Mal sollte es nicht nach Süden, sondern nach Norden und nur bis Stolpmünde gehen. Von dort hofften wir, mit einem Schiff bis Swinemünde zu gelangen. Der Zug, den wir in Stolp bestiegen, war nicht überfüllt. Die anderen Stolper hatten es wohl nicht so eilig wie wir. In 40 Minuten Fahrzeit erreichten wir Stolpmünde.

Hier hieß es zunächst einmal »Pause machen«, denn Schiffe, die Flüchtlinge aufnehmen könnten, wurden erst am nächsten Morgen erwartet. Wir erhielten ein Nachtquartier im »Kapitänswinkel«. Die Wohnung war piekfein aufgeräumt, die Betten gemacht – es schien so, als ob die Leute, die hier wohnten, nur zu einem kurzen Spaziergang weggegangen wären.

Am frühen Morgen des folgenden Tages begaben wir uns auf den Weg in den Stolpmünder Hafen. Vor den meist kleineren Schiffen drängten sich bereits unübersehbar viele Menschen. Es waren sicher viel mehr Menschen da, als die Schiffe je würden aufnehmen können. Das befürchteten wohl viele der Flüchtlinge. Von großem Gepäck mussten sich alle trennen, es blieb auf dem Hafenkai zurück.

Es war eines der kleineren Schiffe, vor dem schließlich meine Mutter stand und sich bemühte, an Bord zu kommen, was nicht ganz einfach war. Die Erwachsenen gingen nacheinander an Bord, während die Kinder von Matrosen über die Bordwand gehoben wurden. Das geschah so auch mit meiner Schwester und mir. Gleichzeitig war unsere Mutter auf das Schiff gelangt.

Über eine lange Leiter erreichten wir unser »Quartier« für die bevorstehende Schiffsreise, meine erste als zehnjähriger Junge. Der Laderaum, in dem immer mehr Flüchtlinge Platz fanden, war mit Stroh ausgelegt. Die

Beladung erfolgte nicht unter Zeitdruck, sondern ruhig und ohne besondere Hast.

Gegen Abend machte ich den Versuch, aus dem Laderaum über die Leiter nach oben an Deck zu gelangen, was mir auch glückte. An Oberdeck nach Westen blickend, sah ich einen hellen Feuerschein, wahrscheinlich stammte er vom brennenden Kolberg.

Am nächsten Vormittag gegen 11.30 Uhr verließ unser kleiner Dampfer, zusammen mit anderen Schiffen, den Stolpmünder Hafen mit Kurs auf Westen. Als Zielhafen galt Swinemünde.

Anfänglich verlief die Fahrt über die Ostsee in Richtung Westen relativ ruhig, doch nachts kam starker Sturm auf. Die Seekrankheit griff sehr schnell um sich und ergriff fast alle von uns. Doch von Fliegerangriffen wurden wir ebenso verschont wie von Minentreffern. Für einen U-Boot-Angriff war unser Schiff zu klein und kein lohnendes Ziel. So erreichten wir ohne »Feindberührung« Swinemünde. Auf der Reede musste unser Schiff ankern und konnte erst am nächsten Tag, dem 9. März, gegen Mittag in den Hafen einlaufen. Wir gingen von Bord und suchten nach Möglichkeiten, unsere Reise fortzusetzen.

Unser Weg zum Bahnhof war umsonst. Ein Zug nach Rostock, wohin wir sollten, fuhr erst am nächsten Vormittag wieder. Auf der Suche nach einem Nachtquartier landeten wir in einem Massenquartier für Flüchtlinge, in einem »Kino außer Betrieb«. Wir schliefen schlecht und recht auf Klappsesseln.

Am nächsten Morgen, dem 10. März, ging es wieder zum Bahnhof. Wir hatten Glück, der Zug kam und brachte uns nach Rostock. Hier blieben wir drei Tage und drei Nächte. Unser Quartier war ein Ruinenkeller. Am 13. März hörten

wir von dem vernichtenden Luftangriff auf Swinemünde,
wo wir uns wenige Tage zuvor aufgehalten hatten.

Am 14. März kaufte unsere Mutter zum zweiten Mal Zug-
fahrkarten nach Kolbermoor in Oberbayern, ohne zu ahnen,
auf welches Fluchtabenteuer sie sich nun einließ. Erst viele
Jahre später, der Krieg war längst vorbei, wurde mir be-
wusst, dass auf unserer Flucht mit dem Schiff von Stolp-
münde über die Ostsee nach Swinemünde, von dort mit der
Bahn nach Rostock und von dort mit der Bahn in den Sü-
den Deutschlands, bis nach Oberbayern, der Tod unser stän-
diger Begleiter gewesen war.

In diesen Märzwochen 1945, in denen wir auf der Flucht
waren, wurden an der pommerschen Ostseeküste Rügenwal-
de, Stolpmünde und Kolberg von den Russen besetzt und
Swinemünde von alliierten Flugzeugen zerstört. Sowjetische
Truppen hatten die Odermündung bei Stettin erreicht. Im
Westen Deutschlands wurden die Großstädte von alliierten
Flugzeugen mit Bombenteppichen belegt, die Amerikaner
besetzten Trier und Köln. Die Engländer rückten in Kleve
ein.

Alliierte Truppen besetzten in den letzten Märztagen 1945
Mainz, Darmstadt, Mannheim, Wiesbaden und Frankfurt
am Main.

Kein Wunder, dass unsere Bahnfahrt von Rostock nach
München chaotisch verlief – wie das Kriegsgeschehen in
Deutschland in diesen Tagen. Der erste Reisetag brachte uns
bis Hamburg. Hier hieß es aussteigen. Was wir danach sa-
hen, waren Ruinen und mittendrin ein offensichtlich unbe-
schädigtes großes Gebäude mit Dach. Es war eine Schule.
Es diente uns wie vielen anderen für die nächste Nacht als
Unterkunft. Wir schliefen auf Stroh und erlebten eine Nacht
ohne Fliegeralarm.

Am nächsten Morgen ging es wieder zum Hamburger Hauptbahnhof. Wir mussten warten. Stundenlang. Erst am späten Nachmittag kam ein Zug, der nach Süden fuhr. Zunächst fuhr er voll besetzt im Schneckentempo. Dann blieb er auf freier Strecke stehen. Als es dunkel wurde, sahen wir, warum: Die vor uns liegende Stadt war bombardiert worden und brannte lichterloh. Da der Bahnhof und die Gleise zerstört waren, kam der Zug nicht weiter.

Wir blieben weiter auf freier Strecke stehen. Tagelang. Dann ging es endlich weiter, stundenlang ohne Halt bis kurz vor Nürnberg. Da alliierte Bomber zu dieser Zeit die Stadt angriffen, die an vielen Stellen zu brennen begann, mussten wir aussteigen, wieder auf freier Strecke, doch in der Nähe eines Dorfes. Als nach einigen Minuten der Angriff vorbei war, kamen Dorfbewohner und boten an, unser Gepäck in die Stadt zu fahren. Eine Frau fuhr unser Gepäck mit einem Leiterwagen in die Stadt zu einem Hochbunker. Weiter wollte sie nicht. Sie sagte, sie müsste nach Hause zu ihren Kindern, weil die Flugzeuge sicher in der Nacht wiederkämen. Kaum im Bunker, sahen wir, wie dieser zugesperrt wurde. Das war abends wohl so üblich. Dies schien uns aber zu gefährlich. Einem Wehrmachtsoffizier mit Ritterkreuz wohl auch. Er setzte durch, dass die Tür wieder geöffnet wurde. Schnell verließen wir den Bunker. Danach zogen wir zu einem Vorortbahnhof in der Hoffnung, dort einen Zug zu erreichen, der uns nach München bringen würde. Kaum dort angekommen, gab es Fliegeralarm. Christbäume am Himmel verkündeten nichts Gutes. Wieder fielen Bomben auf Nürnberg.

Nach verbrachter Nacht auf dem Nürnberger Vorstadtbahnhof bestiegen wir am nächsten Morgen einen Zug ohne Fensterscheiben, mit dem wir nach München gelangten. Im

Hauptbahnhof München angekommen, mussten wir zum Ostbahnhof, denn von dort fuhr ein Zug nach Rosenheim. Während eines Fliegeralarms kamen wir dort an. Hier stiegen wir zum letzten Male um und erreichten dann endlich unser Reise- und Fluchtziel Kolbermoor.

Während der gesamten Bahnreise von der Ostsee nach Oberbayern hatten wir weder Rundfunknachrichten gehört noch eine Zeitung gelesen. Nachdem wir uns bei unseren Verwandten eingelebt hatten, hofften wir auf das baldige Kriegsende.

Kapitel 5
Kolberg

„Kolberg" – ein Film und der Krieg

Berlin, Juni 1943. Stalingrad war längst gefallen; viele deuteten dies als entscheidenden Wendepunkt des Krieges. Im Februar hatte Reichspropagandaminister Joseph Goebbels vor ausgewähltem Publikum im Berliner Sportpalast eine Rede gehalten, in der er zum „totalen Krieg" aufrief. Nun verwirklichte er eine Absicht, die er schon 1940/41 gehegt hatte. In einem an Professor Veit Harlan gerichteten Brief ließ Goebbels den Filmregisseur wissen:

„Hiermit beauftragte ich Sie, einen Großfilm ‚Kolberg' herzustellen. Aufgabe dieses Films soll es sein, am Beispiel der Stadt, die dem Film den Titel gibt, zu zeigen, dass ein in Heimat und Front geeintes Volk jeden Gegner überwindet. Ich ermächtige Sie, alle Dienststellen von Wehrmacht, Staat und Partei, soweit erforderlich, um ihre Hilfe und Unterstützung zu bitten und sich dabei darauf zu berufen, dass der hiermit von mir angeordnete Film im Dienste unserer geistigen Kriegsführung steht."

Für das Projekt wurden von Goebbels auserlesene Schauspieler wie Heinrich George, Paul Wegener, Kristina Söderbaum, Otto Wernicke, Horst Casper, Kurt Meisel und Paul Henckels verpflichtet. Harlan drehte 90 Stunden Film, wobei die Zahl der Soldaten, die er als Kleindarsteller ein-

setzte, sowie die Art und Menge des Materials für die Film-
bauten keine Rolle spielten. Am Ende war „Kolberg" mit
achteinhalb Millionen Mark der teuerste bis dahin in
Deutschland hergestellte Film. Nach dem Krieg räumte
Harlan ein, „Kolberg" sei ein Propagandafilm gewesen, der
zum „Durchhalten bis zum Endsieg" aufgefordert habe.

Nicht in Kolberg, sondern in der mehr als 2 000 Kilometer entfernten Atlantikfestung La Rochelle fand am
30. Januar 1945 die Uraufführung statt. La Rochelle war
seit sechs Monaten eingeschlossen. Zehntausende deutsche
Soldaten hatten den Befehl, die waffenstrotzende Festung
mit ihren riesigen U-Boot-Bunkern „bis zur letzten Patro-
ne zu verteidigen". Goebbels ließ die Filmkopie per Fall-
schirm über der eingeschlossenen Festung abwerfen.

Am gleichen Tag wurde der Film auch im Ufa-Theater
am Berliner Alexanderplatz und im Ufa-Theater in der Tau-
entzienstraße aufgeführt. Ursprünglich hatte das Propa-
gandaministerium die Uraufführung zeitgleich in fast allen deutschen Großstädten geplant, doch viele Filmtheater
lagen bereits in Schutt und Asche.

Begeisterung bei den Zuschauern kam nicht auf. Der Film
konnte seinen propagandistischen Zweck nicht mehr erfül-
len. Der Kriegsverlauf hatte das Geschehen auf der Lein-
wand längst überholt.

Stadt der Flüchtlinge

Ende Januar 1945 wurde Kolberg zu einer Flüchtlingsstadt.
Zahllose Trecks aus Ost- und Westpreußen zogen nach Westen, immer von der Angst begleitet, die rasch vordringen-
den russischen Truppen könnten ihnen den Fluchtweg ab-
schneiden. In den ersten Februartagen hatten sowjetische

Verbände bereits die Oder bei Fürstenberg und Küstrin erreicht. Ostbrandenburg war in den Händen der Roten Armee. Der militärische Verbindungsweg nach Ostpommern und zu den in Westpreußen kämpfenden deutschen Einheiten – und damit auch der Fluchtweg für die Zivilbevölkerung von Ost nach West – wurde in seiner gesamten Länge bis zur Oder vom Feind flankiert. Trecks, die von Südosten aus Hinterpommern nach Westen wollten, wurden von den russischen Verbänden immer mehr nach Norden abgedrängt oder sogar von ihnen überrollt.

Aufgrund der zahllosen Neuankömmlinge spitze sich die Lage in Kolberg von Tag zu Tag zu. Es gab kaum noch ein Gebäude, das nicht mit Flüchtlingen, viele von ihnen erschöpft und krank, überbelegt war. Das galt auch für das Krankenhaus, für die Kinderheime und Gaststätten. Die unablässige Zuwanderung von Flüchtlingen drohte in eine Katastrophe zu münden.

Schiffe, aus der Danziger Bucht, von Hela, Rügenwalde und Stolpmünde kommend, entluden ihre Menschenfracht. Meist waren es kleinere Schiffe wie die „Consul Cords", die am 1. Februar 1945 in den Kolberger Hafen einlief. Der Dampfer hatte einen weiten und gefahrvollen Seeweg hinter sich. Aus dem ostpreußischen Hafen Pillau kommend, hatte er wegen Reparaturarbeiten einige Tage in Hela anlegen müssen.

„Ich habe überlebt!"

Ursula Hartwig, die Ende 1944 dem Bombenhagel in Berlin entflohen und zusammen mit ihrer 53-jährigen Mutter und ihrer 83-jährigen Großmutter in Kolberg eine neue Bleibe gefunden hatte, merkte zum Jahresbeginn 1945, dass

Flüchtlinge nehmen auf dem Weg zum Kolberger Hafen leicht verwunde-
te Wehrmachtssoldaten mit, die wie sie hoffen, ein Schiff zu finden, das
sie über die Ostsee rettet.

sie bald wieder würden fliehen müssen, denn die Front rückte immer näher. Deshalb begann sie in der letzten Januarwoche mit der Suche nach einem Flüchtlingsschiff. Sie lief
im Hafen von einem Schiff zum anderen, bis sie endlich am
16. Februar auf dem Dampfer „Consul Cords" für sich, ihre
Mutter und ihre Großmutter in der Offiziersmesse buchstäblich die letzten Plätze ergatterte. Ursula Hartwig erinnert sich:

Es waren tatsächlich die letzten Plätze, die ich nach dreiwö-
chigem erfolglosem Suchen auf einem der Schiffe im Kol-
berger Hafen fand. Der Kapitän hatte Mitleid mit mir und
meinen Angehörigen. Von Bekannten erhielt ich noch einen

gepolsterten Stuhl, den ich in der Offiziersmesse für meine Großmutter aufstellen konnte. Sonst war kein Platz mehr vorhanden, so vollgepfropft war das Schiff. Auch ich selbst hatte keinen Platz, lief während der ganzen Fahrt auf dem Schiff herum, soweit dies überhaupt möglich war, denn jede Stufe, jede Ecke war besetzt. Einmal am Tag stieg ich hinab in den Kohlenbunker und schlief auf dem dort neben der Kohle gelagerten Stroh. Was, wenn es hier einmal brennen würde? Ich stellte diese Frage auch einmal dem Kapitän. »Dann sind wir verloren«, antwortete er mir. Dessen war ich ebenfalls sicher, denn immerhin hatte das Schiff, wie ich erfuhr, 1 000 Tonnen Getreide und 20 Flugzeugmotoren geladen und war – mit den Flüchtlingen – total überladen. Aber wer fragte in diesen Tagen schon danach.

Ich versuchte, mir die Zeit zu vertreiben, um nicht nachdenken zu müssen: »Was würde passieren, wenn ...?« Ich half dem Koch beim Kartoffelschälen und bekam dafür warmes Essen für mich und meine Angehörigen. Eine systematische Verpflegung aller Passagiere auf dem Dampfer war überhaupt nicht möglich. Babys und Kleinkinder und auch alte Menschen hatten den Vorrang. Damit war auch jeder zufrieden. So vergingen die Stunden.

So kam der 19. Februar, und die Stunde rückte immer näher, in der wir unser Reiseziel Warnemünde erreichen sollten. Und da passierte es.

Es war um die Mittagszeit gegen 12 Uhr. Ich hatte drei Teller Erbsensuppe organisiert, die wir stehend in einem kleinen Raum neben der Offiziersmesse einnahmen. Platz zum Sitzen gab es nicht. Uns fielen buchstäblich die Löffel aus der Hand, als eine furchtbare Detonation das Schiff erschütterte. Die Erschütterung riss uns zu Boden. Ich musste einen Augenblick bewusstlos gewesen sein. Wie ich erst spä-

*Die „Consul Cords", das Schiff, das am 19. Februar 1945 auf dem Weg
von Kolberg nach Warnemünde in den Tod fährt.*

*ter wahrnahm, muss ich mit dem Gesicht auf die Marmor-
platte des kleinen Tisches, auf dem unsere Teller standen,
geschlagen sein, denn meine Vorderzähne waren schräg ab-
gesprungen. Ich riss im nächsten Augenblick die Tür unseres kleinen Raumes auf. Gott sei Dank – sie ließ sich öffnen
und war nicht verklemmt. Ein ohrenbetäubender Lärm war
zu hören. Durch die Explosion – der Dampfer war auf eine
Mine gelaufen – hatte sich offensichtlich das Nebelhorn gelöst, es tutete unaufhörlich. Das war ein schauerliches Ge-
räusch. »Die Sirene des Untergangs«, dachte ich. Ein unbe-
schreibliches Durcheinander empfing mich an Deck des
Schiffes. Man konnte kein Wort mehr verstehen, sich nicht
mehr verständigen. Da drängten sich Mütter in das Schiff,
um ihre Kinder zu holen, da schrien Kinder unaufhörlich*

nach der Mutter, da lag eine Frau auf der Erde, andere stürzten darüber hinweg, da bat ein alter Mann: »So helft mir doch ...!«

Da fasste mich ein anderer Mann, ein Greis, leichenblass im Gesicht, am Arm. »Haben Sie meine Frau gesehen, sie ist doch fast blind und so hilflos ...!«

Aber ich konnte nicht helfen, ich war selber hilflos. Ich stürzte zurück in die kleine Kammer, in der meine Mutter und Großmutter noch immer auf dem Boden lagen. Meine Mutter schien den Arm gebrochen zu haben, die Großmutter hatte eine blutende Wunde am Kopf. Ich kämpfte mit den Tränen, als ich das Bild der beiden hilflosen Frauen sah. Aber ich musste tapfer sein. Mit größter Mühe nahm ich – in der Mitte gehend – beide am Arm, umfasste sie und versuchte, mit ihnen noch ein Deck höher zu gelangen. Dabei ging ich von der Vorstellung aus, das Schiff würde langsam vollaufen und nicht so rasch sinken, und es wäre deshalb am besten, möglichst rasch die höchste Stelle des Schiffes anzusteuern. Es gelang mir auch, Mutter und Großmutter auf das Oberdeck zu schaffen. Ich setzte sie dort auf eine Kiste und stellte drei Schwimmringe darum, die an Deck herumlagen. Dann machte ich mich auf den Weg, um Schwimmwesten zu holen. Doch das Kommandohaus war nur noch ein Trümmerhaufen. Ein kleiner Junge lief an mir vorbei. Er hatte eine Schwimmweste in der Hand. Ich hielt ihn an, nur einen Augenblick, sah in seine Augen, aus denen Glück strahlte, eine Schwimmweste zu besitzen. Ich ließ ihn weiterlaufen. Er hatte sein Leben noch vor sich.

Ich stürmte zurück auf das Oberdeck zu Mutter und Großmutter, die wie versteinert an der Kiste saßen und sich festhielten. Da der Lärm auf dem sinkenden Schiff immer größer wurde und auch das Nebelhorn noch immer schauerlich brüllte,

schrie ich den beiden ins Ohr: »Ich rette euch!« Mutter tat alles
ohne Widerspruch, ließ sich den Schwimmring umhängen,
doch Großmutter mit ihren 83 Jahren wehrte ab. Sie schüttelte
nur unaufhörlich den Kopf und sah mich an. Ich nahm nun
beide an der Hand, und wir versuchten gemeinsam, zu der
noch höher gelegenen Stelle auf dem Schiff zu gelangen. Dort
hatten wir vielleicht noch eine größere Chance, gerettet zu werden, wenn sich das Schiff noch länger auf dem Wasser hielt
und die Rettungsschiffe näher herankämen. Die Rettungsaktion war bereits in vollem Gange.

Wir waren es nicht allein, die weiter nach oben wollten.
Neben uns stand ein alter Mann, auf jedem Arm ein Baby.
Auch er wollte weiter nach oben. Zuerst half ich meiner
Mutter über die schmale Treppe nach oben. Als sie die letz-
ten Stufen vor sich hatte, drehte ich mich um, fasste meine
Großmutter am Arm. In diesem Augenblick verlor ich den
Boden unter den Füßen, stürzte, sah nur noch den Himmel
über mir, spürte das Schiff unter mir im Wasser versinken.

Das Schiff hatte sich auf die Seite gelegt und mich über
Bord gespült. Mein erster Blick galt meiner Umgebung. Ich
sah weder Mutter noch Großmutter. Ich spürte nur Wasser,
überall Wasser. Dann sah ich einen Rettungsring unmittelbar neben mir und packte zu. Ich sah um mich herum nur
schwimmende Menschen und Trümmer. Aus den Trümmern
ragten Köpfe. Köpfe von Frauen, Männern und Kindern.
Jemand klammerte sich an mir fest. Es war ein Junge. Er
krampfte sich an mich. Ich fasste in sein Blondhaar. Er schien
schon tot. Als ich seine Hand von meinem Arm lösen wollte,
rutschte er ab und versank in der See.

Der Dampfer »Consul Cords« schwamm in diesen Augenblicken immer noch auf dem Wasser. Verschiedene Schiffe
waren an der Unglücksstelle eingetroffen und retteten, was

noch zu retten war. Auch in meiner unmittelbaren Nähe war jetzt ein Schiff aufgetaucht. Man hatte Strickleitern über Bord gelassen, an denen Matrosen hingen, die einen nach dem anderen aus dem Wasser fischten. Mein Versuch, die Hand eines Matrosen zu fassen, scheiterte. Ich rutschte wieder ins Wasser und trieb nach hinten ab. Da überfiel mich die Angst, hinten in die Schiffsschraube getrieben und zermahlen zu werden. Ich schrie aus Leibeskräften. Dann konnte ich eine Kiste fassen und mit der anderen Hand ein Brett. Ich hielt mich daran fest und überwand so meine Angst. Das Rettungsschiff hatte sich inzwischen etwas gedreht und war wieder in meiner Nähe. Noch einmal griffen mich zwei Matrosen und zogen mich die Strickleiter hoch. Ich stürzte an Deck des Schiffes. Stehen konnte ich in diesem Augenblick noch nicht, fiel in mich zusammen, auf die Planken des Schiffsdecks. Langsam kam ich wieder voll zu Bewusstsein. Von der Mannschaft konnte sich im Augenblick niemand um mich kümmern. Alle von der Besatzung waren im Einsatz, die letzten Menschen aus dem Wasser zu bergen und zunächst einmal an Deck zu holen. Ich fror erbärmlich und suchte nach Wärme. Im Maschinenraum fand ich eine warme Unterkunft. Dort saß schon ein Mädchen. Wir zogen uns beide die nassen Sachen aus und rieben uns gegenseitig warm.

Bis wir in einen rettenden Hafen gelangten, vergingen noch einige Stunden. Man umsorgte uns sehr. Beim Essen saßen neben mir drei Kinder, ein 12-jähriges Mädchen und zwei Jungen, 10- und 14-jährig. Das Mädchen versuchte, die beiden weinenden Jungen zu beruhigen: »Sicher ist Mutti auch gerettet.« Ich erfuhr, dass sich die Mutter mit den zwei jüngsten Geschwistern in einer Kajüte befand, als das Schiff den Minentreffer erhielt, die drei älteren Kinder waren an Deck.

Die drei Kinder haben ihre Mutter und Geschwister nie
wieder gesehen. Sie gehörten zu den Opfern dieser Katastro-
phe. Auch mir erging es so. Von meiner Großmutter fand ich
nur noch das Grab. Sie war tot geborgen und in Rostock
beigesetzt worden.

Von den insgesamt 155 Personen, die auf der Schiffsliste
des Dampfers „Consul Cords" namentlich erfasst waren,
überlebten 49 den Schiffsuntergang. Nur 17 der 106 Todesopfer wurden als Leichen geborgen und nach Rostock in
das dortige Pathologische Institut zur Identifizierung gebracht.

„Festung" Kolberg

Kolberg sollte Festung werden. Bereits im November 1944
war beschlossen worden, die Stadt militärisch auszubauen.
Drei Verteidigungsringe wurden festgelegt: Ein äußerer,
zwölf Kilometer vor der Stadt, ein innerer, fünf Kilometer
vor der Stadt und ein dritter am Stadtrand.

Im November und Dezember 1944 wurden Volkssturmeinheiten aufgestellt. Kommandeur des Volkssturms war
der Marine-SA-Standartenführer Erhard Pfeiffer aus Kolberg; er wurde vom Festungskommandanten zum Ab-
schnittskommandanten West ernannt und befehligte in dieser Funktion alle Volkssturmbataillone, die in Kolberg eingesetzt waren. Alle unabkömmlich gestellten Behörden- und
Wehrmachtsangehörige wurden in einer Volkssturmkompanie zusammengefasst. Der Kompanieführer war
Kreisoberinspektor Franz Müller.

Zum Jahresbeginn 1945 wurde, da der Kolberger Oberbürgermeister Dr. Wegener als Soldat eingezogen war, der

Der Mariendom, das noch unzerstörte Wahrzeichen Kolbergs.

1943 aus dem aktiven Dienst verabschiedete Generalmajor Krapp als kommissarischer Oberbürgermeister eingesetzt.

Ende Januar wurde Generalmajor Paul Hermann Festungskommandant. Er hielt sich, schwer von Ischias geplagt, bei seiner Familie in Kolberg. Durch einen Sturz auf dem Eis trug er seinen Unterarm in Gips, de facto war er dadurch dienstuntauglich. Als Hermann, der zum Kreisleiter ein sehr gespanntes Verhältnis hatte, weil sich dieser immer wieder in militärische Angelegenheiten einmischte,

sein Amt übernahm, war in Kolberg noch nichts für die
Verteidigung vorbereitet.

Generalmajor Hermann setzte sich zunächst das Ziel, die
zahlreichen Etappendienststellen aus Kolberg herauszube-
kommen. Beim Generalkommando in Stettin forderte er eine
Verstärkung des Flak-Schutzes an, da er russische Luftangriffe auf den Hafen erwartete. Am 26. Januar wurde der
Stab des Festungskommandanten ausgebaut. Als Pionier-
offizier der Festung wurde Oberst Gerhard Troschel nach
Kolberg beordert. Eine Festung musste ja erst einmal aufgebaut werden. In den nächsten Wochen verstärkte sich die
militärische Präsenz. Neue Einheiten wurden aufgestellt
und die Verteidigungsstellungen ausgebaut. Das regnerische
Wetter erschwerte die Bautätigkeit sehr.

Trotz seines Leidens wollte sich Generalmajor Hermann
angesichts der zahlreichen Aufgaben nicht krank melden.
Nachdem ihn noch eine schwere Grippe befallen hatte,
musste er es später doch tun. Sein Amt übernahm vorübergehend sein Stellvertreter, der Pionieroberst Troschel.

Kolbergs neuer Festungskommandant

Im Februar 1945 spitzte sich die Lage an der Front katastrophal zu. Eine unmittelbare Bedrohung Kolbergs war
abzusehen. Kolberg erhielt einen neuen Festungskommandanten: Oberst Fritz Fullriede, ein erfahrener und auf verschiedenen Kriegsschauplätzen bewährter Frontoffizier.
Fullriede war nicht der durch preußische Tradition geprägte
Offizierstyp. Groß und kräftig gebaut, schien er eher der
Typ des Soldaten von der Wasserkante.

Fullriede, der aus der Gegend um Bremen stammte, er-
warb in seiner Jugend das kleine Steuermannspatent. Hu-

Fritz Fullriede – hier noch als Hauptmann –, der Festungskommandant von Kolberg.

mane Gesinnung und praktische Vernunft waren neben seiner in allen Lagen bewährten Ruhe und Entschlusssicherheit die wesentlichsten Eigenschaften, die ihn als militärischen Führer auszeichneten. Er soll „das besondere Vertrauen" Hitlers besessen haben, der ihn als Soldaten schätzte. Trotzdem war das Verhältnis zu Hitler mehr als gespannt, da der Oberst fünf Mal direkte „Führerbefehle" nicht befolgt hatte. Gegen den ausdrücklichen Befehl Hit-

lers hatte Fullriede die militärisch nutzlose Zerstörung der
Stadt Cairouan in Tunesien, die Geiselerschießungen in
Piglio und die Niederbrennung der Stadt Putten in Hol-
land verhindert. Während des Afrikafeldzuges hatte sich
der damalige Oberstleutnant seine Lorbeeren verdient, als
er den Angriff der Amerikaner und Engländer auf die Enge
von Fondouk zurückschlug und damit die Rommel-Armee
vor dem Untergang bewahrte.

Fullriede stand nicht hinter dem Entschluss, Kolberg zur
Festung zu erklären. Seine ablehnende Haltung teilte er
dem Oberkommando der Wehrmacht per Funkspruch mit.
Den Funkspruch unterzeichnete sein Ia unerlaubterweise
mit seinem eigenen Namen. Hitler vermutete sofort Sabotage und ordnete an, dass der Ia gefesselt an Bord zu bringen und zu degradieren sei. Nachdem Fullriede in einem
zweiten Funkspruch mitgeteilt hatte, dass er für den ersten verantwortlich zeichne, hob Hitler seinen Befehl auf.

Kolberg, immer als „Festung" bezeichnet, wurde nie wirklich zur Festung erklärt; der übliche Festungseid wurde
Oberst Fullriede zu keiner Zeit abgenommen.

Bei seinem Amtsantritt sah sich Oberst Fullriede vor
zwei schwierige Aufgaben gestellt: Er musste die Verteidigung der Stadt mit unzureichenden Kräften und Mitteln
organisieren, und er musste kurzfristig die Räumung der
Stadt von Zehntausenden von Flüchtlingen unter militäri-
schem Schutz veranlassen. Dazu musste er dem Gegner
solange als irgend möglich den Zugriff auf die Stadt ver-
wehren. Um den Zugang zur See sicherzustellen, mussten
der Hafen mit seinen Zu- und Ausfahrten durch die Molen
und die beiderseits der Mündung der Persante liegenden
Strandabschnitte bis zur letzten Stunde feindfrei gehalten
werden.

In einer Lagebesprechung am 3. März 1945 wies der Festungskommandant darauf hin, dass die Evakuierung der Zivilbevölkerung absoluten Vorrang habe und auch während der zu erwartenden Kämpfe über See durchgeführt werden müsse. Die Truppe sollte über den Ernst der bevorstehenden Kämpfe in Kenntnis gesetzt werden. Erst wenn die Zivilbevölkerung aus Kolberg heraus sei, könne an die Verschiffung der Truppe gedacht werden. Er stehe persönlich dafür ein, erklärte Fullriede.

Die Russen vor Kolberg

Fullriede war sich im Klaren darüber, dass ein sowjetischer Großangriff unmittelbar bevorstand. Seine militärischen Kräfte reichten nur für eine Verteidigungsfront, die sich unmittelbar an den Stadtrand anlehnte. Für eine Verteidigungsfront um den inneren Ring fehlten Mensch und Material. Der Oberst teilte die Verteidigung in drei Kampfabschnitte ein: a) Der Kampfabschnitt West reichte vom Strand westlich der Maikuhle bis zur Straße nach Gribow. Er stand unter dem Kommando von Marine-SA-Standartenführer Pfeiffer, der zwei Volkssturmbataillone und eine zusätzliche Volkssturmkompanie befehligte. b) Der Kampfabschnitt Mitte erstreckte sich von der Straße nach Gribow über den Exerzierplatz und die Gelder Vorstadt zur Persante und ostwärts noch über diese hinausgehend bis zum Park und zur Lauenburger Vorstadt. Er stand unter dem Kommando des Führers der Marine-Kampfgruppe, Korvettenkapitän Prien. Seine Truppe setzte sich vorrangig aus Angehörigen der in Kolberg stationierten Torpedoschule III und aus Alarmeinheiten der Kriegsmarine zusammen. c) Der Kampfabschnitt Ost reichte vom Glacis ost-

wärts der Persante über die Kösliner Straße bis zur Walden-
fels-Kaserne und von dort nach Norden über den Stützpunkt „Meeresrauschen" zur Küste und wurde von Oberst
Woller befehligt. Seine Truppe rekrutierte sich aus Resten
eines Grenadier-Ersatz- und Ausbildungsregiments in Stärke von zwei Bataillonen sowie zugeteilten Sondereinheiten.

Oberst Fullriede forderte den Kreisleiter der NSDAP auf,
für den Abtransport der Flüchtlinge zu sorgen. Dieser lehnte
mit dem Hinweis ab, dass ein entsprechender Befehl des
Gauleiters Schwede-Coburg nicht vorliege. 35 000 Einwohner zählte Kolberg zu Friedenszeiten. Anfang März befanden sich etwa 85 000 Menschen in der Stadt, zumeist Frau-
en, Kinder und ältere Männer, die aus Ostpreußen, Westpreußen und aus den pommerschen Dörfern nach Kolberg
geflohen waren. Ein großer Teil von ihnen lebte in Pferdewagen oder hauste in Kellern, da alle Unterkünfte bis unter die Dächer belegt waren.

Am Abend des 3. März erhielt Oberst Fullriede fernmünd-
lich die Nachricht, dass der Feind auf Kolberg marschiere.
Die Spitze der sowjetischen Verbände befänden sich bereits
15 Kilometer vor der Stadt. Fullriede gab sofort Festungs-
alarm. Noch im Laufe der Nacht wurden die Stellungen
besetzt. Er übernahm die Befehlsgewalt auch über die Par-
tei- und Zivildienststellen und ordnete das sofortige Abfließen der in der Stadt angestauten Zivilbevölkerung über die
noch freie Strandstraße nach Gribow an. Er erwartete, dass
der Weg an der Küste entlang auch noch weiter freigehalten werden könnte.

Ab 4. März, 4.00 Uhr morgens, galt der Belagerungszustand. Fullriedes Aufruf an die Bevölkerung und das Militär lautete: „Der Russe nähert sich Kolberg. Für die Stadt
und Umgebung Kolbergs wird der Belagerungszustand er-

klärt. Damit ist die alleinige Befehlsgewalt an den Festungskommandanten übergegangen. Sabotageakte, Plünderun-
gen oder irgendwelche Handlungen, die die Wehrmacht
schwächen, werden mit sofortigem Erschießen bestraft.
Sämtliche in Kolberg befindlichen und noch nicht eingesetzten Wehrmachtsangehörige – außer Wehrmachtsgefolge –, die keinen gültigen Ausweis des Festungskommandanten besitzen, dürfen Kolberg nicht verlassen und melden
sich sofort beim Standortoffizier Schillkaserne."

Der Beginn der Belagerung

Die Belagerung Kolbergs begann am Morgen des 4. März
1945. Panzerspitzen der sowjetischen 45. Gardepanzerbri-
gade drangen bis zum Strand westlich der Persante und
zur Gelder Vorstadt vor. Offensichtlich glaubten sie, Kolberg im Handstreich nehmen zu können. Flugzeuge unterstützten den Angriff. Sie versuchten, die Bahnstrecke nach
Belgard zu zerstören. Die ersten sowjetischen Panzer drangen gegen 8.00 Uhr zwischen Karlsberg und Treptower Straße ein und belegten von dort aus alle nach Kolberg führenden Straßen mit Feuer. Kaum eine halbe Stunde später erfolgte ein massiver Panzerangriff, der unter starken Verlusten am deutschen Abwehrfeuer des Kampfabschnittes
Mitte zerbrach. Deutsche Schlachtflieger kamen den Verteidigern zu Hilfe. Nach dem Verlust mehrerer Panzer zogen sich die Angreifer nach Karlsberg zurück. Der Handstreich war gescheitert.

Über die Lage der Zivilbevölkerung notierte der Festungskommandant an diesem Tag: „Bei Beginn der Einschließung standen 22 Züge mit Flüchtlingen, Verwundeten und
Material aller Art auf der Strecke von Belgard nach Kol-

berg. Zu Fuß und auf Pferdewagen gelangen immer noch
Flüchtlinge in die Stadt."

Bedingt durch den Verlust des Wasserwerks Koppendieks-
grund war Kolberg von der Trinkwasserzufuhr abgeschnitten. Der erste Angriffstag hatte den Sowjets gezeigt, dass
Kolberg stärkeren Widerstand leistete als erwartet. Am
Morgen des 5. März brachten sie die ersten Geschütze in
Stellung und begannen eine fast pausenlose Beschießung
der Stadt. Jetzt erkannte auch der letzte Zivilist den Ernst
der Lage. Die wiederholte Weigerung des Kreisleiters, den
Räumungsbefehl zu erteilen, zeigte katastrophale Folgen.
Fünf Minuten nach zwölf entschloss sich die Kreisleitung
endlich dazu. Wieviele Tage sich Kolberg noch würde hal-
ten können, wusste niemand.

Dem Festungskommandanten standen circa 3 300 Mann,
davon etwa 2 200 Mann für den Infanterieeinsatz, zur Verfügung. Hinzu kamen 373 Marinesoldaten mit neun Offizieren, Luftwaffen- und Volkssturmeinheiten mit etwa 700
bis 900 Mann – insgesamt also nicht einmal 5 000 Verteidiger. Mit dieser Truppe sollte der Oberst die „Festung" gegen einen vielfach überlegenen Gegner halten.

Die sowjetischen und polnischen Truppen, die sich zum
Angriff anschickten, bestanden aus mehreren Infanterie-
divisionen, einer Panzerdivision und einer Artilleriebrigade. 20 schwere Batterien, mehrere Werferbatterien, schwere Granatwerfer und Stalinorgeln verwandelten Kolberg in
ein Inferno.

Mit dem Flugzeug entkommen

Der zehnjährige Heinz Bockner aus Marienwerder war Ende
Januar 1945 zusammen mit seinem schwer kriegsbeschä-

digten Vater, seiner 45-jährigen Mutter und seiner sechs-
jährigen Schwester mit einem Treck nach Kolberg gekommen. „Wir müssen hier raus – weiter nach Westen", hatte
der Vater immer wieder gesagt. Am Sonntag, dem 4. März,
begab sich die Familie aus Westpreußen zum zweiten Mal
auf die Flucht. Heinz Bockner erinnert sich:

*Wir hatten zwar in den ersten Märztagen gehört, dass auch
für Kolberg die Gefahr bestand, von russischen Truppen
besetzt zu werden. Da aber die Danziger Bucht, Gotenhafen,
Danzig, auch Königsberg und Pillau noch in deutscher Hand
waren, hatten wir keine Angst und lebten in dem guten Glauben, es würde noch einige Wochen dauern, bis der Russe vor
Kolberg stünde.*

*Vielleicht wäre dann der Krieg auch schon zu Ende. Doch
wir hatten uns gründlich getäuscht. Am Sonntag, dem
4. März, gab es für uns ein böses Erwachen. Ein gewaltiges
Artilleriefeuer trieb uns in den frühen Morgenstunden aus
der Wohnung in den Hausflur, wo wir das Geschehen auf
der Straße hinter den kleinen Scheiben und der festen Haus-
tür gut beobachten konnten. Granaten schlugen ein und russische Tiefflieger rasten über die Stadt, schossen mit Bordwaffen auf Häuser, Straßen und Plätze. Alles, was auf der
Straße war, rannte und floh, suchte Schutz hinter Bäumen,
an Hauswänden und in den Hausfluren. Es war der erste
russische Angriff auf Kolberg. Der Beschuss hielt eine Zeit
an, bis auch schwerere Kaliber einschlugen und unser Haus
tüchtig erbebte und schwankte. Wir suchten dann Unterschlupf im Keller des Nachbarhauses.*

*Um die Mittagszeit ließ die Schießerei nach. Mit meinem
Vater gingen wir in die Posallelstraße, dort sollte eine Granate eingeschlagen sein. Es war eine breite Straße, mit zwei*

*Fahrbahnen, die durch einen mit Bäumen bestandenen Fuß-
weg getrennt wurden. Die Granate war in der Straßenmitte
eingeschlagen, genau auf dem nicht befestigten Fußweg. Ein
flacher Trichter, etwa 30 Zentimeter tief und im Durchmes-
ser zwei bis drei Meter. Auf den ersten Blick sah alles sehr
harmlos aus. Doch dann sahen wir einen Toten, der wenige
Meter vom Trichter entfernt lag. Ein Eisenbahner, wie seine
Uniform verriet. Dicht daneben lag seine Aktentasche. Eine
dünne Blutbahn wies hinter dem Ohr zur Einschlagstelle.
Die Druckwelle war gewaltig. Schaufensterscheiben lagen
in Splittern auf der Straße. Die Fensterscheiben der darüber-
liegenden Wohnungen waren bis in das oberste Stockwerk
zu Bruch gegangen. Plünderer hatten sich wohl schon in
den Läden bedient. Eine Menge leerer Kartons und Schachteln lagen umher.*

*Wir gingen in unsere Wohnung in der Wallstraße zurück.
Die Eltern rüsteten sich zum Verlassen der Stadt, was am
Abend bei Dunkelheit geschah. Unsere Familie zog mit ihren wenigen Habseligkeiten, die auf einen kleinen Handwagen geladen wurden, los. Der Sack mit Federbetten musste
zurückbleiben. Wir zogen in Richtung Bahnhof. Er lag wie
ausgestorben da, nirgends war Licht zu sehen, kein Zug weit
und breit. Eine Nachfrage des Vaters beim Diensthabenden
in seinem verdunkelten Dienstzimmer bestätigte den Eindruck. Von hier aus gab es also in der nächsten Zeit keine
Fluchtmöglichkeit. Es hieß, der Russe hätte einen Durchbruch westlich der Stadt unternommen und dabei die Ei-
senbahnlinie Kolberg – Stettin, die einzige Fluchtverbindung
per Schiene, gesprengt. Man wäre dabei, die Schienen zu
reparieren und die Gegend weiter freizukämpfen.*

*Es herrschte eine unheimliche Stille in der Stadt. Kein
Schuss fiel, keine Brände zeugten von Zerstörung, kaum*

Fahrzeugverkehr ringsum. Nur Menschen sah man mit letzter Habe, gepackt auf Fahrräder und Handwagen. Die meisten Leute liefen, nur mit Rucksäcken und kleinen Koffern oder Taschen in der Hand, schweigend die Straßen hinab, alle in die gleiche Richtung. Die Straßen, die wir passiert hatten, waren alle noch sauber. Es gab keinen Schutt, keine weggeworfenen Sachen, keine zerstörten Fahrzeuge. Nur hin und wieder an Straßenecken oder Grünanlagen Wehrmachtsgut. An eine große lange Kiste kann ich mich gut erinnern. Ihr Inhalt: Telefonzubehör – für uns nicht zu gebrauchen. Brauchbar dagegen waren zwei oder drei Büchsen Schmalzfleisch, die wir noch in einer anderen Kiste fanden.

Es ging weiter in Richtung Westen der Stadt, in eine Gegend, in der ich noch nie war. Alles war dunkel und fremd. Wir überschritten eine Bodenlinie. Einige hundert Meter entfernt stand eine Lok unter Dampf. Lange konnten wir auf dieser Straße nicht mehr weitergehen. Unser Weg führte uns nach rechts in eine Art Park mit hohen Fichten und anderen Bäumen – auf einen Friedhof. Wir verließen den breiten Hauptweg, dann ging es ein Stück nach links, bis wir die Ostsee rauschen hörten. Wir waren am Strand angekommen, weiter ging es nicht. Einheimische sagten uns, wir befänden uns in der Maikuhle. An einem Baum kuschelten wir uns in eine unserer Decken ein, um ein wenig zu schlafen. Vorerst ging es nicht weiter, wir sollten den Morgen abwarten, hieß es. Mein Vater fand keine Ruhe. Er stand auf und lief hin und her. Ich hörte ihn leise mit meiner Mutter sprechen. Danach kam er zu mir und sagte, dass er zurück in die Stadt gehen wolle, um den zurückgelassenen Bettensack aus unserem Quartier zu holen. Er fragte, ob ich ihn begleiten würde? Es ging ihm wohl mehr um die moralische Unterstützung als um eine Transporthilfe. Viel Lust hatte

ich wirklich nicht, mit dem Handwagen die zwei bis drei
Kilometer zu unserer Wohnung zurückzutippeln.

In der Stadt war es noch stiller geworden, ja fast toten-
still. Niemand begegnete uns. Wir sahen bis zu unserem Haus
keinen Menschen. Der Handwagen polterte auf dem Straßenpflaster und machte unheimlich viel Lärm. Ein Wahn-
sinn, dachte ich, wenn ich ihn doch nur leiser ziehen könnte. Er weckt die Leute in den Kellern und Wohnungen auf
und macht den Feind auf uns aufmerksam, so glaubte ich.
Ich fand eine Lösung, indem ich ihn auf dem glatten Bürgersteig zog. So rollte er bedeutend leiser und mir schien es
auch sicherer. Meine Angst schwand langsam und ich schaute mich schon kecker nach allen Seiten um. Der Mond schien
und so konnte man die Umrisse von Gegenständen deutlich
erkennen. Wir waren in die Straße mit dem Artillerietreffer
eingebogen. Da entdeckte ich plötzlich hundert Meter vor uns,
auf der linken Straßenseite, Fahrzeuge. Keine Autos. Panzer! Aber was für welche? Russische oder deutsche? Kein
Mensch war zu sehen. Sollten wir umkehren? Vater war zuerst unschlüssig. Er sagte dann aber leise, dass es keine russischen sein könnten, denn die würden nicht in einer feindlichen Stadt nachts, ohne bewacht zu werden, zurückgelassen. Also gingen wir arglos darauf zu. Tatsächlich war weit
und breit kein Wachposten sichtbar. Es waren zwei deutsche
Sturmgeschütze, jedes mit einer kleinen Plane überdacht.
Sicherlich waren die Besatzungen erst einmal in leer stehende Wohnungen gegangen und schliefen sich in ordentli-
chen Betten aus.

Bis zu dem Haus in der Wallstraße, wo sich unsere Wohnung mit dem Luftschutzkeller befand, war es nicht mehr
weit. Vor dem Eckhaus mit der Bäckerei stand eine Litfaßsäule. Hier, sagte mein Vater, solle ich warten. Damit hatte

ich nicht gerechnet. Allein zurückbleiben! Ob er nicht spürte, dass ich Angst hatte? Ich erwiderte nichts. Es wäre notwendig, meinte er, dass ich draußen warte, sonst könne man
uns den Handwagen stehlen. Dagegen war nichts einzuwen-
den. Er würde ein paar Häuser weitergehen und aus dem
Keller den Sack mit unseren Federbetten holen. Ich blieb
draußen an der Ecke und wartete. Diese unheimliche Stille.
Wo waren die Russen, wo die Deutschen? Wo verlief die Frontlinie? Kein Mensch weit und breit. Ich wartete und wartete.
Die Zeit schien stillzustehen. Hoffentlich kommt niemand.
Plötzlich Schritte auf dem Bürgersteig. Kräftig zuschreiten-
de Männerschritte. Noch niemand zu sehen. Mein Herz klopf-
te bis zum Hals. Da, auf der anderen Straßenseite kam ein
Mann. Schnell war ich hinter der Litfaßsäule verschwunden. So wie der Mann näher kam, so drehte ich mich um die
Litfaßsäule. Er konnte mich nicht sehen. Ich erkannte an
der Uniform einen deutschen Eisenbahner, der in Richtung
Bahnhof wohl zum Dienst ging. Wo blieb bloß mein Vater?
Endlich kam er mit dem Bettensack auf der Schulter – wie
war ich froh, die Angst wie weggeblasen. Schnell wurde der
Sack in den Handwagen geladen und schon ging es den
alten Weg, an den Sturmgeschützen vorbei, zurück in Richtung Maikuhle.

Wir hatten die Stadt fast hinter uns gelassen, als plötzlich
der Handwagen wie von alleine lief. Wir drehten uns nach
hinten um und sahen eine Person mit Kopftuch kräftig schieben. Das war also des Rätsels Lösung. Es war eine Frau,
eine Russin, bekleidet mit einer grauen Steppjacke und dem
Aufnäher »OST« auf der Brust. Sie trug ihre Habseligkeiten in einem kleinen Rucksack. Sie bat Vater, sie mitzunehmen. Sie würde den Handwagen auch kräftig mit schieben.
Sein Einwand, dass es die verkehrte Richtung sei, die sie

*In den letzten Angriffstagen auf Kolberg liegt der Bahnhof fast ständig
unter sowjetischem Artilleriebeschuss.*

eingeschlagen habe, ihre Befreier, ihre Landsleute kämen
aus der entgegengesetzten Richtung, ließ sie überhaupt nicht
gelten. Mit den Deutschen wolle sie flüchten, etwas anderes
käme für sie nicht in Frage. Mit der Befreiungsmission ihrer Landsleute, der Sowjetarmee, hatte sie wohl schon ihre
Erfahrungen gemacht oder davon gehört. Vater sagte ihr,
dass sie bis zu den anderen deutschen Flüchtlingen mitkom-
men könne, um sich ihnen dann anzuschließen. Wir zogen
und schoben gemeinsam den Handwagen bis in die Maikuhle, dann gesellte sich die Russin einer Gruppe Flüchtenden zu, die sehr zeitig am anderen Morgen aufbrachen.

   Den Rest der Nacht verbrachten meine Schwester und ich
in einem stehengelassenen Zivil-Pkw, der in der Nähe unseres Nachtlagers stand. Er war wohl nicht mehr fahrtüchtig

und deshalb für den Besitzer auf der Flucht nur hinderlich
– so blieb er stehen. Vater legte den Bettensack anstelle der
hinteren Sitzbank hinein. Für uns Kinder bot dies eine not-
dürftige Schlafstelle, war aber immer noch besser, als unter
dem Baum zu schlafen. So hatten wir etwas Schutz vor der
Kälte. Doch der Schlaf währte nicht lange. Im Morgengrau-
en des 5. März brachen die Flüchtlinge auf, um direkt hinter der Düne in Richtung Westen zu ziehen.

Es bildete sich ein sehr langer Zug. Soweit man am Strand
sehen konnte, liefen Menschen. Viele, die uns überholten,
waren noch guter Dinge, sie hatten wenig Gepäck zu schleppen. Manche machten auch hastige Bemerkungen über die
Plackerei von Vater und Mutter mit unserem Handwagen
im weichen Ostseesand. Aber wer wollte es den Eltern ver-
denken, dass sie sich nicht von den wenigen Habseligkeiten,
die sie schon über 200 Kilometer aus der Heimat in Westpreußen gut durchgebracht hatten, trennen konnten. Die
Eltern hatten entdeckt, dass der Strand dort noch am leich-
testen zu befahren war, wo die Wellen abliefen. So haben wir
im Verlauf des Vormittags doch einige Kilometer nach Westen zurückgelegt.

Am späten Vormittag bin ich in einem günstigen Moment,
trotz Verbots, auf die Düne geklettert und konnte in dem flachen Land sehr weit nach Süden sehen. Einige Dörfer waren deutlich zu erkennen. Viele Gehöfte brannten lichterloh.
Es war ein Anblick, den ich nicht vergessen werde. Nur
schnell von der Düne herunter und weiter mit den Flüchtenden. Die meisten kamen schnell voran, da sie nur Handgepäck mit sich führten. Wie gut sie es hatten, merkten wir
erst am nächsten Tag auf dem Flugplatz Deep. An jenem
Vormittag wussten wir noch nichts von seiner Existenz.

Gegen Mittag konnten wir den Strand verlassen und eine

*kleine, parallel verlaufende Waldstraße benutzen. Darauf
fuhr es sich bedeutend leichter. Plötzlich wurden wir von
einer kleinen Militärkolonne, bestehend aus drei oder vier
Lkw, überholt. Einige hundert Meter vor uns hielten sie an.
Vater schöpfte Hoffnung, vielleicht nahmen die Soldaten uns
ein Stück mit. Wir kamen heran und Vater sprach mit dem
Verantwortlichen. Dieser lehnte ab und meinte, es wäre ihnen verboten, Flüchtlinge mitzunehmen. Im Übrigen würden wir bei der nächsten Kontrolle sowieso vom Lkw geholt
werden. So liefen wir weiter. Nach einiger Zeit trafen wir
Landsleute aus Marienwerder. Es waren Bauern, die im
Treck mit Pferd und Wagen unterwegs waren und plötzlich
im Wald auftauchten. Wenn ich mich recht entsinne, war
darunter ein uns bekannter Ortsbauernführer aus unserem
Stadtteil in Marienwerder, mit dem Mutter ein paar Worte
wechselte.*

*Interessanter war die nächste Begegnung. Ein verwunde-
ter deutscher Soldat, er hatte einen Arm in der Binde, forderte uns halb im Spaß auf, »einen Zahn zuzulegen«, denn
heute Abend flögen noch Flugzeuge vom Flugplatz Deep ab
und diese würden Flüchtlinge mitnehmen. Er wäre auch
auf dem Weg zum Flugplatz. Das ergab für uns eine völlig
neue Situation, die man erst einmal richtig überdenken
musste. Die Eltern entschieden dann, nicht gleich zum Flugplatz zu gehen, sondern erst noch im Dorf eine Nacht zu
bleiben. Wir fanden Unterkunft auf einem Bauernhof, etwas
abseits der Hauptstraße, in südlicher Richtung. Der Bauernhof war mit Flüchtlingen voll belegt. Mutter musste der
Bäuerin gut zureden, damit wir einen kleinen Schlafplatz
in der Scheune einnehmen durften. So geschehen am 5. März
abends im Dorf Deep.*

In der Scheune schliefen wir recht gut, denn im Stroh

*war es weich und warm. Nach dieser Nacht hatten es die
Eltern mit dem Aufbruch nicht allzu eilig. Außerdem hatte
der Bürgermeister des Dorfes bekannt geben lassen, dass an
diesem Tage für die Flüchtlinge noch geschlachtet und Brot
gebacken würde. Aber darauf wollten die Eltern nicht warten. Am Vormittag wurde ich öfters von starkem Motorenge-
räusch aufgeschreckt, wie ich es bisher noch nicht kennengelernt hatte. Es kam immer aus der gleichen Richtung –
aus Südwesten. Gleich darauf sah man Flugzeuge hinter
Bäumen und Sträuchern hervorkommen, die in westlicher
Richtung davonflogen. Sie waren aber relativ weit entfernt
– Einzelheiten konnte ich nicht erkennen.*

*Gegen Mittag machten wir uns wieder auf den Weg. Der
Handwagen rollte wunderbar auf der glatten Betonstraße.
Wir kamen an einen Fluss – es kann auch ein Kanal gewesen sein – von zehn bis zwölf Metern Breite, der den Kamper
See mit der Ostsee verband. Eine Betonbrücke führte über
den Fluss, an ihr war alles aus Beton, auch das Brückenge-
länder, sogar der Handlauf. Am westlichen Flussufer lagen
einige deutsche Soldaten, die sich von der Frühlingssonne
verwöhnen ließen und darum ihre Uniformjacken ausgezo-
gen hatten. Es handelte sich um das Sprengkommando. Es
lag neben der Zündeinrichtung. Kabel waren bereits zur
Brücke gelegt und große Kisten standen daneben. Darin lagen wohl die Sprengsätze. Wir passierten die Brücke und
mein Vater rief den Soldaten etwas zu. Sie antworteten sinn-
gemäß, dass sie nur darauf warteten, die Brücke hochzuja-
gen. Das würde passieren, sobald der erste russische T-34-
Panzer hier auftauchte. War es denn wirklich so ernst?*

*Das Verhalten der Soldaten war dementsprechend. Die
Wehrmachtsfahrzeuge fuhren, was das Zeug hielt – nur in
Richtung Westen. Es war wirklich so, der Russe war nur*

*wenige Kilometer entfernt. Auch wir bekamen es jetzt mit
der Angst zu tun. Nur schnell zum Flugplatz. Die Straße
verlief durch einen Kiefernwald, weit konnte es nicht mehr
sein. Noch eine Biegung und wir waren da. Flugzeuge der
verschiedensten Typen standen, gegen Feindsicht getarnt,
unter den Kiefern. Über alle waren noch Tarnnetze gewor-
fen. Das war etwas für mich. Unter einem Flugzeug fand
ich einen mächtigen Schleppsäbel in der Scheide. Den hätte
ich am liebsten mitgenommen. Doch Vaters Stimme rief mich
in die Wirklichkeit zurück und sagte mir, wo es langging –
in Richtung Kamper See. Dort standen unübersehbar viele
Leute, Hunderte, vielleicht Tausende. Die Riesenmenge stand
längs des Wassers, wie an einem Kai.*

*Wir wollten uns vergewissern, ob es Zweck hatte, zu war-
ten. Alles sprach dafür, dass in Kürze Flugzeuge zum Abtransport zu erwarten wären. Luftwaffenangehörige wiesen
die Flüchtlinge in die organisatorischen Abläufe ein. Zuerst
hieß es, Abschied nehmen von unserem geschätzten Handwagen und dem größten Teil unseres Gepäcks. Darunter
befand sich unser Bettensack, den wir unter großen Mühen
und Ängsten knapp zwei Tage vorher aus Kolberg nachge-
holt hatten. Wozu hatten wir uns mit dem Zeug so am Ost-
seestrand abgeplagt? Jetzt regelte sich alles auf seine Weise.
Jeder, der sich in die Schlangen der Wartenden einreihen
wollte, durfte nur ein Handgepäckstück mitnehmen. Mein
Vater seinen Rucksack, meine Mutter einen kleinen Koffer
und ich meinen Schultornister. Meine sechsjährige Schwester hatte Mühe, an der Hand meiner Mutter mitzulaufen.
Die Eltern packten noch schnell etwas um, bevor das restliche Gepäck zurückgelassen werden musste. Was heißt zurückgelassen? So einfach war die Sache nun auch wieder
nicht. Wir waren schließlich in Deutschland – es musste al-*

les seine Ordnung haben, auch wenn der Feind dieses Gebiet in Stunden oder wenigen Tagen einnehmen sollte. Jedes Gepäckstück kam fein gestapelt zu seinesgleichen. Der Bettensack wurde zu anderen gepackt, Koffer auf Koffer getürmt, Fahrräder zu Fahrrädern und Handwagen zu Handwagen gestellt. Dazwischen ließ man eine breite Gasse, um den Abtransport des Gepäcks vornehmen zu können. Den ersten unternahmen schon einige Bauern aus der Umgebung. Sie waren mit Pferd und Wagen, manche mit großen Leiterwagen, wie sie zur Ernte verwendet werden, in die Gepäckgasse gefahren und luden auf, was ihnen gefiel. Hoffentlich hatten sie recht lange Freude daran, was durch die späteren Kämpfe in diesem Gebiet zu bezweifeln ist. Aber auch die Russen werden sich bei der Einnahme der Gebiete über so viel deutsche Ordnung nicht geärgert haben.

Für uns gab es nur noch einen Wunsch: weg, weg – egal wie und womit. Jetzt durfte sich auch unsere Familie mit dem leichten Flucht- und Fluggepäck in die lange Reihe der Wartenden einreihen. Zu unserer Linken der Kamper See als Start- und Landebahn für Wasserflugzeuge. Das Ufer betoniert, mit einer schiefen Ebene ins Wasser führend. Darauf ein stabiles Holzlattenrost, damit Flugboote sich nicht den Rumpf beschädigten. Ein großes Flugboot vom Typ »Dornier Do 24« lag abgestürzt im Kamper See, einige hundert Meter von uns entfernt. Es hieß, dass es am vergangenen Abend während des Startens von den Russen aus dem gegenüberliegenden Dorf Robe abgeschossen worden und in den See gestürzt sei. Niemand von den Flüchtlingen habe sich retten und nur ein Besatzungsmitglied das nahe Ufer erreichen können. Alle anderen fanden den Tod und steckten noch in diesem schwimmenden Sarg.

Zur Rechten befand sich eine große betonierte Fläche, das

*sogenannte Hallenvorfeld. Daran führte die Straße vorbei.
Wehrmachts-Lkw fuhr hinter Wehrmachts-Lkw, alle mit
hoher Geschwindigkeit. Die Planen flatterten im Fahrtwind.
Es war, als wäre der Teufel hinter ihnen her. Wir standen
und warteten – ersteinmal tat sich nichts. Zur Linken das
abgestürzte Flugzeug, zur Rechten das Militär auf Lkw. Und
wir?*

*Plötzlich ein Knall – eine Signalpatrone war abgeschos-
sen worden, sicher von der Flugleitung. Ein Flugboot befand sich im Landeanflug, setzte aufs Wasser und rollte langsam heran. Es handelte sich wieder um eine »Do 24«, ein
sehr großes Flugboot. Für mich ein imposanter Anblick.
Kräftig schob sich sein Kiel auf die schiefe Ebene, der Holzlattenrost ächzte und bog sich. Die Motoren wurden abgestellt und eine Art Laufsteg oder Bootssteg, vorne mit einer
Achse und zwei großen luftbereiften Rädern daran, wurde
auf der rechten Seite neben dem Rumpf ins Wasser gefahren. Die Besatzung kletterte heraus. Was jetzt unter den
Wartenden begann, kann man sich nicht vorstellen. Alles
drängelte, schubste, schimpfte und fluchte. Alle wollten einen vorderen Platz in der Nähe des Flugzeuges einnehmen.
Einige wurden ins Wasser gedrängt, Kinder weinten. Es
dauerte eine ganze Zeit, bis die Soldaten wieder Ordnung in
die Menge gebracht hatten. Als die Besatzung zurückkehrte
und wieder im Flugboot saß, durften auch einige Flüchtlinge einsteigen. Das Flugzeug war voll besetzt, der Laufsteg
wurde weggezogen und das Flugboot rollte zum Start. Die
Motoren liefen mit höchster Leistung. Schon in geringer Höhe
drehte der Pilot in Richtung Ostsee ab, denn hier war der
Luftraum wohl am sichersten.*

*Danach kamen in kurzen Abständen zwei oder drei Flug-
boote, um Flüchtlinge aufzunehmen. Eines musste betankt*

werden. Rollreifenfässer mit Benzin wurden herangeschafft,
die Handpumpe eingeschraubt und dann von Hand gepumpt
– eine zeitaufwendige Angelegenheit, aber notwendig.

Aus dieser Gruppe von Flugbooten brachte eines Luftwaf-
fenangehörige verschiedener Dienstgrade mit, meistens wohl
Unterführer. Sie sollten unter den Flüchtlingen Ordnung
schaffen, was ihnen auch mit Bravour gelang. Die Luftwaf-
fenangehörigen stellten sich in Abständen in die Flüchtlings-
schlange und forderten eine Formierung. Es wurden Grup-
pen aufgestellt zu dreißig oder fünfunddreißig Personen, die
Anzahl, die ein Flugboot transportieren konnte. Am rechten
Flügel stellte sich ein Soldat als Zugführer und Platzhalter
auf. Niemand durfte seine Fluggruppe verlassen. Stand ein
Flugboot zum Start bereit, so führte der Zugführer seine Flug-
gruppe zum Einstieg. Unser Zugführer war ein großer blon-
der Feldwebel, bewaffnet mit einer Pistole 08. Jetzt ging al-
les Schlag auf Schlag. Bevor wir an der Reihe waren, wur-
den noch große Kartons mit Knäckebrot vom Flugplatz her-
angefahren. Jeder konnte sich davon nehmen, so viel er
wollte.

Soweit man das von unserem Stellplatz aus sehen konnte,
wies der Flugplatz Deep zu diesem Zeitpunkt, am Nachmit-
tag des 6. März, keinerlei Beschädigungen oder Zerstörun-
gen auf. Des Weiteren war auffallend, dass kein Flugperso-
nal zu sehen war. Das Stammpersonal hatte den Flugplatz
sicherlich schon verlassen oder war an anderen Stellen ein-
gesetzt worden. Die Besatzungen der Flugboote holten sich
selbst das vom Flugplatz, was sie brauchten.

Endlich war es soweit. Unsere Fluggruppe war an der
Reihe. Es war das siebte oder achte Flugboot dieses Nach-
mittags. Das Warten hatte ein Ende. Die Besatzung half beim
Einsteigen. Es ging nach hinten in den Rumpf. Wir Kinder

konnten aufrecht gehen, mussten aber einen großen Schritt machen, um über die hohe Türschwelle zu gelangen. Dann wurden die Türen fest verschlossen. In einen separaten Raum kam das Gepäck. Es war alles sehr spartanisch ausgestattet, zum Beispiel befand sich keine Verkleidung an den Wänden – es war eben ein Flugzeug für die Truppe. Wir nahmen auf sehr tiefen Bänken Platz, die man längs der Rumpfseiten angeordnet hatte. Sie bestanden aus einem Rollerrahmen. Als Sitzplatz diente derbes, mit Schnüren eingebundenes Leinentuch. Während des Besteigens der Flugzeuge klagte oder jammerte niemand. Keiner zeigte nach außen hin Angst vor seinem ersten Flug im Leben. Alle empfanden dies wohl als Rettungsflug und das war es auch, wie sich später herausstellte. Die Menschen hatten es begriffen und verhielten sich entsprechend ruhig und diszipliniert.

Unser Flugzeug wartete, bis auch die anderen Flugboote startbereit waren. Die kurze Zeit des Wartens reichte für manche schon aus, um blass und blässer zu werden. Man saß sich gegenüber und konnte es genau verfolgen. Manch einer zog den Kopf ein und versteckte ihn verstohlen hinter dem hochgeschlagenen Mantelkragen ... Die in Verkehrsflugzeugen üblichen Tüten gab es nicht und lange hinsehen konnte man schon gar nicht. Ich saß neben meinem Vater, der in die Manteltasche langte und eine Flasche Cognac herauszog. Erstmals in meinem Leben bot er mir Schnaps an. »Nimm einen kleinen Schluck, sonst überstehst du das hier nicht«, sagte er. Er nahm natürlich einen größeren Zug. Mutter und Schwester lehnten trotz guten Zuredens den Schluck aus der Flasche ab.

Wir rollten zum Start, das leise Zittern des Flugbootes wurde stärker, hinzu kam das Rauschen des Wassers. Dann wurde es ruhig, das Flugboot hatte abgehoben. Ein wunder-

bares Gefühl. Der Pilot flog an der Küste entlang, nicht sehr hoch. Ich sah Bauern mit Pferden auf den Feldern bei der Frühjahrsbestellung. Nach einer Stunde und acht Minuten, einer hatte genau die Uhr gestellt, landeten wir wohlbehalten auf dem Fliegerhorst Parow, etwa sieben Kilometer westlich von Stralsund. Wir waren am Ziel und durften das Flugzeug verlassen. Luftwaffenhelferinnen luden unser Gepäck auf Lkw, es wurde in eine Unterkunft auf dem Fliegerhorst gefahren. Wo waren wir nur? Nicht einmal um unser Gepäck brauchten wir uns zu kümmern. Den Erwachsenen verschlug es die Sprache. So viel Hilfe hatte niemand erwartet. Frauen und Kinder wurden mit Bussen zum Essen in den Offiziersspeisesaal des Fliegerhorstes gefahren. Gerade einem finsteren Schicksal in Kolberg entkommen – vielleicht sogar dem Tod – und jetzt in sicherer Obhut bei der Luftwaffe?!

Alle spürten einen tiefen Dank gegenüber den Fliegern der Seenotrettungsstaffel, die uns ausgeflogen hatten. Aber auch Dank den Angehörigen der Luftwaffe auf dem Fliegerhorst Parow: den Luftwaffenhelferinnen bis zu den Stabsoffizieren, die ihr Stabsgebäude als Unterkunft uns Flüchtlingen zur Verfügung stellten.

Das letzte „Tor zur Freiheit"

Am 5. und 6. März stieß die Rote Armee westlich der Persante vor. Die Lage der Stadt verschlechterte sich zusehends.

In der Nacht vom 6. zum 7. März gelang es sowjetischen Kräften, den Flugplatz Bodenhagen einzunehmen. Damit ging der Kampfabschnitt Ost, ein wichtiges Vorfeld der Stadtverteidigung, verloren. Die Luftwaffenbesatzung musste sich nach Kolberg zurückziehen, sie wurde hier zu einer Einsatzkompanie formiert. Noch am gleichen Tage versuchte sowjetische Infanterie, von Osten her entlang des Bahndamms Köslin – Kolberg vorzurücken. Dieser Angriff konnte abgewehrt werden. Nicht abgewehrt werden konnten die sowjetischen Angriffe, die am Abend von Süden her einen Durchbruch mit Panzern und Infanterie über die hohe Bergschanze erzwangen. Damit ging in der folgenden Nacht der Ortsteil Altstadt verloren.

Im Kampfabschnitt Mitte war es den Russen gelungen, bis auf den Infanterie-Exerzierplatz hinter den Kasernen und ostwärts der Treptower Straße bis zum Holzgraben vorzudringen. Am Abend des 7. März standen damit die sowjetischen Kräfte im Süden und Südwesten Kolbergs unmittelbar am Holzgraben und damit innerhalb der deutschen Verteidigungsanlagen. Damit war das lebenswichtige und für den Abtransport der Zivilbevölkerung wichtige Hafengelände ernsthaft bedroht. Es musste so lange offen gehalten werden, bis der letzte Zivilist und der letzte Soldat die Stadt verlassen hatten.

Um den Abtransport der Flüchtlinge und der Kolberger Bevölkerung bemühten sich viele Dienststellen. Man hatte den Eindruck, zu viele. Mit Beginn der Belagerung hatten die zivilen Dienststellen ihren Sitz in den Hafen verlegt. Das Dienstfahrzeug „Gneisenau" des Fischereibeamten wurde als Wohnschiff benutzt, auch in den umliegenden Häusern im Hafen hatte man Quartiere eingerichtet. Fischereirat Dr. Marquardt, Vertreter der Kriegsmarine-Dienststelle Stettin, ein Amtmann als Leiter der Ortspolizei, ein Vertreter des Ernährungsamtes, ein Vertreter des Wasserstraßenbauamtes und nicht zuletzt der kommissarische Bürgermeister, Generalmajor a.D. Krapp, bemühten sich, ein Chaos zu verhindern.

*Dichtgedrängt warten die Menschen auf die Ankunft von Rettungs-
schiffen. Als das Ende der „Festung" naht, erreicht die Flucht der
Bevölkerung ihren Höhepunkt.*

Dies hatte der Parteikreisleiter Gerriets heraufbeschwo-
ren, indem er die Anordnung zur Räumung Kolbergs von
der Zivilbevölkerung – entgegen den Weisungen des Festungskommandanten – immer wieder hinausgeschoben
hatte. Erst jetzt wurde er aktiv. Als Vertreter des Gauleiters Schwede-Coburg bestätigte er den zivilen Arbeitskreis
in seinen Funktionen. Der Kreisleiter verbot den Mitgliedern des zivilen Arbeitsstabes das Verlassen der Stadt unter der Zusicherung, dass er zur gegebenen Zeit für ihren
Abtransport mit einem Schiff sorgen werde. Oberst Fullriede beäugte, genau wie der Hafenkapitän, die zivile Neben-
regierung misstrauisch. Er unterstellte sie schließlich dem
Kreiskommandanten, SS-Oberführer Bertling.

Der Kolberger Hafen hatte, nachdem die Fluchtwege über

Land versperrt waren, eine immer größere Bedeutung er-
langt. Der Oberst setzte deshalb einen militärisch Verantwortlichen für den Hafen ein. Er fand ihn in Dr. Brand,
einem Kriegsberichterstatter, der freiwillig in seine Heimatstadt zurückgekehrt war. Dieser erhielt von Fullriede den
Auftrag, Schiffe zu besorgen und den Abtransport der Zivilisten unverzüglich und ohne Zeitverlust zu organisieren.

Damit waren jetzt drei verschiedene Stellen zuständig
für den Abtransport der Flüchtlinge und Zivilisten. Das
Wichtigste aber – große Schiffe, die mehrere hundert oder
tausend Menschen aufnehmen konnten – fehlte. Es mussten auch Soldaten aller Dienstgrade am Verlassen von Kolberg gehindert werden, notfalls mit Gewalt. Nur Zivilisten
durften sich im Hafen für den Seetransport sammeln.

Dr. Brand sah die damalige Situation so:

*Zur Durchsetzung der Anordnung, nur Zivilisten im Hafen
für den Abtransport über See vorzusehen, wurde eine Hafenstreife eingesetzt. Diese militärische Hafenstreife erschwerte die Arbeit der bisher mit der Verschiffung Beschäftigten
aufs äußerste. Sie fuchtelten den Flüchtlingen ständig mit
der Maschinenpistole vor der Nase herum und beunruhig-
ten, statt zu beruhigen. Die Männer der Hafenstreife schnauz-
ten und kommandierten im Hafen herum. Sie versuchten
sogar, die städtische Polizei an ihrer Tätigkeit zu hindern,
so dass es nur mit Mühe gelang, eine drohende Schießerei
zwischen den beiden zu verhindern. Schließlich kam es sogar soweit, dass die Streife in der Nacht des 7. März die
Mitglieder des zivilen Arbeitsstabes verhaftete, als diese von
der Beladung des kleinen Dampfers »Theseus« kamen und
ihr Quartier aufsuchen wollten. Die Verhaftung wurde mit
»Fluchtverdacht« begründet. Man behandelte die Verhafte-*

ten wie Verbrecher und drohte ihnen mit Erhängen. Erst
auf Intervention des SS-Oberführers wurden sie nach
24 Stunden freigesetzt und konnten ihre Arbeit fortsetzen.

Die Hafenstreife revanchierte sich postwendend. Sie verhaftete den SS-Oberführer wegen Fluchtverdacht, als dieser dienstlich im Hafen ein Boot besteigen wollte. Das
alles geschah vor den Augen der auf ihre Einschiffung
wartenden Bevölkerung, die sich über die Vorgänge sehr
erregte. Mit Befremden stellten die Zivilisten fest, dass
sich die Angehörigen der Hafenstreife nicht mit dem
„deutschen Gruß", sondern in aller Öffentlichkeit mit
„Frei Deutschland" begrüßten. Das erregte die Gemüter
noch mehr. Einige vermuteten Kommunisten oder Mitglieder des Nationalkomitees „Freies Deutschland" unter der Hafenstreife.

Die Vorkommnisse führten in ein Chaos. Hinzu kam, dass
der Kreisleiter den kommissarischen Oberbürgermeister
quasi von seinen Pflichten entband, indem er ihn auffor-
derte: „Begeben Sie sich mit dem nächsten Schiff nach Stettin, suchen Sie dort den Reichsverteidigungskommissar für
Pommern auf und berichten Sie ihm über die Lage in Kolberg, über die man in Stettin anscheinend völlig im unkla-
ren ist. Vor allem machen Sie darauf aufmerksam, dass viel
mehr Schiffe geschickt werden müssen."

Generalmajor a.D. Krapp folgte dieser Anordnung. Beim
Betreten des Dampfers „Theseus" wurde er aber von der
Hafenstreife festgenommen, zurück nach Kolberg gebracht
und dort dem Gerichtsoffizier vorgeführt. Nach einer ein-
gehenden Vernehmung behielt man ihn in Haft. Nach der
Entlassung am nächsten Abend meldete er sich wieder im
Arbeitsraum der zivilen Dienststelle. Plötzlich befielen ihn

Krämpfe, er brach zusammen und war kurz darauf tot. Generalmajor a.D. Krapp hatte sich vergiftet.

Häuserkampf im Kolberg

Am Stadtrand formierten sich inzwischen sowjetische Verbände zum nächsten Angriff. Am 7. März erreichte das 134. Schützenkorps der 19. Armee der 2. Weißrussischen Front den Ostrand der Stadt. Damit war die Verbindung zu Einheiten der 1. Weißrussischen Front hergestellt. Am 8. März begann der konzentrierte Angriff an allen Fronten.

Die sowjetischen Truppen waren im Zeitverzug. Die 1. Gardepanzerarmee der 1. Weißrussischen Front war für den 8. März bereits zum Einsatz in Richtung Gotenhafen befohlen. Sie befand sich aber immer noch vor Kolberg. Inzwischen war die Ablösung eingetroffen: die 1. Polnische Armee, deren Divisionen gerade bei Schivelbein freigeworden waren. Sie erhielt den Auftrag, Kolberg einzunehmen, von Kolberg bis zum Stettiner Haff den Küstenschutz zu übernehmen und die 2. sowjetische Stoßarmee herauszulösen.

Der Befehlshaber der 1. Polnischen Armee, Armeegeneral Stanislaw Poplawski, war davon ausgegangen, dass er in Kolberg nur noch mit Feindresten zu tun hätte, die rasch über See fliehen würden. Er rechnete damit, am 9. März Kolberg besetzen zu können. Doch dies erwies sich als großer Irrtum. Poplawski setzte zunächst die 6. und 3. Infanteriedivision auf die Stadt an.

Am Abend des 7. März erschienen die ersten Polen der 6. Infanteriedivision vor Kolberg, sie lösten die sowjetische 45. Mot.-Schützenbrigade ab, die sich gerade zum Sturm auf den Südwestteil bereitstellte. Die Polen sollten, unterstützt von der 3. Artilleriebrigade, die Stadt von Südwesten und Westen her einnehmen. Der Angriff am 8. März scheiterte zwar, doch die polnischen Truppen konnten sich in den Außenbezirken festsetzen. Damit begann ein blutiger Häuserkampf, der an Verteidiger und Angreifer fast unmenschliche Anforderungen stellte. Während die Zahl der Verteidiger schmolz, erhielten die Angreifer immer wieder Nachschub an Truppen und Material. Trotzdem gaben die Festungssoldaten nicht auf. Sie rangen um jede Straße, um jedes Haus.

Als die polnische Führung erkannte, dass sie mit den vorhandenen Kräften Kolberg nicht erobern konnte, forderte sie weitere Verstärkungen an; darunter Pioniere, schwere Artillerie und Werfer. Man wollte Kolberg zusammenschießen und dann einnehmen.

Letzter Befehl: „Menschenleben retten!"

Die Verteidigung von Kolberg hatte für Oberst Fullriede nur noch einen Sinn: Menschenleben zu retten. Es galt, die angreifenden Truppen solange von der Innenstadt und dem Hafen fernzuhalten, bis der letzte Zivilist und der letzte Soldat Kolberg per Schiff verlassen hatten. Es bestand durchaus Hoffnung, dass Schiffe kommen. Dies hatte ein Mann veranlasst, der am 9. März von Stolpmünde nach Kolberg gekommen war: Fregattenkapitän Kolbe.

Schon bei der Überfahrt auf dem U-Jäger „119" hatte er sich per Funk beim Admiral Westliche Ostsee über die Lage in Kolberg informiert. Kolbe forderte sofort Schiffe an. Auch mit dem Seetransportchef Ostsee, Konteradmiral Engelhardt, setzte er sich in Verbindung. „Kolberg braucht Hilfe, Kolberg braucht Schiffe. Sofort, bevor die Festung fällt!"

Der Hafen hatte sich in eine Hölle verwandelt. Jedes Mal, wenn es hieß „Schiffe kommen!" stürzten die Menschen aus Baracken und Kellern nach draußen, obwohl das Hafengelände unter Artilleriebeschuss lag. Tote und Verwundete lagen umher. Weitere Tote gab es, als durchgehende Pferde das Hafengelände durchrasten und in eine Ansammlung wartender Flüchtlinge stürmten.

Zunächst kamen Siebelfähren und Boote. Auch die Kolberger Fischereiflotte nahm Flüchtlinge an Bord. Erst am 4. März war ein größeres Schiff nach Kolberg gekommen, es hatte in aller Eile 1 500 Menschen an Bord genommen, um sie unbeschadet nach Swinemünde zu bringen. Danach verließ ein Fischkutter den Hafen, überfüllt mit Flüchtlingen. Einige Kolberger versuchten mit Erfolg, trotz stürmischer See, mit Segelbooten nach Swinemünde zu fliehen. Andere, die vom Untergang der „Wilhelm Gustloff" und des Dampfers „Steuben" erfahren hatten, mussten dagegen fast mit Gewalt auf die Schiffe gedrängt werden.

Die Heeresentlassungsstelle I/II hatte sich am 6. März um 12 Uhr mittags befehlsgemäß von Kolberg in Richtung Swinemünde abgesetzt, zuvor aber neben den Angehörigen der Dienststelle noch etwa 400 Verwundete und mehrere hundert Flüchtlinge an Bord genommen. Bei diesen Transporten wie auch später galt: Frauen und Kinder zuerst!

Sogar einen Benzintanker, der am 7. März in Kolberg eingelaufen war, hatte man mit Flüchtlingen beladen, er nahm 100 Zivilisten mit nach Swinemünde.

Andere Kolberger verloren die Nerven und begingen Selbstmord. Verzweifelte Mütter töteten ihre kleinen Kinder und brachten sich dann selbst um. Zwei Töchter eines Kolberger Drogeriebesitzers und die Witwe eines Tierarztes vergifteten sich mit Zyankali. Der Vater begrub seine

Jedes Schiff, das den Kolberger Hafen verlässt, nimmt Flüchtlinge an Bord. Völlig überfüllt läuft ein Minensuchboot aus. Die meisten Passagiere erleben die Fahrt nach Swinemünde stehend am Oberdeck.

beiden toten Kinder in den Verteidigungsgräben am Preußenplatz.

Kolberg wurde immer mehr zu einer sterbenden Stadt. Ganze Häuserfronten stürzten ein, überall flackerten Brände auf, detonierten Granaten. Kein Wunder, dass sich der Druck auf den Hafen immer mehr verstärkte. Am 7. März hatte der Dampfer „Theseus" vor dem Silo festgemacht.

Dr. med. Haenisch erlebte das Geschehen mit:

Wir hatten das Glück, nahe am Bollwerk zu stehen, auch nahe am Laufsteg des Schiffes, das völlig leer war und wie ein Haus in die Luft ragte, so groß war es. Ich half zuerst beim Hinaufbringen des Kinderwagens und stieg wieder

hinab, um meine Tochter Sigrid nach oben zu bringen.
Schutzleute, die die Einschiffung leiteten, beschimpften mich,
sie glaubten, ich wollte mit flüchten. Ohne Abschied hatte
ich mich von meiner Familie getrennt, vielleicht auf Nim-
merwiedersehen. Meine Schwester und ich standen einge-
keilt in der Menschenmenge, in der stehen gebliebene Hand-
wagen jeden Verkehr hemmten und niemand daran dachte,
auch nur einen kurzen Augenblick seinen Platz zu räumen.

Am 9. März trafen die Schiffe ein, die Fregattenkapitän
Kolbe über Funk angefordert hatte. Sie kamen von Swinemünde und ankerten auf der Reede von Kolberg, da ein
Einlaufen und Festmachen im Hafen unmöglich war: Der
ehemalige Westindienfahrer „Heinz Horn" , das Bananen-
schiff „Nordenham", die „Westpreußen", die „Hestia", die
„Nautik" und – als größtes Schiff – der 10 000-Tonner „Winrich von Kniprode" der Hamburg-Amerika-Linie; ein geka-
pertes Schiff, das unter französischer Flagge als „Kergue-
len" gefahren war.

Mit Fährprähmen und Landungsbooten wurden die
Flüchtlinge auf die Reede gebracht. Wie schwierig sich das
bei stürmischer See gestaltete, vermerkten die Kapitäne in
ihren Schiffstagebüchern. Der Kapitän der „Hestia" trug
ein: „Die Reede von Kolberg lag unter ständigem Beschuss.
Es waren nur wenige Meilen bis zur Kampflinie. Die Menschen wurden bei völliger Dunkelheit von längsseits kommenden Landungsbooten unter den schwierigsten Bedingungen übernommen. Von Kolberg wurden sie nach Swinemünde gebracht. Auf jeder Fahrt nahmen wir 2 800 Flüchtlinge an Bord."

Im Schiffstagebuch der „Nautik" wurde vermerkt: „Wegen Unpassierbarkeit der Hafeneinfahrt in Kolberg, die un-

Der Kolberger Hafen ist übersät mit zurückgelassenen Gepäckstücken
und Handwagen. Erst nach den Flüchtlingen gehen die Verteidiger
Kolbergs an Bord. Als Letzter verlässt Festungskommandant Oberst
Fullriede den Ort.

ter ständigem Beschuss lag, erfolgte die Anbordnahme von
150 Verwundeten und 1 200 Flüchtlingen von Flugsicherungsbooten auf der Reede."

Ein volles Schiff und keine Kohle

Die „Winrich von Kniprode" lief von der Kolberger Reede
ab, hatte aber nach einer Stunde keine Kohlen mehr. Das
vollbeladene Schiff musste auf der Ostsee ankern. Wie die
Heringe lagen die Flüchtlinge in den großen Laderäumen

nebeneinander auf Holzwolle oder Säcken. Viele waren sich
wohl nicht der Gefahr bewusst, in der sie sich auf dem ankernden Schiff befanden, es war eine ideale Zielscheibe für
Luftangriffe. Das Warten auf die Kohlen dauerte. Die Lebensmittel wurden knapp. Unruhe kam auf, als Schwimmwesten verteilt wurden. Doch diese Vorsichtsmaßnahme war
notwendig. Flugzeuge waren im Anflug. Doch der Angriff
galt Swinemünde. Tage vergingen. Endlich kam Kohle. An
Bord drohte bereits Seuchengefahr; viele litten unter Durchfall. Am Abend des 15. März befand sich das Schiff auf der
Reede von Swinemünde, doch niemand konnte von Bord.
Amerikanische Bomber hatten am 12. März Stadt und Hafen fast total zerstört. Am 13. März schickte man aus Swinemünde einen Beamten auf die „Winrich von Kniprode",
der sich über den Zustand an Bord informieren sollte. Erst
am 18. März wurde das Schiff seine „Elendsladung" los.

Der 14-jährige Manfred Gruhlcke aus Köslin hielt die dramatischen Ereignisse an Bord der „Winrich von Kniprode"
in seinem Flucht-Tagebuch fest:

*Freitag, 2. März 1945: Panzerbeschuss in Köslin. Wir müs-
sen fliehen. Die Russen sind da. Abends heult der Sturm.
Es beginnt zu schneien. Auf dem Bahnhof ein Zug. Das ist
Rettung. Morgen geht es los.*

*Mittwoch, 7. März 1945: Rucksäcke auf dem Nacken.
Koffer aufs Rad. Alles andere schon im Zug gelassen. Wir
ziehen nach Kolberg. Dichter Schneesturm. Zerstörte Trecks
an beiden Seiten der Straße. Zerschossene Häuser und Autos. Eingeschneite Leichen. Vier gen Himmel ragende Pfer-
debeine. Überall Menschen, Pferde, Wagen und Gepäck. Viele
vom Leichentuch des Schnees bedeckt. Soldaten mit Panzer-
faust. Panzersperre. Wir werden durchgelassen.*

Donnerstag, 8. März 1945: Morgens 6 Uhr zum Hafen. Beschuss. Fährprähme laufen ein. Wir kommen auf den dritten. Alles unter Deck. Es rumst im Karton. Splitter klirren an die Stahlwand. Das Boot erzittert. Volltreffer? Gehen wir unter? Das Ende? Nein – nichts von alledem. Noch einmal hat der liebe Gott seinen Daumen dazwischengehalten. Windstärke 8. Schwere See. Alles seekrank. Ich aber nicht. Anlegemanöver an ein großes Schiff. Es heißt »Winrich von Kniprode«. Schiff wird beschossen. Doch wir gelangen heil an Bord. Kommen in den Laderaum auf Strohsäcke. Verpflegung reichlich, da wir die ersten auf dem Schiff.

Freitag, 9. März 1945: Liegen noch immer auf Reede. Kolberg bleibt in Sicht. Überall Rauch. Der Dom brennt mit sichtbar roter Flamme. Weitere Fährprähme bringen Flüchtlinge an Bord. Zerstörer greift mit Artillerie in den Landkampf ein. Verpflegung wird knapper.

Samstag, 10. März 1945: Weitere Übernahme von Flüchtlingen. Jetzt bestimmt schon 5 000 an Bord. Kolberg brennt lichterloh. Ein halber Liter Wassersuppe mit Graupen für zwei Personen. Geleitfahrzeuge kommen am Abend. Schiff nimmt Fahrt auf.

Sonntag, 11. März 1945: Schiff stoppt. Keine Fahrt mehr. Andere Schiffe laufen mit Geleit weiter. Schiff bleibt liegen und ankert. Grund: Dampfer hat keine Kohle mehr. Warten auf Ladung. Verpflegung: zum Sattessen zu wenig, zum Verhungern zu viel.

Montag, 12. März 1945: Nebel, warten auf Kohle. Schwimmwestenausgabe. Fliegeralarm. Alles unter Deck. Großangriff auf Swinemünde.

Dienstag, 13. März 1945: Immer noch keine Kohle. Überflüssige Holzteile werden gesucht und verfeuert. Neue Ver-

Manfred Gruhlcke, 14 Jahre alt, flieht aus Köslin nach Kolberg. Mit ei-
nem Fährprahm kommt er bei hoher See und unter Beschuss zu dem auf
Reede liegenden Dampfer „Winrich von Kniprode", der ihn nach Swine-
münde bringt. Die unvergessliche Fahrt über die Ostsee hält der Junge
in seinem Tagebuch fest.

pflegung: zehn Mann ein Brot, je Person ein Drittel Liter
Suppe. Viele haben Durchfall.

Mittwoch, 14. März 1945: Endlich kommt Kohle. Es geht
weiter. Parole: Wir fahren nach Dänemark.

Donnerstag, 15. März 1945: Ankunft auf Swinemünde-Reede. Etwa 40 Schiffe um uns herum. Dürfen nicht einlaufen. Durch Luftangriff alles zerstört. Wieder warten.

Freitag, 16. März 1945: Proviant kommt in Luke 4 und 5. Aussteigen. Mithelfen bei Proviantübernahme. Am Abend »herrliches Essen« nach Hungerperiode.

Samstag, 17. März 1945: Frühstück: drei Paar Stullen mit Butter, Wurst und Marmelade. Jetzt ist es auszuhalten. Warten noch immer auf Einfahrt nach Swinemünde.

Sonntag, 18. März 1945: 5.30 Uhr morgens. Anker auf und Einfahrt. Zum Frühstück Kaffee und drei Paar Stullen. Marschverpflegung fassen. Endlich an Land. Gepäck auf Wagen. Ab zum Bahnhof, Züge fahren noch. Fliegeralarm. Mit Gepäck in den Keller. Wieder auf den Bahnsteig. Sonderzug für Flüchtlinge kommt. Neue Güterwagen ohne Achsenfederung. 15 Uhr Abfahrt. Es geht nur langsam vorwärts. Immer wieder Haltestellen. Pause. Endlich 22 Uhr in Rostock. Gerettet. Flucht überstanden.

Kämpfen und überleben!

In Kolberg war der Kampf noch nicht zu Ende. Doch die polnisch-russische Übermacht war zu gewaltig und die Verteidiger hatten ihr von Tag zu Tag weniger entgegenzusetzen. Aber die Stadt durfte und konnte noch nicht aufgegeben werden, denn es befanden sich hier immer noch viel zu viele Zivilisten und Soldaten.

Am 9. März 1945 verstärkten die Belagerer das Trommelfeuer, ab 9.00 Uhr morgens lag Kolberg unter Dauerbeschuss. Es gab Tote und Verwundete am Kaiserplatz, in der Brunnenstraße, in der Viktoriastraße und in anderen Straßen. Der Dom und andere Kirchen brannten. Der nördliche

Teil der Luisenstraße zwischen Wall- und Kummertstraße
ging in Flammen auf, die Beamtenhäuser in der verlängerten Börsenstraße brannten, ebenso das Lichtspieltheater
Delihaus.

Eine wahre Volkswanderung setzte ein. Über Schutt und
Asche, über Granat- und Bombentrichter zogen die Kolberger und die Flüchtlinge durch die Stadt in Richtung Hafen.
Nur das Nötigste wurde mitgenommen. Niemand wollte
mehr in dieser Flammenhölle bleiben. Im Hafen sollten
Schiffe liegen, doch sie lagen auf Reede. Dorthin kam man
nur mit Booten und Prähmen. Die Jüngeren sprangen in
die Boote, die schnell belegt waren, die Alten aber konnten
oft nur mit größter Anstrengung in ein Boot gelangen. Drei
Minensuchboote nahmen zunächst nur Mütter und Kinder
auf. Erschwerend hinzu kam das stürmische Wetter mit
Windstärke 9.

Am 10. März war der Hafen völlig abgesperrt; ohne Pas-
sierschein kam niemand mehr durch. Viele Flüchtlinge hau-
sten schon mehrere Tage und Nächte in den Kellern der
Häuser am Hafen. Da es kein Trinkwasser mehr gab und
der Durst immer unerträglicher wurde, holten sich einige
Wasser aus dem Hafen, in dem Leichen trieben. Nachdem
die Fischverwertungsgesellschaft einen Volltreffer erhalten
hatte, waren Tausende Liter Gasöl in die Persante geflos-
sen. Trotzdem wurde auch dieses Wasser getrunken. Für
ein Glas Trinkwasser hätte man ein Vermögen ausgeben
müssen. Die Stimmung unter den Kolbergern und den
Flüchtlingen wurde immer gereizter.

Dem Festungskommandanten blieb dies nicht verborgen.
Er notierte: „Die Verluste der eigenen Truppen sowie der
Zivilbevölkerung in der Stadt sind erheblich. Es machen
sich Anzeichen einer beginnenden Panik bemerkbar. Um

Mit der Einschließung Kolbergs ist der Hafen voller Menschen, die hoffen, mit dem Schiff über die Ostsee gerettet zu werden. Marine- und Wehrmachtsoffiziere regeln die Beladung der Schiffe, wobei Mütter mit Kindern, alte und kranke Menschen Vorrang haben.

den Abtransport zunächst für Frauen und Kinder zu sichern, sind härteste Maßnahmen notwendig.“

Einen Tag später vermerkte er: „Panikstimmung in der Zivilbevölkerung, hervorgerufen durch den pausenlosen Artilleriebeschuss; eine hohe Säuglings- und Kindersterblichkeit, hervorgerufen durch den Mangel an Milch und Trinkwasser; Kindermord durch die eigenen Mütter und Selbstmord sind häufige Erscheinungen. Davon hob sich auf der anderen Seite die tapfere Haltung mancher Frauen ab, die beim Löschen von Bränden, beim Bergen von Verwundeten unter Einsatz ihres Lebens einem großen Teil der männlichen Zivilbevölkerung ein Vorbild sein

konnten. Zu erwähnen sind besonders zwei Nachrichtenhelferinnen und eine Wehrmachtshelferin, die freiwillig
bis zum letzten Abtransport von Frauen und Kindern
bei der Truppe aushielten und ihren Dienst in vorbildli-
cher Weise versahen."

Am 11. März um 7.30 Uhr traf der Zerstörer „Z 34" unter
Korvettenkapitän Hetz auf Kolberg-Reede ein, wenig später kam „Z 43" unter Kapitän zur See Wenniger hinzu. Beide unterstützten den Abwehrkampf Kolbergs sehr wirksam.
Obwohl sie nach ihrem Eintreffen einen Tieffliegerangriff
überstehen mussten, griffen sie mit ihren 15-cm-Geschüt-
zen wirkungsvoll in die Landkämpfe ein.

Vor allem die polnischen Truppen hatten in den bisherigen Kämpfen schwere Verluste erlitten. Die 3. und 6. polnische Infanteriedivision verfügten nur noch über ein Drittel
ihrer Sollstärke. Die 6. polnische Infanteriedivision war
bereits gezwungen, ihre Kampfeinheiten aus Schreibstu-
ben, Trossen und Werkstätten aufzufüllen. Pausenlos versuchten Polen und Russen, neue Kräfte und Mittel, vor allem auch Offiziere und Panzer, heranzuführen.

Der Befehlshaber der 1. Polnischen Armee, Armeegeneral Poplawski, wurde immer ungeduldiger. Die zahlreichen
Verluste und die mangelnden Erfolge, die mühsam erkämpft
werden mussten, passten nicht in sein Kalkül. Außerdem
drängte Marschall Schukow immer mehr, nun endlich
„Schluss mit Kolberg zu machen". Poplawski setzte jetzt
alles auf eine Karte. Er übte scharfe Kritik an den bisherigen Angriffsmethoden seiner Truppen, befahl die Aufstellung von Sturmabteilungen für den Straßenkampf sowie
einen vermehrten und verbesserten Einsatz von Panzern
und Artillerie. Er bildete einen besonderen Operationsstab
unmittelbar vor Kolberg in Sellnow und übertrug die Ver-

antwortung für die Einnahme Kolbergs dem Stellvertreter des Armeebefehlshabers in Frontangelegenheiten und dem Stellvertreter des Operationschefs der Armee. Am 12. März befahl Poplawski den Einsatz der 4. Infanteriedivision ostwärts der Persante zwischen der Küste und der Bahnlinie Kolberg – Köslin. Außerdem sollten verstärkt polnische Luftwaffeneinheiten eingesetzt werden.

Auch die sowjetischen Streitkräfte waren mit dem bisherigen Verlauf der Kampfhandlungen nicht zufrieden. Mit Unwillen hatte die Führung der 1. Weißrussischen Front das Scheitern der 1. Polnischen Armee, Kolberg zu besetzen, verfolgt. Die Sowjets hatten sich deshalb entschlossen, weitere Truppen und Waffen heranzuführen, um endlich die Einnahme zu erzwingen.

Es war vorauszusehen, dass sich das Schicksal von Kolberg bald vollenden würde. Die Lage der Besatzung wurde immer kritischer. Der Abwehrwille der Verteidiger blieb jedoch ungebrochen. Jeder Soldat war sich im klaren darüber, dass der Zugang zum Hafen in jedem Fall bis zur letzten Stunde freigehalten werden musste, um die restliche Zivilbevölkerung und die Verteidiger noch retten zu können. Die Parole, die niemand ausgegeben hatte, aber die jeder befolgte, hieß: Kämpfen und überleben!

Kolberg vor dem Fall

Nach der Neuordnung der polnischen Angriffskräfte wurde der Druck auf Kolberg immer stärker. Das Artilleriefeuer konzentrierte sich mehr und mehr auf das Hafengebiet, um die Verladung von Zivilisten auf Schiffe zu verhindern. Die Einschiffung musste am 12. März unterbrochen werden. Gegen 19.00 Uhr waren zwei Flugsicherungsboote der

Luftwaffe in den Hafen eingelaufen, um Flüchtlinge an Bord
zu nehmen. Außerdem lagen Minensuchboote und Fährprähme zum Beladen bereit. Doch der andauernde Beschuss
verhinderte die Beladung. Der größte Teil der Wartenden
rettete sich in das nahe liegende Hotel „Monopol". Zusammengepfercht hofften die Menschen hier auf eine Feuer-
pause.

In der Münderschule wartete eine Kolbergerin mit drei
alten, körperlich schwer behinderten Frauen auf ihren Abtransport. Sie berichtet:

*Um 15.00 Uhr wurden wir wie das liebe Vieh zum Hafen
getrieben und mussten hier auf unsere Abfahrt warten. Der
Hafen wurde von Tiefffliegern und schwerer Artillerie beschossen. Wir hatten Deckung gesucht und lagen auf der
eiskalten Erde. Es wurde 18.00 Uhr, bis wir einen Fischkutter besteigen konnten. Aber wenn Dr. Brand, der den Abtransport leitete, nicht gewesen wäre, hätten wir keine Chance
gehabt, mitzukommen. Meine beinamputierte Cousine bekam
einen Sitzplatz in der Kabine, alle anderen mussten an Deck
bleiben.*

Auf der Reede von Kolberg lagen die deutschen Zerstörer
„Z 34" und „Z 43". Ihr Feuer brachte die feindlichen Batte-
riestellungen vorübergehend zum Schweigen und verhinderte das Vordringen feindlicher Panzerverbände. Während
des Feuerns wurden herangebrachte Verwundete und
Flüchtlinge an Bord genommen.

Das Vordringen der feindlichen Truppen machte auch den
„Umzug" des NSDAP-Kreisleiters, des Fregattenkapitäns
Kolbe und des Festungskommandanten erforderlich. Der
Kreisleiter verlegte seinen Dienstsitz in den DRK-Bunker

unmittelbar im Hafen. Nach seinen Recherchen warteten noch über 12 000 Zivilisten auf ihren Abtransport. Fregattenkapitän Kolbe, der bis dahin auf dem U-Jäger „119" die Einschiffung geleitet hatte, musste das Schiff nach einem Treffer verlassen. Mit seinem Oberleutnant begab er sich auf den Zerstörer „Z 43". Kolbe berichtete:

„Die Einschiffung im Hafen und das Auslaufen der Schiffe geht immer schnellstens vor sich, da auf die Beteiligten der gehörige Nachdruck durch den feindlichen Beschuss ausgeübt wird. Schwieriger ist es, die Fahrzeuge von der Reede in den Hafen zu schicken und das Ausladen auf die größeren Schiffe und das Wiedereinlaufen zu beschleunigen. Dazu war ein unermüdliches Antreiben und schärfste Befehlserteilung mit dem nötigen Nachdruck erforderlich. Nach reiflicher Überlegung war für mich als Einsatzleiter ein Fahrzeug mit Funk und ÜK-Sprechwelle sowie mit einem gut besetzten Signaldeck, ausgerüstet mit den optischen Signalmitteln, von ausschlaggebender Bedeutung. Ich erkannte, dass das bewegliche Schiff auf der Reede mein Gefechtsstand sein musste."

Der Fregattenkapitän wechselte das Schiff, sobald ein Zerstörer mit je über 1 000 Flüchtlingen nach Swinemünde ablief.

Kolberg versank von Tag zu Tag immer stärker in Schutt und Asche. Der Feind eroberte Haus um Haus, Straße um Straße. Ganze Häuserfronten schoss er mit Pak und Artillerie zusammen. Die Verteidiger sahen sich gezwungen, die Georgenkirche und den Leuchtturm selbst zu zerstören, damit diese dem Feind nicht als Beobachtungsstellen dienen konnten. Im Osten hatte der Gegner den Lokomotivschuppen und die Gasanstalt besetzt. Zwischen den Einschlägen dröhnte es von der Gegenseite immer wieder aus

Lautsprechern: „Kameraden der Festung Kolberg, denkt an eure Frauen und Kinder! Rettet euer Leben, indem ihr den Kampf einstellt!"

Doch die Verteidiger gaben nicht auf. Auch der Volkssturm nicht, der von 700 auf 450 Mann zusammengeschrumpft war. Trotz des immer enger werdenden Verteidigungsringes, starker Verluste und keinerlei Nachschub – den Abschnitts-Kommandanten konnte er bestenfalls Artillerieunterstützung gewähren – blieb Oberst Fullriede Herr der Lage.

Der letzte Akt der Tragödie

Den Angreifern gelangen mit frischen Verstärkungen, Panzern und Flammenwerfertrupps tiefe Einbrüche. Der letzte Akt der Einnahme Kolbergs begann am 16. März. Die 1. Polnische Armee wurde an diesem Tage durch die 6. Leningrader Raketenwerfer-Brigade verstärkt, die zum sofortigen Einsatz auf die Angriffsverbände verteilt wurde. Jetzt ging es Schlag auf Schlag. Der am Vortag erzielte Einbruch bis zum Personenbahnhof wurde bis zur Stadtmitte erweitert. Westlich der Persante rückte das 16. polnische Infanterieregiment weiter gegen die Maikuhle und den Hafen vor.

Noch konnten die Verteidiger die Maikuhle halten und einen Angriff auf den Fischereihafen dank der Unterstützung durch die Schiffsartillerie der beiden Zerstörer abschlagen. Am Nachmittag des 16. März bewegte sich ein Doppelkeil des Angreifers beiderseits der Persante in Richtung Hafen. Damit war der Lebensnerv Kolbergs in größter Gefahr.

Im Hafen rannten die letzten Flüchtenden um ihr Le-

ben. Siegfried Perband, damals Führer eines Landungs-
bootes, erinnert sich:

*Hochachtung hatte ich vor dem Volkssturm, der trotz einer
sehr mangelhaften Bewaffnung dem Feind erbitterten Widerstand leistete. Dadurch konnten wir den von uns bis zuletzt eingerichteten »Pendelverkehr« aufrechterhalten und
alte Leute, Frauen und Kinder aus dem Kolberger Hafen
heraus in Sicherheit bringen. Es spielten sich dabei die trau-
rigsten Geschehen ab, die ich jemals als Soldat im Krieg
erlebt habe. Es war grausam.*

*Wir waren im Nebel in den Hafen eingelaufen, hatten
kaum festgemacht, als auch schon der Beschuss durch
die feindliche Artillerie einsetzte. Trotzdem stürmten die
Flüchtlinge zu uns an Bord. Unter ihnen auch eine junge
Frau mit einem kleinen Kind an der Hand. Sie liefen,
was sie laufen konnten. Plötzlich fiel die Mutter hin und
bewegte sich nicht mehr. Sie war von einem Splitter tödlich getroffen worden. Ich hatte den Vorgang beobachtet,
ging zu dem kleinen Mädchen, nahm es auf den Arm und
versuchte, es zu trösten. Sie hatte in der Aufregung nicht
erfassen können, dass die Mutter tödlich getroffen war.
Sie redete nur immer auf die Mutter ein: »Steh doch auf,
wir müssen aufs Schiff!« Ich sagte ihr, dass Mutti mit
den Koffern zu schnell gelaufen sei und sich erst einmal
ausruhen müsse. Sie solle doch mit mir kommen. Mutti
brächten wir mit dem nächsten Schiff nach.*

*Ich habe dann auf See das Kind einer Krankenschwester
übergeben und ihr den Hergang erzählt. Sie versprach mir,
sich des Kindes besonders liebevoll anzunehmen. Für mich
blieb dieses Erlebnis unvergesslich.*

Kolberg war der grausamste Kriegsschauplatz, den ich

*Infanteristen der Roten Armee im Häuserkampf. Straßenzug um
Straßenzug wird in Kolberg gekämpft.*

*erlebt habe. Der Hafen war übersät mit Armen, Beinen, Köp-
fen, Leichen. Wir selbst hatten an diesem Tag einen Gefallenen zu beklagen: Er stand neben mir und fiel plötzlich um.
Ein Granatsplitter hatte ihn getroffen.*

Als die letzten Bewohner Kolbergs und die letzten Flüchtlinge am 17. März über See abtransportiert waren, stand
dem Festungskommandanten eine wichtige Entscheidung
bevor. Fullriede war nicht bereit, seine Truppe bis zum letzten Mann zu opfern. Er hatte seinen Soldaten versprochen,
sie über See abtransportieren zu lassen, wenn alle Zivilisten
die Stadt verlassen hätten. Der Zeitpunkt, dieses Versprechen einzulösen, war jetzt gekommen. Jeder weitere Kampf
war sinnlos geworden. Eine Kapitulation, zu der er in den

Nach Fliegerangriffen, Artilleriebeschuss und erbitterten Häuser-
kämpfen sind große Teile der Kolberger Innenstadt zerstört.

letzten Tagen mehrfach aufgefordert worden war, kam für
Fullriede nicht in Frage. Er wollte keinen seiner Soldaten
in Gefangenschaft wissen.

In den frühen Morgenstunden des 17. März befahl Oberst
Fullriede seine Regiments- und Bataillonsführer zur Lagebesprechung. Er erklärte, dass er nicht kapitulieren werde,
dass er auf eigene Verantwortung und in eigener Entscheidung Kolberg räumen werde. Er wolle sein Versprechen ein-
lösen, die Truppe auf Boote und Schiffe zu verladen und in
Sicherheit zu bringen. Schiffe und Boote seien ihm zugesagt. Bis dahin müsse der Feind noch vom Hafen ferngehal-
ten werden. In jedem Fall beabsichtige er, am 18. März die

Kampfhandlungen einzustellen, auch wenn keine Schiffe mehr anlegen sollten. In diesem Fall müsse sich jeder auf eigene Faust durchschlagen.

Alle Kommandeure wussten, woran sie und ihre Männer waren. An diesem Tag hieß es noch einmal für alle: Kämpfen und überleben!

Dieser letzte Kampftag bescherte den Verteidigern nochmals die Hölle. Vom Fischereibecken aus hielten feindliche Granatwerfer alles unter Feuer. Rathaus und Bahnhof waren vom Feind besetzt. Die ganze Innenstadt bot ein Bild der Verwüstung. Überall auf den Straßen Granattrichter, Panzerwracks als Barrikaden, zusammengeschossene Fahrzeuge, eingestürzte Häuser, Trümmer über Trümmer. Je näher man dem Hafen kam, überall Feuer. Die Hotels am Badestrand brannten lichterloh. Qualm und Rauch überall. Dazwischen der ohrenbetäubende Lärm der Stalinorgeln, ein Heulen ohnegleichen, Granateinschläge, das Rattern der Maschinengewehre und die Schreie der Verwundeten. Der Feind musste sich buchstäblich jeden Meter auf dem Weg zum Hafen erkämpfen.

Am 17. März um 15.35 Uhr ließ Oberst Fullriede einen Funkspruch an das Armee-Oberkommando absetzen: „Restbesatzung im Nah- und Häuserkampf. Feind drückt mit Panzern. Widerstandskraft wird stündlich geringer. Beabsichtige Restbesatzung auf Prähme zu laden, falls noch möglich."

Der Eingang des Funkspruches wurde bestätigt, eine Stellungnahme erfolgte jedoch nicht. Fullriede hatte keine Genehmigung zur Räumung Kolbergs erbeten, er hatte sie in eigener Entscheidung bereits selbst befohlen.

Inzwischen war die Restbesatzung östlich der Mole auf einen Strandstreifen von etwa 1 800 Meter Länge und einer Tiefe von rund 400 Meter zusammengedrängt worden.

Im Hafen liefen Boote und Prähme ein. Oberst Fullriede erteilte letzte Befehle.

Ein Funkspruch ging an den Einsatzleiter der Kriegsmarine, Fregattenkapitän Kolbe: „Um 21.00 Uhr legt sich der Fährprahm 1 an das äußerste Ende der Ostmole, nimmt die dort wartenden Soldaten auf und fährt ab. Etwa 22.00 Uhr legt sich der Fährprahm an die gleiche Stelle, um die Sicherungstruppen aufzunehmen. Zur selben Zeit stehen die Schiffsboote vor der Küste zwischen Familienbad und Seesteg, um die letzten, weit vom Osten kommenden Sicherungen aufzunehmen. Die Boote sollen die an der Küste eintreffenden Soldaten zu den dahinter stehenden U-Jägern oder Schnellbooten leiten. Ein Motorboot wartet ab 21.00 Uhr am Seesteg auf mich."

Die Gegenmeldung von Kolbe lautete: „Seit 19.40 Uhr stehen vier Flugsicherungsboote im laufenden Pendelverkehr. Bisher 1 000 Soldaten abtransportiert. Stehe mit Booten in laufender Funkverbindung. Jedes Boot mit 250 Mann. Sobald ein Boot fertig, legt nächstes an. Zurzeit ein Boot an der Mole. Es sind nur wenige Soldaten hier. Zweites Boot liegt vor der Einfahrt, macht fest, sobald erstes Boot abgelegt hat. Zurzeit außer Flüsi noch ein Schlepper an der Mole. Soldaten kommen nicht."

Die Einschiffung der restlichen Soldaten konnte nur gelingen, wenn der feindlichen Artillerie Einhalt geboten würde. Das besorgten die beiden Zerstörer „Z 34" und „Z 43" sowie das Torpedoboot „T-33". Mit gewaltigen Feuerschlägen belegten sie die Stellungen des Gegners und brachten ihn augenblicklich zum Schweigen. Dies ermöglichte den letzten Verteidigern, sich vom Feind zu lösen. Die polnische Infanterie konnte den zurückweichenden deutschen Soldaten ohne Feuerunterstützung nicht mehr folgen.

Der Hölle entkommen

Im Hafen liefen die Soldaten um ihr Leben. Die Boote waren Rettung in letzter Minute. Der Überlebenswille, der Hölle von Kolberg zu entkommen und auf die freie See zu gelangen, kannte in der Nacht vom 17. zum 18. März 1945 keine Grenzen. Nicht nur auf Prähmen, Landungsbooten und Flugsicherungsbooten, auch auf Ruder-, Schlauch- und Paddelbooten oder auf rasch zusammengebundenen Flößen suchten die Soldaten, zu den auf Reede liegenden Schiffen zu gelangen.

Siegfried Perband, der mit seinem Landungsboot immer noch im Einsatz war, erinnert sich weiter:

Es war nicht mehr möglich, in den Hafen einzulaufen. Am Molenkopf der Ostmole konnten wir nur noch unter größter Vorsicht anlegen. Von »Festmachen« war keine Rede mehr. Es kamen die letzten Soldaten angelaufen, die wir an Bord nahmen. Wir wollten gerade ablegen, als noch ein kleines Häuflein von etwa zehn Mann im Schutze der Molenmauer angelaufen kam. Sie hatten einen verwundeten Kameraden bei sich, den sie in einer Zeltbahn trugen. Als sie sahen, dass wir ablegen wollten, verloren die Männer anscheinend die Nerven. Sie ließen die Zeltbahn fallen und kamen angelaufen. Wir ließen sie nicht an Bord. Sie mussten zurück und ihren Kameraden holen. Wir haben auf ihre Rückkehr gewartet und dann abgelegt. Das, was sie getan hatten, haben sie wenig später selbst nicht mehr verstanden.

Am 18. März 1945 vollendete sich das Schicksal Kolbergs. Gegen 2.00 Uhr morgens trafen die schnellen Flugsiche-

Der Leuchtturm an der Außenmole von Kolberg.

rungsboote an der Ostmole ein. Ein Einlaufen in den Hafen war nicht mehr möglich, feindliche Truppen standen bereits am linken Ufer der Persante. Kaum hatte das erste Boot angelegt, war es auch schon mit Soldaten überfüllt und setzte sich wieder in Bewegung. Dann legte das zweite Boot an, füllte sich mit Menschen und fuhr mit Höchstgeschwindigkeit auf die Reede. Die Kriegsschiffe feuerten, während die Boote ihre Fracht ablieferten.

Um 2.30 Uhr nahm „Z 34" mehrere Feindpanzer, die bei der Kleistschanze zum Angriff auf das westliche Hafengelände ansetzten, wirkungsvoll unter Beschuss. Gegen 3 Uhr erfolgte nochmals ein gemeinsamer Feuerschlag der beiden Zerstörer und des Torpedobootes, bis die Boote zurückkamen und weitere Soldaten aufnahmen.

Gegen 3.00 Uhr bemannte Korvettenkapitän Prien eine mangels Seefähigkeit zurückgelassene Siebelfähre, sie war größtenteils ohne Decksplanken. Erkennbare Lecks wurden in aller Eile abgedichtet, Schwimmwesten und Schlauchboote herbeigeschafft. Am Seehospiz ließ der Korvettenkapitän die fahruntüchtige Fähre besetzen und von der ebenfalls stark beschädigten Hafenbarkasse „Marga" schleppen.

Das „Geleit" war eben dabei, sich abzusetzen, als es einen Volltreffer erhielt. Es gab Tote und Verwundete. Nördlich des Yachthafens wurden noch Volkssturmmänner an Bord genommen. Mit 450 Mann war diese „Arche Noah" total überlastet. Starke Strömung drückte die Fähre an die Ostmole. Das Notruder gehorchte nicht mehr. Hier warteten noch fünfzig Soldaten auf Abtransport. Sie stürmten das schon überfüllte Fahrzeug. Die Fähre bekam beträchtliche Schlagseite und konnte nicht mehr manövrieren. Man ließ sie treiben und „Marga" warf los, während über ihnen die Geschosse der gegnerischen Artillerie heulten. In der Morgendämmerung wurde die Siebelfähre ausgemacht, alle Insassen wurden von einem Fährprahm übernommen. Die Fähre blieb sinkend zurück.

Oberst Fullriede war bis in die Abendstunden hinein in seiner Befehlsstelle geblieben. Er verließ sie erst nach Eingang der Meldung der Hafenstreife, dass die Absetzbewegung planmäßig verlaufen sei und vor dem Abschluss stehe. Nachdem sich auch die unmittelbar vor seinem Gefechtsstand liegende letzte Sicherung bei ihm abgemeldet hatte, begab Fullriede sich mit seinem Stab zum Seesteg. Von dort aus wollte er nochmals mit einem Boot zum Hafen fahren, um sich persönlich von der Räumung zu überzeugen. Dies war jedoch nicht mehr möglich, das für ihn bereitgestellte Boot blieb wegen Motorschadens liegen. Unter heftigem Feindfeuer kam ein Verkehrsboot des Zerstörers „Z 34" zu

Hilfe und nahm das Motorboot in Schlepptau. Um 4.30 Uhr traf das Verkehrsboot auf der Reede ein, der Festungskommandant wurde von „Z 34" an Bord genommen.

Um 5.00 Uhr trat „Z 34" den Rückmarsch nach Swinemünde an. An Bord befanden sich neben Verwundeten und Soldaten auch noch einige Flüchtlinge.

Nachdem der Zerstörer „Z 43" ebenfalls noch Verwundete, Wehrmachtsangehörige und Flüchtlinge an Bord genommen hatte, verließ er um 6.30 Uhr die Reede von Kolberg. Zur gleichen Zeit lief auch Torpedoboot „T-33" nach Swinemünde ab.

Auf verlorenem Posten

Kolberg brannte in seiner gesamten Breite. In der Lindenallee explodierten Munitionswagen. In einem Lagerschuppen an der Gaststätte Nothafen flogen acht Stunden lang Hunderte von Benzinfässern in die Luft. Noch in 10 bis 15 Kilometer Entfernung war das Sterben der Stadt zu beobachten.

Nach Fregattenkapitän Kolbe hatte das Absetzen der Soldaten um 4.00 Uhr beendet sein sollen. Jetzt war es 5.00 Uhr. Er befand sich an Bord von Vorpostenboot „2005" und wartete in Hafennähe noch eine weitere Stunde, bis tatsächlich noch zwei Schlauchboote gesichtet wurden. „2005" übernahm zwei Offiziere und acht Mann. Gegen 6.00 Uhr nahm das Vorpostenboot Kurs auf Swinemünde. Fregattenkapitän Kolbe wusste allerdings nicht, dass eine Kampfgruppe von 350 bis 400 Mann in der brennenden Stadt zurückgeblieben war.

Wie alle anderen hatten die Männer den Befehl erhalten, sich zum Hafen abzusetzen. Doch die Soldaten wurden in

heftige Straßenkämpfe verwickelt und kämpften so lange,
bis der Feind unter dem Feuer der deutschen Schiffsartillerie zurückwich. Als sie endlich den Hafen erreichten, war
es für sie zu spät. Das letzte Schiff, das anlegte, war viel zu
klein, um alle Soldaten aufnehmen zu können.

Die Zurückgebliebenen trafen an der Molenmauer auf
Soldaten eines Infanterie-Geschützzuges, die ebenfalls aufgehalten worden waren. Bevor sie dem Befehl, sich abzusetzen, folgen konnten, mussten sie die Restmunition
verschießen und die Geschütze zerstören. Beim Rückzug
durch die Parkstraße und den Rosengarten stießen sie dann
auf Granatwerfer des Gegners. Später fanden sich noch ein
Sprengkommando und Soldaten einer Nachhut ein.

Diese Männer bezahlten ihren Einsatz für Kolberg mit
der Gefangenschaft. Während sie am Nachmittag des
18. März von den Siegern abgeführt wurden, gingen in Swinemünde die Geretteten an Land.

Übrig blieb verbrannte Erde

Oberst Fullriede erstattete der Seekriegsleitung und der
Armeeführung Bericht. Das Unternehmen Kolberg war am
Morgen des 18. März 1945 abgeschlossen worden. Es war
gelungen, etwa 70 000 Menschen aus der eingeschlossenen
Stadt zu retten.

An seine Soldaten richtete Fullriede folgenden Befehl:
„Nur Eurem tapferen Einsatz ist es zu danken, dass 70 000
deutsche Männer, Frauen und Kinder vor dem Zugriff unseres unbarmherzigen Feindes bewahrt wurden. Ihr habt
Euer eigenes Leben für sie eingesetzt und Euch damit den
Dank aller dieser sonst verlorenen Menschen und des ganzen deutschen Volkes verdient. Ich persönlich spreche al-

len meinen Offizieren, Unteroffizieren und Mannschaften meinen tiefsten Dank aus. Ich bin stolz, der Führer einer solchen Truppe zu sein, der es gelungen ist, ohne eigene schwere Waffen einen übermächtigen Gegner immer wieder aufzuhalten und ihm schwerste Verluste zuzufügen. In die Geschichte Kolbergs habt ihr eine neue Seite eingefügt, die sich würdig an die ruhmreiche Tradition dieses Namens reiht. Unter härtesten Bedingungen, die ganze Männer erforderten, habt ihr Euch gleichrangig jenen Männern erwiesen, die einst unter Gneisenau und Nettelbeck unter den Mauern fochten. Euch ist der Regimentsname ,Kolberg' verliehen. Ihr habt ihn Euch ehrenvoll erkämpft. Wenn es nach diesen Tagen der Ruhe in einen neuen Einsatz geht, dann werdet Ihr Euch, davon bin ich überzeugt, an jeder Stelle genauso tapfer einsetzen, wie in Kolberg für das Leben unserer Frauen und Kinder, für die Zukunft unseres Volkes."

Im Kriegstagebuch des Oberkommandos der Wehrmacht erfolgte am 19. März 1945 folgender Eintrag: „Kolberg wurde geräumt. Weggeführt wurden 68 000 Zivilisten, 1 223 Verwundete und 5 213 Mann. Der Kommandant verließ auf einem Zerstörer das Kampfgebiet. Eine Untersuchung läuft."

Oberst Fullriede hatte nicht vollzogen, was Hitler von ihm verlangt hatte, er hatte Kolberg nicht bis zum letzten Mann verteidigt. Eine Untersuchung gegen ihn gab es jedoch nicht.

In Ahlbeck auf Usedom erarbeitete Hauptmann Döllinger, der Adjutant Fullriedes, den „Gefechtsbericht über die Belagerung Kolbergs vom 4. März bis zum 18. März 1945". Von Oberst Fullriede unterzeichnet, wurde er dem Befehlshaber der Heeresgruppe Weichsel Heinrich Himmler übermittelt. Der Bericht schloss mit der Feststellung:

„Dem Feind fiel eine völlig niedergebrannte, verwüstete Stadt in die Hand. Der Dom ist eine ausgebrannte, schwer beschädigte Ruine, sämtliche Persante- und Holzgrabenbrücken sind gesprengt. Der Bahnhof mit Gleisanlagen ist zerstört, die Verladeeinrichtungen am Hafen sind für lange Zeit unbrauchbar. Dies ist der Gewinn, den der Feind mit sehr hohen Verlusten erkaufte, aber auch der Preis, um den es gelang, 75 000 Menschen dem Reich zu erhalten."

Ende März 1945 erhielt Oberst Fullriede das Eichenlaub zum Ritterkreuz des Eisernen Kreuzes. Für seine spätere Beförderung zum Generalmajor gibt es keine Bestätigung.

Kapitel 6
Stettin

Alliierte Luftangriffe

Stettin, die Landeshauptstadt der preußischen Provinz Pommern, hatte zu Beginn des Zweiten Weltkrieges 382 984 Einwohner. Die Stadt an der Odermündung war größter deutscher Ostseehafen und drittgrößter Seehafen Deutschlands. Als das Schicksalsjahr 1945 anbrach, besaß die pommersche Metropole nur noch einen schwachen Schimmer ihres einstigen Glanzes.

Dazu beigetragen hatten in den letzten drei Kriegsjahren alliierte Luftangriffe, die nicht nur kriegswichtige Produktionsstätten lahmlegten oder zerstörten, sondern auch unübersehbare Lücken in das Stadtbild schlugen. Von den massierten Luftangriffen waren besonders auch dichtbebaute Wohnviertel und somit Frauen, Kinder und alte Menschen betroffen.

Bereits 1940/41 waren die ersten Wellington-Bomber über Stettin erschienen. Ziele waren die Oderwerke AG und die Vulcan AG gewesen. Die Vulcan-Werft hatte einst weltbekannte Schiffe gebaut, von denen drei, die „Kaiser Wilhelm der Große" (1897), die „Deutschland" (1900) und die „Kaiser Wilhelm II" (1906), das Blaue Band errangen. Auch die Eisenhütte Kraft und das Hydrierwerk Pölitz, das Flugzeugbenzin herstellte, waren schon Ziele gewesen.

*Stettin, die Landeshauptstadt der preußischen Provinz Pommern, vor
der Zerstörung während des Zweiten Weltkrieges. Am linken hinteren
Bildrand sind das oberhalb der Hakenterrasse gelegene Museum und
das Regierungsgebäude zu erkennen.*

Im April 1943 erlebte Stettin einen noch folgenschwere-
ren Angriff, der nicht mehr zwischen Industrie- und Wohnviertel unterschied. Mehr als 300 Lancaster- und Halifax-
Bomber, die in London gestartet waren, warfen nach einem
tausend Kilometer weiten Flug ihre todbringende Bombenlast über der Stadt ab. Im Erfolgsbericht der britischen Luftwaffe hieß es danach, dass sie 400 000 Quadratmeter der
Innenstadt verwüstet hätte. Das war sicher weit übertrie-
ben, aber Fakt blieb, dass bei diesem Angriff 586 Menschen
ihr Leben verloren.

In der Nacht vom 16. zum 17. August 1944 und in der
Nacht vom 30. zum 31. August 1944 flogen britische Bomberverbände die wohl schwersten Luftangriffe auf Stettin,

Nur zögerlich trauen sich die Stettiner nach dem Luftangriff aus den Kellern wieder auf die Straße. Hinter ihnen stürzen Häuser ein, neben ihnen versuchen Feuerwehrleute, Brände zu löschen.

die die Stadt bisher erlebt hatte. Sie zerstörten dabei nahezu die gesamte Innen- und Unterstadt. Die Stadtteile Grabow, Bredow und Grünhof lagen in Schutt und Asche. Ganze Straßenzüge wie die Grabower-, Giesebrecht-, Grenz-, Moltke- und Pölitzer Straße waren ausgelöscht. Das Wahrzeichen der Oberstadt, der Dom St. Jacobi, ging im Feuersturm unter. In der Nacht zum 17. August erstickten bei Bränden in der Altstadt mehrere Tausend Stettiner in den weitläufigen Gängen unter dem Schlossgelände.

Mitte Januar 1945 erfolgte ein weiterer alliierter Luftangriff, der den Hydrierwerken galt und einen unübersehbaren Materialschaden anrichtete.

*Nach dem verheerenden Luftangriff strömen Tausende Stettiner aus ih-
ren brennenden Wohnhäusern auf die Straße.*

Die Landfront rückt näher

Im Rahmen ihrer Weichsel-Oder-Operation hatten Einheiten der Roten Armee am 30. Januar 1945 die Oder bei Küstrin, etwa 100 Kilometer südlich von Stettin, erreicht. Um
ihre Schlagkraft zu erhöhen, wurden die in Pommern stehenden deutschen Kräfte verstärkt und mit der Bildung
der Heeresgruppe Weichsel neu organisiert. Dennoch gelang es wenig später dem Gegner, nach Norden einzudre-
hen, die Hauptkampflinie der Heeresgruppe Weichsel zu
durchbrechen und deutsche Kräfte bei Arnswalde und
Deutsch Krone einzuschließen.

Damit bestand höchste Gefahr auch für die Landeshauptstadt Pommerns, die am 22. Februar 1945 zur Festung erklärt wurde. Am gleichen Tag hatten Verbände der Roten Armee die Bahnlinie Konitz – Dirschau erreicht.

Am 27. Februar 1945 verstärkten sowjetische Truppen ihre Angriffe gegen Hinterpommern. Aus dem Raum ostwärts Stargard drängten Einheiten der 1. Weißrussischen Front in Richtung Stettiner Haff und Kolberg. Am 4. März erreichten sowjetische Angriffsspitzen die Ostsee westlich Kolberg. Damit waren die sich verteidigenden deutschen Kräfte in einzelne Kampfgruppen aufgespalten. Zwei Wochen später kontrollierte die Rote Armee die Ostseeküste von Kolberg bis zum Stettiner Haff.

Großadmiral Dönitz machte Hitler mit Nachdruck auf die Flüchtlingslage und die Unzulänglichkeiten im Raum Stettin – Swinemünde aufmerksam. Der Oberbefehlshaber der Kriegsmarine wies erneut auf die Notwendigkeit hin, den Oderweg nach Stettin wieder freizukämpfen und die Unzulänglichkeiten von Swinemünde als einzigem Hafen an der mittleren Ostsee auszuräumen. Laut Lagebericht äußerte Hitler, dass er diese Tatsachen anerkenne, eine Lösung der Probleme aber erst zu einem späteren Zeitpunkt vorsehen könne.

Einen Teilerfolg konnte Dönitz trotzdem erreichen: Am 6. März wurde die Panzerdivision „Schlesien" in den Raum Stettin, der Schwere Kreuzer „Lützow" mit seinen Sicherungseinheiten von Gotenhafen nach Swinemünde verlegt.

Die sich überstürzenden Ereignisse veranlassten die Seekriegsleitung zu der Anordnung, alle fahrbaren Schiffe aus Stettin herauszuziehen und mit der Evakuierung der Bevölkerung und dem Abtransport von wichtigen Werfteinrichtungen zu beginnen.

Am 6. März wurde in Stettin ein Konvoi zusammengestellt, dem die Eisbrecher „Stettin", „Preußen" und „Pommern", das Fahrgastschiff „Berlin" sowie das Kampfboot
„M 328" angehörten. Mit Werftarbeitern und Flüchtlingen
an Bord verließen die Schiffe noch am gleichen Tag bei Einbruch der Dunkelheit Stettin mit Fahrtziel Swinemünde.

Festung Stettin

Am 7. März befahl das Oberkommando der Heeresgruppe
Weichsel die Einrichtung eines „Verteidigungsbereiches Untere Oder" mit unterstellter Festung Stettin und den Orts-
stützpunkten Pölitz, Pasewalk und Greifenhagen. Der Bereich der Festung Stettin erstreckte sich auf die Stadt und
den Hafen sowie auf einen nach Osten, im Raum Stettin-
Altdamm vorgelagerten Brückenkopf bis an das Westufer
der Großen Reglitz. Die rechte Abschnittsgrenze verlief von
Sydowsaue über das Odertal nach Kurow, Klein Reinkendorf und Mandelkow, die linke Abschnittsgrenze vom Westufer des Dammschen Sees bis nach Kratzwieck an der Oder
nördlich der Stadt. Festungskommandanten waren: Generalmajor Jacobsen bis Ende Februar, Generalleutnant Hübner im März/April; ab Mitte April bis zur Aufgabe Stettins
Generalmajor Brühl.

Die vorhandene Festungsbesatzung reichte nur zur Verteidigung des Stadtkerns aus. Deshalb beließ man die
281. Infanteriedivision auch weiterhin im Brückenkopf
westlich der Großen Reglitz.

Der äußere Befestigungsring von Stettin umfasste eine
68 Kilometer lange Front. Die Festungstruppen, insgesamt
etwa 4 000 Mann, setzten sich aus Volkssturmmännern, In-
fanterie-, Alarm- und Splittereinheiten zusammen. Sie wa-

Eine sowjetische Einheit beim Marsch durch ein verlassenes pommersches Dorf. Ihr Ziel ist Stettin an der Odermündung.

ren in fünf Festungs-Infanterieregimenter zu je zwei Bataillone gegliedert. Hinzu kamen zwei Festungs-MG-Bataillone, eine Panzerjagdkompanie sowie Spezialeinheiten.

Das Durchschnittsalter der Festungssoldaten lag bei 40 Jahren, Bewaffnung und Ausrüstung waren mangelhaft, meist handelte es sich um Beutewaffen. Ebenso unzureichend war die Artillerie ausgestattet, sie verfügte über 63 Rohre, die meisten ebenfalls aus Beutebeständen. Völlig unbefriedigend war der Munitionsbestand, der für ein bis zwei Kampftage, bei einigen Kalibern für nur drei bis vier Stunden reichte. Im Falle eines massiven Angriffs würde die Festungsartillerie ihre Munition bereits am dritten Kampftag verschossen haben.

Als letztes Aufgebot bei der Verteidigung der Festung Stettin wurden auch Einheiten der Hitler-Jugend eingesetzt. Das Foto zeigt eine Flak-Batterie der HJ am Stadtrand von Stettin im April 1945.

Weit besser ausgestattet war die Flak. Sie verfügte über 101 Rohre, die auch für den Beschuss von Erdzielen freigegeben waren, allerdings litt auch sie unter Munitionsmangel. Für die Bekämpfung von Panzern standen 135 auf Betonsockel ortsfest gebundene Rohre zur Verfügung, aber keine beweglichen Waffen.

Die Kriegsmarine unterhielt in Stettin eine besondere Hafen-Schutz-Abteilung mit Sicherungs- und Aufklärungsflottille und war auf drei Stützpunkte verteilt.

Aufgrund der genannten Fakten kam das Generalkommando XXXII. Armeekorps bei seiner Meldung über die Abwehrbereitschaft der Festung Stettin zu einer schonungslosen Beurteilung: Stettin erfülle weder hinsichtlich des Ausbaues noch der Kräftelage die an eine Festung zu stellenden Forderungen. Entscheidend für das Schicksal der Fe-

Volkssturmmänner beim Bau von Verteidigungsstellungen am Stadt-
rand von Stettin.

stung sei nach Ablauf von ein bis zwei Tagen des Groß-
kampfes die völlig unzureichende Munitionslage, die einen
Kampf auf längere Sicht selbst bei infanteristischer Besetzung nicht zulasse.

Demnach hätte man erwarten müssen, dass Stettin seinen Festungscharakter verliert. Dies geschah jedoch nicht.
Stattdessen wurde mit mehr als 8 000 zivilen Arbeitskräf-
ten der Ausbau der Stellungen rund um die Stadt vorange-
trieben. Vorgesehen waren ein Außenring, ein Sperrriegel
Nord, ein Stadtinnenring mit Panzergräben, ein Ring um
den Stadtkern mit Panzergräben sowie eine Sehnenstellung
über Stewen und Pritzlow. Am Ende der geplanten Aus-
bauarbeiten sollte die Festung Stettin über 103 Kilometer
Stellungen und 32 Kilometer Panzergräben verfügen. Der

Raum Plitz – Jasenitz sollte weitere 54 Stellungskilometer
erhalten.

Die Entwicklung der Frontlage ging jedoch rascher vor
sich als der Ausbau der Stellungen. Festungskommandant
Generalleutnant Hübner sah sich deshalb veranlasst, darauf hinzuweisen, dass er seine Aufgabe als Kern- und Haltepunkt der Oder-Front unter diesen Umständen nicht er-
füllen könne. Das übergeordnete Generalkommando
XXXII. Armeekorps schloss sich dieser Einschätzung an.
General Schack von der Führung des Armeekorps beantragte deshalb am 3. April beim Oberkommando des Heeres die Aufhebung des Festungscharakters der pommerschen
Hauptstadt, was jedoch am 10. April abgelehnt wurde.

Flüchtlingszüge nach „Nirgendwo"

Viele Swinemünder und mit ihnen zahlreiche dort gelande-
ten Flüchtlinge waren nach dem schweren Bombenangriff
vom 12. März 1945 auf Swinemünde nach Stettin geflohen.
Kein Schiff würde mehr Swinemünde anlaufen, hieß es
immer wieder, alle Flüchtlingsschiffe aus dem Osten würden jetzt nach Kopenhagen geleitet werden. Also blieben
nur noch die Eisenbahn oder die Straße, um von hier weg-
zukommen.

Dass die deutsche Führung einen Großangriff an der Oder
erwartete, wussten weder die Stettiner noch die Flüchtlinge. Wer ein Radio hatte, hörte Meldungen wie „...20 Panzer
abgeschossen", „...erfolgreich verteidigt", „...den Feind abgewehrt" oder „...die Frontlinie begradigt". In Wirklichkeit
verbarg sich hinter solchen Formulierungen die Tatsache,
dass die deutschen Truppen gezwungen waren zurückzu-
weichen.

Die ausweglose Situation in Stettin im März 1945 schildert Erich Nowaczyk, stellvertretender Meldestellenleiter des 8. Stettiner Meldereviers:

Wer das Leben und Treiben in diesen Wochen des Jahres 1945 auf dem Stettiner Hauptbahnhof miterlebte, kann ermessen, welches Unglück und Elend der unselige Krieg über Frauen, Kinder und alte Menschen, die ihre Heimat verlassen mussten, gebracht hatte. Überfüllte Flüchtlingszüge rollten durch die Bahnhofshalle und hielten in der Nähe der Mühlenbergbrücke. Als Frauen von Hilfsorganisationen herbeieilten, um den vom schrecklichen Schicksal schwer gezeichneten Menschen zu helfen, ergaben sich Bilder wahrhaften Elends. Junge Flüchtlingsfrauen konnten sich nicht von ihren Säuglingen und Kleinstkindern trennen, die durch Hunger und Kälte während der Reise gestorben waren. Die Helfer erlebten erschütternde, herzzerreißende Szenen.

Massen von Flüchtlingen stiegen aus den Zügen, glaubten sich in Stettin am Ziel der Flucht und wollten unbedingt bleiben. Sie konnten bleiben: In die Wohnungen bereits evakuierter oder geflohener Stettiner Familien zogen die Flüchtlinge ein. Viele waren dann, trotz der aussichtslosen Lage Stettins, nicht mehr zu bewegen, sich nochmals in Marsch zu setzen und wieder mit unbekanntem Ziel zu fliehen.

Anders die einheimischen Stettiner und die Swinemünder, die hier Zuflucht gesucht hatten, vor allem Frauen mit Kindern und ältere Menschen. Wer nicht zur Arbeit in lebenswichtigen Betrieben dienstverpflichtet war, erhielt eine Evakuierungserlaubnis mit unbekanntem Ziel und die Aufforderung, Stettin umgehend zu verlassen. Auf dem Bahnhof standen Züge bereit, ein Wettlauf mit der Zeit begann. Nur mit Handgepäck und Rucksack ging es zum Haupt-

*Der Hauptbahnhof von Stettin. Aus Angst vor der Roten Armee fliehen
im März 1945 von hier unzählige Stettiner und Swinemünder, zunächst
noch mit regulären Zügen, später mit unbekanntem Ziel.*

bahnhof. In kurzer Zeit waren die Züge überfüllt und fuhren – nach Nirgendwo.

Am 25. März wurde die Evakuierungsaktion abgeschlossen, der letzte Zug verließ den Stettiner Hauptbahnhof. Wieder hatten Tausende die Stadt verlassen. Aber es gab auch
noch Tausende, die in der Stadt bleiben wollten, aus welchen Gründen auch immer. Einige hofften noch auf ein
Wunder, auf eine Kriegswende, andere klammerten sich an
ihren Besitz, an das Ererbte, an das im Leben Geschaffene,
wieder andere waren durch Krankheit und Behinderung
nicht in der Lage zu fliehen. Und es gab sicher auch einige
Stettiner, die sich für das Bleiben entschieden hatten, weil
sie meinten: »Die Russen sind auch Menschen!«

Kein Schritt zurück!

Am 14. März traf der neue Oberbefehlshaber der 3. Panzerarmee, General Hasso von Manteuffel, in der Festung Stettin ein. Der energische und zielbewusste Truppenführer
befahl: „Es wird keinen Schritt zurückgegangen!"

Am frühen Morgen des nächsten Tages hämmerten Hunderte von Geschützrohren. Dem Gegner war in den Tagen
zuvor schon gelungen, die beherrschenden Höhen in der
Buchheide oberhalb der Autobahn bei Podejuch und Kö-
kendorf zu besetzen. Damit lag Stettin für ihn wie auf ei-
nem Präsentierteller. Auf den Höhen gingen Geschütze und
Raketenwerfer in Stellung und verteilten gezielte Feuer-
schläge auf die Bahnhöfe sowie auf die Flussübergänge an
Oder und Reglitz. Zu den bevorzugten Zielen gehörten die
Innenstadt ab Putzer Straße, Paradeplatz, Grüne Schanze,
Hohenzollernplatz und die Kasernen an der Körner- und
Linsingstraße.

Der Beschuss hielt den ganzen Tag über an. Die Zivilis-
ten gerieten zusehends in Panik. Sie versuchten, mit der
Bahn und auf den Ausfallstraßen Pasewalker Chaussee und
Falkenwalder Straße Stettin zu verlassen. In die Schar der
Fliehenden schlugen immer wieder Granaten ein. Es gab
Tote und Verwundete. Doch die Masse ließ sich nicht auf-
halten.

Auch die vorrückende Rote Armee war nicht mehr aufzuhalten. Am späten Nachmittag trafen beim Armeeoberkommando 3 die Unglücksmeldungen ein: „Zur Beseitigung
des Brückenkopfes Stettin-Altdamm trat der Feind heute
nach mehrstündiger Feuervorbereitung mit starken, zusam-
mengefassten Kräften zum Großangriff an"; „Im Abschnitt
der 25. Panzerdivision durchbrach der Feind bei seinem An-

griff die Front südlich Kiebow bis zum Südrand Buchheide, konnte nach erbittertem Kampf Kiebow nehmen und durch den Wald westlich und nordwestlich des Ortes mit Teilen bis an die Autobahn vordringen"; „Nördlich der Autobahn stand eine Batterie im Nahkampf"; „Feind bei Haltepunkt Königsweg und Straßenkreuz Autobahn/Reichsstraße 104"; „Feinddruck auf Hammermühle und Stutthof"; „Feindangriffe auf Oberhof und Bergland".

Dass die Russen am 15. März nicht schon weit in die Stadt vordringen konnten, lag nicht nur am verbissenen Widerstand der Verteidiger, sondern vor allem auch an der Topographie des Geländes, an der Oderniederung mit ihren zahlreichen Flussarmen sowie den Bahndämmen, die als Hindernisse den Angriff insgesamt bremsten. Er kam sieben bis acht Kilometer vor dem Stadtzentrum zum Erliegen. Die 1. Marinedivision trug sogar einen südlichen Entlastungsangriff über Ferdinandstein vor, kam aber nicht bis Greifenhagen voran.

Räumung des Brückenkopfes

Der Plan der deutschen Seite, aus dem Brückenkopf Stettin-Altdamm den Angriff in südliche Richtung vorzutragen, ging nicht auf. Am 16. März wurde die Heeresgruppe Weichsel angewiesen, unter Zurückstellung des Angriffsgedankens alle erforderlichen Maßnahmen zur Stützung der Front der 9. Armee zu ergreifen. Absoluten Vorrang hatte jetzt die Verteidigung der Reichshauptstadt Berlin. Hierfür wurden in den nächsten Tagen kampferprobte Einheiten abgezogen. Der noch am Vortag so wichtige Brückenkopf Stettin-Altdamm mit seinem Schiffsverkehr, der Versorgungshafen der 2. Armee, war nebensächlich geworden. Mit Ver-

Blick auf den Stettiner Freihafen.

stärkungen und Munitionsnachschub brauchte Stettin nun nicht mehr zu rechnen.

Da die Russen nur zögernd folgten, konnten die Absetzbewegungen ohne Feinddruck planmäßig verlaufen. Bei Altdamm wurde die Front noch von Norwegern der SS-Division Nordland, von Flamen der SS-Division Langemarck und von Holländern der SS-Division Nederland gehalten. Es handelte sich jeweils nur noch um Divisionsreste. Den Bahndamm hielt die 549. Volksgrenadierdivision, vermischt mit wallonischen Freiwilligen der Waffen-SS. Bis zur Uferstraße verteidigten Truppen der 10. SS-Panzerdivsion.

In der Nacht brüllte es aus Lautsprechern von der Gegenseite durch den Wald über Sydowsaue: „Weshalb wehrt ihr euch noch? Das rechte Oderufer wird polnisch! Ihr habt hier nichts mehr zu suchen, geht zurück nach Stettin!“

Am 17. und 18. März mussten sich die deutschen Verbände weiter zurückziehen. Überall entstanden versprengte Haufen; eine zusammenhängende Verteidigungslinie gab es nicht mehr. Aufgrund der ausweglosen Lage beantragte General von Manteuffel am 18. März die Räumung des Brückenkopfes. Er konnte und wollte es nicht mehr verantworten, seine fast zerschlagene Truppe, mit ihrem Gerät auf engstem Raum auf dem rechten Oderufer zusammengepresst, zurückzulassen und damit der Vernichtung preiszugeben. Der weitsichtige Panzergeneral hatte Hitler vor die Alternative gestellt: entweder in der Nacht alles auf das Westufer der Oder zu retten oder morgen alles zu verlieren.

Am 18. und 19. März erreichten sowjetische Truppen infolge eines Durchbruchs bei Klütz die Ostoder und spalteten damit die deutschen Verbände.

Hitler stimmte am 19. März der Räumung des Brückenkopfes zu. Der Oberbefehlshaber der Heeresgruppe Weichsel, Heinrich Himmler, befahl der 3. Panzerarmee, das Absetzen aus dem Brückenkopf so durchzuführen, dass die Rückführung sämtlichen schweren Geräts, vor allem der Panzer, der Artillerie und der Flak, gewährleistet sei. Mit den frei werdenden Verbänden sei sofort die Oder-Verteidigung bei und beiderseits Stettin einzurichten und die Verstärkung des Abschnitts des Oderkorps und des Brückenkopfes Langenberg durchzuführen. Schwerpunkte der Gesamt-Oder-Verteidigung seien nunmehr der Brückenkopf Alt-Cüstrinchen, die Oderabschnitte beiderseits Schwedt, beiderseits Greifenhagen, bei Stettin sowie der Brückenkopf Langenberg. Insbesondere sei der Groß-Stützpunkt Stettin mit aller List und Tücke auszubauen. Hierbei sei in hohem Maße von Scheinanlagen Gebrauch zu machen. Sie müssten dauernd durch schwache Besatzung belebt werden. Trampelpfade, aufgehängte Wäsche, Feuer und Rauch würden die Natürlichkeit erhöhen, so dass der Feind zu hohem Munitionseinsatz veranlasst werde.

In der Nacht zum 20. März musste der Brückenkopf nach langem Standhalten gegen die erdrückende Übermacht der Roten Armee von seinen Verteidigern aufgegeben werden. In wochenlanger erfolgreicher Abwehr habe die Besatzung des Brückenkopfes östlich von Stettin den sowjetischen Durchbruch zur Oder vereitelt. Sie werde nunmehr auf das Westufer zurückgenommen, hieß es im Wehrmachtsbericht.

Gauleiter befiehlt Räumung Stettins

Während des Anrennens der Russen gegen den mit großer Zähigkeit verteidigten Brückenkopf war der Stadtkern von Stettin immer wieder das Ziel schwersten Artillerie-Beschusses gewesen. Häufige Jagdbomberangriffe hatten für eine zusätzliche Beunruhigung der Bevölkerung gesorgt und den Verkehr ganz erheblich beeinträchtigt. In allen Stadtteilen gab es Tote und Verletzte. Stundenlang musste die Bevölkerung in Luftschutzkellern und -bunkern ausharren.

Noch arbeiteten viele Stettiner Betriebe. In den Feuerpausen hasteten die Beschäftigten zu ihren Arbeitsplätzen und zurück zu ihren Wohnstätten. Oder man eilte in die Geschäfte, um sich mit dem Notwendigsten zu versorgen. Ein besonderes Lob gebührt denen, die sich in dieser schweren Zeit bemühten, die Versorgung ihrer Mitbürger so gut es ging zu gewährleisten.

Mitte März begannen die Behörden und viele Betriebe, Pläne für eine Aus- bzw. Verlagerung nach Westen zu entwickeln. Die Stoewer-Automobilwerke erhielten seitens der Rüstungsbehörde den Auftrag, einen Teil ihrer Fabrikation, hauptsächlich die Herstellung von Ersatzteilen für den leichten Einheits-Personenkraftwagen der Wehrmacht, nach Röbel an der Müritz zu verlagern. Produktionsstätte sollte die dortige Reichshalle für Getreide werden. Erste Vorbereitungen für eine Verlagerung des Amtsgerichts und der Gerichtskasse nach Stralsund sowie des Land- und des Oberlandesgerichtes nach Greifswald hatten schon am 9. März begonnen.

Auch die Evakuierung der Bevölkerung aus der stark gefährdeten pommerschen Hauptstadt wurde nun in Erwägung gezogen. Eigentlich war diese Bevölkerungsbewegung längst in vollem Gange. Eingesetzt hatte sie mit dem Abfließen von Flüchtlingen, die als Heimatlose in Stettin angekommen waren. Sie hatten andere mitgerissen: Menschen, die nicht mehr daran glaubten, dass die Rote Armee aufgehalten werden könnte.

In den links der Oder gelegenen Stadtteilen hielten sich zeitweilig schätzungsweise 300 000 bis 400 000 Menschen auf, die hier, nur wenige Kilometer von der Front entfernt, auf engstem Raum zusammengeballt waren.

Die Entscheidung über die Räumung Stettins oblag nicht den Verwaltungsbehörden, dem Oberbürgermeister oder dem Regierungspräsidenten. Sie war dem Gauleiter in seiner Eigenschaft als Reichsverteidigungskommissar und damit der Staatspartei übertragen.

Angesichts der akuten Bedrohung ließ der Räumungsbefehl lange auf sich warten. Aber im Gegensatz zu anderen pommerschen Regionen wurde die rechtzeitige Abwanderung Fluchtwilliger zumindest geduldet. Später folgte der Duldung die Förderung, und ab 15. März durfte Stettin mit Billigung des Gauleiters Schwede-Coburg verlassen werden. Am 20. März wurde für die Zivilbevölkerung die Räumung angeordnet.

Der Hauptbahnhof war von Tausenden umlagert. Beschuss und Fliegerangriffe riefen immer wieder ein chaotisches Durcheinander hervor. Menschenmassen drängten sich in den viel zu kleinen Bunker des Bahnhofs. Dazwischen irrten machtlose Ordner umher. In Feuerpausen setzte sofort ein Sturm zurück auf die Bahnsteige oder zu der auf dem Bahnhofsvorplatz zurückgelassenen Habe ein.

Noch verkehrten reguläre Züge. Aber die Bahn stellte jetzt auf Veranlassung des Gauleiters und Reichsverteidigungskommissars auch so genannte Räumungszüge bereit, die Stettin mit unbestimmtem Ziel verließen. Erste Transporte endeten in der Provinz Hannover und in Ostfriesland. Später gingen die Räumungstransporte meist nur bis in vorpommersche Kreise. Der Schienenverkehr in Richtung Berlin endete inzwischen in Eberswalde.

Größere Gruppen Fluchtwilliger mit kleinem und mittlerem Gepäck standen überall an den Ausfallstraßen, vor allem aber an der Pasewalker Chaussee und an der Falkenwalder Straße. Eine Konzentration gab es auch am Sammelplatz an der Arndt-Mittelschule in der Borninstraße , wo Mitnahmemöglichkeiten per Militärlastwagen bestanden. Unzählbar war die Schar derjenigen, die sich zu Fuß oder mit dem Fahrrad auf den Weg in eine ungewisse Zukunft machten.

Die Untere Oder stand als Verkehrsweg zum Abtransport von Flüchtlingen schon seit Anfang März nicht mehr zur Verfügung.

Meine Flucht aus Stettin

Obwohl noch nicht offiziell, war wie gesagt die Flucht der Zivilbevölkerung aus Stettin bereits Mitte März in vollem

Gange. Dies auch deshalb, weil sich noch die Möglichkeit bot, mit dem Zug die Stadt zu verlassen. Eine Stettinerin, die am 17. März 1945 floh, erinnert sich:

Am 14. und 15. März 1945 befanden wir uns Tag und Nacht im Luftschutzkeller. Die Innenstadt lag unter starkem Artilleriebeschuss. Ständig heulten Flugzeuge über uns hinweg, schossen oder warfen Bomben. Im Keller sprachen wir nur über die schlimme Lage und berieten, was wir unternehmen sollten. Aus der Zeitung und über den Rundfunk hatten wir von den üblen Gewalttaten der russischen Soldaten erfahren. Eine Hausbewohnerin hatte mit Betroffenen gesprochen. Sie wusste zu berichten, dass die Sieger hemmungslos Frauen und Mädchen vergewaltigten. Mit Flammenwerfern seien sie in die Keller eingedrungen.

Wir waren uns einig, dass man schnellstens die Stadt verlassen müsse. Am 15. März kamen ein Mann und eine Frau von der Ortsgruppenleitung der NSDAP mit dem Bescheid, dass diejenigen, die nicht in einem kriegswichtigen Betrieb arbeiteten, Stettin verlassen könnten. Auf dem Hauptbahnhof stünden Züge bereit.

Wir wollten uns an Ort und Stelle informieren. Am Spätnachmittag des 16. März gingen wir durch die Bismarckstraße, am Paradeplatz entlang und die Grüne Schanze hinunter zum Bahnhof. Hin und wieder pfiffen Granaten über uns hinweg. Viele Menschen waren unterwegs. Nicht wenige hatten das gleiche Ziel wie wir. Auf den Straßen herrschte lebhafter Kraftfahrzeugverkehr. Hauptsächlich waren es Militärfahrzeuge. Wir sahen Beschädigungen, die von Granateneinschlägen herrührten, sowie Spuren von Fliegerbeschuss.

Am Hauptbahnhof herrschte ein starkes Gedränge. Über-

all lagen und standen scheinbar herrenlose Gepäckstücke, Handwagen und Karren herum. Bei Beschuss verstärkte sich das Durcheinander. Jeder wollte den unterirdischen Bunker erreichen. Von Bahnbediensteten erfuhren wir, dass tatsächlich Züge in Richtung Westen bereitgestellt würden.

Am 17. März verließen wir bald nach Tagesanbruch unsere Wohnung. Wir hatten nur Handgepäck dabei. Als wir den Paradeplatz erreichten, setzte Artilleriefeuer ein. Wir hielten uns an der Südseite, um durch die Ruinen Deckung zu haben, und hasteten weiter. Ich war etwas vorgeeilt. Gerade hatte ich die Einmündung der Grünen Schanze erreicht, als eine Granate in Höhe der Stadtbücherei einschlug. In einem Ruinengrundstück an der westlichen Straßenseite suchte ich Schutz. In diesem Moment sah ich, wie eine weitere riesige Granate angeflogen kam. Etwa zehn Meter vor mir prallte sie auf das Straßenpflaster! Sie detonierte nicht! Nach dem Auf- und Abprall flog das Geschoss in einem flachen Winkel weiter und landete auf der Ladefläche eines Lkw. Auch dort detonierte es nicht, zerstörte das Fahrzeug aber erheblich. Nachdem sich der Beschuss auf andere Ziele verlagert hatte, setzte ich mit meinen Angehörigen den Weg zum Hauptbahnhof fort.

Am Bahnhof bot sich das gleiche Bild wie am Vortage. Unkontrolliert und unregistriert gelangten wir durch die Sperre auf den Bahnsteig. Wir sahen mehrere Züge, bestehend aus Personenwagen und geschlossenen Güterwagen. Sie waren alle voll besetzt. Hunderte von Menschen warteten mit ihrem Gepäck an den Bahnsteigen. Nach einiger Zeit verlängerten Bahnbeamte einen der überfüllten Züge um mehrere geschlossene Güterwagen. Trotz fürchterlichen Gedränges konnten wir zusammenbleiben und in einem der Wagen Platz finden.

Den Bahnhof zu spät erreicht. Am 25. März 1945 verläßt der letzte Zug den Stettiner Hauptbahnhof.

In Intervallen ebbte der Beschuss auf und ab, um schließlich auch wieder ganz zu verstummen. Häufig hörten wir
Einschläge. Wir hatten furchtbare Angst, aber keiner verließ
den Waggon. Wer wollte schon den für den Weg in die ver-
meintliche Sicherheit mühsam ergatterten Platz aufs Spiel
setzen?

　　Stunden verrannen. Kein Zug fuhr aus dem Bahnhof. Es

hieß, bei Pommerensdorf sei die Strecke durch einen Gra-
nateinschlag beschädigt. Der Tag neigte sich seinem Ende
entgegen. Es wurde dunkel. Unsere Heimatstadt lag weiter
unter Artilleriebeschuss. Am Abend setzte sich der Zug lang-
sam in Bewegung.

Frontbericht vom 23. März 1945

Nachdem alle östlichen Vororte Stettins von der Roten Armee eingenommen waren, wurde am 22. März der Beginn
der Festungskampfzeit für Stettin als Teil der Gesamt-Oder-
Verteidigung befohlen. Zwei Tage später wurde der Verteidigungsbereich Untere Oder wieder aufgelöst, die Festung
Stettin erhielt zunächst Selbständigkeit. Erst im April wurde Stettin dem Generalkommando XXXII. Armeekorps unter Generalleutnant Schack unterstellt.

Die Festung Stettin musste keine mehrwöchige Belagerung überstehen, es fand auch keine „Schlacht um Stettin" statt. Die Besatzung kapitulierte auch nicht.

Die Pommersche Zeitung veröffentlichte auf Seite eins
ihrer Ausgabe vom 23. März 1945 unter der Überschrift
„Ruhe vor Stettin" folgenden Frontbericht:

Nach einem bolschewistischen Trommelfeuer am Dienstag
ist der Kampflärm zunächst verstummt. Die deutsche Ver-
teidigung aber ist auf alles gefasst: Im Kampfraum Stettin
herrscht nach der für den Feind überraschenden Räumung
des Brückenkopfes ostwärts der Oder ziemliche Ruhe. Am
Dienstag hatte es den Anschein, als wollten die Bolschewi-
sten die Schlacht um Stettin selbst einleiten. In den frühen
Morgenstunden setzte ein in seiner Massierung ungewöhn-
liches Trommelfeuer ein, das die Straßen der Stadt mit dem

Dröhnen der Einschläge erfüllte. Hunderte von Rohren spien ihre schweren Granaten brüllend auf die deutschen Stellungen und zerwühlten den Boden. Es entwickelte sich gleichzeitig im Raum unmittelbar vor Stettin eine Panzerschlacht, in der der Feind den Durchbruch aber nicht erreichte. Brennende Panzerwracks übersäten bald das Kampffeld, ohne dass der Feind an die Stadt selbst herankam. Unermüdlich kämpften die deutschen Panzergrenadiere. Sturmgeschütze fuhren schneidige Gegenangriffe. Panzer um Panzer des Feindes, die gegen unsere Linien anrollten, mussten mit ihrer Vernichtung bezahlen.

Ausweispflicht in der Festung

Die am Montag, dem 9. April 1945, unter dem Titel „Festungs-PZ" erschienene Pommersche Zeitung informierte alle noch in Stettin befindlichen Zivilisten, dass Personen ohne Aufenthaltsgenehmigung nicht mehr berechtigt wären, in der Stadt zu bleiben oder dieselbe zu betreten. Personen ohne Aufenthaltsberechtigung müssten mit ihrem sofortigen Abschub rechnen. Alle Beschäftigten der Wehrmacht, der Partei, der Post, der Reichsbahn und der Stadtverwaltung mussten sich auf Anordnung des Festungskommandanten von ihrer Dienststelle eine Aufenthaltsgenehmigung ausstellen lassen.

Auch Stettiner, die in der Umgebung eine Bleibe gefunden hatten, durften die Stadt nicht mehr betreten. Ziffer 3 der Anordnung des Festungskommandanten besagte: „Zur Bergung ihres Eigentums für kurze Zeit nach Stettin zurückkehrende Einzelpersonen dürfen die Stadt ab sofort nicht mehr betreten. Hiervon sind ausgenommen diejenigen Zivilpersonen, die zur Bergung von wichtigen Wirt-

Die Anordnung am kommenden Freitag in Kraft

Ausweispflicht in der Festung Stettin

Alle Personen ohne Aufenthaltsgenehmigung nicht mehr berechtigt, in der Stadt zu bleiben oder dieselbe zu betreten

Stettin, 9. April

Der Kommandant der Festung Stettin hat folgende Anordnung erlassen:

„1. Alle im Festungsbereich Stettin anwesenden Angehörigen der zivilen Bevölkerung einschließlich derer, die bereits in einem Arbeitsverhältnis zur Wehrmacht stehen und im Besitz einer diesbezüglichen Bescheinigung sind, sind zur Führung einer **Aufenthalts- berechtigung** verpflichtet.

Die Aufenthaltsberechtigung stellen aus: für bei der **Wehrmacht** Beschäftigte: die Wehrmachteinheiten oder Dienststellen, deren Kommandeur oder Führer mindestens im Range eines Bataillonskommandeurs steht,

für die **Partei** nebst Gliederungen und angeschlossenen Verbänden: der Kreisleiter,

für bei der **Post** Beschäftigte: die Reichspostdirektion oder höchste Postdienststelle in Stettin,

für bei der **Reichsbahn** Beschäftigte: die Reichsbahndirektion oder die höchste Bahndienststelle in Stettin,

für bei der **Stadtverwaltung** oder den städtischen Versorgungsbetrieben Beschäftigte: der Oberbürgermeister,

im übrigen die für den Wohnort zuständigen Polizeireviere gegen Vorlage einer Bescheinigung des Betriebsführers bzw. Dienststellenleiters.

2. Alle Personen ohne Aufenthaltsberechtigung sind nicht mehr berechtigt, sich in Stettin aufzuhalten, und haben mit dem sofortigen Abschub zu rechnen.

3. Zur Bergung ihres Eigentums für kurze Zeit nach Stettin zurückkehrende Einzelpersonen dürfen die Stadt ab sofort nicht mehr betreten. Hiervon sind ausgenommen diejenigen Zivilpersonen, die zur Bergung von wichtigem Wirtschaftsgut (ärztliche Einrichtungen, wichtige Maschinen und ähnliches) und bei Todesfällen* nächster Angehörigen einreisen.

4. Die Ausweispflicht tritt am 13. April 1945 0,00 Uhr in Kraft."

Titelblatt (Ausschnitt) einer der letzten Ausgaben der „Pommerschen Zeitung" für die Festung Stettin vom 9. April 1945.

schaftsgütern (ärztliche Einrichtungen, Maschinen und ähnliches) und bei Todesfällen nächster Angehörigen einreisen."

Die Ausweispflicht für die Festung Stettin trat am 13. April 1945 um 0.00 Uhr in Kraft. Sie bedeutete die nahezu restlose Entvölkerung der Stadt. Die meisten Behörden unterhielten – wenn überhaupt – nur noch Notdienste, wie etwa die Post, die Bahn und die Stadtverwaltung.

Letzte sowjetische Offensive

Die oberste Führung in Berlin, die Stäbe der Heeresgruppe Weichsel und der Führungsstab des Panzerarmee-Oberkommandos 3 ließen sich durch die relative Ruhe an der pommerschen Oderfront zwischen Ende März und Mitte April nicht darüber hinwegtäuschen, dass spätestens Mitte April mit dem nächsten entscheidungssuchenden Großangriff der Roten Armee gerechnet werden musste.

In den letzten Märztagen mussten Gotenhafen und Danzig aufgegeben werden, sowjetische Truppen beherrschten die Danziger Bucht. Nur die Halbinsel Hela hielt sich noch. Am 9. April kapitulierte Königsberg, lediglich Pillau kämpfte noch als letzter ostpreußischer Hafen. Am 8. bzw. 18. März waren die Pommernhäfen Stolpmünde und Kolberg verloren gegangen. Aufgrund dieser Entwicklung musste damit gerechnet werden, dass sich in absehbarer Zeit die sowjetische Front gegen Stettin, Swinemünde und die Oderfront weiter verstärken würde.

Bereits am 5. April hatte der Führungsstab der Heeresgruppe Weichsel erkannt, dass die Ende März an der Weichselfront freigewordenen Verbände der 2. Weißrussischen Front sich von Danzig aus auf Stettin in Marsch setzten. Aufgrund dieser Tatsache forderte der neue Oberbefehlshaber der Heeresgruppe Weichsel, Generaloberst Heinrici, die Rücknahme des befohlenen Abtransportes der schnellen Verbände der 3. Panzerarmee, was in Berlin abgelehnt wurde. Nach einer nochmaligen, dringenden Forderung erklärte sich Hitler bereit, 100 000 Mann der Luftwaffe, der Kriegsmarine und der Waffen-SS der Heeresgruppe Weichsel zur Verteidigung des Festungsbereiches Stettin – Swinemünde zuzuführen. Tatsächlich trafen aber nur 30 000 Mann ein; zum Teil ungenügend bewaffnet und ohne infanteristische Ausbildung. Darüber hinaus fehlte eine organisierte Gliederung der Einheiten, sie musste notdürftig vollzogen werden.

Sowjetische Panzer auf dem Weg nach Stettin. Die pommersche Haupt-stadt ist eines der wichtigsten Angriffsziele der Roten Armee im März und April 1945.

Anfang April verlief die Front der Heeresgruppe Weich-sel vom Ostufer der Insel Wollin, dem Westufer des Damm-schen Sees und dem Westufer der Oder bis zur Einmün-dung der Lausitzer Neiße in die Oder. Der Gegner konnte nun vom Westufer der Oder auch Angriffe nach Norden, gegen die Südfront der Festung Stettin, führen. Zudem hatte

sich die Frontlage im Westen so verändert, dass sich durch
das gleichzeitige Vordringen des Gegners im Osten und des
Gegners im Westen für Stettin die Gefahr einer zweiten
Front anbahnte.

Die erwartete Endoffensive der sowjetischen Truppen,
die Berliner Operation, begann am 16. April. Die vielfache
Überlegenheit des Feindes und seine Erfolge ließen rasch
erkennen, dass weiterer Widerstand sinnlos geworden war.
Gemäß Führerbefehl sollten Festungen aber unter allen Umständen gehalten werden, ohne ausdrückliche Genehmigung
Hitlers war eine Räumung nicht möglich.

Stettin wird kampflos geräumt

In Stettin wurde nicht gefragt, sondern gehandelt. Am
20. April hatten Einheiten der 49., 65. und 70. sowjetischen
Armee die Oder südlich Stettin überwunden. Nachdem am
24. April der 2. sowjetischen Stoßarmee der Durchbruch
durch die in den südlichen Stadtgebieten befindlichen Verteidigungsstellungen gelungen war und die Gefahr der Ab-
schnürung von Westen her bestand, kamen die Heeresgruppe Weichsel, die Führungsstäbe der 3. Panzerarmee und des
XXXII. Armeekorps überein, unnötige Opfer zu vermeiden.

Das Oberkommando der 3. Panzerarmee erteilte am
25. April den allgemeinen Absetzbefehl von der Oder. Den
Räumungsbefehl für Stettin erließ das Generalkommando
des XXXII. Armeekorps am 25. April 1945 um 16.45 Uhr
für die Nacht zum 26. April. Befohlen wurde das Absetzen
des Korps aus der derzeitigen Hauptkampflinie auf die Linie Woddow – Wolchow – Menkin – Löcknitz – Boock – Blan-
kensee – Nassenheide – Neuendorfer See – Karpiner See –
Haffhorst, also vom Randowbruch südwestlich von Stettin

bis zum Stettiner Haff. Die schweren Waffen sollten vorweg in neue Stellungen gebracht werden. Ab 21.00 Uhr sollten die Truppen die Bewegungen so durchführen, dass bis gegen 4.00 Uhr morgens die Abwehrbereitschaft in den neuen Stellungen gewährleistet sein würde. Alle Oderbrücken sollten anschließend gesprengt werden.

Der Kommandant von Stettin, Generalmajor Brühl, informierte den Kommandeur der Festungsbrigade, Oberst Woller, darüber, dass auch seine Truppe die Absetzbewegung mitmachen solle. Er wies Woller in einem persönlichen Gespräch darauf hin, dass der kommandierende General des XXXII. Korps, Generalleutnant Schack, dies ausdrücklich befohlen habe, da nach seiner Auffassung Hitler den Überblick über die Kampflage verloren hätte. Die Truppe zum Selbstopfer zurückzulassen, wäre unsoldatisch. Diese mutige Entscheidung Schacks hätte ihm zu einem früheren Zeitpunkt den Kopf gekostet.

Die Absetzbewegung wurde jedoch für die Festungsbrigade schwierig, da die vorhandenen Fahrzeuge nicht ausreichten und erst in den umliegenden Dörfern zusätzliche beschafft werden mussten. Die um Stettin fest eingebauten Flakgeschütze mussten gesprengt werden. Da der Feind die beabsichtigte Räumung erkannt hatte, belegte er die Festung mit Störfeuer. Dadurch erlitt die abziehende Truppe erhebliche Verluste.

Noch am Abend des 25. April versuchten Einheiten des sowjetischen 105. Korps, sämtliche aus dem Westen zur Stadt führenden Straßen abzuschneiden. Einheiten der 2. Stoßarmee rückten von Südwesten und über Pommerensdorf auch von Süden in die Stadt ein. Das Absetzen der meisten deutschen Truppen erfolgte jedoch über die Falkenwalder Straße nach Nordwesten.

Bereits am 20. April hatte die Besatzung des kleinen Eisbrechers „Swinemünde" versucht, Stettin nach Norden zu verlassen. Doch ein Artillerietreffer hatte das Vorhaben verhindert.

Auf Befehl von Kapitän zur See Wolfgang Kähler, dem dienstältesten Marineoffizier und Bevollmächtigten des „Kommandierenden Admirals westliche Ostsee in Stettin", wurden der nicht fertiggestellte Flugzeugträger „Graf Zeppelin" und die Frachter „Ruhr", „Rose", „Hanna Cords", „Viadra", „Karl Friedrich Geiss" sowie verschiedene Kleinfahrzeuge versenkt und die wichtigsten Kai- und Verladeanlagen gesprengt.

In der Nacht vom 25. zum 26. April verließen die letzten Festungseinheiten, etwa 8 000 Mann, über die Falkenwalder Straße Stettin. Zur gleichen Zeit wurde überall gesprengt, im Hafen Kaianlagen, Kräne und Verladeeinrichtungen, in der Stadt Flakgeschütze aber auch Lebensmittellager. Nichts sollte dem Feind in die Hände fallen.

Am nächsten Morgen besetzten die 46. und 90. Schützendivision der 2. sowjetischen Stoßarmee kampflos eine fast menschenleere Stadt. Die Zahl der hier Verbliebenen wurde auf weniger als zehntausend geschätzt. Das mehr als 700 Jahre alte Stettin war zu 70 Prozent zerstört.

Erich Nowaczyk, stellvertretender Leiter der Meldestelle des 8. Polizeireviers in Stettin, Weidendamm 8, erinnert sich:

Ende März 1945 verließen immer mehr Bewohner und die in die Stadt gekommenen Flüchtlinge Stettin. Sie hatten die Hoffnung aufgegeben, dass die Stadt gehalten werden könne. Im Gegenteil, sie trieb die Angst, dass die Rote Armee bereits in den nächsten Tagen Stettin besetzen würde.

Zu Hunderten waren sie unterwegs. Nicht nur Stettiner

und Flüchtlinge, sondern auch ausländische Zivilarbeiter, die auf dem Messegelände in Nemitz, im Tiergarten in Pommerensdorf und in anderen Lagern untergebracht waren und jetzt in Richtung Westen strebten. Fast alle verließen ihre Unterkünfte, um in Gruppen gleicher Nationalität die Stadt in westlicher Richtung zu verlassen.

Nach Zurücknahme der Hauptkampflinie auf die Große Reglitz und der damit verbundenen Aufgabe des Hauptverbandsplatzes Stettin-Buchholz wurde das Städtische Krankenhaus in der Apfelallee von Zivilinsassen geräumt. Die Ärzte und das Pflegepersonal der Klinik erhielten die Anweisung, sich zum Klinikum der Universität Greifswald zurückzuziehen.

Das an der Grünen Schanze am Bollwerk gelegene Hauptpostamt lag im Feuerbereich der russischen Artillerie und musste rasch evakuiert werden. Es fand übergangsweise im berühmten Ausflugslokal »Lindenhof« Aufnahme. Jede postalische Zustellung durch Boten unterblieb jedoch.

Die Sowjets befanden sich zu dieser Zeit auf der Ostseite der Großen Reglitz. In der Buchheide, in den Ortschaften Finkenwalde, Podejuch, Klütz und Sydowsaue hatten sie ihre Artillerie in Stellung gebracht. Beinahe turnusmäßig erfolgte jeden Morgen ein halbstündiger Beschuss der südlichen Stadtteile. Außer bei den Bränden am Hauptbahnhof, in der Mauerstraße und im Kasernenbereich in der Körnerstraße gab es unter der Zivilbevölkerung nur vereinzelt Verluste.

Während in diesen Tagen schon schwere Kämpfe um Berlin tobten, herrschte im Stadtzentrum von Stettin bei wunderschönem Frühlingswetter himmlische Ruhe, sodass man glauben mochte, ringsum sei tiefster Friede.

Am 24. April gab die militärische Dienststelle bekannt, dass die deutsche Infanterie die Orte Klein Reinkendorf, Pritzlow

*und Schmellenthin zurückerobert und die Sowjets bis an die
Oder zurückgeworfen habe. Doch das war dann die letzte erfolgreiche Operation im Bereich der Festung Stettin.*

*Inzwischen befanden sich die Russen weit im Südwesten
von der Oderstadt, tief im Raum um Berlin, sodass die Ab-
schnürung der Festung Stettin nur noch eine Frage von
Tagen sein konnte. Jede Verteidigung wäre ein Opfergang
ohne Aussicht auf Erfolg geworden, da der deutsche Widerstand an allen Fronten schon in den letzten Zügen lag. So
wurde Stettin unerklärt aber de facto eine »offene Stadt«.*

*Die nordwestlichen Ausfallstraßen nach Falkenwalde, die
Falkenwalder Straße und Falkenwalder Chaussee, boten die
einzige Möglichkeit, der russischen Umklammerung zu entgehen. So setzten sich in den Nachmittags- und Abendstunden des 25. April 1945 die Einheiten der in der Stadt befindlichen deutschen Truppen befehlsgemäß ab. Allein die
Nachhuten und Spezialkommandos sollten später folgen.*

*In den frühen Morgenstunden des 25. April 1945 erhiel-
ten die im Hause »Wilhelmshöhe« untergebrachten Ange-
stellten der Stettiner Stadtverwaltung die Mitteilung, dass
die Stadt geräumt werden müsse. Nur Handgepäck und
wichtige städtische Unterlagen wurden auf Lkw verladen
und in Bewegung gesetzt. Ziel war die vorpommersche Stadt
Barth, wo eine Ausweichstelle der Verwaltung eingerichtet
werden sollte.*

*Die Führung der technischen Kompanie »Ostsee«, deren
Unterkunft aus strategischen Gründen vom Regierungsgebäude auf der Hakenterrasse in die Häuser der unteren
Kreckower Straße in Braunsfelde verlegt worden war, erhielt
schon um 10.00 Uhr vormittags den Räumungsbefehl und
setzte sich eine Stunde später über die Malmedy-Straße zur
Falkenwalder Chaussee ab.*

Die kampferprobte Einheit des Panzer-Grenadier-Regiments V, das im Gebiet der Großen Reglitz und des Freihafens in Stellung lag, atmete erleichtert auf, als in den Mittagsstunden dieses Tages der Absetzbefehl gegeben wurde. Sie sollte sich in das Stadtinnere zurückziehen. Die Hauptlast der Abwehrkämpfe am Jungfernberg, im Südosten der Stadt, trugen die unzureichend ausgebildeten Volkssturmformationen, die durch die Zuführung von Reserven in der Nacht zum 25. April nochmals erheblich verstärkt wurden. Trotzdem gelang den Sowjets hier nach härtester Gegenwehr ein entscheidender Durchbruch.

In den frühen Morgenstunden jenes Tages peitschten Feuerstöße sowjetischer Tiefflieger in die Häuserwände der Neubaukomplexe am Weidendamm und des Bahnhofes Pommerensdorf. Eine gesteigerte Aktivität der Sowjets war klar erkennbar. Die zur Besetzung von Doppelposten zur Berliner Chaussee hin entsandten Polizisten hatten große Mühe, über die Ottostraße zu den einzelnen Standposten zu gelangen. Der ganze Stadtteil lag unter dem Beschuss sowjetischer Jagdflugzeuge, die in pausenlosem Einsatz sogar einzelne Zivilpersonen ins Visier nahmen.

Die in der Nähe des Hauptfriedhofes und der angrenzenden Schrebergärten stationierten, gut getarnten Flakbatterien konzentrierten ihre Feuerkraft auf die südlich von Stettin befindliche Bahnlinie, über die die Sowjets ihren Nachschub heranholten, sowie auf die Autobahn Berlin – Stettin, auf der sowjetische Verbände vorandrangen.

Trotz pausenloser Einsätze russischer Tiefflieger feuerten die deutschen Flakkanoniere aus ihren Rohren, was nur ging. Die Männer wussten, dass sie damit den sich in westlicher Richtung absetzenden Kameraden Rückendekkung gaben. Der großen Bedeutung der Kampfkraft die-

ser Flakverbände im Kampf um Stettin gebührt eine hohe Würdigung. Nicht festzustellen ist hierbei, ob auch noch Luftwaffenhelfer aus Stettin und anderswo als Kanoniere kämpften. Sie hatten schon bei der Abwehr der zuletzt sehr schweren Luftangriffe mehr als ihre Pflicht getan.

Ursprünglich zum Schutz der Stadt und des Hydrierwerkes Pölitz eingesetzt und nahezu aus 600 Rohren aller Kaliber bestehend, kämpften die Flakbatterien nun auch bei der Verteidigung Stettins mit. Beim Ringen um den nördlich von Stettin gelegenen Brückenkopf Langenberg war ihr Einsatz von außerordentlicher Bedeutung. Die bis zuletzt feuernde Flak hielt im gesamten Kampfraum Stettin den Gegner zurück und sicherte die Rückzugsbewegungen noch über Falkenwalde hinaus. Bei der Bekämpfung nachdrängender Sowjetpanzer verlor mancher Flakkanonier noch kurz vor Kriegsende sein Leben.

Im Erdgeschoss der Gastwirtschaft Ottostraße, Ecke Berliner Chaussee, mahnte ein Funker der Wehrmacht, da er den wahren Stand der Kampfhandlungen kannte, zwei im gleichen Raum befindliche Zivilisten zum Aufbruch. Beide sprangen auf und versuchten noch, auf Fahrrädern aus dem gefährlichen Gebiet herauszukommen.

Die auf der Berliner Chaussee von der Polizei besetzten Standposten erwarteten voller Ungeduld die Ablösung und waren sichtlich froh, als ein Melder den Befehl brachte, dass diese Posten nicht mehr zu besetzen und die Vorbereitungen für den Abzug nach Westen in vollem Gange seien. In den Bereitstellungsräumen am Weidendamm war alles mit Packen beschäftigt. In kleinen Gruppen sollte versucht werden, über Apfelallee, Barnimstraße und Falkenwalder Straße nach Falkenwalde-Süd zu gelangen, das zum Sammelpunkt bestimmt war.

Einsam im Trümmerfeld steht das Alte Rathaus. Das mehr als 700 Jahre alte Stettin ist bei Kriegsende zu 70 Prozent zerstört.

Eine unheimliche Atmosphäre lag über der ganzen Stadt. An den Vortagen traf man im Stadtzentrum, in der Pölitzer Straße und auf dem verkehrsreichen Paradeplatz, nur vereinzelt Passanten. Nun zog in der Falkenwalder, der Konitzer und den angrenzenden Straßen ein endloser Strom Menschen: zu Fuß, mit Kinder- und Handwagen, mit Pferden, Fuhrwerken und vereinzelt mit Autos. Gleich nach dem westlichen Stadtrand begann das Elend, als vereinzelte Klein- und Kleinstwagen unter den Lasten zusammenbrachen. Man entledigte sich allen unnötigen Gepäcks, nur um schnell aus der Gefahrenzone herauszukommen.

Heftige Detonationen gab es in den Nachmittagsstunden, als Schiffe und Verladeeinrichtungen im Freihafen gesprengt wurden. Gegen 21.00 Uhr erbebten die Grundmauern Stettins. Es war ein einziges Krachen, Bersten und Knirschen

von Eisen und Stahl, als alle Oderbrücken gesprengt wur-
den: die Bahnhofsbrücke, die Eisenbahndrehbrücke, die
Hansa- und die Baumbrücke, die Mühlenbergbrücke, die
Brücke am Hohlen Tor, die Schiefe Brücke in Pommerens-
dorf, die 400 Meter entfernt vom Städtischen Krankenhaus
gelegene Brücke sowie die über die Ziegenorter Bahn im Zuge
der Kreckower Straße gelegene Brücke. Vereinzelte Brücken
blieben zunächst noch erhalten: so die strategisch wichtige
beim Bahnhof Westend, die Eisenbahnbrücke der Ziegenor-
ter Bahn und Güter-Umgehungsbahn über die Pasewalker
Chaussee und Berliner Straße beim Hauptfriedhof.

Gegen 22.00 Uhr stand ich auf dem Arndt-Platz: Die Fal-
kenwalder und umliegenden Straßen waren menschenleer,
die Zivilisten und sich absetzenden Truppen befanden sich
längst außerhalb der Stadtgrenzen.

Mein Auszug aus Stettin wurde von Brandherden beleuch-
tet. Rechts von »Mahlows Kuhstall« brannte die Lehrer-Aka-
demie am Westendsee, weit hinter Braunfelde sah ich nur
noch ein großes Flammenmeer. Aber auch im Raum Wus-
sow und den Waldungen dort stiegen im Feuerschein grau-
schwarze Rauchwolken auf. Das Wahrzeichen des Eckerber-
ger Waldes, der Quistorp-Turm, war als weit sichtbarer und
für die feindliche Artillerie anmessbarer Punkt gesprengt
worden.

Nun kreisten die sowjetischen Tiefflieger über der letzten
Ausfallstraße Stettins und machten Jagd. Erst in Höhe der
Endhaltestelle der Straßenbahnlinie 1, am »Chausseehaus«,
war die Gefahr gebannt.

Ich marschierte weiter und erreichte den an der Falken-
walder Straße inmitten des Waldes so malerisch gelegenen
Glambecksee – für jeden Stettiner ein unverlierbarer Begriff.
Mir standen die Tränen in den Augen, eine innere Stimme

sagte mir: »Schau dir das noch einmal an, vielleicht siehst
du das alles zum letzten Mal!« So konnte ich mich auch nur
schwer von unserem Glambecksee trennen. Aber ich musste
ja weiter, es gab hier kein Zuhause mehr.

   Pioniere eines Panzer-Grenadier-Regiments sprengten die
restlichen Brücken im Stadtbezirk, auch jene, die noch der
Rückwärtsbewegung dienten. Die Verbindung zu den vorge-
setzten Stäben der 4. SS-Polizei-Panzergrenadier-Division
war verloren gegangen. Man hatte keinen Überblick mehr
über die tatsächliche militärische Lage in der Oderstadt.
Deshalb waren noch einmal Spähtrupps in Richtung Haupt-
friedhof, Pasewalker Chaussee und Oberwiek entsandt wor-
den, deren Männer um 0.30 Uhr zurückkehrten und melde-
ten, dass die südwestlichen Stadtteile schon von den russi-
schen Truppen besetzt seien. Daraufhin verließ die Kompa-
nie gegen 1.30 Uhr die Stadt auf der Pölitzer Straße nach
Nemitz, Richtung Eckerberger Wald. Die Panzersperren bei
den Stoewer-Werken waren von den zuvor abgezogenen Trup-
penteilen geschlossen worden.

   Mit der Besetzung Stettins durch die Rote Armee – es sol-
len auch polnische Einheiten dabei gewesen sein – endete
das traurigste Kapitel in der Geschichte dieser alten, deut-
schen Industrie- und Hafenstadt.

Walter Hannemann, Nachrichtenoffizier bei der Festungs-
kommandantur Stettin, schildert die kampflose Räumung
der Stadt und den Rückzug:

Der Russe hat die Oder überschritten, marschiert auf Berlin
– und steht vor Stettin. Ein verdammt unangenehmes Ge-
fühl macht sich bei dem Gedanken breit, dass man nun bald
in der Falle sitzt.

Da kommt der Befehl: »*Stettin wird geräumt, kampflos geräumt!*« *Weiß der Himmel, wem dieser einsichtige Befehl zu verdanken ist! Nun, der Befehl ist gegeben. Am 25. April abends beginnen die Truppen der Festung, sich als* »*Kampfgruppe Brühl*« *nach Westen abzusetzen.*

Auf meinem Holzvergaser habe ich einen 100-Watt-Sender, zwei T-Empfänger, 40 Rollen schweres Feldkabel, Batterien, sechs Panzerfäuste, Sprengmaterial und anderes mehr verladen. Meine wertvollste Ladung jedoch: die sechs »*Einzelkämpfer*« *der Festung. Über diese Männer, die mir unterstellt sind, wird später zu berichten sein. Immer, wenn es die Zeit erlaubt, vor allem nachts, rufe ich Kolberg, Frankfurt/ Oder, Breslau. Die Sender schweigen! Schon am Abend des 25. April 1945 stelle ich fest, dass es keine einzige geordnete Einheit mehr gibt. Alle aufgelöst. Rette-sich-wer-kann-Stimmung! Ob General Brühl, dieser so viel Ruhe ausstrahlende Offizier, wohl weiß, aus welchen bzw. aus wie vielen Einheiten seine Kampfgruppe jetzt noch besteht? Den Chef des Stabes müsste man fragen. Aber wo befindet er sich in dieser Stunde? Wo ist Kalimann? Wo der kleine Leutnant Silbermann, der Ic (Nachrichtenoffizier) der Festung? Am nächsten Tag sehe ich beim General nur noch Leutnant Schulz, seinen ständigen Begleiter, den Artillerie-Kommandeur und ein paar Fahrer.*

Auf meiner Karte sind einige Orte dick unterstrichen: Pasewalk, Friedland, Altentreptow, Demmin, Dargun, Gnoien – mein Heimatstädtchen Tessin, Rostock. Marschweg der Kampfgruppe. Treffpunkte! Eine dicke Linie, gezogen vom Malchiner über den Kummerower See und entlang der Peene, erinnert mich daran, dass hier noch einmal eine Widerstandslinie errichtet werden soll... Soll! Am Morgen des 30. April versuche ich noch nach Demmin hineinzukom-

men. Vergebens. Es heißt, die Panzerspitzen der Sowjets sollen Demmin schon erreicht haben. Demmin brennt!

Als wir wieder das Dorf Zarnekow passieren, hören wir, dass der General soeben dagewesen, jedoch gleich wieder umgekehrt sei. Auch in Dargun treffe ich General Brühl nicht mehr an. Nächster Gefechtsstand: Gnoien! Meine Heimatstadt. Hier wurde ich geboren, hier bin ich aufgewachsen, hier habe ich eine Familie gegründet.

Wer vermag zu sagen, was in mir auf diesem Wege von Dargun nach Gnoien vorging? Auf dem mir, wie es mir schien, jeder Baum und jeder Strauch vertraut und vorwurfsvoll zugleich nachschaut. Auf diesem Wege, der mich meiner Familie unter die Augen führt, den Eltern und den vielen, vielen Bekannten ...

Auf der Brücke am Mühlentor müssen wir halten. Ein SS-Sturmbannführer nähert sich unserem Fahrzeug und fordert mich auf, auszusteigen.

Als ich vor ihm stehe, höre ich die Worte »Auffangstab ... Verteidigung dieser Stadt ... Brückensprengung«. Ich bin auf einmal wieder hellwach! Meine sechs »Einzelkämpfer« – wie ich im Tarnanzug ohne Dienstgradabzeichen – springen sofort vom Fahrzeug. Sie schauen mich an. Von dem Mann vor mir nehmen sie überhaupt keine Notiz. Oder sollte ich mich täuschen?

Ich erkläre dem »Auffangstäbler« nun in höflichem Ton, dass nicht er zu bestimmen habe, ob dieser Ort verteidigt würde oder nicht, sondern der Führer der Kampfgruppe, General Brühl. Und falls der General nicht mehr vor Ort sei, ich als Sohn dieser Stadt die Entscheidung träfe, ob sie verteidigt oder ob sie gesprengt würde – oder nicht. Ich lege – wie einst – die Hand an die Mütze und sage zu meinen sechs Männern nur kurz: »Aufsitzen«. Ich steige wieder ein,

*ohne darauf zu achten, ob der Sturmbannführer und seine
vier Männer die Hand zum Gruß erheben.*

*Auf dem Marktplatz meiner kleinen Heimatstadt stehe ich
gleich darauf dem General gegenüber. Ich mache kurz Meldung über mein Gespräch mit dem »Auffangstab«. Er nickt
nur nachdenklich mit dem Kopf. Ich bitte ihn nun kurz – als
Einwohner dieser Stadt – um eine halbe Stunde Urlaub. Da
ich keine Antwort erhalte, füge ich rasch hinzu: »Herr General, ich bin spätestens in einer Stunde zurück.« Er nickt nur
mit dem Kopf, ruft mich dann aber zurück und fragt: »Hannemann, wollen Sie Ihre Heimatstadt verteidigen?« – »Nein,
Herr General«, erwidere ich ohne jede Begründung. – Wor-
aufhin er entgegnet: »Ist gut; es wäre auch sinnlos!«*

*Das Städtchen verteidigen? Womit? Durch Sprengen der
Brücke? Was wäre mit dem Abschuss von ein paar Panzern
gewonnen? Nichts! Es gäbe nur ein sinnloses Blutvergießen, und die Stadt würde genauso niederbrennen wie Demmin. Das mögen meine Gedanken gewesen sein auf dem Wege
zur Familie und ins Elternhaus.*

*Vor mir steht plötzlich der stellvertretende Ortsgruppen-
leiter Dettmann. Ich bitte ihn, mit all seinen Kräften beruhi-
gend auf die Bevölkerung einzuwirken. Vor allem solle er
dafür sorgen, dass möglichst alle Alkoholvorräte vernichtet
würden, insbesondere die der Kaufleute und der Weinhand-
lungen Boettcher und Schröder.*

*Es folgt ein trauriges Wiedersehen mit meinen Angehöri-
gen. Ich kann ihnen nur Mut zusprechen. Doch wer hat schon
Mut in diesen Stunden? Ratlosigkeit und Verzweiflung –
wohin man schaut.*

*Auf dem Rückweg zum Marktplatz immer wieder die glei-
chen Fragen: Was sollen wir bloß machen? Was können wir
noch tun? Die nackte Angst spricht aus den Gesichtern der*

Menschen. Auch ich spüre es auf einmal: Da kommt etwas Schreckliches auf die kleine Stadt zu, besonders auf die jungen Mädchen und Frauen. Sie scheinen zu ahnen, was da am nächsten Tag schon über sie hereinbrechen wird.

In den Abendstunden verlassen wir Gnoien. Wir wollen noch bis Teterow, um dann zu versuchen, über Güstrow und Bützow die Küste in Wismar zu erreichen. Doch wir gelangen nur bis Jördenstorf – ein Ort etwa zwölf Kilometer südlich von Gnoien. Hier übernachten wir im Elternhaus des Unteroffiziers Westphal, der zum Festungsstab gehört und den der General hier entlässt.

1. Mai 1945: Schon sehr früh sind wir wieder auf den Beinen. Als wir bei Thürkow auf die Chaussee stoßen, die von Teterow über Laage nach Rostock führt, hören wir aus dem in südlicher Richtung liegenden Teterow bereits Kampflärm. Also nichts mit Teterow. Wir schlagen uns gen Norden, Richtung Laage. In den Trecks mit den vielen Menschen, die sich von hier nach Norden zu retten versuchen, entsteht große Unruhe. Fahrzeuge verlassen die Chaussee, Frauen und Kinder laufen plötzlich querfeldein.

Ich lasse halten und steige aus. Aber da schreit schon einer von meinen Männern: »Panzer! Weiterfahren!« Ich höre nun selbst einen Abschuss und gleich darauf den Einschlag. Jetzt wird es ernst. Unser Holzvergaser ist langsam; die kleinsten Steigungen machen ihm schwer zu schaffen. Deshalb weg mit dem Feldkabel. Ich rufe es den Männern zu. Vierzig schwere Trommeln »fliegen« vom Fahrzeug. Jetzt geht es schneller. Oder bilde ich es mir nur ein? Es ist ein unangenehmes Gefühl, so gejagt zu werden, umso mehr, da ich nicht sehen kann, was hinter uns passiert. Ich verlasse mich ganz auf meine Männer. Die haben schon andere Situationen gemeistert. Auch unser alter, schon etwas beleibter Fahrer wird *nun nervös. Wir haben Laage erreicht und – wie es scheint – einen kleinen Vorsprung gewonnen. Herrgott im Himmel, wie sieht es in diesem kleinen und sonst so verträumten Städtchen aus! In einem aufgeschreckten Ameisenhaufen kann es nicht lebendiger zugehen! Ein Durchkommen ist unmöglich. Zwei, drei Fahrzeugreihen sind nebeneinander aufgefahren!*

Ich kenne das Städtchen, steige deshalb aus, um nachzusehen, woran es liegt, dass es nicht weitergeht. Vermutlich kann die sehr enge Straße, die vom Marktplatz zum Ortsausgang in Richtung Rostock führt, derart viele Fahrzeuge nicht fassen. Keine Feldgendarmerie, kein Offizier, der hier schnell und energisch eingreifen könnte. Ein schreckliches Bild taucht vor mir auf – dass in Kürze schon russische Panzer hier hineinstoßen könnten.

Zwei von meinen Männern stehen plötzlich vor mir. Ich sage nur: »Los, Jungens, ran!« Sie verstehen sofort. Rücksichtslos wird nun die Stockung beseitigt. Oft reicht ein vernünftiges Wort. Manchmal hilft nur die schärfste Drohung mit der Pistole in der Hand. Nach und nach kommen die Fahrzeuge wieder in Fluss. In nur einer Reihe beginnen sie nun, aus der Stadt herauszufahren. Auch die Wehrmachtsfahrzeuge erhalten Befehl – gleich, wer der Fahrer auch sei –, nicht aus der Reihe zu tanzen. Erst auf freier Chaussee, gleich hinter der kleinen Brücke am Ortsausgang, dürfen sie wieder überholen.

Meine beiden Männer habe ich inzwischen zu unserem Fahrzeug zurückgeschickt mit dem Auftrag, nach hinten »abzuschirmen«. Herrgott, sind das Männer! Den Teufel könnte man mit ihnen aus der Hölle holen! Aber nun werde auch ich nervös; es geht mir nicht schnell genug. Ein paar Bespannfahrzeuge wollen nicht weiterfahren, weil noch einer der Angehörigen fehlt. Immer wieder muss ich eingreifen.

Nach Abschuss und Einschlag zu urteilen, muss die Panzerspitze der Russen den Ortseingang erreicht haben. Bange Minuten vergehen. Endlich erscheint er in der schier endlos langen Fahrzeugschlange – unser »Holzfresser«. Meine Männer winken mir zu. Sogar die kleine, tapfere Frau Raetzer von der Abteilung Ic, die wir unterwegs wiedergefunden haben, winkt.

Unvergesslich das Bild, als wir uns nun selbst langsam aus der Stadt herauszwängen. Fahrzeuge, soweit das Auge reicht – aber in Fluss. Nur wenige haben die Fahrbahn verlassen. Sind sie am Aufgeben? Vielleicht wäre das ohnehin die beste Lösung. Wer weiß das schon in dieser Stunde. Das Herz krampft sich zusammen, wenn man diese Menschen ansieht: alte, gebrechliche Männer und Frauen, jüngere Frauen und Kinder, junge Mädchen. Mitnehmen müsste man sie, alle mitnehmen. Man spürt fast, dass etwas Furchtbares über sie hereinbrechen wird.

Gleich hinter der kleinen Brücke haben wir freie Fahrt neben den im Sommerweg fahrenden Fuhrwerken. Langsam steigt das Gelände. Auf der Höhe hält der General. Ist das eine Freude! Noch im Fahren springe ich ab. »Na, so was! Wir hatten Sie schon aufgegeben«, meint er lächelnd. Aber schon sind seine Gesichtszüge wieder ernst und hart. »Hannemann, können wir den Ortsausgang dort unten sprengen?« Dass ich nicht selbst auf den Gedanken gekommen bin! Ein einziger Panzerabschuss in der engen Ausfahrt dort unten oder die Sprengung der kleinen Brücke könnte vielen Menschen wertvolle Stunden schenken, die ausreichen müssten, die amerikanische Seite zu erreichen.

Ich rufe die Männer, wenige Worte genügen. Noch während das Fahrzeug wendet, springen wir auf. Es geht um jede Minute. Nein ... zu spät! Aus dem Ortsausgang schiebt

Sowjetische Panzer auf dem Vormarsch. Die zahlenmäßige Überlegenheit der Roten Armee an Menschen und Material ist erdrückend.

sich der erste Panzer. Während der Fahrer wieder wendet, beobachte ich den Panzer durchs Glas. Da blitzt es auch schon hell auf. Knall des Abschusses und Einschlag auf freiem Feld – nicht weit von uns entfernt. Ein Warnschuss? – Einen Fluch höre ich neben mir. »Hätten wir die Brücke nicht gleich sprengen können?«

Der Panzer rollt langsam bis an die Brücke. Er hält. Zwei Russen steigen aus. Sie untersuchen die Brücke. Der Anblick der unendlich langen Fahrzeugschlange, die sich immer mehr auflöst – als würde sie in kleinste Bestandteile zerlegt –, scheint den beiden Soldaten nicht ganz geheuer vorzukommen. Die beiden Russen dort unten sind, wie mir scheint, nervös. Sie warten. Ein zweiter dicker Brocken schiebt sich jetzt aus der Stadt heraus. Höchste Zeit für uns, endlich abzufahren. Nun beginnt das Gejagtwerden aufs Neue. Zweifel steigen auf, ob wir Rostock noch erreichen. Wir klammern uns an den Gedanken, dass die Amerikaner schon die Stadt an der Küste erreicht haben.

Die Panzer sind offenbar schneller als wir. Der Abstand zwischen uns scheint sich zu verringern. Nur noch ein paar Kilometer bis Kessin. Da, zwei gewaltige Detonationen vor uns. Zwei riesige Rauchpilze steigen vor uns auf. Aus! Aus mit Rostock! Ich weiß sofort: Das sind die Warnow-Brücken, die da gesprengt worden sind. Zur Rechten öffnet sich jetzt ein Feldweg; wir verlassen die Chaussee. In einem Wäldchen lasse ich halten.

Zum ersten Mal erlebe ich nun, dass meine Männer sich nicht einig sind, sondern uneinig darüber, wie es weitergehen soll. Ihr »Sondereinsatz« hinter den russischen Linien und ein mir in Stettin erteilter Sonderauftrag haben uns zusammengeführt. Durch gegenseitige Achtung und Anerkennung wurden wir Kameraden. Da stehen sie jetzt vor mir, unschlüssig, wie gelähmt. Wohl auch deshalb, weil sie noch in keiner Minute an eine Trennung gedacht haben. Doch nun ist diese Stunde gekommen.

Schon rollen die russischen Panzer auf der Chaussee vorüber. Wir verproviantieren uns schnell mit dem Nötigsten: pro Person neben der eisernen Ration zwei Schachteln Schokolade, Zigaretten und die Feldflasche gefüllt mit Rum.

Unser Fahrzeug brennt bereits. Meine Befehle kommen jetzt kurz und rasch. Einer der Männer stammt aus Rostock; er soll sich allein nach Hause durchschlagen. Die übrigen fünf Männer und Frau Raetzer sind im Westen zu Hause. Auftrag für sie: nach Westen durchschlagen und Frau Raetzer in Sicherheit bringen. Unser Zivilfahrer wird mit mir kommen, denn ich muss ja wieder zurück – wie er.

*Für ein Wort des Dankes und der Anerkennung ist jetzt
keine Zeit mehr. Ich drücke nur still jedem die Hand. Frau
Raetzer weint. Auch mir werden die Augen feucht. Noch kurz
ein Gruß für alle – so, als stünde ich noch einmal vor meiner
ehemaligen Kompanie. Die sechs Jungens grüßen, als ich
schnell davongehe, ohne mich auch nur noch ein einziges
Mal umzusehen.*

Über Stettin weht die polnische Fahne

Die Polen hatten es sehr eilig, die Macht in Stettin zu übernehmen. Bereits am 29. April 1945 trat der von der Regierung Polens ernannte Stadtpräsident Piotr Zaremba sein
Amt an. Einen Tag später, am 30. April, ließ er über den
Dächern Stettins die polnische Fahne hissen. Dies stieß beim
sowjetischen Stadtkommandanten Fedotow auf Missfallen.
Auf seinen Befehl hin mussten die Polen ihre übereilten
Maßnahmen rückgängig machen. In der Stadt wurde zunächst eine neugebildete deutsche Verwaltung eingesetzt,
bis dann am 5. Juli 1945, zwei Monate nach Kriegsende,
der sowjetische Stadtkommandant die Verwaltung Stettins
den polnischen Behörden übertrug, die der Stadt den polnischen Namen Szczecin gaben.

Kapitel 7
Swinemünde

„Gustloff-Überlebende aussteigen!"

Am Nachmittag des 31. Januar 1945 legten nacheinander im Swinemünder Hafen die Minensuchboote „M 387", „M 375", „M 341" und die Dampfer „Göttingen" und „Gotenland" an. Die fünf Schiffe hatten nicht nur Flüchtlinge aus Ostpreußen, Westpreußen und Danzig an Bord, sondern auch 208 Überlebende des in der Nacht zuvor 12 Seemeilen querab Stolpmünde nach drei Torpedotreffern eines sowjetischen U-Bootes gesunkenen Flüchtlingsschiffes „Wilhelm Gustloff", das am 30. Januar 1945 mit mehr als 10 000 Passagieren an Bord, davon etwa 9 000 Frauen und Kinder, ausgelaufen war.

Auf allen fünf Schiffen ertönte über Lautsprecher das gleiche Kommando: „Gustloff-Überlebende aussteigen!" Die Verletzten unter ihnen wurden in Krankenhäuser und Lazarette eingeliefert. Nachdem alle „Gustloff"-Überlebenden von Bord waren, wurden die bereits tot aus Booten, von Flößen oder aus dem eiskalten Wasser der Ostsee Geborgenen sowie die nach ihrer Rettung auf den Rettungsschiffen Verstorbenen an Land gebracht.

Am nächsten Tag sollten „Gustloff"-Überlebende auf das auf der Reede von Swinemünde liegende Schwesterschiff „Robert Ley" einsteigen und nach Hamburg transportiert werden. Doch schon der Anblick dieses großen Schiffes versetzte die Menschen in Panik, so dass die meisten es vorzogen, mit kleineren Schiffen über die Ostsee abtransportiert zu werden. Einige gerettete „Gustloff"-Seeleute der Kriegsmarine verließen auf U-Booten Swinemünde.

Als letztes Schiff, das an der Rettung der „Gustloff"-Schiffbrüchigen beteiligt gewesen war, lief das Vorpostenboot 1703 im Swinemünder Hafen ein. Es hatte nur einen einzigen Überlebenden an Bord, einen etwa einjährigen namenlosen Jungen. Sieben Stunden nach der Katastrophe hatte ein Oberbootsmannsmaat das Kind in Decken gehüllt und unverletzt in einem „Gustloff"-Rettungsboot gefunden. Ein Wunder, dass es bei minus 18 Grad überlebt hatte. Der Maat gab dem Findelkind in seiner Familie ein neues Zuhause. Der Gerettete blieb der Seefahrt treu, wurde später Offizier der Handelsmarine und fuhr zuletzt als Kapitän auf internationaler Fahrt. Wer seine leiblichen Eltern waren, erfuhr er nie.

Die Anlandung von „Gustloff"-Überlebenden und -Toten machte deutlich, dass sich bei Fortentwicklung der Massenflucht über die Ostsee Swinemünde nicht nur auf die Anlandung von Flüchtlingen, deren Weitertransport oder Unterbringung in Krankenhäuser und Lazarette, sondern auch auf die Bestattung von Toten einstellen musste.

Am 3. Februar 1945 hob Großadmiral Dönitz wiederholt gegenüber Hitler die besondere Bedeutung des Raumes Stettin – Swinemünde hervor. Im Zusammenhang mit dem jüngsten Luftangriff auf die Berliner Innenstadt äußerte der Oberbefehlshaber der Kriegsmarine seine Sorge vor Luftangriffen auf Stettin und Swinemünde, die bei der starken Massierung an Kriegsfahrzeugen, Schiffsraum, Flüchtlingen und Verwundeten äußerst nachteilige Folgen hätten.

Die Häfen seien entscheidend wichtig für die Truppen-
zuführungen des Heeres, als Ausschiffungshäfen, als Stützpunkte und Werfthäfen für die Sicherungsstreitkräfte der
Kriegsmarine. Vom Standpunkt des Gegners müsse es als
strategischer Fehler angesehen werden, dass er Berlin statt
diese Häfen angreift. Es sei anzunehmen, dass hier politische Gründe den Ausschlag gegeben hätten. Für den Schutz
der Seehäfen müsse alles Erdenkliche geschehen. Die Ver-
stopfung Swinemündes mit Flüchtlingen habe sich weiter
verstärkt, zur Zeit würden sich dort etwa 35 000 Flüchtlinge befinden, weitere 22 000 seien auf dem Weg dorthin. Ab-
hilfe durch den Gauleiter sei dringend nötig.

Dönitz' Hoffung, der Gauleiter und Reichsverteidigungskommissar von Pommern, Schwede-Coburg, werde sich mit
seinen Parteifunktionären vor Ort für die Lösung der mit
der Anlandung von Flüchtlingen in Swinemünde entstan-
denen Probleme einsetzen, erfüllte sich nicht. Offensichtlich hatte der Gauleiter noch nicht erkannt, wie wichtig
der Swinemünder Hafen mit Beginn der sowjetischen Groß-
offensive gegen Ostpreußen, Westpreußen, Danzig und Pommern ab Mitte Januar 1945 und der danach einsetzenden
Massenflucht der Zivilbevölkerung mit Schiffen über die
Ostsee geworden war.

Als in Königsberg, Pillau, Gotenhafen und Danzig in der
letzten Januarwoche 1945 die Massenflucht der Zivilbevölkerung einsetzte und die ersten großen Passagierschiffe mit
Flüchtlingen beladen wurden, mussten sich die verantwortlichen Stellen der NSDAP, der Marine und der Wehrmacht
mit der Frage beschäftigen, welche Zielhäfen an der Ostseeküste für die Anlandung der Flüchtlinge und Verwundeten zur Verfügung stehen und die Voraussetzungen für
deren Weiterbeförderung mit der Eisenbahn bieten. Immer-

Flüchtlinge aus Ostpreußen, die bei Schnee und Eiseskälte den weiten Weg bis nach Pommern zurückgelegt und Mitte Februar 1945 Swinemünde erreicht haben. Für kurze Zeit glauben sie sich hier in Sicherheit.

hin war mit mehreren Hunderttausend Ostseeflüchtlingen zu rechnen. Nicht umsonst hatte Dönitz für diese große logistische Aufgabe Konteradmiral Konrad Engelhardt eingesetzt und ihn als Seetransportchef Ostsee mit allen Vollmachten ausgestattet.

Zu den Flüchtlingen, die aus Königsberg, Pillau und den Häfen Danzig-Neufahrwasser, Gotenhafen und Hela nach Westen über See abtransportiert werden mussten, kamen noch Tausende von Soldaten und Verwundeten hinzu. Für die in den östlichen Ostseehäfen Memel, Pillau, Danzig und Gotenhafen stationierten Soldaten der Unterseeboots-Lehrdivisionen waren vom Führer der U-Boot-Ausbildung Hamburg und Kiel als Zielhäfen festgelegt worden. Dort aber konnte man die an Bord genommenen Zivilisten nicht ausladen. Für die Ausschiffung der Flüchtlinge kam nur ein großer Hafen im westlichen Teil der Ostsee in Frage, weit entfernt vom Kriegsgeschehen. Außerdem musste dieser Hafen auch weniger Gefährdungen durch Luftangriffe aufweisen und es mussten gute Eisenbahnverbindungen „ins Reich" vorhanden sein.

So kam Admiral Engelhardt, der im Auftrag von Dönitz die „Rettungsaktion Ostsee" zu organisieren hatte, auf Swinemünde. Kolberg kam als Anlandehafen nicht in Frage, da es neben Stolpmünde am ehesten zum Angriffsziel sowjetischer Verbände werden könnte. Die Frontentwicklung Anfang März bewies, dass diese Einschätzung richtig war. Auch den weiter westlich liegenden Hafen Saßnitz auf Rügen bezog Engelhardt in seine Überlegungen ein. Er wies mehrere große Schiffe wie die Dampfer „Deutschland", „Hamburg" und „General San Martin" bereits im Februar an, Saßnitz anzulaufen. Dies erwies sich allerdings als sehr gefährlich, da ein Einlaufen solcher Schiffe in den Hafen von Saßnitz nicht möglich war. Die Ausschiffung musste zeitraubend auf der Reede mit Booten erfolgen, was nicht ungefährlich war, da alliierte Aufklärer die Vorgänge beobachten konnten und die Reede damit zu einem lohnenden Angriffsziel werden konnte.

Alle diese Überlegungen führten dazu, Swinemünde bis Ende Februar 1945 zum bevorzugten Anlandehafen für Flüchtlingsschiffe zu bestimmen. Wichtig war, Stettin und Swinemünde so zu sichern, dass mögliche Angriffe sowjetischer Verbände abgewiesen werden konnten. Außerdem musste die Flak verstärkt werden, um Luftangriffe erfolgreich abwehren zu können.

Stettin und Swinemünde bildeten außerdem das Rück-

grat für die Versorgungsaufgaben der Kriegsmarine in der
östlichen Ostsee. Bei ihrem Ausfall würden die Truppen-
und Versorgungstransporte ausschließlich auf die Häfen der
westlichen Ostsee beschränkt sein. Dies würde bei den langen Flachwasserwegen und der starken Minengefährdung
dieses Raumes etwa eine Verdoppelung der Umlaufzeit bedeuten. Außerdem würden auch die Sicherungsstreitkräfte
dabei erheblich stärker belastet werden.

Hinzu kam, dass Swinemünde ein Stützpunkt von erheb-
licher Bedeutung für die Flottenkräfte in diesem Raum war.
Sein Ausfall würde auch die Bekämpfung des Gegners im
Bereich der mittleren und der westlichen Ostsee wesentlich beeinträchtigen. Für die Werften von Stettin und Swinemünde würde dies eine Einschränkung der ohnehin schon
stark verringerten Reparaturkapazität bedeuten. Nicht
zuletzt würde eine starke Massierung der Seekriegsbasis in
der westlichen Ostsee eintreten und die Luftgefährdung
erhöhen.

Das Halten des Raumes Stettin – Swinemünde war also
für die deutsche Seekriegsleitung von größter Bedeutung.

Verteidigungsbereich Swinemünde

Sowohl die Wehrmachtsführung als auch die Marinestäbe
hatten Zweifel daran, Stadt und Hafen Swinemünde gegen
die Übermacht der sowjetischen Angreifer über einen längeren Zeitraum halten zu können; sie waren sich aber einig
darüber, Swinemünde solange zu verteidigen, bis die letzten Bewohner, Verwundeten, Flüchtlinge und Soldaten die
Stadt und den Hafen verlassen hätten.

Im Verteidigungsbereich Swinemünde gerieten die Inter-
essen des Heeres und der Kriegsmarine aneinander. Hafen

und Festung Swinemünde gehörten zum Kommandobereich der Kriegsmarine. Dem kommandierenden Admiral westliche Ostsee in Swinemünde unterstanden die Marinefestung Swinemünde und die Insel Rügen. Die Kräfte der Kriegsmarine reichten aber zur Verteidigung von Swinemünde nicht aus. Kommandant der Marinefestung Swinemünde war der Seekommandant Pommern mit Dienstsitz Swinemünde, Kapitän zur See Rieve.

Der Verteidigungsbereich Swinemünde umfasste die beiden Inseln Usedom und Wollin. Er war durch die Mündungsarme der Oder in die Ostsee, die Dievenow im Osten und die Peene im Westen, vom Festland getrennt; die Grenze nach Süden bildete das Stettiner Haff.

Alarmeinheiten der Kriegsmarine hatten am Westufer der Dievenow mehr Stellungen ausgebaut, als sie besetzen konnten. Am Ostufer entstanden drei Brückenköpfe – bei Wollin, Cammin und Berg-Dievenow. Aus Mangel an geeigneten Kräften zu ihrer Verteidigung sprach sich der Festungskommandant Swinemünde grundsätzlich gegen diese drei Brückenköpfe aus, die Heeresgruppe Weichsel verweigerte jedoch deren Aufgabe.

Nachdem es sowjetischen Panzern bereits Anfang März gelungen war, sich von Südosten her Dievenow über Stargard zu nähern, verzögerten zunächst Alarmeinheiten der Marine den Zugang zur Stadt Wollin und den dortigen Brückenkopf. Schon am 5. März gegen 15.40 Uhr hatten Vorposten der Marine die erste Gefechtsberührung mit sowjetischen Panzerspitzen. Am nächsten Tag wurde der Brückenkopf eingeengt und musste am 8. März aufgegeben werden.

Der Brückenkopf Cammin konnte ebenfalls nur bis zum 6. März gehalten werden. Dem dort eingesetzten Kampfkommandanten der Marine, Korvettenkapitän Prinz zu

Schaumburg-Lippe, war es nicht möglich, den Platz gegen die feindliche Übermacht länger zu halten. Seine Truppe konnte sich rechtzeitig auf die Insel Gristow absetzen.

Der dritte Brückenkopf beim Ostseebad Dievenow, der für die Aufnahme der Korpsgruppe von Tettau verstärkt worden war, blieb bis Ende April in deutscher Hand, musste dann aber ebenfalls aufgegeben werden.

Die Entwicklung des pommerschen Kriegsschauplatzes machte Ende März 1945 eine einheitliche Befehlsregelung für den Verteidigungsbereich Swinemünde notwendig. Am 25. März regelte die Heeresgruppe Weichsel die Befehlsbefugnisse für den Verteidigungsbereich Swinemünde neu. Kommandant wurde Generalleutnant Ansät. Er verfügte über alle Befugnisse eines Festungskommandanten. Der bisherige Kommandant des Verteidigungsbereiches Swinemünde, Kapitän zur See Rieve, wurde dem Festungskommandanten als verantwortlicher Befehlshaber für die Seeverteidigung unterstellt.

An der Pommernfront hatte ein Kommandowechsel stattgefunden. Der Oberbefehlshaber der 3. Panzerarmee, Generaloberst Raus, wurde durch General der Panzertruppen von Manteuffel ersetzt; Himmler wurde aus Gesundheitsgründen seines Kommandos der Heeresgruppe Weichsel enthoben; auf Vorschlag von Generaloberst Guderian wurde am 21. März Generaloberst Heinrici ihr neuer Oberbefehlshaber.

Neben Kolberg bereitete der Kampfraum um Stettin – Swinemünde der Führung der Pommernfront größte Sorge. Die Aufzeichnungen der 3. Panzerarmee und der Heeresgruppe zeigen, wie ihre Lage von Tag zu Tag schwieriger wurde: „Am Stettiner Haff keine eigenen Kräfte mehr. Rückzug der eigenen Kräfte auf die Stadt Wollin. Der Ausfall von Stettin (Hafen) traf empfindlich ... Im Osten näherte sich der Feind bis auf neun Kilometer Altdamm. Südlich von Stettin kam der Gegner weiter voran, heftige Feindangriffe bei Buchholz. Das III. Germanische Korps muss sich nach Osten und Südwesten gleichzeitig verteidigen."

Flüchtlingsstau im Hafen und in der Stadt

Von Tag zu Tag wurden es mehr Schiffe, die in den Hafen von Swinemünde einliefen oder auf Reede ankerten, um möglichst schnell ihre Menschenfracht los zu werden. Am 23. Februar trafen von Gotenhafen kommend „Wadai" mit 2 000 Flüchtlingen und von Danzig kommend „General San Martin" mit 2 500 Verwundeten ein. Am 27. Februar der Dampfer „Mars" von Pillau kommend mit 2 200 Flüchtlingen, von Gotenhafen kommend die Schiffe „Westpreußen" mit 2 000, „Feodosia" mit 2 500, „Hektor" mit 200 Flüchtlingen, 500 Reichsarbeitdienstangehörigen und 500 Arbeitern, „Herkules" mit 600 Flüchtlingen und 900 Verwundeten. Am 7. März trafen in Swinemünde 14 Schiffe aus Stolpmünde kommend ein: „Söderhamn", „Reiher", „Nautik", „Pickhuben", „Karlsruhe", „Nadir", „Oktant", „Kolberg", „Amrum", „Martha Geiss", „Nordpol", „Sextant", „Bernd" und „Wiking". Am 9. März folgten aus Kolberg kommend die „Westpreußen", „Heinz Horn", „Nordenham", „Winrich von Kniprode", „Hestia" und „Nautik". Bis zum 9. März 1945 hatten ingesamt 21 Schiffe Flüchtlinge nach Swinemünde gebracht.

Auf allen Schiffen herrschte Mangel an Öl, Kohle sowie Trinkwasser und Verpflegung. Es fehlten Boote und kleine Schiffe, die von den großen, auf Reede ankernden Motorschiffen und Dampfern die Flüchtlinge und Verwundeten

Der Dampfer „H 27" und die „Sanga" im Swinemünder Hafen.
Wehrmachtssoldaten helfen bei der Entladung der Schiffe, die fast
ausschließlich Frauen und Kinder an Bord haben.

abholten und in den Hafen brachten. Dort fehlten Eisenbahnzüge mit Lokomotiven zum Weitertransport der Menschen und vor allem Lazarettzüge, um die Verwundeten ab-
zubefördern, denn die Lazarette in Swinemünde waren bereits überfüllt.

Am jenseitigen Ufer der Swine, auf der Insel Wollin, waren weitere 40 000 pommersche Flüchtlinge auf dem Marsch
nach Swinemünde. Ihre Hoffnung, hier sicherer zu sein,
erwies sich als trügerisch. Die Lage war bedrohlicher, als es
den Flüchtlingen allgemein bewusst war. Der Feind hatte
inzwischen die alte Bischofsstadt Cammin erobert und das

Stettiner Haff erreicht. Der Schifffahrtsweg Stettin – Swinemünde lag tagsüber unter gegnerischem Feuer und konnte deshalb nur noch nachts benutzt werden. Sämtliche Telefon- und Kabelverbindungen mit dem Osten waren unterbrochen.

„Z 34" auf Gegenkurs – in letzter Minute

Die Kampfhandlungen an der Landfront Pommerns wurden durch den Schweren Kreuzer „Lützow" sowie durch Zerstörer und Torpedoboote unterstützt. Der Zerstörer „Z 34" unter dem Kommando von Korvettenkapitän Hetz hatte mit seinen Bordwaffen Angriffe sowjetischer Bomber, die fast halbstündlich auf die Stadt Kolberg erfolgten, abgewehrt. In den Feuerpausen hatten immer wieder Boote am Zerstörer angelegt und Flüchtlinge und Verwundete an Bord gegeben, die unter Deck untergebracht wurden.

Am 12. März gegen 4.00 Uhr erhielt „Z 34" über Funk den Befehl, nach Swinemünde zu marschieren. Um 11.00 Uhr hatte Kapitän Hetz mit „Z 34" die Swinemünder Ansteuerungstonne erreicht. Als er sich mit dem Zerstörer kurz darauf innerhalb der Molen befand, wurde auf allen Signalstellen Fliegeralarm gezeigt: Die UK-Welle meldete: „Große Bomberverbände im konzentrischen Anflug auf Swinemünde". Über der Stadt, dem Hafen, den Schiffen und Zehntausenden Menschen bahnte sich ein Unheil an.

Korvettenkapitän Hetz berichtet:

Auf der Kommandobrücke Totenstille. Über den tief hängenden Wolken hört man schon dumpfes Dröhnen zahlreicher schwerer Bomber. Zum Umkehren ist es zu spät. Aus dem Hafen setzt eine panikartige Flucht von Fahrzeugen aller

Art ein, die mit Höchstfahrt an uns vorbeirauschen, um noch rechtzeitig vor Beginn des Angriffs die rettende freie See zu erreichen. Uns bleibt zunächst keine andere Wahl als weiterzufahren, wenn mich auch der Gedanke an die vielen Menschen unter Deck zu einer vorschnellen Aktion verleiten möchte. Aber mein Entschluss steht fest: Wir werden bis zur Badeanstalt durchlaufen und dort versuchen, so schnell wie möglich kehrtzumachen. Hoffentlich lassen uns die Flieger dazu noch Zeit.

Jetzt werden die Minuten bis zum Drehpunkt zur Ewigkeit. Jeder auf der Brücke blickt geradeaus, um nicht den Kameraden in die Augen sehen zu müssen. Da endlich kann ich die erlösenden Kommandos geben. In diesem Moment bestätigt sich wieder einmal, dass nichts umsonst ist, was man einmal geübt hat. Die unzähligen An- und Ablegemanöver auf der Swine in Friedenszeiten gaben mir die Sicherheit, den Zerstörer mit wenigen Maschinen- und Ruderkommandos auf Gegenkurs zu bringen.

Mit 15 Seemeilen Fahrt wird wieder ausgelaufen. Eben ist der Leuchtturm passiert, da rauscht ein Bombenteppich auf Stadt und Hafen nieder. Gerade vor unserem Drehpunkt, den wir vor Kurzem verlassen haben, steht die hohe weiße Wand einer Bombensalve. Allmählich löst sich die lähmende Spannung an Bord, und als wir die Molen auslaufend wieder passiert haben, erscheinen an Deck zwei Flüchtlingskinder, die sich an den Händen halten und ahnungslos fröhlich lachen. Dieses Lachen war wohl unser glücklichster Augenblick seit langer Zeit. Es schien mir der unbewusste Dank für eine Rettung aus höchster Gefahr, in der wir – Menschen und Schiff – nur Werkzeuge einer höheren Macht waren.

1 609 Tonnen Bomben auf Swinemünde

Am 12. März 1945 befanden sich in Swinemünde etwa 100 000 Menschen – Einwohner, Flüchtlinge, Verwundete und Soldaten. Die Lazarette, Notlazarette und Krankenstationen waren hoffnungslos überfüllt. Am Bollwerk lagen Flüchtlingsschiffe, die ihre Menschenfracht ausluden, Frauen und Kinder aus Pillau, Danzig, Gotenhafen und Kolberg. Über 50 Schiffe lagen noch auf der Reede, kleine und große, Transporter und Lazarettschiffe: „General San Martin" war dabei, „Moltkefels", „Mars", „Masuren" und „Oberhausen", deren Kapitäne und Mannschaften seit Ende Januar keine andere Aufgabe mehr kannten, als Menschenleben zu retten. Die Flucht aus den östlichen Ostseehäfen, aus Königsberg und Pillau, Danzig, Gotenhafen und Kolberg, hatte in der ersten Märzhälfte ein noch nicht dagewesenes Ausmaß erreicht.

Die Rote Armee, die jetzt nur noch knapp 30 Kilometer von Swinemünde entfernt war und deren Vordringen nach Westen sich als schwierig erwies, hatte die Verbündeten um Unterstützung gebeten. Die Westalliierten zögerten nicht, Stärke zu demonstrieren. Die US-Air Force, die Anfang März 1945 durch ihre Luftaufklärung eine Massierung von Schiffen auf der Reede und im Hafen von Swinemünde sowie Menschenansammlungen im Hafen und im Bahnhofsbereich festgestellt hatte, legte ein Flächenbombardement mit Bombern vom Typ B-17 und B-24 auf Stadt, Bahnhof, Hafen, Schiffe und Reede von Swinemünde in einem Tagangriff auf den 12. März 1945 fest.

Das Kriegstagebuch der 8. US-Aire Force bezeichnete später den Angriff auf Swinemünde als einen „Höhepunkt der strategischen Operation". Eine Aufforderung der So-

*Bei ihrem Luftangriff am 12. März 1945 auf Swinemünde bietet die
8. US-Air Force 671 Bomber und 412 Begleitjäger auf, um Stadt, Hafen
und Schiffe mit 1 609 Tonnen Bomben zu belegen.*

wjetunion zu einem Angriff auf Swinemünde, einen Ostseehafen, der nun, da die Rote Armee in Ostdeutschland eingedrungen sei, als Zentrum des deutschen Nachschubs zur
See taktische Bedeutung gewonnen hätte, habe zu einem
starken Einsatz der 8. US-Air Force mit 671 Bombern geführt.

1 609 Tonnen Bomben waren auf Schiffe im Hafen, die
Hafenanlagen, die Stapelplätze und auf eine große Anzahl
von Gebäuden im Hafen und auf Industrieviertel gefallen.

Am Tag, als die Bomben auf Swinemünde nieder gingen,
spielte sich Grauenhaftes ab. Zahlmeisterassistent Heinz
Schön, Besatzungsmitglied des Verwundeten- und Flücht-

lingstransportschiffes „General San Martin", das auf Reede lag, erlebte den Luftangriff und berichtet darüber:

Wir hatten unsere Verwundeten und Flüchtlinge in Swinemünde abgesetzt und warteten seit einigen Tagen auf der Reede von Swinemünde, um Wasser, Öl und Proviant aufzunehmen. Wasser und Öl bekamen wir. Doch uns fehlte noch Verpflegung. Wir sollten zurück nach Danzig, um dort weitere Verwundete und Flüchtlinge abzuholen, und hatten es deshalb eilig.

Am 12. März schickte mich unser Zahlmeister mit einem Verkehrsboot nach Swinemünde, um an Ort und Stelle zu klären, wann mit der Verpflegungslieferung zu rechnen sei. Am späten Vormittag legte das angeforderte Verkehrsboot am „General San Martin" an; es mag kurz vor 12.00 Uhr gewesen sein, als ich den Swinemünder Hafen erreichte und ausstieg.

Am Kai lagen 14 größere und kleinere Schiffe. Sie waren in den frühen Morgenstunden aus Stolpmünde eingetroffen. Die meisten hatten ihre Flüchtlinge noch nicht von Bord geben können. Nachdem ich mich zunächst einmal im Hafen umgesehen hatte, wollte ich mich auf den Weg zum Marineverpflegungsamt begeben. Den Weg kannte ich von vorherigen Besuchen. Doch ich kam nicht dazu.

Um 12.00 Uhr war plötzlich der Teufel los. Die Schiffe hatten die Leinen gelöst und verließen fluchtartig den Hafen. Ich hatte keine Ahnung davon, dass Minuten zuvor die Kommandanten und Kapitäne aller im Swinemünder Hafen liegenden Schiffe den Befehl erhalten hatten: »*Verlassen Sie sofort den Hafen. Ein Verband feindlicher Bomber aus Richtung Westen befindet sich im Anflug auf Swinemünde. Mit einem Angriff muss gerechnet werden!*«

Zu den Schiffen, die am Morgen des 12. März 1945 auf der Reede von Swinemünde liegen, gehört auch der Dampfer „General San Martin", seit Ende Januar 1945 Flüchtlings- und Verwundetentransportschiff in der Ostsee.

Als alle Sirenen zu heulen begannen, wusste ich, warum die Schiffe ausliefen: Fliegeralarm. Ich befand mich zu diesem Zeitpunkt gerade neben einem kleinen Frachter, der etwa 3 000 Tonnen großen »Andros«, auf der man gerade mit der Ausschiffung von Frauen und Kindern begonnen hatte. Die Leute, die noch von Bord gekommen waren, rannten planlos über das Kai. Ich hörte neben mir eine Frau schreien: »Wo bleibt denn die Oma mit der Hilde!« Ich rief dieser Frau zu: »Kommen Sie schnell – dort drüben ist ein Bunker!«

Wir hatten gerade den Bunker erreicht und waren in Sicherheit, als die ersten Bomben fielen. Im Bunker vernahmen wir nur dumpfes Krachen, immer und immer wieder. Die Minuten vergingen. Was wir nicht ahnen konnten: Eine der Bomben fiel genau neben der »Andros« auf das Kai und *traf die Gangway, auf der die Menschen vom Schiff stürmten. Die Menschen und die Gangway wirbelten durch die Luft. Die zweite Bombe traf das Achterschiff des kleinen Frachters. Die »Andros« brannte und sank. Nur für die am Oberdeck Stehenden, die rechtzeitig ins Wasser gesprungen waren, gab es noch Rettung. Das Schicksal des Schiffes war besiegelt, als eine dritte Bombe das Vorschiff traf. Diejenigen, die dieses Chaos überlebten und noch laufen konnten, schleppten sich an Land, blieben erschöpft auf dem Kai liegen, der mit Toten und Verwundeten übersät war.*

Als um 12.45 Uhr Entwarnung kam, ging ich nach draußen. Neben mir war die Frau von vorhin. Sie blieb stehen, starrte auf die Stelle, wo die »Andros« geankert hatte, und sah nur das rotglühende Heck des Schiffes, das noch aus dem Wasser ragte. Dann schlug sie die Hände vor das Gesicht und schrie: »Mutter – Mutter, wo bist du – wo ist meine Hilde!« Schluchzend klammerte sich die Frau an mich. Ich hatte noch keinen klaren Gedanken gefasst, als ein Lastwagen neben mir hielt und Männer heruntersprangen: Soldaten und Sanitäter. Ein Unteroffizier packte mich am Ärmel: »Komm Kamerad, pack mal mit an!«

Es waren Tote, die weggeräumt werden mussten. Wenn ich die blutbeschmierten Leiber anfassen musste, sah ich weg und schloss für Bruchteile von Sekunden die Augen. Da lag eine Frau und da noch eine mit einem kleinen Jungen, dessen Hände sich in den Kleidern der Mutter verkrampft hatten, er war auch im Tode von der Mutter nicht zu trennen. Da wieder ein Kind oder der Rest von ihm. Beide Beine waren abgerissen. Ich hob den kleinen Körper auf, legte ihn einem Sanitäter auf beide Arme und sagte zu ihm: »Vorsicht...!« Doch er warf den kleinen Körper auf den großen Haufen Toter, die sich auf der Ladefläche des Lkw auftürmten: »Wie-

so Vorsicht – der merkt doch sowieso nichts mehr davon!«
Der Mann hatte recht. Doch mir hatte es die Sprache ver-
schlagen. Ich konnte nicht damit fertig werden, so viele Tote
sehen zu müssen, vor allem Frauen und Kinder.

Als der Lkw mit den Toten verschwunden war, begriff ich
erst langsam, was um mich herum geschehen war. Ich hörte
die Schreie von Überlebenden. Mütter, die nach ihren Kindern, und Kinder, die nach ihren Müttern riefen. Da, unweit von mir, hatte eine Mutter ihr Kind gefunden. Tot lag
es auf den kalten Steinen. Die Mutter sank in die Knie, fiel
nach vorn und bedeckte mit ihrem Körper den kleinen Leich-
nam. Kurze Zeit später kam der Lkw zurück. Ich half nochmals beim Aufladen. Es dauerte nur Minuten, dann war
der Wagen wieder voll. Ich bat, mitfahren zu dürfen, denn
ich hatte ja noch einen dienstlichen Auftrag. Zumindest
musste ich, trotz allem, feststellen, ob es das Verpflegungsamt überhaupt noch gab oder ob es nur noch eine brennende
Ruine war.

Wir fuhren durch die Stadt, vorbei an schwelenden oder
noch brennenden Häusern. Ganze Straßenzüge waren in
Schutt und Asche gesunken. Hier und da stürzte mit lautem
Krachen noch eine Hauswand ein. Überall lagen Tote.

Am Kaiserbollwerk hatte ein ganzer Bombenteppich einen
endlos langen, abfahrbereiten Flüchtlingszug getroffen und
ihn zu einem Leichenzug gemacht. Aus manchem Fenster
des Personenzuges ragten noch Köpfe Toter; viele Dächer des
Zuges waren abgedeckt.

»Die müssen wir noch herunterholen«, hörte ich plötzlich
den Unteroffizier sagen, der neben mir im Führerhaus des
Lkw saß. Er wies auf die Bäume neben dem Kaiserbollwerk.
Ich sah in die Richtung seines ausgestreckten Armes und
erschrak. Grauenvolleres konnte es nicht mehr geben. Der

*Druck der Bombentreffer hatte die Menschen, die beim An-
griff aus den Zügen gestürmt waren, in die Bäume geschleudert. Sie hingen tot zwischen den Ästen der Baumkronen.
Dieser Anblick gab mir den Rest.*

*»Ich möchte aussteigen«, sagte ich. Im nächsten Augen-
blick stand ich auf der Straße, ich wollte nichts weiter, als
diese Totenstadt verlassen. Ich ging zurück zum Hafen. Es
blieb mir auch auf diesem Wege nichts erspart. Der Kurpark
glich einem umgepflügten Acker. Dieser Acker war übersät
mit menschlichen Körpern und was davon übrig geblieben
war. Ungeordnet lag alles herum, wie nach einer großen
Schlacht. Nur – die dabei umkamen, hatten sich nicht einmal wehren können. Nach dieser Schlacht gab es keine Sieger und Besiegte, sondern nur Tote und Überlebende.*

*Ich musste im Hafen lange warten, bis ich ein Boot fand,
das mich zu meinem Schiff auf die Reede brachte. Als ich an
Bord kam, traf ich unseren Funkoffizier. Er sah mich mit
großen Augen an, legte seine Hand auf meine Schulter und
sagte: »Mensch – du lebst ja noch!«*

*Ich fand weder in diesem Augenblick noch Stunden spä-
ter eine Antwort. Es war still in mir geworden. Ich lebte noch.
Am 30. Januar 1945 war ich beim Untergang der »Wilhelm
Gustloff« mit dem Leben davongekommen – und jetzt ein
weiteres Mal.*

Die 671 Bomber der 8. US-amerikanischen Luftflotte hatten mit ihren ca. 3 500 Eintausendpfund-Bomben Swinemünde nahezu ausradiert. Generalmajor Charles Reid, der
den Angriff geleitet hatte, bescheinigte die Londoner Times
in ihrer Ausgabe vom 13. März 1945 einen „großen Erfolg".
Doch Reid konnte auf seine „Heldentat" nicht stolz sein.
Es war kein Angriff auf militärische Ziele gewesen, son-

dern ein Terrorangriff auf eine Stadt, die mit Einheimischen und Flüchtlingen völlig überfüllt war.

Swinemünde wurde zum großen Teil zerstört. Mehr als 14 000 Menschen – frühere Angaben gehen von mehr als 20 000 aus –, in der überwiegenden Mehrzahl Frauen und Kinder, verloren bei dem Bombardement ihr Leben. Tausende wurden verletzt.

Eine Frau aus Swinemünde, die den Angriff überlebt hat, berichtet:

Wir waren so sicher geworden in dem Gedanken, dass unsere kleine Stadt kein wichtiges Ziel für einen Luftangriff sei. Als dann am 12. März 1945, gegen 11.00 Uhr, die Sirenen aufheulten, da glaubten wir wieder an einen kurzen Alarm. Die Frauen standen in Reihen vor den Geschäften, in allen Ämtern ging die Abfertigung weiter. Nur einige wenige eilten zu den spärlich vorhandenen Bunkern. Aber dann erscholl panikartig der Ruf: »Sie kommen – sie greifen an!« Jetzt versuchte jeder, in den nächsten Keller zu kommen.

Fast jede Wohnung in Swinemünde hatte Einquartierungen von Ostflüchtlingen. Alle Säle und Schulräume waren mit Menschen überfüllt. An den Auffahrten zur Fähre und zur Pontonbrücke, die man zur schnelleren Überquerung der Swine extra für die vielen Flüchtlingstrecks gebaut hatte, standen endlose Reihen von Wagenkolonnen, die auf die Überfahrt warteten. Trecks zogen durch die Straßen der Stadt. Im Kurpark biwakierten mehrere tausend Soldaten, die auf ihren Weitertransport zur Kurlandarmee warteten. Der Hafen lag voller Schiffe, vollgepfropft mit verängstigten Flüchtlingen. Erbarmungslos fielen die schweren Bomben über eine Stunde lang auf unsere Heimatstadt nieder. Sie fielen in die dichten Wohnviertel, in die mit Menschen voll-

gepferchten Unterkunftsräume, auf die Schulen und Säle, in denen Flüchtlinge ein vorübergehendes Unterkommen gefunden hatten. Sie trafen in die vielen Reihen nebeneinander und hintereinander aufgefahrenen Trecks, unter deren Wagen die Menschen in irrer Angst und Entsetzen Schutz gesucht hatten. Als ich nach dem Angriff durch das Strandviertel und durch die Königsallee kam, da packte mich im Anblick der vielen zerrissenen Menschenleiber das Grauen.

Eine weitere Augenzeugin, eine Flüchtlingsfrau, die mit einem Treck in Swinemünde angelangt war, beschreibt die Tragödie:

Am Vormittag gegen 10.00 Uhr formierten sich unsere Wagen an der östlichen Swine, um über die Pontonbrücke geleitet zu werden. Lucie und ich trennten uns von den Treckwagen, um in Swinemünde Brot zu kaufen. Auf der Straße hörten wir, dass Bomberverbände gemeldet seien. Gleich darauf schoss die Flak. Es krachte und splitterte überall. Wir liefen, lagen hinter Zäunen, warfen uns auf freies Gelände flach hin, liefen wieder, bis wir zu einem Bunker kamen. Die Bomben krachten. Flugzeuge schwirrten. Detonationen ließen den Boden erzittern, dazwischen das Gehämmer der Flak und der Bordwaffen der Flugzeuge.

Wir waren in großer Sorge um unsere Angehörigen. Als wir ins Freie stolperten, sahen wir überall nur Staub, Qualm und Rauchwolken über der Stadt. Die Ostswine war nicht zu sehen, die Brücke zerstört. Die Fähre fuhr nicht mehr. Auf unser Flehen setzten uns Marinesoldaten über. Unsere ganze Dorfgemeinschaft war schwer getroffen und 20 Tote und viele Verwundete zu beklagen. Auf dem Platz, wo die Treckwagen standen, Bombentrichter an Bombentrichter.

*Dazwischen lagen die Toten und viele tote Pferde, Wagen-
trümmer, zerfetztes Gepäck.*

Nicht nur in der Stadt, auch auf den Schiffen im Hafen
hatte es Opfer gegeben. Bei dem Bombardement gingen verloren: „Jasmund", „Hilde", „Ravensburg", „Heiligenhafen",
„Tolima", „Andros" und der große Hapag-Dampfer „Cor-
dillera", der als Wohnschiff eingesetzt war. Allein auf „Andros" verloren 570 Menschen ihr Leben.

Mit dem Schrecken davongekommen waren die Menschen
auf dem Lloyd-Dampfer „Lappland", der auf Reede lag.
Gleich nach dem Angriff musste der Kapitän des Schiffes
in die Stadt. Als alter Fahrensmann und Ostasienfahrer
hatte er schon viel gesehen, nicht zuletzt die Gräuel der
chinesischen Bürgerkriege. Doch was er in Swinemünde
erlebte, übertraf alles. Er wollte gegenüber dem Verfasser
nicht darüber reden. Er sagte nur: „Was ich am Hafen er-
blickte, kann ich nicht schildern. Es war wohl das Grauen-
hafteste, was ich in meinem Leben gesehen habe."

Nachdem das lähmende Entsetzen gewichen war, begann-
nen die Aufräumungsarbeiten. Als die Toten von Swinemünde – die meisten namenlos – zusammengetragen waren, wurden sie in Massengräbern auf dem Golm, der höchs-
ten Erhebung der Insel Usedom, beigesetzt. Nach 1945
wurde die Kriegsgräberstätte, die zum Land Mecklenburg-
Vorpommern gehört und eine der größten in Deutschland
ist, mehrfach umgestaltet. Auf einer grauen Betonwand stehen in dunklen Lettern die Worte Johannes R. Bechers:
„Dass nie eine Mutter mehr ihren Sohn beweint". Heute
erinnern eine Dauerausstellung und regelmäßige Gedenk-
veranstaltungen auf dem Golm an die Toten.

„Aus tiefer Not schrei ich zu dir!"

Die 14-jährige ostpreußische Schülerin Hildegard Schulz, die mit ihrer 41-jährigen Mutter, ihrer 81-jährigen Großmutter und ihrer 8-jährigen Schwester mit der „Andros" nach Swinemünde gekommen war, überlebte nur knapp den Untergang des Schiffes infolge des Bombenangriffs am 12. März 1945. Sie hat das Erlebte in ihrem Tagebuch festgehalten. Ein Auszug daraus:

Unsere Flucht aus dem von den Russen bedrohten Löwenhagen im Kreis Königsberg begann am 25. Januar 1945. Bei minus 20 Grad verließen wir mit dem letzten Zug Löwenhagen und fuhren nach Königsberg.

Kaum angekommen, wurde meine Mutter während des Beschusses durch »Stalinorgeln« schwer verwundet. Man wies uns eine Bleibe im Keller der Ponarth-Brauerei zu, in dem wir bis Anfang März blieben. Ich versuchte in dieser Zeit, meine Mutter wieder gesund zu pflegen.

Die Wochen in der von den Russen belagerten Festung waren schrecklich. Jeden Tag gab es Fliegeralarm. Die Einschläge von Artilleriegranaten erfolgten immer häufiger. Sich tagsüber nach draußen auf die Straße zu begeben, war lebensgefährlich.

In den ersten Märztagen verließen wir unser Kellerquartier in Königsberg-Ponarth. Zu viert versuchten wir, nach Pillau zu kommen, zunächst zu Fuß, das letzte Stück mit der Bahn. In Pillau standen wir dann im Hafen und suchten ein Schiff, wie Hunderte anderer Flüchtlinge. Wir hatten Glück. Schon einen Tag später, am 5. März, durften wir an Bord des Frachtdampfers »Andros« gehen. Das Schiff war schon hoffnungslos überbelegt, trotzdem fanden wir noch einen Platz im Vorschiff. In der folgenden Nacht verließ der Frachter den Hafen von Pillau.

Wie wir hörten, sollte die »Andros« uns Flüchtlinge nach Swinemünde bringen, dort ausladen und wieder nach Pillau zurückkehren, um weitere Flüchtlinge zu holen. Man sagte uns, die Fahrt nach Swinemünde würde nur zwei Tage dauern.

Doch bereits vor der Halbinsel Hela musste die »Andros« ankern; der Wind hatte sich zum Sturm entwickelt und die Windstärke 10 erreicht. Der Kapitän wollte kein Risiko eingehen und wagte es nicht, mit dem mit etwa 2 000 Menschen völlig überladenen Schiff, die Fahrt fortzusetzen. In der Nacht gab es Fliegeralarm. Die Angreifer setzten »Christbäume« an den Himmel, um ihre Angriffsziele besser erkennen zu können. Doch der »Andros« passierte nichts. Wahrscheinlich lohnte sich ein Angriff auf ein so kleines Schiff nicht. Auch am nächsten Tag lagen wir noch vor der Halbinsel Hela.

Ich war jung, neugierig und wissensdurstig und streifte bald durch das ganze Schiff, über alles hinwegsteigend, was sich mir in den Weg stellte, denn auch die schmalen Gänge waren voller Flüchtlinge und deren Gepäck. Bei einem dieser Rundgänge folgte ich einer unerklärlichen Eingebung, mit der ich zu meiner Mutter zurückkam und sagte: »Mutti – hier im Vorschiff bleibe ich nicht, ich möchte ins Mittelschiff.« Meine Mutter wollte erst nicht, ließ sich aber schließlich doch dazu überreden. So schleppte ich dann mühselig erst unsere Oma, dann unsere letzte Habe in das Mittelschiff, wo ich uns bereits einen Platz ausgesucht hatte.

Nach zwei Tagen lagen wir immer noch vor Hela. Erst als sich das Wetter gebessert hatte, setzte die »Andros« ihre Fahrt fort. Häufig kam es zu Unterbrechungen: durch Flieger- und

U-Boot-Alarm. Doch es gab immer wieder Entwarnung, da glücklicherweise nichts geschah.

Unsere Fahrt von Pillau nach Swinemünde dauerte nicht zwei, sondern sechs Tage und Nächte. Nach dem zweiten Tag der Fahrt war die Verpflegung ausgegangen, es gab jetzt nichts mehr zu essen. Am dritten Tag war auch das Trinkwasser verbraucht. Viele Flüchtlinge hatten etwas Verpflegung dabei. Man teilte, solange man konnte. Einer half dem anderen. Es bildete sich eine Art Notgemeinschaft an Bord.

Am vierten Tag hatte niemand mehr etwas Essbares, doch das Schlimmste war der Durst. Durchfall verbreitete sich. Die Zahl der Kranken wurde immer größer. Doch es gab weder einen Arzt noch einen Sanitäter oder eine Krankenschwester an Bord. Hoffnungslosigkeit und Verzweiflung griffen um sich. Jeder hoffte, dass die Fahrt bald zu Ende sei. Doch es dauerte und dauerte. Dann wurde es wieder Nacht.

Ich erinnere mich an laute Gebete der Flüchtlinge. Plötzlich stimmte irgend jemand unter uns das Lied an: »Aus tiefer Not schrei ich zu dir!« Viele sangen mit. Der Gesang klang dumpf und verzweifelt – ich werde ihn in meinem ganzen Leben nicht vergessen können, so schauerlich, Herz und Seele durchdringend, erklang dieses Lied. Mir lief es dabei kalt über den Rücken, obwohl ich fast noch ein Kind war. Vielleicht hat sich mir deshalb dieses Lied so tief in die Erinnerung eingebrannt.

Wir dankten alle Gott, als wir am 12. März 1945 bei klarem Himmel und Sonnenschein gegen 11.00 Uhr in den Swinemünder Hafen einliefen. Der Kapitän hatte Mühe, einen freien Ankerplatz zu finden, denn der ganze Hafen lag voller Schiffe.

Der Frachter »Andros« legte hinter einem kleinen Passa-

Von Pillau kommend trifft nach sechs Tagen und Nächten der Frachter „Andros" am 12. März 1945 gegen 11.00 Uhr in Swinemünde ein. Als die Flüchtlinge kurz darauf das unbewaffnete Schiff verlassen wollen, wird es von Bomben getroffen, brennt und beginnt zu sinken. 570 Menschen, zumeist Frauen und Kinder, verlieren dabei ihr Leben, mehr als 100 werden verletzt.

gierschiff am Kai an. Um 11.20 Uhr wurden die Seiten-
pforten geöffnet, die Gangway wurde hinausgeschoben – die
Ausschiffung der Passagiere der »Andros« begann. Die ersten Flüchtlinge hatten gerade die Gangway betreten, da gab
es Fliegeralarm. Ehe die Menschen überhaupt wussten, wo
sie Schutz suchen sollten, fielen schon Bomben auf den Swinemünder Hafen, die Schiffe, die Stadt und die Menschen.
   Eine der ersten Bomben fiel auf die Gangway des Dampfers »Andros«. Die darauf stehenden Menschen wurden in
Stücke gerissen und durch die Luft geschleudert. Kurz darauf traf eine zweite Bombe das Achterschiff; im Nu brannte
es lichterloh.

An der Swinemünder Anlegestelle für die Schiffe des Seedienstes Ost-
preußen liegen am 12. März 1945 die Flüchtlingsschiffe „Andros", „Hil-
de", „Tolina" und „Ravensber". Die Bomben treffen auch einen über-
füllten Flüchtlingszug, der abfahrbereit auf dem Gleis an der Pier steht.

Wir, die wir uns vor wenigen Augenblicken auf den Weg
gemacht hatten, um von Bord zu gehen, erschraken fast zu
Tode, als wir ein furchtbares Heulen, Krachen und Bersten
hörten und ein Geschrei begann, als würde die ganze Welt
untergehen. Da das Schiff sofort Schlagseite bekam, ahnten
wir, dass es von einer Bombe getroffen worden war und sinken würde.

Wir spürten die große Gefahr, in der wir uns befanden.
Meine Mutter und meine kleine Schwester waren vor mir
oben auf dem Deck. Es gelang ihnen mit Hilfe anderer, auf
das vor uns liegende Schiff überzusteigen. Währenddessen
bemühte ich mich, mit meiner 81-jährigen Großmutter nach

*oben zu gelangen und meiner Mutter auf das andere Schiff
nachzufolgen. Doch das schaffte ich mit meinen schwachen
Kräften nicht. So musste ich schweren Herzens unsere alte
Großmutter liegenlassen. Mit letzter Kraft gelang mir noch
das Übersteigen auf das andere Schiff. Ich war wohl die
Letzte, der das glückte, denn da der Abstand zwischen der
»Andros« und dem davor liegenden Schiff immer größer
wurde, fielen die mir folgenden Leute zwischen den Schiffen in das Hafenwasser. Immer mehr Bomben hagelten auf
den Hafen. Wir liefen, so schnell wir konnten, in einen in
unmittelbarer Nähe befindlichen großen Bunker. Unsere letzte Tasche mit allen Ausweispapieren hatten wir auf der »Andros« zurücklassen müssen. Jetzt besaßen wir nur noch das,
was wir auf dem Leibe trugen.*

*Um 12.45 Uhr wurde Entwarnung gegeben. Die Bombar-
dierung des Hafens und der Stadt Swinemünde war vorbei.
Zurück blieben, wie wir später hörten, über 20 000 Tote und
viele Tausend Verletzte.*

*Als wir den Bunker verlassen hatten, erlebten wir an die-
sem Trauertag eine freudige Überraschung. Unsere Oma war
noch von der brennenden »Andros« gerettet worden. Matrosen hatten sie mit einem an einem Kran befestigten Netz von
Bord der »Andros« auf den Kai gehievt. Oma war verletzt
und nicht ansprechbar. Ein Sanitätsauto brachte sie nach
Greifswald. Wir haben nie wieder etwas von ihr gehört und
nie erfahren, wann, wie und wo sie gestorben ist und wo sie
ihre letzte Ruhe fand.*

*In dem durch den Bombenangriff fast völlig zerstörten
Swinemünde konnten wir nicht bleiben. Zu dritt setzten wir
unsere Flucht fort. Sie endete nach einigen Wochen in Neu-
stadt-Glewe in Mecklenburg.*

Dort aber wurden wir von den Russen eingeholt. Sie zwan-

gen uns, dahin zurückzukehren, wo wir hergekommen waren und vor unserer Flucht gewohnt hatten – wir mussten zurück nach Löwenhagen in Ostpreußen.

Es war ein abenteuerlicher Weg zurück. All unsere Mühe, den Russen zu entkommen, war letztlich umsonst gewesen. In Löwenhagen angekommen, schickte man uns weiter nach Insterburg. Hier lebten wir bis zum Herbst 1948 und waren gezwungen, in der Landwirtschaft zu arbeiten. Dann aber kam der »Tag der Vertreibung«, für uns ein »Tag der Befreiung«. Wir wurden in die sowjetisch besetzte Zone Deutschlands ausgewiesen. Dort, wieder unter den Russen, wollten wir aber nicht bleiben. Wir machten uns noch einmal auf die Flucht. Bei Helmstedt gingen wir über die Grenze in das westliche Besatzungsgebiet Deutschlands. Von dort fuhren wir weiter nach Hamburg, zu unserem Vater, der den Krieg überlebt hatte. Als wir uns alle in die Arme nahmen und vor Freude weinten, war unsere dreieinhalbjährige Flucht endlich zu Ende. Aber das Grauenvolle, das ich in diesen dreieinhalb Jahren zwischen meinem 15. und 18. Lebensjahr gesehen und erlebt habe, wird mir immer unvergesslich bleiben. Unseren beiden Töchtern, einer Diplom-Pädagogin und einer Rechtsanwältin, haben wir neben einer guten Ausbildung immer wieder versucht mit auf den Lebensweg zu geben: »Versucht alles, mitzuhelfen, Krieg zu verhindern!«

Den Untergang der Heimatstadt erlebt

Der Sohn eines Swinemünder Schiffsmaklers, Alexander Ihlenfeldt, schreibt über den Untergang seiner pommerschen Heimatstadt und die anschließende Flucht der Familie in Richtung Westen:

*Heute wieder im südafrikanischen Kapstadt lebend, erinne-
re ich mich an das Kriegsende 1945 in meiner Heimatstadt
Swinemünde noch sehr genau.*

*Ich wurde 1901 als zweiter Sohn des Schiffsmaklers, Kauf-
manns und Stadtrats Alexander Ihlenfeldt und seiner Frau
Ida, in Swinemünde, Bollwerk 2, geboren und wuchs auch
hier auf. Mein Großvater mütterlicherseits war in Swinemünde als Konteradmiral Köhler eine bekannte Persönlichkeit. Mein Vater besaß die Firma C. Gehm. Meinen 1932 verstorbenen Bruder Gerhard hatte man als Erben der väterli-
chen Firma vorgesehen. Mich lockte die weite Welt, und so
ging ich im Jahre 1923 als 22-Jähriger für die Hamburger
Exportfirma C. Woermann als kaufmännischer Angestellter
nach Liberia und an die Goldküste. Aufgrund meines fami-
liären Hintergrundes und meiner Ausbildung zum Schiff-
fahrtsmann wurde ich 1926 Generalvertreter der Woermann
A.G. Hamburg für die Bezirke Goldküste (heute Ghana),
Togoland und Elfenbeinküste. 1932 berief man mich zusätzlich zum deutschen Konsul.*

*Im Jahre 1938 übernahm ich auf eigenen Wunsch hin die
Position eines Repräsentanten der Woermann-Linie in Kapstadt. Dort wurde ich 1939 interniert und lebte fortan als
Gast der südafrikanischen Regierung vier Jahre lang hinter Stacheldraht. Frau und Kind traf die Internierung nicht.
Unsere Tochter besuchte die deutsche Schule in Pretoria.
Sie konnte mich einmal im Monat für eine halbe Stunde
hinter doppeltem Maschendraht im Internierungslager sprechen. 1944 ergab sich die Möglichkeit, sich freiwillig für einen Gefangenenaustausch zu melden, wodurch unsere kleine Familie wieder vereint werden konnte. Wir zögerten nicht,
uns dafür zu melden. Die einzige Bedingung bestand darin,
dass ich beeiden musste, künftig nicht in eine kämpfende*

Truppe einzutreten. So kamen wir im Juli/August 1944 wieder über Lissabon in die pommersche Heimat nach Swinemünde.

Sofort nach meiner Ankunft in Swinemünde begann ich, wieder bei meinem Vater zu arbeiten. Ich assistierte ihm in seinem Schiffsexpeditionsgeschäft, erlebte in meiner Heimatstadt die letzten Kriegsmonate 1944/45 und wurde Zeuge der von Woche zu Woche zunehmenden Flüchtlingstrecks, die durch unsere Stadt zogen. Ich sah die Scharen der aus ihrer Heimat vertriebenen Frauen und Kinder, die mit Schiffen aus Ostpreußen und der Danziger Bucht im Hafen an Land gingen oder mit der Eisenbahn angekommen, dem Bahnhof entströmten. Es waren schlimme Wochen und Monate, ein Elend ohne Ende.

Dann kam der 12. März 1945. Es gab Fliegeralarm, wie so oft in den letzten Wochen. Irgendwoher kam jedoch das Gefühl, dass dieser Luftangriff unserer Stadt galt und es notwendig sei, den Luftschutzraum aufzusuchen. Doch mein betagter Vater weigerte sich, die Wohnung zu verlassen. So begab ich mich mit meiner Mutter, meiner Frau und Tochter in den neben dem Haus befindlichen öffentlichen »Splitterschutzbunker« und ließ das Inferno über uns ergehen. Dass wir da wieder lebend herausgekommen sind, wundert mich noch heute.

Die elterliche Wohnung im 1. Stock des Hauses Bollwerk 2 hatte nur relativ leichte Schäden davongetragen und stand uns weiterhin als Wohnraum zur Verfügung. Mein Vater war mit dem Schrecken davongekommen. Alle anderen Häuser rundherum, die Marine-Wohnblocks zwischen Wasserstraße und dem Haus des Hafenbaudirektors, wiesen starke Beschädigungen auf.

Zwei Stunden nach dem Ende des Luftangriffes ging ich

Swinemünde, Bollwerk mit Hotel „Drei Kronen". Der dünngeschützte Hafen an der Mündung der Swine in die Ostsee wurde im Jahr 1746 zum preußischen Seehafen erklärt.

mit meiner Frau und unserem Kind – wir wollten unbedingt zusammenbleiben – durch die Stadt, um zu sehen, wie unsere Freunde den Angriff überlebt hatten und ob überhaupt. Was wir sahen, war so traurig! Wir kamen nur bis zum Markt. Die Zerstörungen waren so, dass man vor Trümmern kaum vorwärts kam. Überall lagen Leichen, manche notdürftig zugedeckt, ein schauerliches, grausames und niederschmetterndes Bild. Wir zogen es vor, umzukehren und zum Bollwerk zurückzugehen. Dabei sahen wir zwischen König- und Wasserstraße Grells Droschke am Bollwerk auf dem Dach stehen. Wie sie dorthin gekommen war, wusste man nicht. Der ganze Häuserblock bis zur Lotsenstraße – ein Trümmerfeld.

Die Bomben, die am 12. März 1945 auf den Ostseehafen Swinemünde fallen, treffen neben vollbesetzte Eisenbahnwagen, Flüchtlingsschiffe im Hafen und auf der Reede auch dichtbebaute Wohnviertel.

Die Wasser-, Elektrizitäts- und Gasversorgung waren ausgefallen und unreparierbar, die sanitären Anlagen und Einrichtungen durch Bombenschäden zerstört. Wir holten uns aus der Lotsenstraße einigermaßen brauchbares Grundwasser von einer mittelalterlichen Pumpe. Wir hatten noch Kerzen und etwas Petroleum. Kochen konnten wir auf einem uralten Herd mit restlichen Kohlen und zusammengesuchtem Holz. Was wir an Lebensmitteln hatten, konnte noch etwas ergänzt werden durch das, was die Lebensmittelhändler uns überließen, bevor sie sich und ihre restlichen Vorräte westwärts verlagerten. Auch die Lebensmittelverteilerstellen gab es nach dem Luftangriff nicht mehr.

Anfang April 1945, nachdem sich die militärische Lage

*weiter zugespitzt hatte und damit zu rechnen war, dass in
nicht allzu ferner Zeit sowjetische Truppen Swinemünde
erreichen, verkündete irgendeine amtliche Stelle die Räu-
mungserlaubnis der Stadt – und der Exodus begann.*

*Meine alten Eltern sträubten sich in völliger Verkennung
der grausamen Wirklichkeit gegen eine Flucht. Sie hatten
so viel Flüchtlingselend vor unseren Türen gesehen, wenn
ein Schiff nach dem anderen vor unserem Haus am Bollwerk anlegte und Tausende von Flüchtlingen an Land setzte. Viele alte oder kranke Passagiere erreichten den vorerst
rettenden Hafen nur noch tot. Sie wurden von Kindern in
Rodelschlitten zu den Massengräbern gezogen und dort rasch
beerdigt.*

*»Die Russen werden uns Alten nichts tun«, war der El-
tern Meinung. Ob das auch für junge Frauen und Männer
im besten Alter galt – darüber dachten sie wohl nicht nach.
»Ihr müsst gehen, wir bleiben hier!«, so ihre feste Absicht.
Das kam für uns gar nicht in Frage.*

*Einen mir bekannten, früheren Kapitän aus Südafrika,
der als Kapitänleutnant in der Dienststelle der Kriegsmarine in Swinemünde tätig war, hatte ich vor Kurzem zufällig
auf der Straße getroffen. Er sprach schließlich ein Macht-
wort und überzeugte die Eltern, dass es für uns alle höchste
Zeit sei, sich hinter die von den Alliierten in Jalta beschlos-
sene Elbe-Trave-Linie abzusetzen, wo Verwandte und Freunde in Lübeck und Eutin erste Unterkunft zugesagt hatten.
Dem Kapitän war es sogar möglich, auf kleinen Frachtdamp-
fern Kabinen für uns zu besorgen, in denen wir fast luxuriös
reisen konnten. Die Eltern wurden zuerst auf einen nach
Lübeck fahrenden kleinen Frachter gesetzt. Einige Tage später, es war der 5. April 1945, erhielten wir die befreiende
Nachricht, dass der Kapitänleutnant auch für uns einen*

Anfang April 1945. An der pommerschen Küste gehen sowjetische Infan-
teristen mit Unterstützung einer leichten Pak in Stellung.

Frachter gefunden habe, der die dreiköpfige Familie Ihle an
Bord nehmen würde. Wir übergaben ihm unsere Wohnungs-
schlüssel, und er brachte uns mit unseren seit Tagen gepack-
ten Koffern zum Schiff. Die Kabine des Schiffskochs, die uns
zur Verfügung gestellt wurde, erschien uns wie eine Luxus-
Suite im Hotel »Adlon«, wenngleich sich meine Frau Elka
und unsere Tochter Knubs eine Koje teilen mussten, während ich nur mit angezogenen Beinen auf dem für mich zu
kurzen Sofa liegen konnte. Schwimmwesten, die auf unserem Schiff nicht vorhanden waren, erhielten wir von einem
nebenan liegenden Dampfer der Afrika-Linie, einem Neu-
bau, der Afrika noch nie gesehen hatte.

Kaum an Bord unseres kleinen Schiffes, eröffnete uns der
Kapitän, dass das Schiff zunächst einmal stromaufwärts

nach Klüss fahren müsse, um dort eine Teilladung Torpe-
dos aus einem Marinedepot zu übernehmen. Da man schon
den Donner der russischen Geschütze und der Abwehrartil-
lerie bei Wollin hören konnte und auch nicht wusste, wie
schnell die Russen Klüss und Swinemünde erreichen wür-
den, wuchs bei uns die Sorge um unsere Sicherheit. Die
Übernahme der Torpedos in Klüss verzögerte den Beginn
unserer Fahrt nach Lübeck um zwei Tage. Erst danach konn-
ten wir Swinemünde mit Westkurs verlassen.

Mit schwerem Herzen passierten wir die Hafeneinfahrt,
um uns auf der Reede einem Geleitzug anzuschließen. Wie
oft war ich in glücklicheren Jahren da hinausgefahren –
würde ich die Heimat je wiedersehen?

Ich traute meinen Augen nicht, als wir zwischen den Mo-
len einem einlaufenden Dampfer begegneten, demselben, auf
dem ich die Eltern schon längst in Lübeck glaubte. Der Ka-
pitän unseres Dampfers tat mir den Gefallen, bei seinem
Kollegen drahtlos anzufragen, warum und wieso das Schiff
jetzt wieder einlaufe? Die Antwort lautete: »Wir liegen seit
einer Woche auf Reede und es passiert nichts. Nun wird es
uns zu dumm, deswegen laufen wir wieder ein.« Unsere
Gefühle zu beschreiben, ist unmöglich. Wir fragten uns, wie
sollten die Eltern womöglich ohne uns und unsere Hilfe
wieder in der Wohnung in Swinemünde leben? Was könn-
ten wir tun, um das zu verhindern? Gott sei Dank dauerte
diese Ungewissheit nur kurze Zeit. Die Kriegsmarinedienst-
stelle nahm uns weitere Überlegungen ab, indem sie den klei-
nen, eigenmächtigen Kapitän samt seinem Schiff schneller
wieder aus dem Hafen jagte, als er hineingekommen war,
und ihm befahl, gefälligst weitere Order draußen auf Reede
abzuwarten. Mit eingeklemmtem Achtersteven zog der Klei-
ne langsam in Rufweite wieder an uns vorbei. Vater stand

an Deck und winkte. Wir konnten sogar einige Worte wechseln, bis die Entfernung zu groß wurde. Dann ankerten wir. Weit waren wir also noch nicht gekommen.

In der Nacht setzte sich der Geleitzug in Bewegung, aber als der neue Tag anbrach, lagen wir bei der Insel Rügen vor Kap Arkona schon wieder vor Anker. Allein. Und das wiederholte sich noch mehrmals an verschiedenen Stellen. Als ich eines Tages mit dem Kapitän Schach spielte, fragte ich ihn, warum er so oft ankere. Er meinte, dass bei Stilliegen die Gefahr, torpediert zu werden oder auf eine Treibmine zu stoßen, geringer sei.

Solange wir an Bord waren, verließ uns der Gedanke nicht, dass wir mit unserer Torpedobeladung jeden Augenblick in die Luft fliegen könnten. Wir konnten nur hoffen, dass es schnell ginge, wenn das unser Schicksal sein sollte.

Wir wurden von unserem Koch gut und ausreichend versorgt und nahmen die Mahlzeiten immer in unserer Kabine ein, weil das Schiff auch noch andere Flüchtlinge und Soldaten als Passagiere an Bord hatte. Der Koch, der uns seine Kabine überließ, wohnte in der Nachbarkabine zusammen mit seinem Maat.

Alles geht einmal zu Ende. Auch diese Neun-Tage-Flucht über 200 Seemeilen Ostsee, die ein Schiff damals normalerweise in 24 Stunden zurücklegen konnte. Als wir in Kiel einliefen, wurde das Schiff zum Ärger des Kapitäns erst einmal bis in den letzten Winkel des Hafens, in die Nähe des Bahnhofs beordert, wo die Soldaten und Flüchtlinge aussteigen sollten. Für die Letzteren sorgten Hilfskräfte der NS-Volkswohlfahrt. Sie brachten Karren und kleine Wagen mit, um das Flüchtlingsgepäck zum Bahnhof zu transportieren. Das schien alles gut organisiert und beeindruckte uns sehr. Der nächste Zug nach Eutin, unserem Ziel, ging nachmit-

*tags ab. Da man uns bei der Gepäckannahme aber nicht ga-
rantieren konnte, dass unsere Koffer mit Sicherheit in densel-
ben Zug verladen würden, zogen wir es vor, uns nicht von unseren letzten Habseligkeiten zu trennen, sondern sie im Abteil
zu verstauen. Das war bei der Überfüllung des Zuges nicht
einfach. Doch gut, dass wir uns so entschieden hatten, denn
noch in der folgenden Nacht verwandelten alliierte Bomber
den Kieler Hauptbahnhof in einen Trümmerhaufen.*

*Zu diesem Zeitpunkt waren wir bereits mit dem Zug in
Eutin angekommen, wo unsere Freunde mit einem Bollerwagen bereitstanden, um uns in ihr Haus zu befördern. Wenn
mir damals, an jenem Abend, als wir in nicht sehr repräsen-
tabler Verfassung mit Taschen und Bollerwagen durch die
Plöner Straße zum Vossplatz zogen, jemand gesagt hätte:
»Verzweifle nicht – in vier Wochen bist du Bürgermeister
dieser Stadt«, hätte ich ihn für verrückt erklärt. Doch so
geschah es.*

*Anfang Mai 1945 stellte ich mich der englischen Besat-
zungsmacht in Eutin als Dolmetscher zur Verfügung. Da
ich parteilich unbelastet war und fließend englisch sprach,
nahmen sie meine Dienste sofort in Anspruch. Mehr noch:
Am 17. Mai 1945 setzte mich der Kommandeur der örtlichen britischen Militärregierung, Lieutenant Colonel
W. N. Gray, als neuen Bürgermeister für Eutin ein. In dieser
Eigenschaft konnte ich viel für die Eutiner tun, da es mir
unbeschadet gelang, der Militärregierung oft Kontra zu geben, was ihnen viel lieber war als das dauernde »Yes, Sir!«*

Frachter „H 27“ rettet 4 000 Flüchtlinge

Seit dem verheerenden Luftangriff vom 12. März war es in
Swinemünde ruhiger geworden. Viele Einheimische hatten

in den folgenden Tagen und Wochen die Stadt verlassen, weil ihre Wohnungen und Häuser zerstört waren. Sie waren selbst zu Flüchtlingen geworden.

Nach wie vor kamen Flüchtlingstrecks aus Ost- und Westpreußen nach Swinemünde, und immer noch hofften die Menschen, hier ein Schiff zu finden, das sie Richtung Westen brachte. Noch verkehrten Schiffe. Nicht mehr die großen Passagierschiffe, aber kleinere wie der Frachter „H 27", ex „San Mateo", ex „Liverpool". Das englische Schiff war zu Kriegsbeginn erbeutet worden. Als „H 27" wurde es Versorgungsschiff und seit der Räumung Memels Flüchtlingstransporter. Am 14. April 1945 lief „H 27" in Swinemünde ein.

Maschinist Werner Lehmann, der zur Stammbesatzung gehört, schildert die letzte Fahrt des Schiffes aus Swinemünde mit 4 000 Frauen und Kindern an Bord:

Wir legten an der »Kaiserfahrt« an, einem Teilbereich des Kanals zum Haff hin, um unsere Schäden zu reparieren. Von der Burmester-Werft bekamen wir einige Schlosser zugeteilt, die noch eine Kesselreinigung vornahmen. Am 15. April 1945 fuhr der Kreuzer »Lützow« in die »Kaiserfahrt« ein und machte vor uns fest. Am nächsten Tag gab es Fliegeralarm. Die »Lützow« wurde von fünf Tonnen Bomben getroffen und sackte auf Grund.

Drei Tage später marschierte die halbe Besatzung an unserer »H 27« vorbei. Die Seeleute sollten »Feldgrau« empfangen und irgendwo an der Front eingesetzt werden. Nur die Geschützbediener blieben zurück, um die letzten Granaten zu verschießen und die Russen bei Wolgast aufzuhalten.

Unser erneutes Auslaufen verzögerte sich, denn wir hatten zu wenig Brennstoff. Der Hafenkapitän von Swinemün-

Werner Lehmann, Maschinenmaat auf dem Frachter „H 27", erlebt im Hafen von Swinemünde die Einschiffung der letzten Flüchtlinge. Mit mehr als 4 000 Frauen und Kindern an Bord verlässt „H 27" als eines der letzten Schiffe Swinemünde.

de teilte uns dann einige Tonnen zu, dafür mussten wir ihm aber mit unserer »H 27« zur Verfügung stehen. Wir ließen uns zur Kaiserpier schleppen und begannen auf Anweisung des Hafenkapitäns, unser Schiff zu beladen. Irgendwo ließ

der Hafenkapitän ein Verpflegungslager räumen, so über-
nahmen wir tonnenweise Schnaps, Schokolade, Konserven
und sonstige Spezialitäten, die ich seit Kriegsbeginn nicht
mehr gesehen hatte. Nur wer einen Schein vom Hafenkapi-
tän besaß, durfte an Bord: Die wenigen vorhandenen freien
Kojen wurden für ausgewählte Leute reserviert. Der Hafen
füllte sich nun mit Tausenden von Flüchtlingen und Solda-
ten, die von Usedom und Wollin kamen. Die Sowjets näherten
sich Swinemünde immer mehr, und die Menschen wollten alle
mit in den sicheren Westen. Vier Dampfer lagen im Hafen ne-
ben uns und übernahmen Flüchtlinge und Soldaten.

Als der Hafenkapitän seine Leute an Bord untergebracht
hatte, gab man auch unser Schiff für die Flüchtlinge frei.
Bei uns stiegen noch etwa 4 000 Frauen und Kinder zu. Die
Leute überfüllten drei Etagen, und auch das Deck war voll
von Menschen.

In der Zeit vom 5. zum 6. Mai 1945 wurde unser Geleit
zusammengestellt. Wir verließen mit fünf Dampfern und ei-
nigen Zerstörern Swinemünde, Kurs Kopenhagen. Auf See
überraschte uns die Nachricht von der Kapitulation Deutsch-
lands. Vor Kopenhagen lagen Hunderte von Schiffen vor
Anker, voll mit Flüchtlingen und Soldaten, und warteten
auf die Anweisungen der Engländer. Nachdem die Englän-
der bei uns an Bord keine Kriegsverbrecher gefunden hat-
ten, konnten wir auslaufen und nach Neustadt in Holstein
fahren. Dort machten wir bei der ehemaligen U-Boot-Schu-
le fest – und Frauen und Kinder konnten das Schiff verlas-
sen. Da ich trotz meiner Verwundung Dienst tat, hatte sich
mein Bein entzündet, und so verließ ich auf Befehl unseres
Oberstabsarztes in Neustadt unsere »H 27« und wechselte
ins Lazarett.

Zu jenen, die noch zu guter Letzt in Swinemünde die »H 27«
erreichten, gehörte der Flaksoldat Friedemann Thehos. Er
berichtet:

*Ich lag als schlecht ausgebildeter Flaksoldat direkt am Oder-
ufer östlich Pölitz, nördlich von Stettin, als am 5. April 1945
Fregattenkapitän Nicol die Kriegsmarinedienststelle Stettin
verlegte und Schiffe, Leichter, Docks und U-Boot-Hebepon-
tons nach Norden transportieren ließ. Um den 24./25. April
mussten wir Pölitz verlassen. Wir gingen zu Fuß über Falkenwalde, Hintersee, Ahlbeck, Eggesin, Ueckermünde, Leo-
poldshagen in Richtung Rosenhagen. Dort wurden wir von
russischen Panzern eingeholt und erreichten in letzter Minute die noch nicht zerstörte Brücke Rosenhagen–Carmin
auf Usedom.*

*Am 3. Mai brachte uns tatsächlich noch ein Zug von Use-
dom nach Swinemünde. Sofort wurden wir unter dem Schutz
einer Nebelwand auf einen Transporter verschifft. Ich erlitt
eine Nebelvergiftung und konnte erst nach einer längeren
Zeit entdecken, wo ich war: auf der »H 27«, einem Schiff,
das eigentlich »San Mateo« hieß! Ich fand im Schiffsinnern
ein Schild, das als Heimathafen St. Nazaire auswies. Ich
erfuhr, dass das Schiff etwa 6 000 BRT habe und der Kriegsmarine als Hilfstruppentransporter diene. Es wurde mit
Soldaten belegt und verließ nach etwa zwei Stunden den
Hafen. Dabei erlebte ich, dass kurz zuvor ein Marineoffizier
mit einem kleinen Schiff längsseits kam und uns zurief: »Los,
Jungs, wenn schon in Gefangenschaft, dann ab nach Westen. Ich gebe euch noch einen Minensucher mit!«*

*Den Kapitän des Schiffes sah ich nicht. Meine Kamera-
den und ich nahmen eine Fläche auf dem Oberdeck neben
einem Schornstein in Beschlag, nachdem wir uns geweigert*

Schwer sitzt die Angst den Menschen im Nacken, es könnte das letzte Schiff sein, das sie über die Ostsee in Sicherheit bringen kann.

hatten, einen angewiesenen Platz im Schiffsinnern neben dem Maschinenraum zu beziehen. Wie viel Mann sich an Bord befanden, ist schwer zu sagen. Die Matrosen waren ruhig und hilfsbereit; eine Bewaffnung gab es nicht mehr.

Ernähren konnten wir uns von Brot und Kunsthonig. Die »H 27« fuhr an Rügen-Stubbenkammer vorbei und nahm unbehelligt Kurs auf Dänemark; vorbei an der schwedischen Küste von Malmö, die uns hell erleuchtet den Weg wies. Am Tag der Kapitulation lagen wir vor Kopenhagen und sahen die Stadt mit vielen dänischen Fahnen beflaggt.

Die Engländer erklärten uns von Flugzeugen aus per Funk zu Gefangenen. Nach etwa zwei Tagen Liegezeit wurden wir nach Kiel beordert, um dort wieder für zwei Tage festzuliegen. Dabei nahmen wir noch etwa 100 Flüchtlinge an Bord

Friedemann Thebos, Flaksoldat im Raum Stettin – Swinemünde, gelangt in den ersten Maitagen noch mit der Bahn nach Swinemünde, wo er an Bord von „H 27" aufgenommen wird.

und wurden nun nach Neustadt in Holstein geschickt. Auf der Fahrt um Fehmarn herum stieß die »H 27« während eines Ankermanövers auf ein Wrack. Es passierte aber nichts. Wir liefen in Neustadt ein und wurden auf dem Landekai von einem Engländer »entwaffnet«. Zu Fuß ging es in die

Internierung westlich von Grömitz, zur Korpsgruppe Stockhausen/Eutin.

„Haussa" setzt sich nach Schweden ab

Zu den Ostsee-Flüchtlingstransportern gehörte auch der noch als Dampfschiff mit Kohlefeuerung fahrende Frachter „Haussa". Das Schiff hatte schon mehr als 15 000 Flüchtlinge über die Ostsee gebracht, zuletzt 3 000 aus Pillau. Als es am 26. April in Swinemünde einlief, hatten weder der Kapitän noch die Mannschaft eine Ahnung von der Situation in der Stadt. Trotzdem konnten die Flüchtlinge noch von Bord gehen.

Als das Schiff leer war, fassten einige Mitglieder der Besatzung den Beschluss, sich mit dem Schiff nach Schweden abzusetzen; sie wollten auf keinen Fall in Swinemünde in sowjetische Gefangenschaft geraten.

Georg Sukow, damals Matrose und Offiziersanwärter, erinnert sich an eine abenteuerliche Reise:

Wir waren mit über 3 000 Flüchtlingen, Verwundeten und Gefangenen um den 23. April 1945 als letztes größeres Schiff von Pillau ausgelaufen. Bei Hela gingen wir vor Anker, um auf Geleitschutz zu warten. Ich war damals Matrose und Offiziersanwärter auf dem noch mit Kohlefeuerung betriebenen Dampfschiff »Haussa« der Afrika-Linie. Die Luftangriffe sowohl mit Bomben als auch mit Bordwaffen nahmen ständig zu, da der Flugplatz Langfuhr in der Nähe von Danzig den Russen in die Hände gefallen war. Daher entschloss sich unser Kapitän, die Reise als Einzelfahrer nach Swinemünde fortzusetzen, umso schnell wie möglich dem Bombenhagel zu entgehen, denn unsere Bordabwehr war

*wegen Munitionsmangel nur noch bedingt einsatzfähig.
Tatsächlich erreichten wir Swinemünde ohne jeden Zwi-
schenfall am 26. April 1945.*

*Wir machten in der »Kaiserfahrt«, in der Nähe des Marine-
depots fest, und zwar kurz vor der von den Pionieren ge-
schlagenen Pontonbrücke. Die Flüchtlinge gingen an Land
und wurden in Richtung Wolgast weitertransportiert. Die
Laderäume, die sich in einem fürchterlichen Zustand befanden, wurden gereinigt. Man kann sich nicht vorstellen,
wie Räume aussehen, in denen Menschen gezwungen sind,
ohne hygienische Einrichtung einige Tage leben zu müssen.
Anschließend wurde damit begonnen, militärische Güter und
Benzin in Fässern zu laden. Diese Ladung war für die Kurlandarmee bestimmt.*

*Tag und Nacht erfolgten Luftangriffe von Engländern,
Amerikanern und Russen. Letztere standen ja schon auf
Wollin. Der Rückzug ging zunächst langsam vonstatten, es
kamen nur vereinzelt Soldaten über die Brücke, dann aber
mehr und mehr. Nicht weit von unserem Liegeplatz lag die
»Lützow«, ehemals Panzerschiff »Deutschland«. Sie spreng-
te die Geschütztürme und begann damit, sich selbst zu versenken. Am Strand vor der Kurpromenade waren Flakstellungen ausgehoben, am Kurhotel stand »Frontleitstelle Kurland«. Wir lagen unter ständigem Beschuss.*

*Wir waren wohl alle an Bord davon überzeugt, dass der
Krieg verloren war und die bevorstehende Reise in die russische Gefangenschaft führen werde. Da unser Kapitän ein
Mann war, der nur Pflichterfüllung bis zum Letzten kannte,
was auch von allen respektiert wurde, entschloss sich der
Erste Offizier Charles Timmermann, diesem sinnlosen Warten ein Ende zu machen. Von dem Vorhaben des Ersten Offiziers durfte außer den Eingeweihten niemand etwas erfah-*

ren, denn es war auch noch zu diesem Zeitpunkt ein gewagtes Unternehmen. Timmermann hatte die Absicht, sich mit dem Schiff nach Schweden abzusetzen, und wenn der Krieg wider Erwarten doch noch länger dauern sollte, wollten wir versuchen, von Schweden aus weiterzukommen. Das hieß also, wir wollten desertieren.

Da wir aber nicht auslaufgerecht lagen, musste ein Vorwand gefunden werden, das Schiff mit Schlepperhilfe zu drehen und wieder so festzumachen, dass wir ohne Schlepperhilfe und ohne Lotsenassistenz zu der uns günstig erscheinenden Zeit auslaufen konnten. Die zwischenzeitlich geänderte Auslauforder kam uns dabei zu Hilfe. Wir sollten nunmehr für den Fall, dass Swinemünde in russische Hand fiel, schnellstmöglich auslaufen und uns vor der Einfahrt oder innerhalb der Molen versenken. So zwang uns diese neue Order zum schnellen Handeln.

Die Besatzungsmitglieder waren noch nicht vollständig wieder an Bord. Einige von uns hatte man an Land geschickt, um die restliche Besatzung zusammenzutrommeln und, wenn möglich, auch noch Freunde und Verwandte mit an Bord zu nehmen. Leider konnte nur die Frau des Dritten Offiziers, die nicht weit von Swinemünde wohnte, mitgenommen werden, da andere Angehörige und Freunde nicht angetroffen wurden.

Gegen Abend des 28. April 1945 begann wieder ein schwerer Luftangriff. Der Hafen wurde dabei künstlich vernebelt. Die Gelegenheit war günstig, nur musste noch ein Vorwand gefunden werden, unseren Kapitän von der Notwendigkeit des Auslaufens zu überzeugen. Ein fingierter Winkspruch des Flaggschiffs »Hela« forderte uns zum Auslaufen und zum Ankern auf der Reede auf, um dem Bombenhagel zu entgehen. Dieses Problem war also gelöst.

Künstlicher Nebel ist sehr dicht, Radar gab es noch nicht, und aus naheliegendem Grunde konnten wir keinen Lotsen zu Hilfe nehmen. Drei Mann befanden sich an Bord, die die Swine etwas kannten. Wir versuchten, das Schiff aus dem Hafen zu bringen. Zu sehen war absolut nichts, und wenn, dann kamen die Bojen im allerletzten Augenblick in Sicht. Langsam, ganz langsam schipperten wir in Richtung Ausfahrt. Plötzlich knallte und krachte es fürchterlich, Funken sprühten, alle standen klar mit Schwimmwesten.

Wir hatten einen in der Ostmole liegenden Zerstörer in sehr spitzem Winkel gerammt. Unserem Schiff war aber kaum etwas passiert – und dann waren wir im dichten Nebel schon verschwunden. Die Reede erreichten wir ohne nennenswerte Zwischenfälle. Nach einigem Hin und Her erklärte sich dann auch der Kapitän mit dem Unternehmen einverstanden. Die Flakbesatzung hatten wir vorsorglich unter Deck eingeschlossen und so konnten wir die Reise nach Ystad antreten.

Wir erreichten Ystad am 29. April 1945 früh am Morgen. Zuvor waren wir noch einem Geleitzug begegnet, der uns auch anmorste. Da wir aber nicht antworteten, ging alles gut. Wir wurden in den Hafen geholt, die Flakbesatzung sofort interniert und die Zivilbesatzung gründlich verhört. Erst dann glaubten uns die Schweden, dass wir aus Swinemünde kamen. Einige Tage später ging es für uns nach Karlskrona in den schwedischen Kriegshafen. Dort wurden wir interniert und erfuhren dort auch von der Kapitulation.

„Unternehmen Knobelbecher"

Obwohl sich bei allen für den Verteidigungsbereich zuständigen Stäben des Heeres und der Marine Mitte April 1945

die Erkenntnis durchgesetzt hatte, dass Swinemünde nur
noch eine befristete Zeit zu halten war, kam es in der letzten Aprilwoche zu einer heftigen Auseinandersetzung über
den Zeitpunkt der Räumung. Generaloberst Heinrici hatte
am 25. April Großadmiral Dönitz empfohlen, eine Auflok-
kerung der Einheiten in Swinemünde vornehmen zu lassen, da der Bereich von der 2. Weißrussischen Front immer
stärker bedroht würde. Dönitz lehnte dies ab. Er erklärte,
zunächst die weitere Entwicklung abwarten zu wollen, die
Marine müsse den Hafen so lange wie möglich verteidigen.

Der Chef der Heeresführungsgruppe im Wehrmachtführungsstab, Generalmajor Dethleffsen, überbrachte am
26. April Großadmiral Dönitz Hitlers Weisung, Swinemünde auch mit schwachen Kräften zu halten.

Am 28. April gegen 22.00 Uhr teilte der Seekommandant
Pommern mit, dass die Kriegsmarine den Hafen nicht länger für ihre Transportbewegungen benötige.

Aufgrund dieser Information versuchte Generaloberst
Heinrici gegen 22.30 Uhr des gleichen Tages, bei Generalfeldmarschall Keitel die Erlaubnis zur Räumung zu erhalten. Er begründete dies damit, dass er nicht verantworten
könne, unausgebildete Rekruten in den Kampf mit einem
fronterfahrenen und weit überlegenen Gegner zu schicken.
Der Generalfeldmarschall lehnte ab; unter anderem mit dem
Hinweis, man könne Hitler die freiwillige Aufgabe des letzten Stützpunktes an der Oder nicht zumuten. Diese Feststellung veranlasste Heinrici zu der Aussage, dass er persönlich nicht bereit sei, die Verantwortung mitzutragen, er
würde den Befehl zur weiteren Verteidigung von Swinemünde weitergeben mit dem ausdrücklichen Hinweis, dass er
von Generalfeldmarschall Keitel käme und nicht von ihm.
Keitel empfand dies als Ungehorsam und beendete das Ge-

Rettung über die Ostsee in letzter Minute. Soldaten versuchen, bei der Einschiffung der Flüchtlinge ein Chaos zu verhindern.

spräch, indem er den Oberbefehlshaber der Heeresgruppe Weichsel für abgesetzt erklärte.

Zwei Tage später, am 30. April um 16.30 Uhr, sah sich Keitel aufgrund der Frontlage gezwungen, die Räumung des Verteidigungsbereiches Swinemünde zu befehlen. Die Inseln Usedom und Wollin waren bereits vom Festland abgeschnitten. Die Angriffe der 2. sowjetischen Stoßarmee an der Peene-Front – von Westen her – und der sowjetischen 19. Armee an der Dievenow-Front – von Osten her – waren bereits in vollem Gange.

Das Panzer-Oberkommando 3 hatte den Räumungsbefehl am 30. April sofort an den Kommandanten des Verteidigungsbereiches weitergefunkt. Da der Landweg für die Räumung bereits versperrt war, sprach sich General Ansät mit

Unweit des Hafens von Swinemünde. Treibgut der Flucht am Ende des Krieges.

der Kriegsmarine dahingehend ab, dass die Besatzung des Verteidigungsbereiches bis zum 5. Mai verschifft werden sollte. Abzutransportieren waren 25 000 Soldaten des Heeres und der Luftwaffe, 16 000 Angehörige der Marine, eine unbestimmte Zahl von noch im Verteidigungsbereich anwesenden Einheimischen und Flüchtlingen sowie Heeresgut, Geschütze und Gerät.

Mit dem Abtransport unter dem Codenamen „Unternehmen Knobelbecher" wurde bereits einen Tag später, am 1. Mai, begonnen. Während sich die Führungsstäbe noch um die Räumung stritten, hatte der älteste Seebefehlshaber im Bereich Seekommandant Pommern, Vizeadmiral Kreisch, übereinstimmend mit dem Armeeoberkommando 3 den angestauten Swinemünder Hafen bereits auflockern lassen, damit auf das Stichwort „Knobelbecher" ohne Zeitverzögerung geräumt werden konnte.

Nach Abschluss des Unternehmens sollte der 10 000 BRT große Dampfer „Winrich von Kniprode" zwischen den Molen versenkt werden, um die Hafeneinfahrt zu sperren. Der Kapitän des schon etwas maroden Dampfers weigerte sich, sein Schiff herzugeben, er nahm 5 200 Flüchtlinge an Bord und verließ am 1. Mai den Hafen.

Auch der Transporter „Adele Traber" war noch in Fahrt; er übernahm Teile des Swinemünder Marineausrüstungsund Reparaturbetriebs sowie 800 Flüchtlinge. Der Kapitän des Schiffes, das schon mehrere zehntausend Flüchtlinge über die Ostsee gebracht hatte, zeigte auch für die flehentlichen Bitten eines Bauern Verständnis und nahm noch zwei Kühe mit nach Flensburg.

In Flensburg liefen – aus Swinemünde kommend – außer „Winrich von Kniprode" und „Adele Traber" noch folgende Schiffe ein: „Neidenfels", „Cometa", „Südsee", „Dora Ahrens", „Alletta Noot", „Stahleck", „Masuren", „Kronenfels", „Weserberg" und „Hendrik Fisser 7".

Am Rande der Kaiserfahrt in Swinemünde lag noch der stark beschädigte Schwere Kreuzer „Lützow" achtern Leck auf Grund. Nachdem die Geschütztürme ihre letzten Granaten verschossen hatten, bereitete die Besatzung die Sprengung über Zeitzünder vor. Dann legte sie mit dem kleinen Frachter „Maria Cords" ab. Die Nacht war bereits hereingebrochen, als an der Kaiserfahrt eine dröhnende Detonation die Luft erschütterte und eine riesige Stichflamme emporloderte. Die „Lützow" hatte ihren Auftrag erfüllt.

Unter dem Befehl des Führers der Zerstörer, Vizeadmiral Kreisch, verließ am 4. Mai 1945 die gesamte Verladeflotte mit Anbruch der Dunkelheit die Reede von Swinemünde.

Der Seeschlepper der Landungspionier-Brückenkompanie 773 verlässt nach Übernahme von Soldaten des Heeres völlig überfüllt Swinemünde.

Gesichert wurde das Geleit von „Z 38" und „Z 39", „T 33" und „S 60" und „S 127". Als auf der Ostmole bereits die ersten russischen Panzer auffuhren, lief als letztes Fahrzeug eine Artilleriefähre aus. An Bord befanden sich 1 000 Soldaten sowie der Divisionskommandeur, der Kampfkommandant und der Hafenkommandant.

Sie waren aber doch noch nicht die Letzten. Der als Einschiffungsoffizier West eingesetzte Korvettenkapitän Korbjuhn war noch in der Nacht des 4. Mai mit einem S-Boot und mehreren Marinefährprähmen am Küstenstreifen Ahlbeck – Zinnowitz unterwegs, um Soldaten und Zivilisten, die sich an den Strand abgesetzt hatten, aufzunehmen und an größere Schiffe abzugeben.

In seinem Abschlussbericht schreibt er: „Etwa gegen

23.00 Uhr habe ich mit meinem Boot eine letzte Runde vor
dem Schifffahrtsamt Swinemünde gedreht. Alle fahrbereiten Fahrzeuge hatten den Hafen verlassen. Beim anschlie-
ßenden Ablaufen wurden keine fahrbereiten Schiffe mehr
auf der Reede festgestellt. Das von der Marine sorgfältig
geplante ‚Unternehmen Knobelbecher‘ konnte am 4. Mai
1945, eine Stunde vor Mitternacht, als erfolgreich abgeschlossen gelten. Auf drei Dampfern, vier Zerstörern, zwei
Torpedobooten und einer Vielzahl kleinerer Fahrzeuge war
es gelungen, 35 000 Menschen vor dem Zugriff sowjetischer
Truppen, vor Gefangenschaft und Tod aus Swinemünde zu
retten.“

Kapitel 8
Greifswald

Kapitulation der Lazarettstadt

In Voraussicht der Lageentwicklung in Ost- und Westpreußen seit Mitte Januar 1945 war am 25. Januar die Königsberger Frauen- und Kinderklinik auf das Passagierschiff „General San Martin" verladen worden, um sie „vorübergehend nach Greifswald zu evakuieren". Über Swinemünde gelangte der Transport am 30. Januar wohlbehalten an seinem Bestimmungsort an. Dass schon zwei Monate später sowjetische Truppen auch vor Greifswald stehen würden, damit hatte in den letzten Januartagen weder in Königsberg noch hier jemand gerechnet.

Greifswald mit seinen zahlreichen historischen Bau- und Kulturdenkmälern, mit der Ernst-Moritz-Arndt-Universität und ihren bedeutenden Instituten war bisher vom Krieg fast verschont geblieben. Die vorpommersche Hansestadt war zu einem großen Lazarett mit vielen tausend Verwundeten geworden. Neben den Universitätskliniken und Krankenhäusern nahmen Schulen und andere öffentliche Gebäude die Verwundeten auf. Aufgrund ihrer hohen Zahl hatte das Wehrkreiskommando II in Stettin mehrfach versucht, Greifswald zu einer nicht zu verteidigenden Lazarettstadt erklären zu lassen. Allerdings ohne Erfolg.

Mitte April 1945 gab es hier keine kampffähige Truppe

Der Greifswalder Hafen mit dem Steinbecker Tor.

mehr, die auch nur annähernd in der Lage gewesen wäre,
die Stadt zu verteidigen. Wie an anderen Orten auch waren
die noch kriegstauglichen Männer zu Marschbataillonen zusammengestellt und abgezogen worden. Zurück blieben einige militärische Dienststellen und Einrichtungen wie eine
Fliegerabwehrschule, der Stab eines Landesschützenbatail-
lons, die Kriegsmarinedienststelle und das Personal des
Flugplatzes Ladebow.

Obwohl es im Hafen die Kriegsmarinedienststelle und
auch einen Hafenkommandanten gab, besaß Greifswald als
Flüchtlingshafen keine große Bedeutung, denn die meisten
Trecks hielten sich nur für Stunden hier auf. Den Posten
des Hafenkommandanten bekleidete Paul Grams. Der ehemalige Zollhauptkommissar war am 1. Juli 1938 als Haupt-
bezirkskommissar nach Greifswald versetzt worden. Grams,
Reserveoffizier im 2. Flakregiment Stettin, wurde von der
Kriegsmarine als Reserveoffizier übernommen. Seit Kriegs-
ausbruch leitete er die Hafenüberwachungsstelle, die die

Schiffsein- und -ausgänge kontrollierte und den Luft-
warndienst versah.

Obwohl keine Festungsstadt, hatte Greifswald einen
Kampfkommandanten. Hierzu hatte das Wehrkreiskommando II den Ritterkreuzträger Oberst Rudolf Petershagen bestellt. Petershagen, 1901 in Hamburg geboren, war
seit 1935 Berufsoffizier und seit 1938 in Greifswald ansäs-
sig. Der fronterfahrene Oberst stand in der zweiten Aprilhälfte 1945 zwangsläufig vor der Alternative: die Stadt zu
verteidigen, was kaum möglich war, oder einen anderen Weg
zu finden, den Krieg zu beenden.

Gauleiter Schwede-Coburg auf der Flucht

Mitte April erschien Kreisleiter Dr. Schmidt bei Oberst Petershagen, um mit ihm die Durchführung einer groß ange-
legten Feier anlässlich des Geburtstages Hitlers zu bespre-
chen; sie sollte auf dem Marktplatz stattfinden. Der Kreisleiter schlug Petershagen vor, als Frontoffizier und Ritterkreuzträger bei dieser Gelegenheit die Bevölkerung zum
Durchhalten anzuspornen und ihr Hitler als leuchtendes
Vorbild hinzustellen.

Rudolf Petershagen erinnert sich an dieses Gespräch:

*Ich wandte ein, dass angesichts der Luftgefahr die Ansamm-
lung einer großen Anzahl von Menschen nicht zu verantworten sei. Misstrauisch wies er auf die erfreuliche Tatsache hin, dass Greifswald bisher noch nie das Ziel irgendei-
nes Bombenangriffes gewesen sei. Ich erwiderte mit Nachdruck: Das würde sich leider wegen des im Bau befindlichen Frontflugplatzes in Helmshagen bald ändern, und es
sei ein erstaunliches Schwächezeichen unserer Feinde, die-*

sen noch nicht entdeckt zu haben. Ich hatte Erfolg. Die Feier
unterblieb.

Reichspropagandaminister Goebbels nutzte den Geburtstag Hitlers, um über den Großdeutschen Rundfunk den „sicheren Endsieg" anzukündigen. Auch der „heldenhafte
Entschluss des Reichsverteidigungskommissars und Gauleiters Schwede-Coburg, sich in seiner Gau-Hauptstadt Stettin einschließen zu lassen, um diese bis zum letzten Mann
zu verteidigen", wurde großsprecherisch verkündet.
    Doch die Wirklichkeit sah ganz anders aus, wie Rudolf
Petershagen weiter weiß:

Umso überraschter war ich, als tags darauf plötzlich in mei-
nem Büro der Verteidiger von Stettin stand: Gauleiter Franz
Schwede-Coburg! Er hatte seinen »heroischen Entschluss«
verworfen und befand sich nun mit einer großen Wagenko-
lonne auf der Flucht in den Westen. Die Wagen waren nicht
alle voll besetzt, aber dennoch voll beladen. In echt »natio-
nalsozialistischem Pflichtbewusstsein« geruhte er trotz gro-
ßer Eile, mich aufzusuchen. Ich hatte diesen Riesen von
Gestalt noch nie gesehen. Jetzt stand er vor mir, das etwas
feiste Gesicht übernächtigt und aschfahl. Sein typischer See-
mannsspitzbart – er war ehemaliger Decksoffizier der kai-
serlichen Marine – erschien mir sehr gepflegt. Er selbst mach-
te einen deprimierten Eindruck. Ein riesiges, umgehängtes
Fernglas auf der Brust gab seiner martialischen Erschei-
nung etwas Gespensterhaftes. Ich musste an den »Fliegen-
den Holländer« denken, der sich hier in einen »Fliehenden«
verwandelt hatte. Sein Begleiter, der gewandte, aalglatte
Kreisleiter Dr. Schmidt, wirkte neben diesem Hünen wie ein
kleiner, unterwürfiger Page. Schwede-Coburg begann mit

rauer, tiefer Stimme: »Ich bin froh, in dieser ernsten Stunde hier an der Spitze der Stadt Greifswald einen fronterfahrenen Ritterkreuzträger zu wissen!« Nach kurzer Überlegung erwiderte ich ernst und langsam: »Gauleiter, wie es auch kommen mag, ich werde das Schicksal dieser Stadt auf jeden Fall teilen!« Diese moralische Ohrfeige hatten beide verstanden. Sie tauschten mit sauren Mienen vielsagende Blicke aus, konnten aber nicht ahnen, welches Schicksal ich Greifswald zugedacht hatte. Der Reichsverteidigungskommissar maß mich nochmals abschätzend mit seinen blauen Seemannsaugen, verabschiedete sich kurz und eilte weiter gen Westen. Er hoffte, auf Rügen noch ein Schiff zu finden, das ihn endgültig in Sicherheit bringen würde.

„Höchstens vier Stunden!"

Für Oberst Petershagen rückte die Stunde der Entscheidung immer näher. Sollte Greifswald verteidigt werden oder sollte es eine Entscheidung geben, die möglicherweise gegen die Partei, gegen den Oberbürgermeister und einen Teil der Offiziere getroffen werden musste?

Seine Bemühungen, tagsüber seine vorgesetzte Dienststelle, das Stellvertretende Generalkommando II. Armeekorps in Güstrow zu erreichen, schlugen fehl. Es kamen am Tage keine Telefongespräche mehr durch. In der Nacht vom 25. zum 26. April 1945 rief dann plötzlich das Generalkommando bei ihm an.

Oberst Petershagen berichtet:

Das Generalkommando stellte mir die Frage, wie lange ich mit den zur Verfügung stehenden Kräften Greifswald gegen einen sowjetischen Angriff verteidigen könne. Man war sich also im Generalkommando darüber im Klaren, dass die Aufopferung der alten Universitätsstadt nur ein frivoler Kampf um Zeitgewinn war. Ich fragte zurück, mit welcher Feindstärke zu rechnen sei. »Ein Ordonnanzoffizier wird Sie über die Lage genau orientieren. Geben Sie ihm Antwort mit!« Damit endete das Gespräch.

In den ersten Morgenstunden erschien der angekündigte Ordonnanzoffizier. Er zeigte auf der Karte, wie sich die Heeresgruppe des Marschalls Rokossowski nach Überschreiten der Oder bei Gartz fächerartig teilte. Es handle sich um die 1. Belorussische Front, die auch Stettin eingenommen habe, so erläuterte er. Der rechte Stoßkeil dieser Armee unter Generaloberst Fedjuninski habe anscheinend den Auftrag, nördlich der Mecklenburgischen Seenplatte über Prenzlau, Waren, Rostock und Wismar vorzudringen. Ein sowjetisches Korps sei aber bereits abgezweigt nach Pasewalk – Anklam. Es könne sein, dass es die Inseln Usedom und Wollin mit dem wichtigen Peenemünde besetzen solle. Es wäre aber ebenso möglich, dass es den Auftrag habe, direkt in Richtung Greifswald – Stralsund vorzustoßen. Der südliche Flügel solle zweifellos über Schwerin den Raum Wittenberge an der Elbe erreichen. Falls Fedjuninski beauftragt wäre, die Inseln Usedom und Wollin rechts liegen zu lassen und direkt von Anklam über Greifswald nach Stralsund vorzustoßen, müsse Greifswald mit dem Angriff von zwei bis drei Divisionen der Roten Armee rechnen, die eine massierte Feuerkraft modernster Waffen besäßen: Panzer, Sturmgeschütze, schwere Artillerie, »Stalinorgeln«, Bomber, Jäger.

Wir standen am Tisch und beugten uns über die große Karte. Als ich mich aufrichtete, sah ich aus dem Fenster. Eine Kolonne Landesschützen marschierte vorbei – ein Bild des Jammers. Alte, gebrechliche Männer, die meisten Fami-

*lienväter oder schon Großväter, schlecht gekleidet und aus-
gerüstet. Ihre Bewaffnung war grotesk: Sie bestand aus Beu-
testücken verschiedener Herkunft. Der Zugführer, jung und
kräftig, trug das EK I, hatte aber nur noch einen Arm. Er
blickte zu meinem Fenster herauf – und schnell wieder weg.
Wahrscheinlich schämte er sich dieses Haufens.*

*Die Stimme des Ordonnanzoffiziers riss mich aus meinen
Gedanken: »Herr Oberst, ich bringe noch eine gute Nachricht mit. Himmler hat den Westmächten bedingungslose
Kapitulation angeboten, um dann mit diesen gemeinsam
gegen den Bolschewismus zu kämpfen! Es wird fest mit der
Annahme dieses Angebotes gerechnet! Und deshalb ist es so
wichtig, dass jede Stadt, jedes Dorf und jeder Flecken bis zum
letzten Mann und Stein verteidigt wird!« Dabei zog der Offizier seine Order hervor, die das schwarz auf weiß belegte.*

*So waren die Gerüchte, die schon geraume Zeit herum-
geisterten, doch nicht aus der Luft gegriffen. Ich hielt das
für eine gefährliche Illusion, für den Strohhalm, an den sich
das ertrinkende »Dritte Reich« klammerte. Ich las die Order. Nach einer Weile sagte ich: »Also kommen wir zur Sache!«*

*»Was darf ich melden? Wie lange kann Greifswald vertei-
digt werden?«, fragte der Ordonnanzoffizier. »Höchstens vier
Stunden! Und der Preis dafür ...!« Mit einer Handbewegung
wies ich zum Fenster hinaus auf die alte Stadt in der Mor-
gensonne. Mein Ton war derart bitter, dass der Offizier des
Generalkommandos nur noch mechanisch zu wiederholen
wagte: »Zu Befehl, Herr Oberst, vier Stunden!«*

Am Freitag, dem 27. April 1945, ersuchten drei Vertreter
der Greifswalder Universität, darunter Rektor Professor Dr.
Engel und Universitätskurator Kuhnert bei Oberst Peters-

hagen um ein vertrauliches Gespräch. Nachdem Professor
Dr. Engel nachdrücklich die Lage der Stadt mit der Vielzahl der Verwundeten und Flüchtlinge geschildert und der
Kurator diese Ausführungen durch konkrete Zahlen belegt
hatte, richtete er an Oberst Petershagen die dringende Bitte, bei Hitler die Erklärung Greifswalds zur „offenen Lazarettstadt" zu beantragen.

Wortlos holte Petershagen eine Akte mit dem dicken roten Stempel „Geheime Kommandosache" aus seinem Panzerschrank und legte sie offen auf den Tisch. In Hitlers
Befehl vom 12. April hieß es: „Keine deutsche Stadt wird
zur offenen Stadt erklärt. Jedes Dorf und jede Stadt wird
mit allen Mitteln verteidigt und gehalten. Jeder deutsche
Mann, der gegen diese selbstverständliche nationale Pflicht
verstößt, verliert Ehre und Leben!"

Die drei Männer kannten diesen Befehl nicht. So sicher
dieser Order in seinem Panzerschrank liege, so sicher blieben ihre Worte bei ihm verwahrt, gab ihnen Oberst Petershagen zu verstehen. Er würde ihre Sorge überdenken. Erleichtert verabschiedeten sich die drei Männer in der Hoffnung, ihre Stadt werde nicht sinnlos geopfert.

Das vertrauliche Gespräch hatte Oberst Petershagen in
seiner Absicht bestärkt, für Greifswald die seiner Meinung
nach beste Lösung zu finden. Eine Verteidigung der Stadt
kam für ihn nicht in Frage, sie wäre auch kaum möglich
gewesen. Eine militärische Räumung hatte er bereits Tage
zuvor aus vielerlei Gründen ausgeschlossen. Sie wäre auch
bei den Parteidienststellen, der SS sowie den HJ-Einhei-
ten, die als so genannte Werwölfe schon auf ihren Einsatz
warteten, nicht durchsetzbar gewesen.

Oberst Petershagen entschied sich für einen dritten Weg:
die offene Kapitulation. Keine andere deutsche Stadt war

bis jetzt diesen Weg gegangen, der allen von Hitler er-
lassenen Verteidigungsbefehlen widersprach. Doch Oberst
Petershagen war sich sicher, Greifswald, seinen Bewohnern
und den Tausenden von Verwundeten und Flüchtlingen
damit viel Leid zu ersparen.

Bürgermeister flieht mit dem Feuerwehrauto

Wie stark der Verteidigungswille des Oberbürgermeisters
von Greifswald, Dr. Friedrich Rickeis, in Wirklichkeit war,
zeigte seine Flucht in der Nacht vom 28. zum 29. April.
Seinen Abschied hatte er sorgfältig vorbereitet. Da der eigene PKW für die Flucht nicht ausreichte, wurde die Greifswalder Berufsfeuerwehr herangezogen.

Der Feuerwehrmann Herbert Schult hat diesen Vorgang
beobachtet:

*Der Brandingenieur Liebig stellte dem Oberbürgermeister
alle fahrbereiten geeigneten Fahrzeuge der städtischen Berufsfeuerwehr zu dessen – und seiner eigenen – Flucht zur
Verfügung. Die stattliche Kolonne setzte sich aus folgenden
Fahrzeugen zusammen: Einem »W. L. 22« mit Magirusdreh-
leiter, einem »LF 15« mit allen Schläuchen, einem »LF 8«
mit T.S.A. 800, einem Lkw »Opel 31« und einem Pkw »Mer-
cedes«, der allerdings infolge zu hoher Geschwindigkeit
schon vor Stralsund an einen Baum gesetzt wurde.*

*Mit auf die Flucht ging das gesamte Gasschutzgerät und
alle Wiederbelebungsapparate sowie alle guten Kammerbe-
stände vom Schuh bis zur Mütze. Zu guter Letzt löste man
auch noch das Problem der Mitnahme von rund 200 Glä-
sern mit eingewecktem Gänsefleisch und zwölf Kisten Sekt;
um auch diese in den Westen hinüberzuretten.*

Nach dem Verschwinden des Feuerwehrkonvois war
Greifswald am Morgen des 29. April 1945 ohne jeden Brand-
schutz. Einen unwürdigeren Abgang hätte sich der Greifs-
walder Oberbürgermeister wohl kaum verschaffen können.

Die Nacht der Entscheidung

Der 29. April 1945, ein Sonntag, brachte für Greifswald die
Entscheidung. In Vorgesprächen hatte Oberst Petershagen
drei Parlamentäre für die Kapitulationsverhandlungen gewonnen: Universitätsrektor Professor Dr. Engel, den Direktor der Medizinischen Klinik Professor Dr. Katsch, sowie den Vertreter des Kampfkommandanten, Oberst Dr.
Wurmbach. Begleitet von zwei Dolmetschern sollten sie nach
Anklam fahren, um dem sowjetischen Generalmajor Borstschew die Kapitulation Greifswalds anzubieten. Die von
Petershagen erarbeiteten Übergabebedingungen sollten tags
darauf der Bevölkerung öffentlich bekanntgegeben werden.
    Über die Fahrt der Parlamentäre nach Anklam und ihre
Rückkehr nach Greifswald berichtet Oberst Petershagen:

An der Schmiede in Möckowberg hielten die Wagen noch
einmal. Vor sich hatten sie einige Gestalten entdeckt. Waren
es Rotarmisten oder Deutsche? Dr. Wurmbach und Profes-
sor Engel stiegen aus und schwenkten die weiße Fahne. Plötz-
lich sahen sie sich von Rotarmisten umringt. Es handelte
sich um eine sowjetische Radfahrpatrouille. Kurz darauf
rollte ein sowjetischer Panzer heran, dem ein Major entstieg.
Unser Dolmetscher rief ihm zu: »Hier sind deutsche Parla-
mentäre aus Greifswald! Nicht schießen!«
    Dr. Wurmbach erzählte von seinem Auftrag; der Major
ließ sofort eine Funkmeldung an seinen Kommandeur ab-

setzen. *Dann stieg er in den ersten der beiden Parlamentär-
wagen, um diesen nach Anklam zu geleiten. Die Zeit drängte; es war bereits 1.30 Uhr. Die Wagen konnten sich nur
mühsam den Weg durch die anscheinend endlosen Kolonnen sowjetischer Panzer und Geschütze bahnen, die für den
Angriff auf Greifswald bestimmt waren. Endlich kam Anklam in Sicht, von Feuersbrünsten gespenstisch beleuchtet.
Die Stadt glich einem Flammenmeer.*

*Vor einem kleinen Haus in der Blutshuster Straße hielten
die Wagen. Hier befand sich der Stab des Generalmajors
Borstschew. In einem kleinen, von Kerzen spärlich erleuch-
teten Raum empfing er die Parlamentäre. Dr. Wurmbach wies
sich als mein bevollmächtigter Parlamentär aus und bot zu
den von uns ausgearbeiteten Bedingungen die kampflose
Übergabe Greifswalds an. Der General gab unverzüglich Anweisungen an seine Offiziere, die diese sofort über Funk wei-
terleiteten. Es war bereits 2.17 Uhr. Die Eile wurde verständ-
lich, als die Parlamentäre aus dem Munde des Generals erfuhren, dass um 3.00 Uhr der Angriff auf Greifswald mit
einem massiven Artilleriebeschuss eingeleitet werden sollte.
Diesen Befehl habe er soeben rückgängig gemacht. Allerdings
seien seine Einheiten auf einem Raum von 100 Kilometern
um Greifswald verteilt, und es sei schwierig, in der kurzen
Zeit von 40 Minuten den neuen Befehl allen zu übermitteln.
Diese dramatischen 40 Minuten zerrten an den Nerven der
Parlamentäre. Das Schicksal Greifswalds stand auf dem
Spiel. Es war abhängig von dem Funktionieren des techni-
schen Befehlsapparates der Roten Armee.*

*Die ganze Atmosphäre im Stab des sowjetischen Generals
gab den Parlamentären das Gefühl, dass der Sieger nicht
die Absicht hatte, den Besiegten zu demütigen. Dennoch ver-
langte der General, alter militärischer Tradition entspre-*

Greifswald, die alte pommersche Universitäts- und Hansestadt, ist vom
Kriegsgeschehen weitgehend verschont geblieben. Mit der kampflosen
Übergabe der Stadt an die Rote Armee am 30. April 1945 hat Oberst
Petershagen Blutvergießen und Zerstörung verhindert.

chend, sehr bestimmt, dass die offizielle Übergabe durch den
Kampfkommandanten persönlich zu erfolgen habe, und zwar
am Vormittag um 11.00 Uhr im Rathaus zu Greifswald.
»Sagen Sie Ihrem Kommandanten«, so fügte er hinzu, »dass
ab sofort kein Schuss mehr fallen darf und alles unzerstört
übergeben werden muss«.

Inzwischen rückte der Zeiger auf 3 Uhr vor. Kein Schuss
fiel. Erfreut über den glücklichen Ausgang des Unterneh-
mens, fuhr der Führer der Delegation, Dr. Wurmbach, mit
dem ersten Wagen nach Greifswald zurück. Unser zweiter
Wagen war durch Kupplungsschaden ausgefallen und wur-
de durch einen sowjetischen ersetzt. In ihm nahmen Profes-
sor Dr. Engel und Professor Dr. Katsch Platz. Ein sowjeti-
scher Oberleutnant brachte sie zum Hanshagener Wald, wo

*ihnen ein Wagen aus Greifswald in rasendem Tempo entge-
genkam. Sie hielten und winkten in der Annahme, dass es
sich um den durch Dr. Wurmbach bei mir angeforderten
Ersatzwagen handelte. Sie wurden darin bestärkt, da auch
dieser Wagen hielt. Doch als sie an ihn herantraten, fiel aus
dem geöffneten Wagen ein Schuss, der die rechte Hand ihres Fahrers, eines sowjetischen Soldaten, durchschlug. Un-
geachtet der Schmerzen gab dieser einen Feuerstoß auf die
Mercedes-Limousine ab, der alle vier Insassen tötete. Zum
größten Erstaunen stellten die Parlamentäre fest, dass es
sich um Kreisleiter Dr. Schmidt, seinen Adjutanten, einen
Werwolf-Führer und einen HJ-Bannführer handelte.*

*Professor Katsch verband den sowjetischen Soldaten und
fuhr mit Professor Engel und dem Dolmetscher in der Li-
mousine des Kreisleiters nach Greifswald zurück.*

Weiße Fahnen über Greifswald

Mit ihrer Rückkehr war ihr Auftrag aber noch nicht beendet. Die Parlamentäre mussten jetzt die Herstellung der
Plakate mit den Übergabebedingungen, die zur Information der Bevölkerung ausgehängt werden sollten, in der Pan-
zig-Druckerei absichern. Binnen kurzer Zeit hing dann auch
in allen Schaufenstern, an Litfasssäulen und Anschlagtafeln
folgende Bekanntmachung:

*Ich habe die Stadt Greifswald zu folgenden Bedingungen
kampflos übergeben:*
1.   Es darf kein Schuss in der Stadt fallen.
2.   Jedes Plündern ist untersagt.
*3.   Alle Schusswaffen sind bis heute 20.00 Uhr im
        Rathaus abzugeben.*

4.   *Wird eine dieser Bedingungen gebrochen, sind diese
      Vereinbarungen null und nichtig.*

Russischerseits ist zugesichert worden:
1.   *Die Stadt erhält keine russische Besatzung.*
2.   *Das gesamte Leben geht weiter wie bisher unter
      deutscher Verwaltung.*
3.   *Die Läden bleiben geöffnet und verkaufen weiter zu
      den gleichen Preisen; die Mark bleibt Zahlungsmittel.*
4.   *Universität und Schulen erteilen weiter Unterricht.*
5.   *Die staatlichen und städtischen Forstbeamten
      behalten die Jagdwaffen. Die Polizei trägt im Dienst
      die blanke Waffe.*

*Greifswald, den 30. April 1945
gez. Petershagen, Oberst und Kommandant*

Gegen 7.00 Uhr am Morgen unterbrachen schwere Detonationen die Ruhe in Greifswald. Der Kommandant des
Flugplatzes Ladebow, Oberst Schwerdtfeger, hatte die dortigen militärischen Anlagen einschließlich eines Luftwaf-
fenlazarettes räumen lassen, die Zeitzünder für die Sprengung entsprechend auf 7.00 Uhr eingestellt und befehlsgemäß alle Anlagen gesprengt. Der Flugplatzkommandant
soll gegen 9.30 Uhr mit seinem Stab den Hafen Wieck mit
einem der dort stationierten Wachboote verlassen haben.

Die Sprengung des Flugplatzes war zweifelsfrei ein Bruch
der getroffenen Vereinbarungen. Oberst Petershagen konnte
die Russen nur um Nachsicht bitten; sie sahen schließlich
über diesen Vertragsbruch hinweg.

Die Zahl der weißen Fahnen, meist Betttücher, die aus
Fenstern und von Balkonen hingen, nahm von Stunde zu

Das Ehepaar Rudolf und Angelika Petershagen. Nach dem Krieg verfasste Rudolf Petershagen den autobiografischen Bericht „Gewissen in Aufruhr", der im Jahr 1957 im Verlag der Nation erschien und 1961 mit Erwin Geschonneck in der Hauptrolle für das Fernsehen der DDR verfilmt wurde.

Stunde zu; es waren auch einige wenige rote Fahnen zu sehen, darunter solche, aus denen man einfach den weißen Kreis mit dem schwarzen Hakenkreuz darin herausgeschnitten hatte.

Die offizielle Übergabe der Stadt Greifswald erfolgte am 30. April 1945 um 11.00 Uhr im Büro des geflohenen Ober-

bürgermeisters durch Bürgermeister Richard Schmidt.
Generalmajor Nikolai Grigorjewitsch Ljaschtschenko, Kommandeur der 90. Ropschaer Schützendivision, nahm die
Übergabe Greifswalds durch den in voller Uniform erschie-
nenen Kampfkommandanten Oberst Rudolf Petershagen
entgegen. Die Übergabe erfolgte nur mündlich durch kurze Ansprachen beider Militärs.

Auch die Bürgerschaft der Hansestadt kapitulierte.

Nach dem offiziellen Akt gab die sowjetische Führung
im Rathaus ein Bankett, zu dem sie auch die deutschen
Parlamentäre und Oberst Petershagen eingeladen hatte.
Vermutlich sollte diese Veranstaltung andere Städte ermun-
tern, dem Greifswalder Beispiel zu folgen. Einige sowjetische Offiziere, die zum Bankett befohlen waren, äußerten
ihr Missfallen, sich mit Deutschen an einen Tisch setzten
zu müssen, ihrer Meinung nach könne dies nicht Sinn des
Kampfes der Roten Armee gegen die Faschisten sein. General Ljaschtschenko ließ diese Bedenken nicht gelten, die
Rotarmisten kämen nicht als Sieger zu den Besiegten, sondern als Befreier zu den Befreiten.

Erleichterung über das Ende des Krieges

Die Wissenschaftlerin Frau Dr. Eugenie Lautensach-Löff-
ler erlebte mit ihrem Ehemann, der als Professor für Geo-
grafie an der Ernst-Moritz-Arndt-Universität lehrte, die letzten Tage und Wochen in Greifswald. Sie berichtet darüber:

*Dass wir in die russische Besatzungszone fallen würden,
war uns seit langem bekannt. Mit unserem Kollegen von
Bubnoff, der alle russischen Sendungen abhören konnte, teilten wir die richtige Meinung, dass der Krieg wohl zu Ende*

sein würde, bis die Ostfront Greifswald, das auf der geogra-
phischen Länge von Berlin liegt, erreicht hätte. Schon ab
Weihnachten 1944 wurde unsere Stadt Ziel von Flüchtlin-
gen. Zunächst waren es Einzelne, die sich trotz des Verbots
zu fliehen, auf den Weg gemacht hatten.

Eine Kollegenfrau aus Königsberg hatte, als sie bei uns
eintraf, noch wertvolles, altes Familiensilber bei sich. Da sie
sich von uns nicht halten ließ und weiterzog, musste sie es
später des Gewichtes wegen auf irgendeinem mitteldeutschen
Bahnhof stehen lassen. Ein Landsmann aus Ramstein, Teil-
nehmer des Russlandkrieges und vieler Rückzüge, bestärk-
te uns mit seinem dringenden Rat, nicht zu fliehen. Wir
hatten uns schon vorher vorgenommen, komme was da wol-
le, in unserer Häuslichkeit zu bleiben, bei der großen wis-
senschaftlichen Bibliothek und den Materialsammlungen der
Forschungsreisen, und trotz der üblichen, wild schwirren-
den Gerüchte die Nerven nicht zu verlieren. Für den Fall
einer noch von deutscher Seite befohlenen Evakuierung der
Stadt wollten wir uns auf kleinen Inseln hinter den Schilf-
wiesen jenseits des Flüsschens Ryck verstecken.

Im Februar und März 1945 kamen dann große Trecks von
Landwirten aus Westpreußen und Hinterpommern, die un-
ter der Devise »Heim ins Reich« mit ihren Gespannen zu-
nächst noch geordnet einzogen. Mit dem Näherrücken der
Front artete die Flucht der Menschen aus den Ostgebieten
in ein wahres Durcheinander aus. Der Fluchttrieb nahm
Eigengesetzlichkeit an, die meisten rannten einfach kopflos
davon. In der letzten Kriegswoche hat ein einziger russischer
Bombenabwurf ausgerechnet unserer kleinen Seitenstraße
»An den Wurthen« einen flachen Bombentrichter beschert,
der sich bei dem hohen Grundwasserstand der Gegend
schnell mit Wasser füllte.

Die Marienkirche in Greifswald, vom Hafen aus gesehen.

Vor großen Bombardements durch westliche Verbände wurden wir verschont. Den verheerenden Angriff amerikanischer Bomber auf das östlich von Greifswald gelegene Peenmünde, wo die »Wunderwaffe des Führers« konstruiert werden sollte, von der die Parteileute bis zum letzten Tag eine Wende ihres Schicksals erhofften, haben wir von Ferne mit-

erlebt. Da es ein Tagesangriff war, blieb besonders eindrucks-
voll, dass der Himmel wie gemustert schien von den abflie-
genden Massen von Flugzeugen. Nur einen einzigen Flieger
sah ich getroffen brennend niedergehen. In den beiden letz-
ten Kriegstagen nahm die Massenflucht beängstigende Aus-
maße an.

Auf der Einfallstraße von Wolgast her drängten Fußgän-
ger, Zivilisten und Soldaten, abenteuerlich vollbepackte Ve-
hikel, Lastwagen, marode Fahrräder, Kinderwagen usw.
verkeilt ineinander. Nachrückende suchten einen Ausweg
über die Seitenstraßen. Diesen wurde unser Trichtersee zur
stauenden Falle. Stundenlang harrten die verzweifelten
Menschen aufs Weiterrücken. Man musste an den Rück-
zug von Napoleons großer Armee denken. Jahrhundert-
szenen!

Schließlich war es in der Nacht vom 29. auf den 30. April
1945 so weit. Wir hatten den Rektor der Universität beschwo-
ren, es dem Heidelberger Rektor nachzutun und die Stadt
rechzeitig freiwillig zu übergeben. Mit dem Direktor der In-
neren Klinik, Professor Katsch, und dem Wehrkreiskomman-
dierenden als Parlamentären war er mit der weißen Fahne
den Russen entgegengefahren. Bald erreichten sie die Spit-
ze der Front und wurden sofort nach Anklam geleitet.

Der dortige Kommandierende versprach, dass, wenn kein
Widerstand geleistet würde, die Besetzung der mit Flücht-
lingen und Verwundeten überfüllten Stadt friedlich verlau-
fen werde. Beherzten Männern soll es gelungen sein, Aktio-
nen jugendlicher Werwölfe zu verhindern.

Von der Frau des Rektors erfuhren wir die ersehnte Nach-
richt in aller Frühe und hängten weiße Fahnen heraus.

Unser Haus war leer geworden. Die schwangere Flücht-
lingsfrau aus Ostpommern, die unglücklicherweise alles,

selbst die Feldpostnummer ihres Mannes, irgendwo verloren hatte, war weiter geflohen, die beiden Medizinstu-
denten, zum Studium beurlaubte Soldaten, ebenso davon-
geeilt.

Unsere Spannung stieg von Stunde zu Stunde. Plötzlich
hörten wir helle Schreie von Frauen, wie Vogelstimmen,
fremdartig und hoch, etwas ganz Ungewohntes und Uner-
wartetes. Wir sahen zum Fenster hinaus: Es waren Russen-
mädchen aus dem nahen Zwangsarbeiterlager, die ihren
Landsleuten jauchzend entgegenliefen. Sie hatten sich weiße Schleifen in die Haare gebunden und jubelten aus ihrer
Armut ihren Befreiern zu. Früher als wir im Haus hatten
sie das Rollen der Panzer vernommen, das diesen ganzen
Tag über der »Cantus firmus« aller Geräusche sein sollte.

Da kein Schuss fiel, hielt es meinen Mann und mich nicht
länger zu Hause. Am Trichtersee vorbeigelangt, kamen wir
in den alten Friedhof auf der anderen Straßenseite, wo die
Bombe den Zaun aufgerissen hatte. Bald trat uns ein Mann
aus dem Gefangenenlager entgegen und machte uns aufmerksam, dass in der Nähe eine tote Frau liege. Es war eine
gut angezogene Frau in mittleren Jahren. Das verräterische
Zyankali-Fläschchen lag neben ihr, der Personalausweis
schaute zur Manteltasche heraus. Zweifellos eine Lebensmü-
de, eine Selbstmörderin, nach ihrem Ausweis eine Studien-
rätin aus Stettin. Das Gesicht war schon blau verfärbt, aber
der Rücken unter dem Pelzcape noch warm.

Ich war verzweifelt, dass man nicht mehr helfen konnte.
Wir nahmen schließlich den Personalausweis, brachten ihn
auf die Friedhofsverwaltung, um dafür zu sorgen, dass die
Tote abgeholt werden könne. Dort befand sich niemand als
ein ganz junges, hilfloses Mädchen. Sie verband uns telefonisch mit dem Rathaus. Dort war auch niemand, der helfen

konnte. Man bat uns, den Ausweis aufs Rathaus zu bringen. So kam es dann, dass wir zur Erfüllung unserer Christen- und Bürgerpflicht etwa eine Viertelstunde lang neben den einrollenden russischen Panzern durch die lange Wolgaster Straße in die Altstadt aufs Rathaus liefen. Die großen roten Fahnen hingen in ganzer Anzahl und Länge aus den Fenstern heraus. Dass es die alten, nur etwas verblassten Fahnen des »Dritten Reiches« waren, verrieten die leuchtend- frischroten Stellen, an denen soeben die weißen Kreise mit dem Hakenkreuz abgetrennt worden waren. Auf dem Rathaus vollzog sich gerade die offizielle Übergabe der Stadt. Die Soldaten auf ihren Panzern waren begreiflicherweise guter Dinge. Manche riefen uns »Guten Tag« zu, »Wie heißt diese Stadt?«, »Schöne Stadt« oder »Hitler [sprich: Gitler] ist dumm, machen Krieg«. Abverlangt hat uns niemand etwas.

Auf dem Rückweg stand an einem größeren Platz eine Gruppe französischer Kriegsgefangener, die ihre Uniformen stolz wieder angezogen hatten. Sie bestaunten wie wir das Schauspiel. Ich sprach sie auf Französisch an, ob jemand aus Toulouse dabei sei. Es war der Fall, und ich bat den Mann, einem Freund und Kollegen meines Mannes zu bestellen, dass wir den Krieg überlebt hätten und dass Greifswald unzerstört geblieben sei. Zur Ehre des Betreffenden sei gesagt, dass er die Botschaft überbracht und damit indirekt auch unseren aus Metz nach Toulouse evakuierten Verwandten Freude bereitet hat.

Durch den gewaltigen Zustrom von Ostflüchtlingen hatte sich das Bild der Stadt verändert. Wohlhabende Bürger, auch mehrere Ärzte, die ja auch im Krieg über ein Auto verfügten, Angehörige der Justizbehörden usw. hatten sich nach Schleswig-Holstein abgesetzt. Als menschliche Tragödie muss man

*die Flucht des letzten Greifswalder Oberbürgermeisters in
einem Löschwagen der Feuerwehr bezeichnen. Ganz Ratlo-
se versuchten noch am letzten Tage, in offenen groben Käh-
nen, die beim Ausbaggern der Fahrrinne des Flusses Ryck
zum Schlammtransport dienten, über den Bodden nach
Rügen zu gelangen. Wie wir später erfuhren, waren die Russen trotz Sprengung des Rügendammes vorher schon dort.
Die Insel war übervölkert, deshalb mussten schon wegen der
Versorgungsschwierigkeiten die Menschen wieder zurückgeschickt werden. Es ist beglaubigt, dass sich ein solcher Rü-
gen-Heimkehrer, Professor der seit Pythagoras berühmten
Wissenschaft, am Tag nach der Rückkehr die veränderte
Stadt ansehen wollte. Da die Jahreszeit inzwischen fortge-
schritten war, holte er einen Sommeranzug vom letzten Jahr
aus dem Schrank und eilte auf die Straße. Zum Glück traf
er gleich auf eine Bekannte, die ihm riet, doch besser das
Parteiabzeichen von seiner Brust zu nehmen.*

*Die abziehende NS-Verwaltung hat es übrigens versäumt,
die vorhandenen Lebensmittel- und Alkoholvorräte der verbleibenden Bevölkerung – man schätzte etwa 20 000 Altein-
gesessene und 22 000 Flüchtlinge – zu übergeben. Darauf
gestürzt haben sich selbstverständlich die in der letzten Zeit
schlecht versorgten Leute aus dem großen Gefangenen- und
Zwangsarbeiterlager; tags darauf auch die russischen Soldaten, die den 1. Mai 1945 mit dem stundenlangen Absin-
gen von Marschliedern feierten.*

*Von Ausschreitungen in Form von Vergewaltigungen wur-
de uns in der Stadt nichts bekannt. Es kam aber zu Rache-
akten einzelner ehemaliger polnischer Zwangsarbeiter.*

*Die Selbstmorde dreier Kollegen müssen als Ausdruck
eines großen seelischen Zusammenbruchs gewertet werden.
Es waren alle drei politisch belastete Männer. Darunter war*

der Direktor der Universitätsfrauenklinik, SS-Mann und Freund des Reichsgesundheitsführers Conti. Er hatte tags zuvor seine vier Kinder noch nach Mecklenburg geschickt, dann zusammen mit seiner Frau in der Klinik selbst den Freitod gewählt.

Ungemein tragisch hat uns der Tod einer Doktorandin meines Mannes berührt. Das sensible Mädchen ist aus Depression über den Verlust ihrer ostpommerschen Heimatstadt und, wie sie fürchtete, auch ihrer Mutter, in ihrer Studentenbude einsam aus dem Leben geschieden. Die Mutter hat überlebt.

Das Leben hat sich in der in Folge eines gnädigen Schicksals glimpflich davongekommenen Stadt Greifswald nicht schlagartig geändert. Eine große Erleichterung über das Ende des langen Krieges, fast Euphorie über das beendete Morden, den Druck der Nazizeit, in der noch der katholische Stadtpfarrer Dr. Wachsmann, ein mutiger Schlesier, 1944 hingerichtet wurde, erfüllte die Herzen.

Der Krieg war jedoch noch nicht vorbei.

Für Greifswald endete der Krieg am 1. Mai 1945. Am 8. Mai 1945, während der ersten Ratssitzung nach Übergabe der Stadt, erhielt Greifswald einen neuen Oberbürgermeister. Der sowjetische Stadtkommandant Oberst Sinecki setzte Willy Bieg, einen ehemaligen Feldwebel, der sich in russischer Gefangenschaft dem »Nationalkomitee Freies Deutschland« angeschlossen hatte, ins Amt. Die kampflose Übergabe von Greifswald, die in militärischen wie politischen Kreisen nicht unumstritten blieb, brachte der sowjetischen Truppenführung einen beachtlichen taktischen Vorsprung auf Stralsund und die Insel Rügen. Des Weiteren konnte die Masse der sowjetischen 65. Armee nun nach Westen auf Demmin und Grimmen abdrehen und die Besetzung von Stralsund und Rügen der 2. Sowjetischen Stoßarmee überlassen.

Die kampflose Übergabe löste unterschiedliche Reaktionen aus und ließ auch kritische Stimmen laut werden. Eine Veröffentlichung des Historischen Instituts der Greifswalder Ernst-Moritz-Arndt-Universität hebt hervor:

»Die historische Bedeutung der kampflosen Übergabe Greifswalds an die Rote Armee besteht darin, dass hier zum ersten und einzigen Male an der deutsch-sowjetischen Front ein Kommandant mit seinem Stab und namhaften Vertretern der Einwohnerschaft die kampflose Übergabe einer Stadt planmäßig vorbereitet und durchgeführt hat.«

Kapitel 9
Stralsund

Bomben auf die alte Hansestadt

Bis Anfang Oktober 1944 war das Kriegsgeschehen ohne
größere Spuren an Stralsund und der Insel Rügen vorüber-
gegangen. Die alte pommersche Hafenstadt am Strelasund
hatte ihr mittelalterliches Stadtbild mit den vielen Toren,
Türmen und Kirchen bewahren können; keine Bombe war
gefallen, kein Haus zerstört worden. Die Bevölkerung lebte
hier auch im sechsten Kriegsjahr fast noch wie im Frieden.

Das zu Beginn des 13. Jahrhunderts gegründete Stralsund blickte auf eine wechselvolle Geschichte zurück: Im
Jahr 1628 vergeblich von Wallenstein belagert, 1648 schwe-
disch, 1807 französisch besetzt – 1809 fiel hier Major
Ferdindand von Schill im Straßenkampf – und ab 1815
preußisch. Wie es aussah, stand nun Stralsund erneut eine
Belagerung und Besetzung bevor.

Als am 6. Oktober 1944 wieder einmal die Luftschutzsi-
renen aufheulten, ahnte niemand Schlimmes. Die meisten
Stralsunder nahmen den Anflug feindlicher Bomberverbände kaum ernst, denn bisher war immer rasch Entwarnung gegeben worden. Doch an diesem Tag nahte eine Katastrophe. Die Alliierten hatten 1944 in Pommern bereits
zwei besondere Angriffsziele ins Visier genommen, die Hy-
drierwerke in Stettin-Pölitz und die V-2-Basis in Peenemün-

Stralsund, die alte pommersche Hafenstadt am Strelasund, im letzten Vorkriegsjahr.

de. Für den Fall, dass bei Erreichen dieser Ziele schlechtes Wetter die Bombardierung verhindern sollte, hatten die Piloten Ausweichziele in Pommern im Plan, hauptsächlich Städte, die auch bei verhangenem Himmel mit Radar als Ziele erkennbar waren. Ein solches Ausweichziel war Stralsund.

Die 417 B-17-Bomber, die am frühen Morgen des 6. Oktober 1944 in Großbritannien gestartet waren, hatten den Auftrag, über den Hydrierwerken in Stettin-Pölitz ihre Bombenschächte zu öffnen und die 367 Tonnen Bombenlast abzuwerfen. Doch als die Piloten das Angriffsziel erreicht hatten, machte ein wolkenverhangener Himmel eine Bombardierung wenig erfolgversprechend. Daher drehten sie ab und griffen das Ausweichziel Stralsund an.

29 Minuten lang, von 12.45 Uhr bis 13.14 Uhr, fielen Bomben auf Stralsund. Nicht auf militärische Ziele, die in der alten Hansestadt kaum vorhanden waren, sondern auf Wohnviertel, auf Frauen und Kinder, Krankenhäuser und Lazarette, auf historisch wertvolle, unersetzbare Bauwer-

Der zerstörte Bauhafen des Wasserstraßenamtes, die zerstörte Wohnsiedlung Reifenbahn und das schwer beschädigte Elektrizitätswerk, vom Rügendamm aus gesehen.

ke. Fast schutzlos waren die Stralsunder diesem Massaker aus der Luft ausgeliefert.

Als die Menschen nach Entwarnung die Luftschutzkeller und wenigen öffentlichen Luftschutzräume verließen, erkannten sie ihre Stadt nicht wieder. Verletzte schrien um Hilfe. Zerstörte Gebäude, Ruinen, unter denen zahlreiche Tote, meist Frauen und Kinder, begraben waren. Da die zivilen Luftschutzkräfte zur Bergung der Leichen nicht ausreichten, wurden die Soldaten des l. Schiffsstammregiments sowie Besatzungsmitglieder der im Hafen liegenden Segelschulschiffe herangezogen. Im Rathaus lag eine Liste mit den Namen der Toten aus, die zunächst 613 Opfer umfasste. Am Ende enthielt sie mehr als 1 000 Namen.

Auch der materielle Schaden des alliierten Luftangriffs auf Stralsund war erschreckend: 336 Häuser waren total zerstört, bei 176 Häusern wurden schwere, bei 225 mittlere und bei 648 leichtere Schäden registriert. Diese Bilanz bedeutete, dass ein Drittel des gesamten Gebäudebestandes von dem Angriff betroffen war. Mehr als 8 000 Wohnungen waren ganz oder teilweise zerstört.

Der Historiker Jörg Friedrich schrieb über den Angriff auf Stralsund: „Es ist der Menschenschaden, der den 6. Oktober 1944 zu dem bis dahin schwersten Angriff der Alliierten machte. Eigentlich verfolgten diese in der 49 000 Einwohner-Stadt gar keine Absichten. Doch war sie als Ausweichziel notiert...In der Inflation der Opferzahlen wirkt ein Tausend-Personen-Verlust durchschnittlich, in einer 49 000-Seelen-Stadt ist dies jedoch ein grausiger Aderlass...“

Nach diesem Schicksalstag fand sich in Stralsund eine Gruppe von Bürgern zusammen, die nach Wegen suchte, wie weitere sinnlose Kriegszerstörungen in ihrer Stadt verhindert werden könnten. Zu den Initiatoren gehörte auch der später vom ersten sowjetischen Stadtkommandanten als Oberbürgermeister eingesetzte Otto Kortüm.

Ausbau von Verteidigungsanlagen

Einen Monat nach dem Bombardement wurde in Stralsund ein militärischer Festungsbaustab eingerichtet, der einen äußeren und einen inneren Verteidigungsgürtel vorbereiten sollte. Der äußere Ring sollte über die Schwedenschanze, die Bellevue-Brauerei, die Rostocker Chaussee hinter dem Baugeschäft Fütterer, die Richtenberger Chaussee bei Knebusch, die Sperre Triebseerdamm, den Güterbahnhof und die Gasanstalt bis zum Hafen verlaufen. Der innere Ring

war gedacht von den Schillanlagen über den Knieperwall –
Sperre Triebseerdamm – Frankenwall-Sperre – Franken-
damm über die Kasernen zur Hafenstraße. Verantwortlich
für den Ausbau der Verteidigungsanlagen, der spätestens
Mitte April 1945 abgeschlossen sein sollte, war Gauleiter
Schwede-Coburg.

Einer erfolgversprechenden Verteidigungsplanung stand
jedoch der fast kontinuierliche Abzug militärischer Kräfte
entgegen. Die noch bis Anfang 1945 in Stralsund vorhandenen Truppen wurden immer stärker dezimiert, zuletzt
durch einen von Admiral Voß übermittelten Befehl Hitlers,
der zur Folge hatte, dass aus den Resten der drei in Stralsund stationierten Schiffsstammabteilungen ein Ersatz-
bataillon in Stärke von etwa 600 Mann aufgestellt und feld-
marschmäßig nach Berlin „für den Schutz der Reichskanzlei" abkommandiert wurde. Der Abtransport der Einheit
erfolgte über die Flugplätze Pütnitz und Tutow mit Flugzeugen vom Typ Ju 352. Die Maschinen landeten auf dem
Flugplatz Gatow. In Stralsund waren neben den Marinesoldaten noch etwa 200 Mann verblieben.

Formell war Stralsund ein Ostsee-Stützpunkt, dem Armeeoberkommando 3 unterstellt. Doch bei dem Mangel an
Truppen, an schweren Waffen und den erforderlichen Verteidigungsanlagen war eine wirksame Verteidigung gegen
einen kriegserfahrenen, gut gerüsteten Gegner, der zudem
noch die Luftüberlegenheit besaß, nicht möglich. Als Standort der Kriegsmarine verfügte Stralsund über keine kampffähigen Einheiten des Heeres. Deshalb hatte man auch den
Kommandeur des hier liegenden 1. Schiffsstammregiments,
Kapitän zur See Zollenkopf, als Wehrmachtskommandant
Stralsund eingesetzt.

Der Kapitän war zugleich Abschnittskommandant für den

Küstenabschnitt von Stralsund bis zur mecklenburgischen
Grenze. Er unterstand dem Marineoberbefehlshaber Ostsee in Kiel, als Abschnittskommandant dem Admiral Westliche Ostsee in Ahlbeck/Usedom. Die Verteidigungsvorbe-
reitungen „Alarm Küste" im Abschnitt Stralsund lagen in
den Händen des Seekommandanten Pommern in Swinemünde, obwohl Stralsund und Rügen taktisch zusammen-
gehörten. Ein Antrag Zollenkopfs auf Zuteilung des Abschnitts Stralsund zum Bereich Admiral Westliche Ostsee
fand bei den vorgesetzten Dienststellen keine Berücksich-
tigung.

Verteidigen oder kampflos räumen?

Der Mitte Januar 1945 begonnene Großangriff der Roten
Armee auf Ostpreußen, Westpreußen und Pommern warf
in den folgenden Wochen auch auf Stralsund seine Schatten voraus. Ende Februar erhielt der Wehrmachtskommandant Stralsund eine als „Geheime Reichssache" deklarierte
Nachricht.

Kapitän Zollenkopf berichtet:

*Ende Februar 1945 überbrachte mir der Generaloberst Strauß
als Geheime Reichssache den mündlichen Befehl des Führers, die Stadt Stralsund unter Heranziehung der Zivilbevölkerung durch Anlegen von Panzerfallen usw. beschleu-
nigt so zur Verteidigung herzurichten, dass sie etwa drei
Monate gehalten werden könne. Weder der Wehrkreisbefehls-
haber in Stettin, Generalleutnant Kienitz, noch der Marineoberbefehlshaber in Kiel waren von diesem grundsätzlichen
Befehl gleichzeitig unterrichtet worden.*

Da die gestellte Aufgabe mit den in Stralsund liegenden

militärischen Einheiten mangels Ausrüstung (nur leichte Waffen, keine Artillerie und Flak) keineswegs hätte durchgeführt werden können, beantragte ich die Zuweisung schwerer Waffen mit ausreichender Menge Munition. Das l. Schiffs-Stammregiment war nur mit italienischen Beutewaffen, Munitionsdotierung 60 Schuss je Gewehr, ausgerüstet. Mein Antrag wurde mit dem Hinweis abgelehnt, dass die von mir beantragten Waffen, vor allem auch Flak, nicht zur Verfügung stünden.

Den Einsatz der Zivilbevölkerung für Schanzarbeiten lehnte ich als hierfür nicht zuständig ab. Dies übernahm alsdann auf Weisung des zuständigen Reichsverteidigungskommissars, Gauleiter Franz Schwede-Coburg, der örtliche Kreisleiter der NSDAP, Krüger. Hierbei wurde durch Gestellung von Material und Personal weitgehende militärische Hilfe geleistet. Etwa Mitte April 1945 waren die Schanzarbeiten wie das Anlegen von Panzerhindernissen, Stadtsperren und das Ausheben von Schützengräben praktisch abgeschlossen. Die fachliche Unterstützung hierbei leistete ein Festungspionierstab unter Oberstleutnant Pellenz.

Die Rügendammbrücke bereitete ein Pionierzug auf höhere Weisung beim Pfeiler 2 zur Sprengung vor, ebenso die Hafen- und Werftanlagen.

Völlig unzureichend war die Nahrungsmittelversorgung für eine wochenlange Verteidigung der Stadt angelegt. Besonders kritisch stellte sich die Trinkwasserversorgung dar. Behelfsbrunnen wurden zwar durch den gut informierten Baurat Brügmann vom Wasserwirtschaftsamt Stralsund geplant, ihre Anlage kam jedoch nicht mehr zur Ausführung.

In der ersten Aprilhälfte wurde auf Veranlassung des Reichsverteidigungskommissars Schwede-Coburg in Stral-

sund der Volkssturm aufgerufen und durch den Kreisleiter Krüger feierlich vereidigt. Einen Kampfwert besaß der Volkssturm kaum, da nicht einmal eine Waffe für jeden Einberufenen zur Verfügung stand. Ich setzte mich aber dafür ein, dass die Landwirte zur dringenden Versorgung des Viehs und zur Ackerbestellung wenigstens vorübergehend wieder entlassen wurden.

Ebenfalls in der ersten Aprilhälfte wurde die Dienststelle des Hafenkapitäns von Stralsund geschaffen und mit Korvettenkapitän der Reserve Rodenbücher besetzt.

Am 14. April 1945 wurde als Stützpunktkommandant ein General des Heeres, der aus Finnland abkommandierte Generalmajor Breusing, eingesetzt. Da dieser aber verspätet eintraf und wegen eines Herzanfalls das Marinelazarett in Stralsund aufsuchen musste, vertrat ihn in der Zeit vom 18. bis 30. April der vordem als Kommandeur der Luftabwehrschule des Heeres in Greifswald eingesetzte Generalmajor Hauschulz. Erst im Laufe des 30. April übernahm Generalmajor Breusing wieder das Kommando in Stralsund.

Kein Platz mehr für Flüchtlinge und Verwundete

In Stralsund gab es zwar ein Marinelazarett, das Admiralarzt Dr. Caanitz souverän leitete, doch dieses reichte bei der hohen Zahl der Verwundeten nicht aus. Auch die Versorgung der wachsenden Zahl von Flüchtlingen bereiteten Kapitän Zollenkopf Sorge.

Er erinnert sich:

Die Versorgung der aus den östlichen Kampfgebieten über See angelandeten Verwundeten wuchs zu einer kaum lösbaren Aufgabe heran. Außerdem nahmen die Flüchtlingszahlen von Tag zu Tag zu. Die Flüchtlinge wurden teils in den nicht zerstörten Kasernenanlagen, z.B. der Prinz-Moritz-Kaserne, Dänholm, Schwedenschanze, untergebracht; teilweise übernahmen zivile Stellen, die Stadt und die Partei, ihre Unterbringung und Versorgung.

Besonders schwierig war die ordnungsgemäße Betreuung der verwundeten Soldaten, die in der zweiten Aprilhälfte über See mit Lazarettschiffen und Verwundetentransportern aus den östlichen Kampfgebieten, insbesondere von der Kurlandfront und aus dem Samland, in Stralsund angelandet wurden. Der Zustand der Schwerverwundeten im Augenblick der Anladung war infolge völlig unzureichender ärztlicher Versorgungsmöglichkeiten an Bord der Schiffe nach tagelangem Seetransport in schlecht gelüfteten Schiffsräumen unbeschreiblich. Zahlreiche Todesfälle mussten deshalb schon bei Ankunft registriert werden.

Ein Weitertransport auf dem Schienenweg mit der Bahn in Hilfslazarette West- und Süddeutschlands war leider nicht mehr möglich, weil die Eisenbahnanlagen in Pasewalk und anderen Knotenpunkten durch Luftangriffe total zerstört waren. So mussten die Verwundeten, mehrere tausend, behelfsmäßig in Kasernen, z.B. der Frankenkaserne, untergebracht werden; die Schwerverwundeten wurden bei restloser Platzausnutzung im Marinelazarett untergebracht. Gerade im Marinelazarett wurde von der Ärzteschaft fast ununterbrochener Einsatz gefordert.

Die Weiterleitung der Verwundetentransporte über See, soweit dies überhaupt noch möglich, lag in Händen des Marinestabsarztes Dr. Baecker, der auch in organisatorischer Hinsicht Hervorragendes leistete.

Besonders kritisch war in den letzten Wochen die Versorgung der Schiffe, die Stralsund und auch Saßnitz an-

Stralsund, Marinelazarett. In den letzten Kriegswochen sind Ärzte und Schwestern fast ununterbrochen im Einsatz, um die hier untergebrachten Schwerverwundeten zu versorgen.

gelaufen hatten, mit Bunkerkohle. Die Schiffe hatten Order, sofort nach der Anlandung der Verwundeten erneut in östlicher gelegene Häfen auszulaufen, vor allem nach Hela, wo noch Tausende Verwundete auf ihren Abtransport nach Westen warteten. Infolge der angespannten Kohlen- und auch der Öllage konnte der Seetransportchef Ostsee, Konteradmiral Konrad Engelhardt, leider dem Dringlichkeitsantrag auf Mehrbelieferung von Kohle nicht entsprechen.

Als sowjetische Verbände bereits auf dem Anmarsch auf Greifswald waren, wurde auch für Stralsund die Lage immer bedrohlicher. Die Entwicklung der Frontlage ließ den Zustrom von Flüchtlingen nach Stralsund noch weiter anschwellen.

Die Frage, ob die Stadt verteidigt oder kampflos geräumt

werden solle, war noch immer offen, da es hierüber unterschiedliche Meinungen gab.

Bürger fordern Kapitulation

Der Stralsunder Oberbürgermeister Dr. Hans Fichtner, der
auch den Titel Reichskommissar führte, war ein überzeug-
ter Anhänger der NSDAP. Er setzte sich wiederholt und sehr
energisch für die Verteidigung der Stadt ein. Dabei stützte
er sich auf die in Stralsund anwesenden Mitglieder des Gau-
leiterstabes und den Gauleiter Schwede-Coburg. Weitere Verbündete waren die SS-Stäbe- und Dienststellen,
darunter das Ausbildungsbataillon der SS-Division „Das
Reich". Auch eine HJ-Abteilung war dem Oberbürgermeister hörig. Sowohl die „Schwarze SS", die der NSDAP unterstand, als auch die HJ-Einheit entzogen sich jedweder
Befehle und Anweisungen der Wehrmacht, für sie waren
der Oberbürgermeister und der Gauleiter die direkten
Vorgesetzten.

Die Gefahr einer verstärkten Einflussnahme der NSDAP
und des Reichskommissars auf die militärischen Entscheidungen erregte den Unmut einiger unabhängig von-
einander wirkender oppositioneller Stralsunder Bürgergruppen. So versuchte eine Gruppe um den Sozialdemokraten
Paul Reetz den Bau der Panzersperren zu verzögern. Während Reetz der angedrohten Erschießung durch Flucht entgehen konnte, wurde der beteiligte Kommunist Hermann
Voß, ein Arbeiter aus der Zuckerfabrik, am Morgen des
24. April 1945 im Amtsgerichtsgefängnis hingerichtet.

Zu einer anderen Gruppe gehörten Gerhard Poggendorf
und Bernhard Wanning. Sie fassten am 26. April 1945 den
Mut, Oberbürgermeister Dr. Fichtner im Rathaus aufzu-

suchen und mit ihm offen über die ihrer Meinung nach erforderliche Kapitulation Stralsunds vor der Roten Armee
zu sprechen. Der Oberbürgermeister lehnte dieses Ansinnen ab; er bestritt sogar, irgendwelchen Einfluss auf Ver-
teidigungsentscheidungen zu haben.

Nach dem erfolglosen Gespräch kamen Poggendorf und
Wanning zu dem Entschluss, ein von Wanning entworfenes
Flugblatt zu vervielfältigen und in der Nacht vom 26. zum
27. April zu plakatieren. Zu ihrem Schutz mit einer Pistole
bewaffnet, klebten sie zwischen 21.00 und 24.00 Uhr die
Plakate mit folgendem Text:

Stralsunder Bürger!
Der Feind steht vor den Toren der Stadt. Wollt Ihr die Stadt
der Vernichtung preisgeben? Helft nicht noch den regieren-
den Bonzen, die Stadt zu verteidigen. Bei Annäherung des
Feindes hisst an Euren Häusern die weiße Fahne. Wehrhaf-
te Männer! Leistet keine Gefolgschaft diesen Verbrechern,
die sich nicht scheuen, andere Menschen töten zu lassen,
Eure Familien, Hab und Gut zu zerstören, um ein paar Tage
den Krieg zu verlängern.

Dieser Aufruf erfüllte nach NS-Recht den Straftatbestand
der Wehrkraftzersetzung. Ebenso eilig, wie sie in der Nacht
angeklebt worden waren, wurden die Plakate am nächsten
Morgen von der Polizei entfernt. Trotzdem: Der Aufruf zeigte Wirkung. Immer mehr Stralsunder Bürger wurden sich
darüber klar, dass eine Verteidigung der Stadt gleichbe-
deutend mit ihrer Zerstörung und möglicherweise sogar mit
dem eigenen Tod war.

In den nächsten Nächten wurden, jedoch nicht initiiert
von der Gruppe Poggendorf, aggressivere Parolen wie „Wer

sprengt – der stirbt!" und „Wer sprengt – der hängt!"an Mauerwände gepinselt.

Einen organisierten Widerstand gegen das NS-System und gegen den Krieg konnte der NSDAP-Apparat in Stralsund allerdings nicht feststellen. Im Laufe des Krieges war die Wohnung des Kommunisten Heinrich Bau in der Schillerstraße 21 als Anlaufpunkt Gleichgesinnter ausgemacht worden. Ein Kreis um die Kommunisten Hans Felski und Hermann Gielow soll Teile der Bürgerschaft über die „wahren Hintergründe und Ziele des Krieges" aufgeklärt haben, was allerdings angezweifelt werden muss. Als ein „festes Zentrum des antifaschistischen Widerstandes", so später der SED-Jargon, galt ein eher bürgerlich orientierter Kreis um den Prälaten Radeck. Weitere Oppositionelle sollen Wilhelm Burmeister, Franz Bruhn, Hans Felski, Otto Kortüm, Paul Reetz und Emil Thesenvitz gewesen sein. Nach dem 20. Juli 1944 wurden in Stralsund die ehemaligen KPD-Mitglieder Hans Felski und Heinrich Bau sowie die ehemaligen Sozialdemokraten Wilhelm Burmeister, Paul Reetz und August Streufert verhaftet.

Bei den Stralsunder Bürgern, die sich im April 1945 offen gegen eine militärische Verteidigung ihrer Stadt aussprachen, handelte es sich in der Mehrzahl nicht um organisiert agierende Gegner des Nationalsozialismus, geschweige denn um Sympathisanten der Sowjetunion. Ihr Antrieb zur Opposition war der verständliche Wunsch, in der aussichtslosen Kriegslage, die im April 1945 für jeden deutlich geworden war und nicht mehr durch die nationalsozialistische Propaganda bagatellisiert werden konnte, Gefahren für das eigene Leben, das Eigentum und die Heimatstadt abzuwenden. Diese Ansicht teilten auch realistisch denkende Militärs. Kontakt seitens der oppositionellen Bürgergruppen zu militärischen Stellen in Stralsund gab es aber zu keiner Zeit.

Militärische Lage immer unübersichtlicher

In den letzten Apriltagen machte sich in der Stadt Chaos breit. Es gab nicht nur ein gewisses Neben- und Durcheinander von militärischen Kommando- und Parteidienststellen mit besonderen Befugnissen, sondern auch innerhalb der Bürgerschaft hatten sich unterschiedliche Meinungen entwickelt. Man konnte aber davon ausgehen, dass die Mehrzahl der Bürger nicht für die Verteidigung der Stadt war; doch niemand wusste dies genau.

Die militärische Lage wurde immer unübersichtlicher. So war eine Eisenbahn-Flakbatterie der Luftwaffe plötzlich verlegt worden. In der Flakkaserne ostwärts der Stadt befanden sich nur noch 16- und 17-jährige Flakhelfer mit einigen Offizieren und Unteroffizieren. In der Marinekaserne lagen Rekruten, die erst seit einer Woche Soldaten waren und mit ihren Gewehren noch nie einen scharfen Schuss abgegeben hatten. Es gab in Stralsund auch keine Nachrichtenmittel für die Truppe mehr, die Feindaufklärung musste über Postfernsprecher durch Anrufe in den Nachbarorten erfolgen.

Die Luftwaffe verfügte auf dem Fliegerhorst Parow über eine Flakabteilung zur Scheinwerferausbildung. Ein südwestlich der Stadt stationiertes Hitlerjugend-Bataillon ignorierte sämtliche Befehle, von wem sie auch kamen. Es führte Krieg auf eigene Faust.

Die Lage Stralsunds am 26. April 1945 beschreibt Kapitän zur See Zollenkopf ungeschminkt:

Nach dem Lagebericht des Armeeoberkommandos 3 ist der Feind in zügigem Vormarsch auf Greifswald. Die Flüchtlingsströme über See und auf den östlichen Ausfallstraßen Stralsunds nehmen zu. Die Zahl der eingetroffenen Flüchtlinge geht in die Tausende. Der Stralsunder Hafen ist durch zahlreiche, meist kleinere Dampfer, Fischerfahrzeuge und Schuten völlig verstopft, die sich im Schutz der Stadt in Sicherheit wiegen zu können glauben oder aber nach kurzem Aufenthalt, besetzt mit Flüchtlingen und Soldaten, den Hafen in westlicher Richtung verlassen.

Überall herrschen chaotische Zustände, Weisungen der Ordnungsorgane werden nur teilweise befolgt. Die Rügendammbrücke ist auf Weisung der Gauleitung für den Flüchtlingsverkehr gesperrt, was ihren Abzug aus der Stadt wesentlich erschwert. Kleinere Soldatentruppen werden durch Ordnungsorgane der Wehrmacht aufgefangen und zu Alarmeinheiten zusammengestellt. Sie bilden jedoch keine nennenswerte Erhöhung der Verteidigungskraft der örtlichen Alarmeinheiten. Diese – im Wesentlichen das 1. Schiffsstammregiment – haben ihre vorgesehenen Bereitschaftsräume eingenommen. Die Panzersperren an den Ausfallstraßen der Stadt sind geschlossen. Der Stützpunktkommandant von Stralsund (Generalmajor Hauschulz) hat im Stadttheater einen Gefechtsstand eingerichtet.

Räumung von der Zivilbevölkerung angeordnet

Zur Lage der Stadt Stralsund am 29. April 1945 schreibt der Wehrmachtskommandant:

Im Laufe des Tages hat sich die Bedrohung durch den Feind verschärft. Mit seinem Erscheinen vor den Toren der Stadt

muss am nächsten Tag gerechnet werden, da bei seinem zü-
gigen Vormarsch mit den schwachen eigenen Kräften kein
anhaltender Widerstand mehr geleistet werden kann. Um
16.00 Uhr hat der Gauleiter Schwede-Coburg im Rathaus
in Stralsund eine Dienstbesprechung angesetzt, an der un-
ter anderen teilnahmen: der Stützpunktkommandant von
Stralsund (Generalmajor Hauschulz), der Stützpunkt-
kommandant von Saßnitz (Generalmajor Voigt), der Wehr-
machtkommandant von Stralsund (Kapitän zur See Zollen-
kopf), der Kreisleiter der NSDAP von Stralsund und der
Insel Rügen (Krüger), der Staatskommissar (Oberbürgermei-
ster) der Stadt Stralsund (Dr. Fichtner), SS-Gruppenführer
Mazum (Stettin), HJ-Gebietsführer Schröder (Stettin).

Der Gauleiter eröffnete die Sitzung mit dem Hinweis, dass
er als Reichsverteidigungskommissar für die Verteidigung
der Stadt Stralsund zuständig und verantwortlich sei. Er
gibt bekannt, dass er die Stadt von der Zivilbevölkerung zu
räumen beabsichtige. Meine Frage über die Verpflegung der
Bevölkerung wird von Dr. Fichtner dahingehend beantwor-
tet, dass 20 zusätzliche Verpflegungsstellen im Stadtgebiet
eingerichtet seien. Unter Hinweis auf den zügigen Vormarsch
des Feindes empfehle ich dem Gauleiter, wenn überhaupt,
dann sofort mit der Räumung der Stadt zu beginnen, um
chaotische Zustände möglichst zu vermeiden.

Demzufolge wird anschließend an die Sitzung gegen
16.00 Uhr die Zivilbevölkerung durch Lautsprecherwagen
zum Verlassen der Stadt aufgefordert. Diese Nachricht trifft
die Bevölkerung völlig überraschend. Tausende, meist Frau-
en und Kinder, bewegen sich mit eiligst zusammengerafftem
Gepäck auf die westlichen Ausfallstraßen der Stadt zu, ei-
nem ungewissen Schicksal entgegen.

Unter diesem erschütternden Eindruck suche ich den

Kreisleiter auf und schlage ihm vor, den Gauleiter zu veranlassen, die Stadt zur »offenen Stadt« zu erklären. Meine Anregung bleibt jedoch unberücksichtigt. Die Fluchtbewegung setzt sich fort. In der Stadt herrscht ein heilloses Durcheinander.

In der Nacht vom 29. zum 30. April erteilte Kapitän Zollenkopf in einer Lagebesprechung, die in einem Kasernenblock auf dem Dänholm stattfand, den Einheiten der Kriegsmarine ihre Einsatzbefehle für die Verteidigung der Insel Dänholm und der Rügendammbrücke. Er ordnete an, das verankerte Segelschulschiff „Gorch Fock", dessen Besatzung bereits für einen anderen Einsatz abgezogen worden war, am 30. April 1945 um 1.00 Uhr südlich der Landzunge Drigge in der Fahrrinne des Strelasundes zu versenken. Das Schiff sollte nicht in die Hände des Gegners fallen, außerdem würde mit der Versenkung die Fahrrinne gesperrt. Ferner gab Wehrmachtkommandant Zollenkopf den Befehl, alle schwimmenden Fahrzeuge am Festlandufer, die wie die zahlreichen Segeljachten nicht mehr für Einsatzzwecke verwendbar waren, zu sprengen. Der Gegner sollte diese Fahrzeuge nicht zum Übersetzen auf Rügen nutzen können.

„...wird Absetzen nach Rügen empfohlen!"

Inzwischen zeigte das Kalenderblatt den 30. April 1945. Generalmajor Hauschulz hatte seinen Gefechtsstand vom Stadttheater in den Silo der Firma Koch & Poggendorf verlegt. Die Alarmeinheiten befanden sich in ihren Stellungen. Die Stadtsperren hatte Kapitän Zollenkopf schließen lassen.

Oberstabsarzt Dr. Baecker versuchte in aller Eile, soweit

Am 30. April 1945 können noch einige hundert schwer verwundete Soldaten mit dem kleinen Lazarettschiff „Rügen" – im Bild – und dem kleinen Frachter „Nadir" aus Stralsund in Richtung Westen abtransportiert werden.

Schiffsraum noch aufzutreiben war, Verwundete über See nach Westen abzuschieben. Es gelang ihm, einige hundert Verwundete auf das kleine Lazarettschiff „Rügen" und auf den kleinen Frachter „Nadir" einzuschiffen und abzutransportieren. Doch viele mussten weiter auf ihren Abtransport warten. Wie viele Verwundete sich am 30. April noch in Stralsund befanden, im Marinelazarett, im Stadtkrankenhaus, im Reservelazarett in der Lambert-Steinwich-Schule, in den Kasernengebäuden der 2. und 3. Schiffstammabteilung und in weiteren Einrichtungen, wusste niemand.

In den letzten Tagen eingeströmte Einheiten – Pioniere, der Stab einer Volksgrenadierdivsion, eine Veterinäreinheit, ein Festungsbaustab und ein Auffangstab – hatten sich bereits nach Westen abgesetzt. Stralsund wurde auf die militärische Räumung vorbereitet. Dazu gehörte auch die Vernichtung der Fernsprecheinrichtungen und Geheimpapiere. Auch Sprengungen waren vorbereitet worden. Kapitän Zollenkopf verbot jedoch das Sprengen der Hafen- und Werftanlagen sowie das Versenken der Lebensmittelschuten.

Um 11.00 Uhr erreichte den Wehrmachtkommandanten Stralsund telefonische Nachricht, dass Greifswald kapituliert habe. In zwei weiteren Telefonaten unternahm Oberst Petershagen den Versuch, den Stralsunder Kommandanten zu bewegen, dem Beispiel Greifswalds zu folgen. General Hauschulz lehnte dieses Ansinnen strikt ab. Offensichtlich hatte Oberst Petershagen die Anrufe unter dem Druck der Russen vorgenommen. Nach der Kapitulation Greifswalds ging der Oberbefehlshaber der sowjetischen 2. Weißrussischen Front wohl davon aus, dass es um Stralsund und auf Rügen nicht mehr zu Kampfhandlungen kommen würde.

Gegen die Stadt Stralsund und die benachbarte Küste rückten am 30. April Teile der sowjetischen 2. Stoßarmee vor, die den Auftrag hatten, die pommersche Ostseeküste von der Odermündung bis zum Darß zu besetzen. Den Auftrag, Stralsund zu nehmen und den Strelasund zu überwinden, hatte Marschall Rokossowski der 90. Schützendivision unter Generalmajor Ljaschtschenko erteilt. Die Russen vermuteten 20 000 deutsche Soldaten auf der Insel, was sich später als Irrtum herausstellte.

Eine Offizierspatrouille meldete Kapitän Zollenkopf gegen Mittag des 30. April, dass sich die Hauptmasse der sowjetischen Truppen südlich von Stralsund vorbei bewege. Am frühen Nachmittag kam es zu einer ersten Feindberührung. Eine motorisierte sowjetische Vorausabteilung stieß,

wahrscheinlich aus Greifswald kommend, bei der Abzwei-
gung Devin an der Höhe 27,3 auf eine vorgeschobene deutsche Stellung. Im Verlauf des Gefechts fielen sämtliche deutsche Soldaten – mehr als 40 Flakhelfer, mehrere Unteroffi-
ziere und ein Offizier.

Die ersten sowjetischen Panzer wurden in Höhe von
Brandshagen gemeldet. In Richtung Andershof kam es
zu einem Gefecht mit einer selbständig kämpfenden
Hitlerjugend-Abteilung, wobei zwölf Jugendliche fielen.
Auch in der Frankenvorstadt und am Bahnhof soll es
kurzen Widerstand gegeben haben. Aus dem ostwärti-
gen Kampfabschnitt meldeten Einheiten der Kriegsmarine und der Waffen-SS den Abschuss von drei sowjetischen Panzern.

Im Laufe des 30. April hatte Generalmajor Breusing wieder den Befehl über den Stützpunkt Stralsund übernommen. Er stand damit vor der nicht mehr aufzuschiebenden
Entscheidung, die Stadt mit den völlig unzureichenden Kräften und damit ohne jede Aussicht auf Erfolg zu verteidigen
und damit schweren Zerstörungen auszusetzen oder eine
sofortige Absetzbewegung nach Rügen einzuleiten.

Die Entscheidung wurde dem Generalmajor durch eine
Meldung des Panzer AOK 3 erleichtert: „Falls Feinddruck
zu stark, wird Absetzen nach Rügen empfohlen!"

Kapitän Zollenkopf hatte diese Entscheidung bereits in
eigener Verantwortung getroffen, wie er ausführt:

*Als ich mich kurz vor Einbruch der Dunkelheit von Dän-
holm aus zu dem Gefechtsstand des Stützpunktkommandanten begab, wurde mein Boot vom Rügendamm aus beschossen. Im Gefechtsstand traf ich zunächst den wiedergenese-
nen Generalmajor Breusing, der das Kommando übernom-*

Kapitän zur See Herbert Zollenkopf, Kommandeur des 1. Schiffsstamm-regiments und Wehrmachtskommandant von Stralsund.

men hatte. Danach traf auch der Staatskommissar, Ober-bürgermeister Dr. Fichtner, ein. Der Kreisleiter war nicht anwesend, über seinen Verbleib wusste auch der Oberbürger-meister nichts.

Nachdem auch Generalmajor Hauschulz eingetroffen war, schlug ich vor, noch in der Nacht mit dem Absetzen über den Strelasund zu beginnen, damit die Absetzboote nicht bei Hellwerden beschossen würden. Nach Zustimmung beider

Generale gab ich Kapitänleutnant der Reserve Dr. Beerboom
den Befehl, als Bootsoffizier alle verfügbaren Marinekutter
und sonstigen kleinen Fahrzeuge zur Einschiffungsstelle am
Hafen zu entsenden. Dort sollten sich alle noch in Stralsund
befindlichen Einheiten sammeln, um in stockdunkler Nacht
mit Booten und Schleppern nach Altefähr, dem Anleger auf
Rügen, übergesetzt zu werden oder sich zu Fuß über die
Rügendammbrücke, die das Festland mit der Insel Dänholm
verband, auf die Insel Rügen abzusetzen.

»›Gorch Fock‹ befehlsgemäß versenkt!«

Einen wesentlichen Anteil an der von Zollenkopf für den
1. Mai, 1.00 Uhr, angeordneten Räumung hatte Kapitänleutnant d.R. Dr. Hans-Hermann Beerboom. Kapitän Zollenkopf hatte Beerboom bereits vor Tagen mit Sonderauf-
gaben betraut.

Über seinen letzten Auftrag in Stralsund berichtet
Kapitänleutnant Beerboom:

Zur Bewältigung der mir übertragenen Aufgabe hatte ich
rechtzeitig am Tage zuvor, als die militärische Räumung
erwartet wurde, befehlsgemäß eine Sicherungsflotte zu-
sammengestellt. Diese bestand aus Motorbooten, Siebelfäh-
ren mit Motor und Barkassen. Es waren insgesamt 25 Was-
serfahrzeuge, die den Strelasund gegen Übersetzversuche der
Russen vom Festland aus auf die Insel Rügen schützen soll-
ten.

Zu meinen weiteren Aufgaben gehörte es, alle an der Fest-
landseite befindlichen Seefahrzeuge, wie Ruderboote, Segel-
jachten, nicht mehr einsatzfähige Motorboote, Kähne usw.
zu vernichten, damit der Gegner keine Fahrzeuge vorfand,

die die Möglichkeit zum Übersetzen auf die Insel Rügen bo-
ten. Diesen Auftrag erledigte ich innerhalb von zwei Tagen.
Wir sprengten mit Bordpatronen. Die Detonationen waren
weit zu hören.

Am Nachmittag des 30. April 1945 kam von der östlichen
Vorstadt Andershof Gefechtslärm. Eine Hitlerjugend-Ein-
heit hatte Feindberührung. Die zwölf im Kampf gefallenen
Hitlerjungen wurden später in der St. Nikolaikirche aufge-
bahrt. Ein Schleppzug wollte bei der Halbinsel Drigge von
Osten her nach Stralsund entkommen, wurde aber von rus-
sischer Pak so schwer getroffen, dass der Schlepper und zwei
voll beladene Oderkähne sanken.

Ich hatte einen kleinen Ausflugs-Küstendampfer, der frü-
her den Verkehr nach Hiddensee ausführte, mit Angehöri-
gen von Soldaten, allesamt Mütter mit Kindern, beladen und
von Dänholm nach Hiddensee aus der Kampfzone fahren
lassen. Ich gab dem Schiffsführer den Rat, unter dem nörd-
lichen Teil der langen Rügendammbrücke im Zickzack-Kurs
zu fahren, um etwaigem russischen Artilleriefeuer auszu-
weichen. Das gelang auch. Die Russen versuchten zwar, das
Schiff zu treffen, doch sie schossen zu kurz.

Zu meinen Aufgaben, die mir Kapitän Zollenkopf über-
trug, gehörte auch die Versenkung des Segelschulschiffes
»Gorch Fock«, das in keinem Fall in russische Hände gelan-
gen sollte. Das schöne Segelschulschiff, auf dem viele See-
offiziere ausgebildet worden waren, lag, von der Besatzung
aufgegeben, in Sichtweite von Dänholm in der Fahrrinne,
etwa südlich der Halbinsel Drigge, östlich von Dänholm,
vor Anker. Die Segel waren abgeschlagen, sie wurden auf
dem Dänholm im Bootsschuppen verwahrt, der Motor war
auf der Werft abgegeben worden.

Etwa eine Stunde vor Mitternacht, in der Nacht vom

Ziegelgrabenbrücke. Bei ihrem Rückzug aus Stralsund sprengen deutsche Truppen am 30. April 1945 den Überbau der Ziegelgrabenbrücke zum Festland hin, und am 3. Mai beim Verlassen von Dänholm den ersten Überbau der Strelasundbrücke in Richtung Dänholm. Beide Brücken sind damit unpassierbar geworden.

30. April zum 1. Mai 1945, beorderte ich einige Mann, darunter einen Maschinisten, mit einem kleinen Motorboot zur »Gorch Fock«, mit dem Auftrag, das Schiff zu versenken. Da die Russen bereits bis zum Ufer der Festlandseite vorgedrungen waren, konnte nicht gesprengt werden. Stattdessen wurden die Bodenventile aufgedreht.

Die »Gorch Fock« legte sich relativ schnell auf die Seite, sodass sich meine Leute beeilen mussten, vom Schiff zu kommen. Es war ihnen zeitlich nicht einmal mehr möglich, die

beiden an der Kommandantenkajüte an der Wand befestig-
ten Großbilder von Gorch Fock und von Hindenburg aus
den Rahmen zu entfernen und, wie befohlen, mitzubringen.

Kurz vor 1.00 Uhr morgens, am 1. Mai 1945, sank das
Segelschulschiff »Gorch Fock« auf der Position 54" 17,28 N
und 13" 08,22 0. Danach konnte ich Kapitän Zollenkopf
melden: »›Gorch Fock‹ befehlsgemäß versenkt!« Am näch-
sten Morgen sah ich durch mein Fernglas nur noch die Spit-
zen der Masten aus dem Wasser ragen. Die Versenkung war
geräuschlos geglückt.

Für die für den 1. Mai angeordnete militärische Räumung
von Stralsund, die eine Stunde nach Mitternacht begann,
hatte ich alle verfügbaren Marinekutter und sonstigen Fahr-
zeuge in den Hafenmittelpunkt beordert. Mit rund 20 Kut-
tern gelang es, noch in der Dunkelheit etwa 1 500 Marine-
soldaten nach Altefähr auf Rügen überzusetzen. Als letzte
folgten die Luftwaffensoldaten des Fliegerhorstes Paarow.
Teile von SS-Einheiten hatten sich bereits aus der Stadt
heraus in westlicher Richtung abgesetzt.

Nach der geglückten Übersetzaktion hatte ich meinen klei-
nen Flottillenverband im Anlegehafen Altefähr auf Rügen
zusammengezogen und wartete weitere Maßnahmen ab. Die
dort befindliche bewaffnete Hitlerjugend hatte bereits mit
der Plünderung von Ladengeschäften begonnen – ein übler
Eindruck. Ich konnte aber nicht eingreifen, weil russische
Artillerie am Hafen in Stellung gegangen war und zunächst
den Rügendamm beschoss.

Gegen 8.00 Uhr erhielt ich die Meldung, dass sich eine
russische Panzerspitze der Eisenbahnbrücke, die bereits zur
Sprengung vorbereitet war, genähert hatte. Der wachhaben-
de Leutnant Sievers fragte bei mir an, ob er die Brücke jetzt
sprengen dürfe. Ich gab den Befehl. Die schwere Eisenbahn-

brücke richtete sich unter großem Explosionsdonner auf und fiel in ihr altes Lager zurück, allerdings mit einer so schiefen Bahn, dass sie für Panzer und schwere Fahrzeuge nicht mehr benutzbar war.

Die Russen mussten stehen bleiben. Sie beschossen mit Pak den Rügendamm und dann den Hafen in Richtung Altefähr. Die Entfernung war für die Artillerie aber zu groß, ihre Geschosse erreichten uns nicht.

Zuvor hatte ich einen Leutnant des Heeres gebeten, mit einem Sturmboot einige Krankenschwestern und Verwundete aus dem gegenüberliegenden Hafenbecken zu retten. Sie hatten versucht, durch lebhaftes Winken und Gestikulieren auf sich aufmerksam zu machen, obwohl die Russen dort bereits ihre Artillerie in Stellung brachten. Durch Zickzack-Fahren entzog sich der Leutnant mit seiner lebenden Fracht den Granaten. Da ich durch mein Fernglas die Aufstellung der russischen Batterie beobachten konnte, entschloss ich mich, mit meiner Flottille – bestehend aus Motorfahrzeugen, Sturmbooten, Landungsbooten und Siebelfähren – durch Einnebeln gegen das Artilleriefeuer geschützt, vom Hafenanleger in Altefähr zum Fischerdorf Schaprode an der Westseite der Insel Rügen zu fahren. Dort befand sich der nächste Marinestützpunkt auf Rügen, gegenüber von Neuendorf auf der Insel Hiddensee.

Ich fuhr jedoch mit meinem Motorboot zunächst zum Anlegesteg des Marinelazaretts. Gemeinsam mit einem Oberfeldwebel wollte ich versuchen, den Admiralarzt Dr. Caanitz noch an Bord zu nehmen. Als wir aber an den Häuserblock herangerobbt waren, kamen russische Panzer angerollt und besetzten das Gelände des großen Marinelazaretts. Wir mussten umkehren, um nicht in Gefangenschaft zu geraten.

Die erste weiße Fahne über Stralsund

Als der 1. Mai graute, befanden sich alle militärischen Einheiten, die sich an den Befehl des Stützpunktkommandanten gehalten hatten, auf der Insel Rügen. Eine Ausnahme bildete lediglich die Besatzung der unmittelbar vor Stralsund liegenden, von Marinesoldaten der 1. Schiffsstammabteilung besetzten Insel Dänholm am Festlandende des Rügendamms. Gegen 5.00 Uhr wurde auf dem Speicher der Firma Poggendorf die erste weiße Fahne gehisst.

Der Feind beschränkte sich am 1. Mai auf das Feuern mit Pak, das gegen 8.00 Uhr aus dem Hafengebiet heraus begann und sich gegen den Rügendamm und den Bahnhof Altefähr richtete. Gegen 10.00 Uhr wurde auch der Anleger Altefähr mit Artilleriefeuer belegt, wahrscheinlich hatte man die Bemühungen Beerbooms erkannt, der nochmals mit seinen Motorbooten dort versprengte und verwundete Soldaten, trotz heftiger Feindeinwirkung, aus dem besetzten Hafengebiet aufgenommen hatte, um sie nach Altefähr zu bringen.

Stralsund war ohne größere Verteidigungskämpfe von den deutschen Truppen geräumt und von der Roten Armee besetzt worden. Eine Kapitulation oder Übergabe der Stadt hatte es nicht gegeben.

Nachdem am 1. Mai gegen 9.00 Uhr sowjetische Truppen den Stralsunder Hafen erreicht hatten, setzten sich Bernhard Wanning und Gerhard Poggendorf mit Otto Kortüm in Verbindung. Die beiden legten ihm nahe, sich vor den Russen bereitzuerklären, die Stadtgeschäfte zu übernehmen. Gemeinsam begaben sich die drei zum Rathaus, wo für 14.30 Uhr der sowjetische Hauptmann Zuganow erwartet wurde, der den Auftrag hatte, in kürzester Frist eine

provisorische Selbstverwaltung für Stralsund ins Leben zu
rufen.

In den verbleibenden gesetzeslosen Stunden machte sich
in der Stadt ein geradezu verbrecherischer Plünderergeist
breit. Es dauerte aber nicht lange, bis sich ein rasch gebil-
deter Bürgerausschuss, dem vor allem Mitglieder der bereits vorher mehr oder weniger aktiven oppositionellen Bürgergruppen angehörten, um die schutzlos zurückgebliebene Bevölkerung kümmerte. Sie hissten auf der Kaserne an
der Schwedenschanze und an anderen Stellen der Stadt weitere weiße Fahnen.

Am 2. Mai 1945 setzte Oberst Fomenko, der sowjetische
Stadtkommandant von Stralsund, den ehemaligen sozial-
demokratischen Stadtrat Otto Kortüm als Oberbürgermeister ein.

Wenn auch die nahezu kampflose Besetzung Stralsunds
dazu beigetragen hatte, das Ausmaß der Ausschreitungen
sowjetischer Soldaten gegen die deutsche Bevölkerung ein-
zudämmen, konnte doch nicht ganz verhindert werden, dass
einigen Bürgern großes Leid zugefügt und in der Stadt Angst
verbreitet wurde. Nicht nur NSDAP-Angehörige wie der
stellvertretende Kreisleiter begingen Selbstmord. Insgesamt
wurden um das Kriegsende in Stralsund 108 Selbstmorde
registriert, davon 65 im Monat Mai. Diese Menschen hatten nach der Besetzung der Stadt durch die Rote Armee im
Freitod den einzigen Ausweg gesehen.

Kapitän Herbert Zollenkopf schließt seinen Stralsund-
bericht mit der Feststellung:

*Nur dem Verhalten und den Entschlüssen der Wehrmachts-
kommandeure in den letzten Kriegstagen ist es zu verdanken, dass die Stadt Stralsund mit ihren noch erhaltenen*

historisch wertvollen Bauten nicht durch sinnlosen Kampf
in Schutt und Asche fiel. Da die russische Feuerkraft der
unsrigen bei Weitem überlegen war, konnte so die Stadt in
wesentlichen Teilen der Nachwelt erhalten und unsagbares
Leid der Zivilbevölkerung und den unübersehbaren Flücht-
lingsscharen erspart bleiben.

Gerhard Poggendorf beschreibt seine Bemühungen mit den
Worten:

Das Ziel der Aktion, die kampflose Übergabe der Stadt, war
nicht erreicht, wohl aber wurde ein Häuserkampf und die
Zerstörung der Stadt durch Luftangriffe infolge des vorzei-
tigen, überstürzten Abzuges des Kommandostabes und der
Reserve vermieden. Mit der Räumung von Stralsund und
der Überführung der militärischen Kräfte nach Rügen wur-
de die Insel zur letzten deutschen Bastion auf pommerschem
Boden.

Mit dem Verlust der Stadt Stralsund am 1. Mai 1945 war
das gesamte pommersche Festlandufer in den Händen der
Roten Armee. Das nächste Angriffsziel würde in den ersten
Maitagen die Insel Rügen werden, darüber bestand kein
Zweifel. Rügen, mit 926 Quadratkilometern größte deut-
sche Ostseeinsel, seit 1936 durch den Rügendamm mit Stral-
sund verbunden, galt lange als „Oase der Ruhe". Weder die
NSDAP, noch staatliche und militärische Stellen hatten eine
Gefahr gesehen, dass Rügen Kampfgebiet werden könnte.

Als der Fall Anfang Mai 1945 dennoch eintrat, mussten
sie sich eingestehen, dass die Insel für eine längere Verteidigung überhaupt nicht vorbereitet war; eine ernsthafte Verteidigung war aus militärischer Sicht mit den noch vorhan-

denen Kräften gegen die Übermacht der Roten Armee unmöglich.

Um die auf Rügen befindlichen Wehrmachtteile vor der Gefangennahme durch die Russen zu bewahren, gab es nur noch die Möglichkeit einer hinhaltenden Verteidigung; und zwar solange, bis der letzte deutsche Soldat Rügen verlassen haben würde.

Das aber war auf dem Landweg nicht mehr möglich. Es blieb nur noch der Weg über die Ostsee.

Kapitel 10
Saßnitz – Rügen

Pommern von der Roten Armee besetzt

Saßnitz auf der Insel Rügen war mit seinen etwas mehr als
14 000 Einwohnern vor dem Zweiten Weltkrieg ein belieb-
tes Ostseebad. Die Saßnitzer hatten wie alle Bewohner
Rügens bis jetzt nur wenig Berührung mit dem Kriegsgeschehen gehabt, kannten kaum Sirengeheul und Fliegeralarm.

Diese trügerische Beschaulichkeit änderte sich Mitte Januar 1945, als die Rote Armee ihre Winteroffensive gegen
Ostpreußen, Westpreußen und die Danziger Bucht begann
und eine Massenflucht der dortigen Bevölkerung Richtung
Westen einsetzte. Als die ersten Flüchtlinge per Schiff oder
per Eisenbahn in Pommern eintrafen, ahnten die Einheimischen nicht, dass das gleiche Schicksal auch sie bald er-
eilen würde.

Den Bewohnern der Stadt Saßnitz wurden am 31. Januar 1945 die Schrecken des Krieges sehr deutlich vor Augen
geführt. Am Mittag dieses Tages machte am Eisenbahnkai
im Saßnitzer Hafen das Flottentorpedoboot „T 36" fest. Dieses relativ neue Kriegsschiff unter Führung von Kapitänleutnant Robert Hering hatte neben seiner 120-köpfigen
Besatzung mehr als 250 Danziger Flüchtlinge an Bord sowie 564 Überlebende der in der Nacht zuvor nach drei Tor-

*Blick auf den Westteil von Saßnitz mit Fähranlage, Freihafen und Fi-
schereihafen. Der Ort war vor dem Zweiten Weltkrieg eines der beliebte-
sten Seebäder an der Ostsee.*

pedotreffern eines sowjetischen U-Bootes untergegangenen
„Wilhelm Gustloff". Mit gesenktem Kopf, viele ohne Schu-
he, nur notdürftig bekleidet oder in eine Decke gehüllt, verließen die Schiffbrüchigen ihr Rettungsschiff.

„Ich ging in Saßnitz an Land"

Einer von ihnen war der 18-jährige Heinz Schön, der Mitte
Februar 1944 als Zahlmeister-Assistent der Handelsmarine seinen Dienst auf der „Wilhelm Gustloff" aufgenommen
hatte. Als er in Saßnitz an Land ging, wurde ihm bewusst,

dass ihm in der letzten Nacht ein zweites Leben geschenkt worden war. Er erinnert sich:

Um 13.55 Uhr machte das Torpedoboot »T 36« am Eisenbahnkai im Saßnitzer Hafen fest. Fünf Minuten später erfolgte die Durchsage: »Gustloff-Überlebende aussteigen!«

Für die Überlebenden der »Wilhelm Gustloff« war es ein großer Augenblick, als sie ihr Rettungsschiff verließen, über die schmalen Hölzer die Stalling nach unten wankten und wieder festen Boden unter den Füßen fühlten. Die meisten waren nur notdürftig bekleidet. Viele konnten mit eigener Kraft das Schiff nicht mehr verlassen, wurden gestützt oder an die Hand genommen.

Nachdem die Lebenden das Schiff verlassen hatten und die Kranken und Verwundeten von Bord getragen worden waren, wurden, mit Tüchern bedeckt, die aus der eiskalten See geborgenen Toten, die Opfer der vergangenen Katastrophennacht, vom Schiff gebracht.

Die Geretteten am Kai blickten noch einmal hinüber zu ihrem Rettungsschiff. Im Brückennock stand der Kommandant, der Mann, der mit Mannschaft und Schiff zur rechten Zeit am rechten Ort gewesen war. 564 Schiffbrüchige der »Wilhelm Gustloff« verdankten ihm ihr Leben. Neben dem Kommandanten stand eine betagte, weißhaarige Frau. Es war die Mutter des Kapitänleutnants. Er hatte sie aus Danzig mitgebracht, als Flüchtling unter vielen.

Auf dem Hafenkai suchten unter der großen Schar der »Gustloff«-Überlebenden Mütter ihre Kinder, Kinder weinten nach der Mutti – und die Männer der Besatzung suchten mit ihren Blicken die Kameraden. Viele wurden vermisst, einige sahen sich wieder, fielen sich in die Arme: »Gott sei Dank – du lebst!«

Auch ich war dabei, stand in diesen Minuten am Kai des Saßnitzer Hafens, gedankenverloren. Still. Ich konnte es immer noch nicht begreifen, dass ich noch lebte. Ich kniete mich nieder auf die steinhart gefrorene Erde, fasste sie an, strich mit der Hand darüber. »Der hat den Verstand verloren«, hörte ich einen der neben mir stehenden Marineoffiziere sagen. Er irrte. Ich war bei klarem Verstand. Ich versuchte in diesen Augenblicken nur, mein Überleben zu begreifen.

Am späten Nachmittag gab ich im Postamt in Saßnitz ein Telegramm auf. Es war an meine Eltern in Jauer in Niederschlesien gerichtet und enthielt nur drei Worte: »Ich lebe noch!« Als ich mit zitternder Hand die Worte auf das Papier geschrieben hatte, füllten sich meine Augen mit Tränen, ich begann zu schluchzen. Es störte mich nicht, dass mich die Umstehenden verwundert ansahen und ein Mann den Kopf schüttelte. Diese Menschen wussten nicht, was letzte Nacht draußen auf der Ostsee, zwölf Seemeilen querab Stolpmünde, geschehen war. Meine Gedanken waren bei den vielen Toten, die die »Wilhelm Gustloff« mit in ihr Grab auf den Grund der Ostsee nahm.

Vielleicht war ich mit meinen achtzehneinhalb Jahren noch nicht hart genug, noch nicht Manns genug für diesen furchtbaren Krieg, der nicht mehr ein Krieg der Männer war, sondern die Entfesselung der Hölle gegen unschuldige Frauen und Kinder herbeiführte. Das Ende der »Wilhelm Gustloff« war dafür ein grausames Beispiel.

Ich ahnte in dieser Stunde nicht, dass ich Saßnitz in wenigen Wochen wiedersehen würde. Bald nach jener Katastrophe wurde ich auf ein anderes Schiff kommandiert, auf den Flüchtlingsdampfer »General San Martin«. Auf diesem Schiff begleitete ich noch elfmal Flüchtlingstransporte. Da-

bei fuhr unser Schiff noch viele Male über das Grab der »Wilhelm Gustloff«.

Den Saßnitzern blieb die Anlandung der Geretteten der „Wilhelm Gustloff" nicht verborgen. Sie fragten nach dem „Woher", als sie die dürftig bekleideten Gestalten auf dem Weg zur Jäger-Kaserne sahen. Sie fragten die vielen Frauen und Kinder, die zum Liegeplatz des Auffangschiffes für Flüchtlinge, dem dänischen Beuteschiff „Kronprinz Olaf", geführt wurden, das an der Fährschiff-Pier lag. Die NS-Propaganda verschwieg die Tragödie. Sie passte nicht in das Bild vom „Endsieg", das immer noch aufrechterhalten wurde, wie Hitler in seiner Rede zum zwölften Jahrestag seiner Machtergreifung zu verstehen gab. Und zahlreiche Menschen glaubten immer noch seinen Worten.

Zielhafen für Flüchtlingsschiffe

In den letzten Februartagen 1945 war Saßnitz nicht wiederzuerkennen. Im Rahmen der Flüchtlingstransporte mit Schiffen der Handels- und der Kriegsmarine aus den Häfen Königsberg und Pillau, Danzig, Gotenhafen und Hela über die Ostsee nach Westen war der relativ kleine Fischerei- und Fährhafen Saßnitz als Ausweichhafen für Swinemünde festgelegt worden. Um eine erste Betreuung der Hilfsbedürftigen zu ermöglichen, hatte man ab Ende Januar 1945 das ehemalige dänische Passagierschiff „Kronprinz Olaf" als Flüchtlingsauffangschiff an der Reserve-Fährschiffpier stationiert. Die ehemalige „Reichsschulungsburg Saßnitz" war bereits im Herbst 1944 zum Reserve-Lazarett für Schwerstbeschädigte umfunktioniert worden und stand unter Leitung von Oberstabsarzt Dr. Holsten.

Da die Seebrücke von Binz durch Eisgang bereits im Frühjahr 1942 zerstört worden war und in der Folgezeit nicht
mehr neu aufgebaut werden konnte und die Seebrücke des
Seebades Prora noch nicht fertig gestellt war, konnte das
Anlanden der Flüchtlinge und der Verwundeten nur über
den Hafen Saßnitz erfolgen. Das galt aber nur für kleinere
Schiffe und Boote. Alle Schiffe mit einem Tiefgang über
sechs Meter mussten auf der Außenreede, dem Prorer Wiek,
vor Anker gehen. Die Passagiere, Flüchtlinge, Verwundeten und Kranken konnten nur mit kleineren Schiffen und
Booten an Land gebracht werden.

Als Ende Februar 1945 die Zahl der in Saßnitz angelandeten Flüchtlinge und Verwundeten auf annähernd 60 000
angewachsen war, suchte man nach weiteren Unterbrin-
gungsmöglichkeiten. Nach Plänen der NS-Gemeinschaft
„Kraft durch Freude" hatte man in den letzten beiden Vor-
kriegsjahren mit dem Bau des „KdF-Bades Prora" begonnen, das nach seiner Fertigstellung 20 000 Urlaubern Platz
bieten sollte. Bei Kriegsbeginn stand jedoch nur der Roh-
bau. Die Marine wollte dort ein großes Lazarett für Verwundete und Flüchtlinge einrichten, aber das Vorhaben
scheiterte an der Tatsache, dass der Bau bereits mit mehr
als tausend Helferinnen von DRK, NSV, Angehörigen anderer Organisationen sowie Ausgebombten belegt war.

Da Saßnitz über keine weiteren Unterbringungsmöglich-
keiten mehr verfügte und nirgendwo mehr Platz für die
Einrichtung von Lazaretten war, bestand die zwingende
Notwendigkeit, alle mit Schiffen nach Saßnitz transportier-
ten Flüchtlinge und Verwundeten sofort nach ihrer Ankunft
mit der Bahn weiterzutransportieren. Aber auch dies gestaltete sich sehr schwierig, da Saßnitz nur mit einem einzigen Schienenstrang mit seinem Hinterland verbunden war.

Hier standen am letzten Februartag 1945 nicht weniger als 22 voll besetzte Lazarettzüge, die alle auf das Abfahrtssignal wartete.

Zur gleichen Zeit erreichten die Saßnitzer Reede immer mehr Schiffe, die mit Flüchtlingen und Verwundeten aus Gotenhafen, Danzig und Pillau kamen. Ihre Kapitäne hatten es eilig, die Menschenfracht loszuwerden, was sich als schwierig erwies. Die auf der Reede ankernden großen Passagier- und Frachtschiffe, die wegen ihres Tiefganges nicht in den Hafen einlaufen konnten, mussten ihre Passagiere in kleinere Schiffe und Boote umsteigen und in den Hafen bringen lassen, was oftmals mehrere Tage dauerte. Hinzu kam, dass Saßnitz über eine viel zu geringe Anzahl an Booten verfügte, um Schiffsladungen von 5 000 bis 10 000 Menschen bewältigen zu können. Besonders schwierig gestaltete sich das Ausbooten von Verwundeten.

Zu den Schiffen, die mit diesen Problemen zu kämpfen hatten, gehörte auch der große Dampfer „General San Martin", der bereits am 25. Februar 1945 mit mehr als 4 000 Flüchtlingen und Verwundeten an Bord, aus Gotenhafen kommend, auf der Reede von Saßnitz eingetroffen war und nun nach dreitägiger Wartezeit endlich mit der Ausschiffung begann.

Heinz Schön, der, nachdem er den Untergang der „Wilhelm Gustloff" überlebt hatte, als Zahlmeister-Assistent auf die „General San Martin" kommandiert wurde, berichtet:

Für die Ausschiffung unserer Verwundeten und Flüchtlinge wurden uns der kleine Dampfer »Jochen Wullenwever«, das Artillerie-Schulschiff »Stettin« und das Motorschiff »Binz« zur Verfügung gestellt. Sie brachten unsere Passagiere in den Saßnitzer Hafen. Wir rechneten damit, dass die

Heinz Schön hat als 18-jähriger Zahlmeister-Assistent der Handels-
marine die Untergangsnacht der „Wilhelm Gustloff"überlebt. Mit dem
Torpedoboot „T 36" kommt er am 31. Januar 1945 nach Saßnitz, wo er
wenig später, wieder als Zahlmeister-Assistent, auf die „General San
Martin" kommandiert wird.

Ausschiffung drei bis vier Tage dauern würde, aber nicht
damit, dass unser Schiff am 4. März immer noch auf der
Reede von Saßnitz liegen würde.

Am Abend des 28. Februar 1945 stellte mein Vorgesetzter,
Zahlmeister Wurl, nach Überprüfung der Bestände in den

Proviant räumen des Schiffes fest, dass die Verpflegung nur noch für höchstens zwei Tage ausreichte. Das bedeutete, wir brauchten dringend Nachschub. Am nächsten Morgen fuhr ich mit einem Motorboot in den Saßnitzer Hafen. In meiner Begleitung befand sich unser Proviantmeister Karl Strökker, ein erfahrener »Verpflegungs-Organisator«. Doch alle Bemühungen nutzten nichts: Im Saßnitzer Marine-Verpflegungsamt war kein einziges Brot mehr vorhanden.

Entmutigt kehrten wir an Bord zurück. Am Abend Besprechung bei Kapitän Buuck, der den Auftrag hatte, nach Ausschiffung aller Passagiere sofort nach Danzig-Neufahrwasser zurückzukehren, da dort noch Zehntausende Flüchtlinge und Verwundete auf ihren Abtransport warteten. Das bedeutete, wir mussten vor der Rückreise nach Danzig Verpflegung für mindestens 4 000 Personen und insgesamt sechs Tage an Bord nehmen. Doch welches Verpflegungsamt in welchem Hafen könnte uns dafür ausrüsten? Dafür kam nur Swinemünde in Frage.

Am Abend des 5. März 1945, 20.35 Uhr, konnten wir mit dem Dampfer »General San Martin« die Außenreede von Saßnitz im Geleit verlassen. Bis auf einige Restbestände, die nur noch für die Besatzung reichten, war keine Verpflegung mehr an Bord. Auch Öl und Wasser gingen zur Neige. Unsere Hoffnung setzten wir auf den nächsten Hafen, den wir anliefen: Swinemünde.

Wir ahnten nicht, dass wir mit dem Auslaufen unseres Schiffes dem Tod knapp entkamen.

Bei Nordoststurm auf Reede

In den ersten Märztagen 1945 waren weitere Flüchtlings- und Verwundeten-Transporter in Saßnitz eingetroffen und ankerten auf der Außenreede. Es waren die Dampfer „Hamburg" mit 9 500, „Potsdam" mit 7 500, „Der Deutsche" mit 7 000, „Pretoria" mit 7 000 Menschen an Bord und außerdem die kleineren Verwundetentransporter „Robert Möhring" und „Pitea". Insgesamt befanden sich auf diesen Schiffen fast 34 000 Verwundete und Flüchtlinge, darunter vor allem Frauen, Kinder und alte Leute.

Zu allem Unglück hatte am 28. Februar ein Nordoststurm eingesetzt, der das Ausschiffen der Flüchtlinge auf Reede unmöglich machte. Damit wurde die Reede von Saßnitz zu einem „Ankerplatz für Flüchtlingsschiffe".

Erst am 4. März, bei abflauendem Südwestwind und Nachlassen der Dünung, konnte die Ausschiffung wieder aufgenommen werden, wobei die Verwundeten Vorrang hatten.

Auf den Schiffen herrschten katastrophale Zustände. Sie waren auf derartig lange Wartezeiten weder verpflegungsmäßig noch medizinisch vorbereitet, von den sanitären Verhältnissen ganz abgesehen. Es war deshalb kein Wunder, dass alle Kapitäne und Schiffsärzte so schnell wie möglich ihre Menschenfracht loswerden wollten. Schließlich ging es bei vielen an Bord um Leben und Tod.

10 000 Menschen auf Dampfer „Deutschland"

Als eines der letzten Schiffe erreichte am frühen Morgen des 6. März der Dampfer „Deutschland", aus Gotenhafen kommend, die Außenreede von Saßnitz. Der mehr als 21 000 Brutto-Register-Tonnen große Dampfer, eines der größten deutschen Passagierschiffe der Hamburg-Amerika-Linie unter der Führung von Kapitän Bruno Feindt, galt unter den Flüchtlingsschiffen als „Musterschiff", weil er

Mit mehr als 10 000 Menschen an Bord macht der Dampfer „Deutsch-land", aus Gotenhafen kommend, am Morgen des 6. März 1945 an der Außenreede von Saßnitz fest.

auf jeder Rettungsfahrt über die Ostsee etwa 10 000 Menschen beförderte.

Auch für diese Reise hatte er am 1. und 2. März in Gotenhafen wieder mehr als 10 000 Menschen, darunter etwa 8 000 Flüchtlinge und 1 400 Verwundete an Bord genommen. Am 3. März war es ihm sogar noch gelungen, 15 000 Brote und 8 000 Kilo Speck an Bord zu laden. Doch ein Nordoststurm mit einer Stärke von 8 bis 9, dem auch kein Sicherungsschiff gewachsen war, verzögerte das Auslaufen. Ohne ausreichende Sicherungsfahrzeuge wollte der Kapitän auf keinen Fall den Dampfer über die Ostsee führen. Die Verantwortung schien ihm zu groß. Die zweitägige Verzögerung des Auslaufens und der damit verbundene Zwangsaufenthalt an der Pier in Gotenhafen mit 10 000 Passagieren an Bord zehrten an den Lebensmittelvorräten. Was sind schon 15 000 Brote für 10 000 Menschen?

Endlich, am 5. März, besserte sich das Wetter, und nun konnten um die Mittagszeit Schlepper das große Schiff aus der Danziger Bucht ziehen. Und dann ging es mit allem, was die Maschinen hergaben, Richtung Saßnitz. Nur zwanzig Stunden dauerte die Seereise. Die Flüchtlinge und Verwundete atmeten auf, als sie hörten: „Wir sind in Saßnitz!" Das war am Dienstag, dem 6. März 1945, um 8.00 Uhr.

Ganz in der Nähe der „Deutschland" ankerte das Schwesterschiff, der Dampfer „Hamburg", der erst vor wenigen Stunden die letzten Passagiere von Bord gegeben hatte. Weiter lagen hier die Dampfer „Der Deutsche", „Pretoria" und „Potsdam", die kleinen Lazarettschiffe „Pitea" und „Robert Möhring", das Flakschiff „Sofia" und der Zerstörer „Z 28" sowie etliche kleinere Kriegs- und Handelsschiffe.

Welche Gefahren eine derartige Schiffsansammlung auf der Reede von Saßnitz mit sich brachte, war dem Kapitän des Dampfers „Deutschland" in diesem Moment wohl nicht bewusst. Seine Gedanken kreisten sicher nur um die Frage, wie er so schnell wie möglich seine 10 000 Passagiere, die Verwundeten und die Mütter mit Kindern, an Land bringen konnte. Bis jetzt hatte er etwas mehr als 100 Frauen mit Kleinstkindern ausgeschifft. Die anderen Flüchtlinge, von denen viele seit der Ankunft auf der Reede mit aufgesetztem Rucksack und Taschen in den Händen an den Aufgängen und an Oberdeck standen, mussten warten.

Inzwischen hatte sich Kapitän Bruno Feindt über die Lage an Land informiert, mit welcher Wartezeit er maximal rechnen müsste, bis der Letzte der Passagiere von Bord war. Die Auskünfte, die er erhielt, waren so katastrophal wie die Lage selbst.

Seinen Offizieren gab er die Information weiter:

*Es fehlt nicht nur an kleinen Schiffen und Booten zur Über-
nahme der Verwundeten, der Kranken und der Flüchtlinge,
es fehlt auch an Weitertransportmitteln, also an Lazarett-
zügen für die Verwundeten, Eisenbahnzügen für die Flüchtlinge oder Lkw. Saßnitz ist überfüllt. Es gibt keinen Platz
mehr in den Gebäuden, nicht einmal in den Fluren. Um die
Flüchtlinge von der Straße zu bringen, sind mit Stroh aus-
gelegte Güterwagen, in denen sonst das Vieh transportiert
wird, aufgestellt und als Flüchtlingsnotunterkünfte eingerichtet worden. Verpflegung gibt es bei der Masse von Menschen in der Stadt auch nicht mehr. Es sieht nach Lage der
Dinge so aus, dass wir mit vier oder fünf Tagen rechnen
müssen, bevor wir unsere Leute zweckmäßig verteilt haben.*

Damit hatte weder die Schiffsleitung noch der für die Verwundetenbetreuung verantwortliche Marine-Stabsarzt
Dr. Hans Pilz gerechnet. Es fehlte ausreichendes und ge-
schultes Personal zur Betreuung der Verwundeten, allein
im großen Speisesaal lagen mehr als 600 von ihnen. Viele
waren aus aufgelösten Lazaretten auf das Schiff gekommen, andere direkt von Notverbandsplätzen. Manche waren vor Anbordnahme tagelang nicht behandelt worden, bei
einigen stellte der Arzt unter den alten Verbänden sogar
Wurmbefall fest. In einem Raum neben dem Speisesaal lag
eine ganze Station Hirnverletzter, die dringend der Betreuung bedurften.

Auch unter den Flüchtlingen gab es Kranke, sie waren
im Krankenrevier untergebracht. Die Betreuung hatten zwei
Flüchtlinge, eine Kinderärztin aus Gerdauen und ein Zivil-
arzt aus Elbing, übernommen. Auf ausgelegenen Matratzen und Strohsäcken lagen mehrere unterernährte und er-
schöpfte ältere Menschen, die jede Hoffnung aufgegeben

hatten und in den Tod dahindämmerten. Ein herzergreifender Anblick.

Es gab mehr als 100 Tote an Bord. Man hatte sie in Papiersäcke gehüllt und in der letzten Nacht auf das Bootsdeck geschleppt, wo sie mit einer Persenning zugedeckt wurden. Niemand wusste, was dort verborgen lag. Nur die Männer, die die Toten an Deck gebracht hatten, und der Zahlmeister der „Deutschland", der ganze Vormittage damit beschäftigt war, die Totenscheine auszustellen und die Wertsachen der Toten in große braune Umschläge zu stecken, die später dem Deutschen Roten Kreuz übergeben werden sollten. Von den meisten Toten befanden sich keine Angehörigen an Bord. Jede dieser großen braunen Tüten, die sich im Zahlmeisterbüro stapelten, beinhaltete das Schicksal eines Menschen, der die Flucht über die Ostsee nicht überlebt hatte.

Vor einem anderen Raum auf der „Deutschland" musste Dr. Pilz unauffällig Posten aufstellen, weil hier sechs Kinder mit Diphtherie und Scharlach lagen. Niemand sollte von diesem Gefahrenherd erfahren. Nur er, der Kapitän und die Posten wussten davon.

Auch die sanitären Einrichtungen waren katastrophal. Die Toiletten, für 800 bis 1 000 Menschen gebaut, mussten sich jetzt 10 000 Menschen teilen. Der Gestank zog durch die Gänge und Säle und vermischte sich mit dem Eiterdunst tagealter Verbände und dem Geruch ungewaschener Menschen.

Inzwischen gab es kein Verbandsmaterial mehr, die Erneuerung der Verbände war nicht mehr möglich. Auch an Medikamenten fehlte es, vor allem an schmerzstillenden Drogen und Opiaten. Marine-Stabsarzt Dr. Hans Pilz musste alle seine Erfahrungen aufbieten, um dringend notwendige chirurgische Eingriffe vornehmen zu können. Da ihm Narkotika fehlten, musste er zu Notlösungen greifen. Aus der Psychiatrie kannte er ein Mischpräparat, das er rasch intravenös spritzen konnte. Normalerweise würde er ein solches Mittel nie anwenden, aber was war in dieser Situation auf der „Deutschland" noch normal?

Am Abend mussten sich die auf ihre Ausschiffung wartenden Flüchtlinge damit abfinden, dass sie an diesem Tag wohl nicht mehr von Bord kommen würden, dass sie auch die nächste Nacht auf der „Deutschland" verbringen müssen.

150 Lancaster-Bomber über Saßnitz

Gegen 22.00 Uhr war es auf der „Deutschland" ruhiger geworden. Bei den meisten der Zehntausend an Bord hatte die Spannung nachgelassen, viele schliefen bereits.

Gegen 22.25 Uhr waren halblaute Kommandos zu hören und die ersten Besatzungsmitglieder liefen mit Schwimmwesten umher, was einigen Flüchtlingen nicht verborgen blieb.

Kurz darauf heulten in Saßnitz die Sirenen auf. Bis unter die Decks der „Deutschland" waren sie zu hören. Angst und Unruhe machten sich unter den Menschen in den Kabinen, Sälen und Gängen breit. Im nächsten Augenblick war über die Lautsprecher Kapitän Feindt zu hören: „Achtung! Achtung! Wir haben Fliegeralarm! Jeder bleibt auf seinem Platz! Die Gänge sind unbedingt freizuhalten! Das erste Gebot für alle an Bord heißt: Ruhe bewahren!"

Hätten die militärischen Kommandostellen in Saßnitz nicht erkennen müssen, dass eine derart massive Konzentration von Schiffen im Hafen und auf der Reede, von Men-

schen in der Stadt, in und um den Bahnhof für die alliierte
Luftwaffe ein lohnendes Ziel war?

Trotz eines am 4. März 1945 beobachteten Aufklärungs-
fluges der britischen Luftwaffe waren keine Maßnahmen
erfolgt, die auf der Reede dicht liegenden Schiffe auseinander zu ziehen. Auch wurden keinerlei Vorbereitungen zur
Abwehr eines möglichen Luftangriffes getroffen.

Hella Weström, ehemalige Oberschwester des Reservela-
zarettes Saßnitz erinnert sich:

*Ich hatte meine Eltern in Putbus besucht und fuhr am
4. März 1945 mit der Bahn über Bergen zurück nach Saßnitz. Kurz vor dem Bahnhof fuhr der Zug eine Linkskurve
und gab den Blick frei auf die Ostsee. Bei dem schönen Wetter sah ich so viele Schiffe in der Bucht, wie ich sie in meinem bisherigen Leben noch nie zusammen gesehen hatte.
Laut sagte ich: »Sind die denn verrückt, können die denn
nicht auslaufen und sich verteilen?!! Der neben mir sitzende
Arzt antwortete: »Schwester Hella, Sie haben ein wahres Wort
gesprochen, es kann einem angst und bange werden, wenn
man das sieht!«*

Obwohl der Anflug der RAF-Flugzeuge am Abend des
6. März auf die Insel Rügen von Westen her kommend nicht
unbeobachtet geblieben sein konnte, erfolgte keine Vorwar-
nung. Die anfliegenden Bomberverbände passierten entlang
der Ostseeküste Flugplätze, Luftbeobachtungsposten, Ra-
darstationen und Flakstellungen. Eine Information zur Aus-
lösung eines Voralarms gelangte nicht nach Saßnitz. Diese
Tatsache ist ein markantes Beispiel für die bereits bestehenden Lücken im deutschen Luftverteidigungsnetz.

Saßnitz, der Hafen und die Reede waren gegen Luftan-

Schwestern des Reservelazaretts in Saßnitz. Oberschwester Hella
Weström ist in der hinteren Reihe, Mitte, zu sehen.

griffe durch zwei schwere 10,5-cm-Batterien und zwei leichte
Marine-Flakbatterien gesichert. Die im unmittelbaren Ha-
fenbereich stationierte 10,5-cm vom Typ „Krampass" war
zusätzlich zu einem E-Messgerät mit einer Radarstation vom
Typ „Würzburg" ausgerüstet. Ferner würden die im Hafen
und auf Reede liegenden Schiffe, vor allem die Kriegsschiffe, mit ihren Flakgeschützen eingreifen, wenn feindliche
Bomber und Jagdflugzeuge sich näherten.

Dem Dampfer „General San Martin" war es gelungen,
bereits am Abend des 5. März die Saßnitzer Außenreede zu
verlassen. Entladen hatten bis zum Mittag des 6. März auch
die Dampfer „Potsdam", „Pretoria" und das kleine Lazarettschiff „Pitea". Im Laufe des Tages hatte auch der
Dampfer „Hamburg" seine Passagiere ausschiffen können. Die
„Potsdam", die „Pretoria" und das Lazarettschiff „Pitea", die

Am Tag nach dem überstandenen Bombenangriff haben es die Passagie-
re der „Deutschland" eilig, von Bord zu kommen. Wegen des Treibminen-
gürtels, den die britischen Flugzeuge um die auf Reede befindlichen
Schiffe gelegt haben, werden die Menschen auf Holzbooten in den
Saßnitzer Hafen gebracht.

bereits entladen waren und seit 21.00 Uhr fertig zum Auslaufen auf Geleitfahrzeuge warteten, dampften bei Fliegeralarm mit äußerster Kraft ab und befanden sich bald außerhalb der Angriffszone.

Auf der Reede lagen bei Angriffsbeginn noch die Dampfer „Deutschland", „Hamburg" und „Der Deutsche", „Ro-

bert Möhring", das Flakschiff „Sofia", der Zerstörer „Z 28",
das Torpedoboot „T 36", das Flugsicherungsschiff „Hans
Rolshofen", der Tanker „Altengamme" sowie mehrere U-
Jäger, Torpedofangboote, Fischkutter, Taucherfahrzeuge
und Prähme.

Besonders besorgt über den Luftangriff ohne jede Vor-
warnung war Kapitän Bruno Feindt, der die Verantwortung
für 10 000 Menschen auf seinem Schiff trug. Auf der Kommandobrücke erwartete er mit seinen mit Nachtgläsern
ausgestatteten Offizieren den Angriff. Die ersten Flugzeuge flogen über die Außenreede, auf der sich die Vielzahl der
großen Dampfer und der kleineren Schiffe als Angriffsziel
präsentierte. Sie warfen keine Bomben, sondern Leucht-
fallschirme, die ein bläulich-weißes Licht verbreiteten und
den nachfolgenden Bombern das Ziel markierten.

Was danach folgte, war ein gezielter Vernichtungsangriff
auf Saßnitz, den Hafen und die auf der Reede liegenden
Schiffe und damit auf Frauen, Kinder, Kranke und Verwundete. Große Kriegsschiffe befanden sich nicht im Hafen oder
auf der Reede.

Die Uhren zeigten 22.52, als 150 Lancaster-Bomber der
5. Gruppe des britischen Bomberkommandos ihr Angriffsziel Saßnitz, Stadt, Bahnhof und Hafen, attackierten. Weitere 41 Lancaster-Bomber stürzten sich, von sieben Mos-
quitos als Jagdschutz begleitet, auf die auf der Reede liegenden Schiffe.

Bereits im Anflug auf Saßnitz hatte der Bomberverband
einen Angriff auf den Bahnübergang bei Sagard durchgeführt und auf die Flakstellung bei Hagen. Bei diesem Angriff wurden drei Nachrichtenhelferinnen und vier Wehrmachtsangehörige getötet. Nicht gelungen war den Angreifern die Vernichtung der Flakstellung, die weiter feuerte.

Innerhalb einer Stunde fielen auf den Hafen, den Bahnhof mit dem Bahngelände und auf die Stadt 4 913 Tonnen
Bomben. Über den Schiffen auf See wurden 173,7 Tonnen
Bomben, darunter 4,8 Tonnen Brandbomben und Luftminen, abgeworfen. Die Luftminen waren Magnetminen, die
an Fallschirmen hingen und rings um die auf der Reede
ankernden Schiffe fielen, die sich damit in einer Minenfalle
befanden.

Obwohl sofort bei Angriffsbeginn die Flugzeuge mit einem höllischen Flakfeuer aller auf Reede und im Hafen liegenden bewaffneten Schiffe sowie der in der Stadt befindlichen Flak empfangen wurden, griffen zehn Lancaster-Bomber gezielt die beiden größten Schiffe „Deutschland" und
„Hamburg" an.

Auf der „Deutschland" herrschte Todesangst. Zitternd
lagen die Flüchtlinge auf ihren Matratzen und Liegen, auf
Decken und Fußböden. Einige Schiffsoffiziere, von Kapitän Feindt abgeordnet, beruhigten die Menschen mit sicht-
barem Erfolg. Die Ruhe, die Marine-Stabsarzt Dr. Hans Pilz
ausstrahlte, wirkte positiv auf die Verwundeten.

Die Bordflak der „Deutschland", die aus allen Rohren
schoss, verursachte unter Deck einen Höllenlärm. Die Bomben fielen neben das Schiff. Man spürte nur die nahe an der
Bordwand liegenden Treffer durch Druckwellen. Doch keine Bombe traf die „Deutschland". Auch die „Hamburg"
wurde nicht getroffen.

Das im Fährbett 1 liegende Verwundetentransportschiff
„Robert Möhring" mit 737 Verwundeten und 20 Flüchtlingen an Bord allerdings wurde von zwei Bomben getroffen,
brannte sofort und begann zu sinken. Dem medizinischen
Personal und den Besatzungsmitgliedern gelang es bei Einsatz des eigenen Lebens, 150 Schwerverwundete zu retten.

Der Dampfer „Robert Möhring", aus Pillau kommend, trifft mit Verwundeten und Flüchtlingen an Bord am 3. März 1945 im Hafen von Saßnitz ein. Bei dem Luftangriff am 6. März sind die Menschen immer noch an Bord. Im Fährbett liegend, wird das Schiff von zwei Bomben getroffen und sinkt. Zahlreiche Passagiere können nicht mehr aus dem brennenden Wrack gerettet werden.

Allen anderen Passagieren konnte auf Grund des sich entwickelnden Brandes keine Hilfe geleistet werden, sie verbrannten bei lebendigem Leibe.

Außer der „Robert Möhring", dem Flakschiff „Sofia" und dem Zerstörer „Z 28" wurden noch folgende Schiffe Opfer des britischen Luftangriffes: Das Flugsicherungsschiff „Hans Rolshofen", der Tanker „Altengamme", die U-Jäger „1109 ex St. Georg", „1118" und „1119 ex Malangen", das Hebeschiff „Jägersberg", das Torpedofangboot „Karl", der Marineartillerieleichter „MAL 27", das Taucherfahrzeug „Delphin", der Fischkutter „SAS 60", die Motorbarkasse

„Kuno", die Schute „Dwarsdorf" sowie zwei weitere Fischkutter und ein Tauchprahm, insgesamt 17 Schiffe

Die großen Passagierschiffe überstanden den Luftangriff
unbeschädigt, obwohl sie Hauptziele des Angriffes waren.
Die Menschen an Bord atmeten auf. Sie konnten nicht wissen, dass die auf Reede liegenden Schiffe sich in einer To-
desfalle befanden, denn die britischen Flugzeuge hatten
einen fast lückenlosen Minengürtel um sie gelegt.

Torpedoboot „T 36" rettet sich

Eines der Kriegsschiffe, die am 6. März auf der Reede von
Saßnitz gelegen hatten, auf den Luftangriff aber rasch und
erfolgreich reagierten und sich aus der Angriffszone brachten, war das Flotten-Torpedoboot „T 36" unter Führung
von Kapitänleutnant Robert Hering.

Der Kapitän erinnert sich an die damalige Situation noch
sehr genau:

*Ich lag am 6. März 1945 mit »T 36« vor Saßnitz vor Anker.
Der Tag präsentierte sich mit herrlichstem Wetter, glatter
See und einer ausgesprochen guten Fernsicht. Wie zu erwarten war, tauchte dann auch ein Aufklärungsflugzeug in großer Höhe auf.*

*Um 22.33 Uhr erhielt ich eine Luftgefahrenmeldung für
die mittlere Ostsee. Eine unmittelbare Gefahr für uns leitete
ich daraus nicht ab. Kurze Zeit später erhielt ich vom Luft-
aufklärer die Meldung über einen Aufklärer nordöstlich von
Saßnitz, worauf ich um 22.45 Uhr Fliegeralarm auslöste.
Um mit meinem Schiff immer manövrierfähig zu sein, lautete meine Anweisung: »Vor Anker oder im Hafen hat immer
ein Kessel unter Feuer zu sein!« So konnte ich in diesem Fall*

Torpedoboot „T 36", das am 31. Januar 1945 250 Flüchtlinge aus Danzig und 564 Überlebende der „Wilhelm Gustloff" sicher nach Saßnitz gebracht hatte, konnte sich am 6. März erfolgreich aus der Angriffszone retten.

sofort die Steuerbordmaschine einsetzen, und es gelang, das Boot ohne nennenswerte Schäden aus dem Bombenteppich herauszumanövrieren.

Um 23.35 Uhr drehte der alliierte Bomberverband ab. Als das Feuerwerk vorbei war, glich Saßnitz einem Flammenmeer. Die Stadt bot an vielen Stellen ein Bild der Verwüstung. Die Hafenmole war auf mehreren hundert Metern Länge von Volltreffern zerstört worden, das Bahnhofsgebäude brannte und drohte einzustürzen und die auf dem Verschiebebahnhof abgestellten, mit Flüchtlingen überfüllten Transportzüge waren von Sprengbomben zerfetzt wor-

*Nach dem Bombenangriff. Trümmerfrauen räumen in der Gartenstraße
in Saßnitz auf.*

den. Aus den Wagentrümmern gellten noch Stunden nach
dem Angriff markerschütternde Schmerzensschreie der unzähligen Verwundeten.

Vom Rettungshafen zur „Festung"

Mit dem Luftangriff vom 6. März hatte Saßnitz seine für
die „Rettungsaktion Ostsee" wichtige Funktion als Anlandehafen für Flüchtlingsschiffe verloren. Der Hafen war zerstört, der Bahnhof zerbombt. Die Gleisanlagen waren fortan für lange Zeit unbrauchbar und damit war der Weitertransport von Flüchtlingen und Verwundeten unmöglich
geworden.

Viele Bewohner von Saßnitz und der Insel Rügen stellten sich Mitte März die Frage nach der Zukunft der Stadt und der Insel Rügen. Würde man Saßnitz und Rügen verteidigen, wenn russische Truppen versuchen, die Insel zu erobern?

Dafür gab es Pläne, von denen die Bewohner kaum etwas wussten. Bereits im Herbst 1944 war ein „Festungsstab Saßnitz" eingesetzt worden, der Ende 1944 mit seiner Arbeit begonnen hatte, mit dem Versuch, einen „Verteidigungsbereich Saßnitz" zu errichten und auszubauen. In der ersten Aufbauphase wurde durch die Einrichtung weiterer Flakbatterien um den Hafen die Luftverteidigung weiter verbessert. Das war zunächst alles. Die Frage einer eventuell notwendig werdenden Verteidigung war Ende 1944 noch nicht akut.

Obwohl sich auf Rügen fast ausschließlich Dienststellen der Kriegsmarine befanden, war die Verteidigung der Insel vorrangig Aufgabe des Heeres. Mit feindlichen Landungsunternehmen rechnete kaum jemand. Zur Inselverteidigung waren zwar die vorhandenen Einheiten des Heeres und der Luftwaffe verstärkt worden; dabei handelte es sich aber vor allem um kampfungewohnte Volkssturm- und Alarmeinheiten sowie um Versprengte.

Die Lagekarten der Heeresgruppe Weichsel wiesen seit dem 3. April 1945 einen dem Panzerarmee-Oberkommando 3 unterstehenden „Verteidigungsbereich Saßnitz" aus. Das Kommando über diesen Verteidigungsbereich übernahm Generalmajor Hans Voigt, ein bewährter Heeresoffizier, der zuletzt Kampfkommandant in Arnswalde gewesen war. Er traf am 13. April auf Rügen ein. Sein Gefechtsstand befand sich in Saßnitz im „Hotel am Meer".

Drei Insel-Kommandanten

Generalmajor Voigt erfuhr erst nach seinem Dienstantritt von der kuriosen Tatsache, dass es außer ihm noch zwei weitere Inselkommandanten gab.

Es handelte sich zum einen um Kapitän zur See Dr. Jeck, den der Oberbefehlshaber der 3. Panzerarmee, General Hasso von Manteuffel, zum Kommandanten des Verteidigungsbereiches Saßnitz und später zum Festungskommandanten von Saßnitz ernannt hatte. Dieses Problem wurde nach Eintreffen von Generalmajor Voigt rasch gelöst, er machte den Kapitän zur See Dr. Jeck zum stellvertretenden Festungskommandanten mit besonderen Aufgaben für die Kriegsmarine.

Gleichzeitig unterstellte er ihm den seit Ende März 1945 eingesetzten Leiter der Seetransportstelle Saßnitz/Rügen, Kapitänleutnant Streitenfeldt. Dieser wurde später Hafenkommandant von Saßnitz, wobei ihm in den letzten Tagen entscheidende Aufgaben für den gesicherten Abtransport der Besatzung und der Bevölkerung über See zufielen.

Drei Tage bevor er Stralsund verließ, erhielt Kapitän zur See Zollenkopf seine Ernennung zum Inselkommandanten von Rügen übermittelt.

Dass es zu keinen Kompetenzstreitigkeiten kam, lag an der Persönlichkeit der drei Offiziere, ihrer konstruktiven Zusammenarbeit und dem guten Verhältnis der Marine- und der Heeresführungsstelle.

Generalmajor Voigt war der eigentliche Inselkommandant auf Rügen.

Schwierig gestaltete sich für alle militärischen Dienststellen die Zusammenarbeit mit dem Gauleiter von Pommern und Reichsverteidigungskommissar Schwede-Coburg, der sich rechtzeitig mit seinem Stab von Stralsund nach Rügen abgesetzt hatte. Er residierte dort auf dem Gut Plüggentin. Als der Gauleiter in seiner Eigenschaft als Reichsverteidigungskommissar versuchte, sich auf Druck von Parteifunktionären militärische Befehlsbefugnisse anzumaßen, gelang es Generalmajor Voigt mit diplomatischem Geschick, ihn von einer Einmischung abzuhalten.

Aufforderung zur Kapitulation

Die Führung der 2. sowjetischen Stoßarmee hoffte, dass die auf Rügen, Dänholm und Usedom befindlichen schwachen deutschen Kräfte, die mit etwa 20 000 Mann weit überschätzt wurden, vor ihr kapitulieren würden. Deshalb ließ Generalleutnant Fedjuninski durch Vertreter des Bürgerausschusses der Stadt Stralsund den jeweiligen Inselkommandanten Kapitulationsaufforderungen überbringen, nebst einem von Stralsunder Bürgern unterzeichneten Schreiben, die Aufforderung anzunehmen. Die drei Parlamentärgruppen waren: Pfarrer Radeck, seine Schwester, Dipl.-Ing. Beug für Rügen; Dr. med. Glatzer, Dr. med. Grieshammer und die DRK-Schwester Judisch für Dänholm sowie Pastor Heibig und Herr Thomas für Usedom. Die Kapitulationsaufforderung enthielt massive Drohungen für den Fall der Ablehnung sowie zeitliche Vorgaben, die die Aufforderung zu einem Ultimatum machten.

Von der Übergabe in Saßnitz berichtet Generalmajor Voigt:

Am 2. Mai 1945 wurden mir in Saßnitz drei Zivilisten vorgeführt, die mit einem Boot über den Bodden nach Altefähr übergesetzt waren und zum Kommandanten der Insel Rü-

gen gebracht werden sollten. *Es war ein katholischer Pfar-*
rer aus Stralsund, seine Schwester und ein Mann, der sich
als dänischer Vizekonsul ausgab. Sie überbrachten mir im
Auftrage des sowjetischen Befehlshabers in Stralsund einen
verschlossenen Brief und ein Schreiben des Bürgermeisters
von Stralsund, der von einer Anzahl von Stralsunder Bür-
gern mit unterschrieben war. In dem Schreiben forderte der
Bürgermeister den Kommandanten auf Rügen auf, jeden Wi-
derstand als sinnlos und verbrecherisch aufzugeben und dem
Beispiel Stralsunds zu folgen. Dabei wurde die Hilfsbereit-
schaft der sowjetischen Truppen hervorgehoben.

Der verschlossene Brief enthielt eine an den Kommandan-
ten von Rügen gerichtete und vom sowjetischen Generalmajor
Ljastschenko unterschriebene Kapitulationsaufforderung mit
dem Ultimatum, dass die Insel bis zum 3. Mai 1945,
10.00 Uhr, übergeben werden müsse.

Ich erklärte diesen drei Boten, dass mit ihnen keine Ver-
handlungen geführt würden, dass sie aber auch nicht gleich
nach Stralsund zurückkehren könnten, da sie zu viel auf
der Insel bezüglich des Verteidigungszustandes gesehen hät-
ten, was für die Sowjets von Interesse sein könnte. Ich be-
dauerte daher, sie unter Arrest setzen zu müssen, sicherte
ihnen aber beste Behandlung und gute Verpflegung zu.

Über eine noch bestehende Telefonleitung nach Stralsund
gelang es mir noch am selben Abend, den Stab des Generals
Ljastschenko an den Apparat zu bekommen. Ich sprach mit
einem sowjetischen Stabsoffizier und machte ihm die völli-
ge Unmöglichkeit klar, die Übergabe der Insel bis zu dem in
der Kapitulationsaufforderung genannten Zeitpunkt des
3. Mai 1945, 10.00 Uhr, ordnungsgemäß vorbereiten zu kön-
nen. Ich bat dringend um Verschiebung dieses Termins und
um die Genehmigung, am 3. Mai mittags einen von mir be-

auftragten General zu Verhandlungen über die Kapitula-
tionsbedingungen nach Stralsund entsenden zu dürfen. Nach
Rücksprache mit seinem Befehlshaber erklärte mir der so-
wjetische Stabsoffizier sein Einverständnis. Danach ließ ich
einen Funkspruch über die prekäre Lage auf Rügen an das
Oberkommando des Heeres absetzen, den ich am frühen
Morgen des 3. Mai mit Bekanntgabe der Kapitulationsauf-
forderung der Russen wiederholte.

Am gleichen Tag, an dem General Voigt zur Kapitulation
aufgefordert worden war, erschien die Parlamentärgruppe
gegen 16.00 Uhr auf Dänholm. Sie wurde zur Insel gebracht
und übergab die Schreiben an den Stützpunktkommandanten, Korvettenkapitän Dittmers. Die Russen forderten eine
Übergabe noch am gleichen Tag bis 20.00 Uhr. Nachdem
Korvettenkapitän Dittmers eine fristgemäße Entscheidung
zugesagt hatte, verließen die Parlamentäre Dänholm. Die
Übergabe der Kapitulationsaufforderung auf Usedom kam
aufgrund der inzwischen eingetretenen Frontlage nicht zu-
stande.

Der Brief des Gauleiters an Dönitz

Wie unsicher der Gauleiter von Pommern und Reichsverteidigungskommissar für den Wehrbezirk II Franz Schwede-Coburg nach dem Selbstmord Hitlers am 30. April 1945
geworden war, ging aus einem Brief hervor, den er am 2. Mai
aus seinem Fluchtdomizil auf Rügen schrieb. SA-Obergrup-
penführer Nibbe überbrachte ihn Großadmiral Dönitz.
    Schwede-Coburg schilderte die Lage auf Rügen und bat
um eine militärische Entscheidung. U.a. hieß es:

Die Stimmung auf Rügen ist auffallend schlecht. Die Bevöl-
kerung zeigt verschiedentlich die weiße Flagge und neigt zu
einer Haltung, die eine Verteidigung behindert. Ausgelöst
wird diese Haltung durch die feindlichen Erfolge und durch
die Angst, Hab und Gut und Leben bei der Verteidigung der
Insel zu verlieren. Genährt wird diese Stimmung aber auch
durch die allgemeine, nicht mehr verbergbare Erkenntnis,
dass die für die Verteidigung der Insel zur Verfügung ste-
henden Kräfte äußerst gering sind. Auf der Insel befindet
sich kein einziger aktiver Frontsoldat. Fünfzig Prozent der
Verteidiger stellen Splittergruppen, den Rest Hitlerjugend-
Bataillone und Volkssturmeinheiten.

Die Bewaffnung besteht durchweg aus Beutewaffen mit
zum Teil geringen Munitionsbeständen. Schwere Waffen feh-
len fast vollständig. An Geschützen sind nur drei ortsge-
bundene Flakbatterien in Saßnitz vorhanden. Infolgedessen
werden die Militär- und Parteidienststellen der Insel immer
wieder gefragt, ob eine Verteidigung mit diesen Kräften über-
haupt noch sinnvoll ist und gegenüber der Bevölkerung zu
verantworten sei.

Tatsächlich billigt auch der Kommandant der Insel der
Festung nur kurze Widerstandskraft zu, wenn nicht schwe-
re Waffen und Hilfe durch Marine und Luftwaffe zugeführt
werden können.

Darum, verehrter Herr Großadmiral, wiederhole ich noch
einmal die Bitte, der Inselfestung Rügen schwere Waffen,
vor allen Dingen Artillerie und Pak, aber auch mindestens
ein anständiges Regiment Infanterie zuzuführen sowie
Schutz von See und aus der Luft sicherzustellen.

Sollte dagegen auf Grund der allgemeinen Lage eine aus-
reichende Verstärkung der Verteidigungskraft der Insel nicht
durchgeführt werden können, dann erbitte ich klare Wei-

sung, was unter diesen Umständen zu geschehen hat und ob auch jetzt noch mit geringen Mitteln die hartnäckige Verteidigung der Insel notwendig ist.

Bemerkenswert an dem Brief des Gauleiters war zum einen die Forderung nach schweren Waffen zur Verteidigung der „Inselfestung Rügen", zum anderen die realistische Einschätzung der Verteidigungssituation, wie sie sich am 2. Mai 1945 darstellte.

Räumung statt Kapitulation

Generalmajor Voigt wusste, dass er in den nächsten Stunden so oder so eine Entscheidung treffen musste und dass er mit einer Weisung oder gar Unterstützung übergeordneter Stellen kaum rechnen konnte. Die militärische und politische Situation in Deutschland hatte sich in den letzten drei Tagen grundlegend geändert. Hitler war durch Selbstmord aus dem Leben geschieden. Großadmiral Dönitz, sein Nachfolger, würde neue Akzente setzen. Doch was Dönitz anordnen würde, konnte Voigt in diesen Stunde nicht wissen. Er musste selbständig handeln.

In der aussichtslosen Lage, in der sich die Insel Rügen befand, entschied er sich für die Räumung. Angesichts des bevorstehenden Kriegsendes wollte er seine Soldaten vor der sowjetischen Kriegsgefangenschaft retten und die Bevölkerung vor weiterem Leid schützen.

Die Zeit drängte. Am Nachmittag des 2. Mai 1945 um 16.00 Uhr hatte die Parlamentärgruppe ihr Schreiben an den Stützpunktkommandanten von Dänholm übergeben. Die Russen forderten die Übergabe von Dänholm, wie gesagt, noch am gleichen Tag um 20.00 Uhr. Der Stützpunktkommandant schickte die Parlamentäre nach Stralsund zurück. Er sagte zu, die Forderung auf ihre Realisierbarkeit hin zu prüfen, er könne aber eine Entscheidung über die terminliche Einhaltung der Übergabeforderung nicht allein treffen. Er würde die Entscheidung aber umgehend telefonisch mitteilen. Auch auf Dänholm ging es um Zeitgewinn.

Generalmajor Voigt gab sein Einverständnis zur Räumung Dänholms in der Nacht vom 2. zum 3. Mai.

Als sich der letzte deutsche Soldat nach Rügen abgesetzt hatte, sprengten Pioniere den auf der Seite von Dänholm gelegenen Teil der Rügendammbrücke, um ein schnelles Nachrücken sowjetischer Truppen auf Rügen zu verhindern. Die Sprengung erfolgte gegen 10.00 Uhr.

Der Inselkommandant hatte sich nach reiflichem Überlegen dafür entschieden, Rügen militärisch zu räumen. Eine Übergabe an die Sowjets lehnte er ab. Sie wäre einer Kapitulation gleichgekommen, wobei alle Soldaten auf Rügen in sowjetische Kriegsgefangenschaft geraten wären, was er ja verhindern wollte. Die Räumung musste rasch und möglichst geräuschlos erfolgen, ohne dass sowjetische Truppen sie bemerkten. Sie durften frühestens davon erfahren, wenn der letzte deutsche Soldat Rügen verlassen hätte.

Generalmajor Voigt sagt über sein Vorhaben:

Am frühen Morgen des 3. Mai 1945 hatte ich eine eingehende Besprechung mit Gauleiter und Reichsverteidigungskommissar Schwede-Coburg in seinem Stabsquartier auf Rügen, dem Gut Plüggentin. Ich unterrichtete ihn über die aussichtslose militärische Lage, die Kapitulationsaufforderung der Sowjets und über meine Absicht, zum Schein darauf einzugehen, aber die Insel planmäßig zu räumen und über See zu verlassen. Alle erforderlichen Maßnahmen hätte ich bereits eingeleitet.

Nach erregtem Wortwechsel, besonders mit dem stellvertretenden Gauleiter Simon, gab Schwede-Coburg sein Einverständnis dazu, sich mit seinem Stab am Abend des 4. Mai 1945 im Hafen von Saßnitz zur Einschiffung einzufinden.

Im Anschluss an das Gespräch mit dem Gauleiter fuhr ich zurück nach Saßnitz. Hier hatte ich alle erreichbaren Kommandeure, Kommandanten und Einheitsführer versammeln lassen, um ihnen die hoffnungslose Lage auf der Insel und meinen daraus resultierenden Entschluss der militärischen Räumung bekannt zu geben. Hier, wegen des so besonders gelagerten Falles um ihre Meinung befragt, erklärten sie alle, jeder einzeln, ihr volles Einverständnis mit meiner Entscheidung und den eingeleiteten Maßnahmen.

Bereits um 8.45 Uhr am Morgen des 3. Mai hatte ich eine zweite Funkmeldung an das Oberkommando der Wehrmacht, wiederum gleichzeitig an das stellvertretende Generalkommando II. Armeekorps, absetzen lassen, mit der Mitteilung, dass mit einem sowjetischen Angriff auf Rügen im Laufe des 3. Mai zu rechnen sei. Mit keinem Wort erwähnte ich die vorgesehene Räumung der Insel.

Eine dritte Funkmeldung ließ ich am 3. Mai um 11.30 Uhr absetzen, diesmal an das Marineoberkommando-Ost in Kiel, nachrichtlich an den Admiral Westliche Ostsee zur sofortigen Übermittlung an den Oberkommando-Führungsstab. In drei Punkten erläuterte ich kurz und knapp die von den Sowjets geforderte kampflose Übergabe der Insel. Ich stellte auch eine nur kurzfristige Verteidigung als aussichtslos dar und bat um eine schnelle Entscheidung über Funk oder Luftweg, da auf Lagemeldung bisher keine Antwort.

Scheinverhandlungen in Stralsund

Generalmajor Voigt sandte, wie tags zuvor telefonisch mit
dem sowjetischen Stab vereinbart, am Mittag des
3. Mai 1945 General Breusing nach Stralsund. Dieser hatte
die ausdrückliche Weisung, den geforderten Übergabezeit-
punkt soweit als möglich hinauszuschieben. Breusing besaß nur die Vollmacht zu verhandeln, keinesfalls die Befug-
nis, eine Kapitulation zu unterschreiben.

Bei seiner Landung im Hafen von Stralsund gegen
16.00 Uhr wurde General Breusing von einer sowjetischen
Offiziersabordnung feierlich empfangen. An ihrer Spitze befand sich Generalmajor Ljaschtschenko, der Kommandeur
der sowjetischen 90. Schützendivision, höchstpersönlich. Offenbar ging er von der Erwartung aus, dass – ähnlich wie in
Greifswald – eine offizielle Kapitulation durch den Inselkommandanten erfolgen würde.

Die sowjetischen Gesprächspartner zeigten sich sehr ent-
täuscht, als General Breusing seinem Auftrag entsprechend
nur verhandeln und nichts unterschreiben wollte. Schließlich händigte man dem General „Waffenstillstandsbedingungen für die Insel Rügen" aus und verabschiedete ihn
kühl.

Kurz nach 23.00 Uhr traf General Breusing wieder auf
Rügen ein. Erst jetzt erfuhr er von der vorgesehenen Räumung und den beabsichtigten Abtransport über See. Während er in Stralsund Scheinverhandlungen mit den Sowjets
geführt hatte, hatte General Voigt entscheidende Schritte
zur Räumung eingeleitet.

Voigt war sich im Klaren darüber, dass er mindestens
24 Stunden brauchen würde, um alle auf Rügen befindlichen Truppen in Saßnitz zusammenzuziehen und die La-

zarette räumen zu lassen, damit am 4. Mai um Mitternacht mit der Einschiffung begonnen werden konnte. Bis dahin musste der Leiter der Seetransportstelle Saßnitz, Hafenkommandant Kapitänleutnant d.R. Streitenfeldt dafür sorgen, dass alle auf Rügen verfügbaren Schiffe im Hafen und auf der Reede von Saßnitz zur Einschiffung bereitlagen.

Gemäß den sowjetischen Waffenstillstandsbedingungen sollte die Insel am 4. Mai, 5.00 Uhr morgens deutscher Zeit, bei Altefähr, Glewitzer Fähre und Poseritzer Hafen von sowjetischen Truppen betreten werden. Bis 15.00 Uhr nachmittags deutscher Zeit sollte die gesamte Besatzung der Insel zur Waffenabgabe angetreten sein. Eine fernmündliche Antwort auf diese Bedingungen sollte der Inselkommandant bis zum 4. Mai um 1.00 Uhr durchgeben.

Hierzu General Voigt:

Am 4. Mai 1945, morgens 1 Uhr deutscher und 2 Uhr russischer Zeit, also zu der Zeit, zu der ich meine Antwort auf die »Waffenstillstandsbedingungen« geben sollte, führte ich, wiederum um Zeit zu gewinnen und die Sowjets zu täuschen, ein letztes Telefongespräch mit dem sowjetischen Stabsoffizier vom Stabe des Generals Ljastschenko über die »Waffenstillstandsbedingungen« des Inhalts: »Die schlechten Nachrichtenverbindungen auf der Insel machen die Innehaltung der gestellten Zeiten unmöglich. Ich bitte, die Antwort um zwei Stunden hinauszuschieben.« Dann legte ich auf. Ich habe nicht wieder angerufen.

Frauen-Demonstration in Saßnitz

Da den Frauen von Saßnitz bis zum Nachmittag noch nichts davon bekannt war, dass um Mitternacht das Militär die

Insel verlassen würde, entschlossen sie sich zu einer Demonstration. Sie hatten beim Luftangriff am 6. März die Schrecken des Krieges erlebt. Sie wussten auch, dass Hitler tot war und die Sowjets sich bereits in Stralsund befanden. Sie waren auch der Meinung, dass der Krieg längst verloren war und hatten Angst davor, dass sich die noch auf Rügen befindlichen Einheiten wehrten, vor allem die SS und die Werwölfe der Hitlerjugend. Das würde zur Zerstörung der Insel Rügen führen und zu einem sinnlosen Blutvergießen.

Auf Initiative der Hausfrauen Gertrud Dueque, Hilde Wolter und Lotte Schimmelpfennig, der Schneiderin Lotte Haß und der Lehrerin Jädke zogen über 200 Frauen vor den Sitz des Inselkommandanten im „Hotel am Meer". Als der Demonstrationszug gegen 15.00 Uhr eintraf, war der Inselkommandant nicht anwesend. Den Protest der Frauen nahmen Stabsoffiziere entgegen. Die Forderung der Saßnitzer Frauen lautete kurz und knapp: Wir wollen, dass unsere Heimatstadt erhalten bleibt, dass hier nicht gekämpft wird, sondern die Stadt kampflos übergeben wird!

Eine solche Demonstration hatte es bisher in Saßnitz nicht gegeben. Als der Saßnitzer Ortsgruppenleiter der NSDAP, Franz Jakobi, seinen Unmut äußerte, versetzten die Frauen ihm eine Tracht Prügel.

Nächtliche Einschiffung

Die Aufgabe, die General Voigt dem Kapitänleutnant d.R. Streitenfeldt als Leiter der Seetransportstelle Saßnitz übertragen hatte, war schwierig, aber für einen fronterfahrenen Marineoffizier lösbar, selbst unter extremem Zeitdruck.

Inzwischen war die Räumung der Insel Rügen auch von

oben befohlen worden. Am 4. Mai, um 9.35 Uhr, war in Saßnitz vom Chef des Oberkommandos der Wehrmacht, Generalfeldmarschall Keitel, ein Befehl eingegangen, der besagte: Insel nicht verteidigen. Abtransportieren, was möglich,
danach Insel übergeben.

Wenig später kam ein zweiter, diesmal vom Marineoberkommando Ost: Mit Einschiffung am 5. Mai, 0.00 Uhr, beginnen. Ablauf aus Saßnitz wird auf den 5. Mai, 5.00 Uhr,
festgesetzt. Zielhafen für alle: Kopenhagen.

Streitenfeldt hatte schon am Vortag begonnen, alle erreichbaren Schiffe in den Saßnitzer Hafen und auf die Reede von Saßnitz zu beordern. Einige Schiffe hatten Tage oder
Stunden zuvor Saßnitz verlassen. Dazu gehörte das Eisen-
bahnfährschiff „Deutschland", das über zehn Tage ohne
Kohle in Swinemünde gelegen hatte, dann nach Saßnitz gekommen war, hier 2 000 Flüchtlinge an Bord genommen
hatte und am 30. April Richtung Dänemark gelaufen war.
Dazu gehörte auch der Eisbrecher „Stettin", der bereits um
6.40 Uhr, die „Fähre Versailles" im Schlepp, Saßnitz verlassen hatte.

Am Nachmittag des 4. Mai hatten sich die Soldaten der
Marineartillerieschule II mit etwa 150 Mann auf ein kleines Fahrgastschiff begeben und Saßnitz verlassen. Zuvor
hatten sie alle Entfernungs- und Funkmessgeräte zerstört
und die E-Geräte gesprengt.

Die „Saßnitzer Transportflotte", die sich im Laufe des
Tages im Hafen und auf der Reede eingefunden hatte, war
in ihrer Verschiedenheit und ihrer Größenordnung einma-
lig: Minensuchboote und -räumboote, Flugsicherungsboote, Sperrboote, Frachter, Scheibenschleppboote der Marineartillerieschule, ein Eisbrecher, ein Schwimmdock, ein großer Hafenkahn, ein mit Schlagseite im Hafen liegendes ehe-

maliges Kanalboot mit einem Schlepper davor und sonstige
kleinere Fahrzeuge. Das größte Fahrzeug war das auf Reede liegende Trossschiff „M/S Kurland".

Sorge bereiteten dem Leiter der Seetransportstelle Saßnitz zwei Schiffe: Das Schwimmdock mit 800 russischen
Kriegsgefangenen und ein geschlossener Seeleichter mit KZ-
Häftlingen. Dieser Leichter lag bereits einige Wochen draußen auf Reede vor Anker. Streitenfeldt hatte festgestellt,
dass die Gefangenen nur einmal am Tag mit Suppe versorgt wurden.

Einige Schiffe hätte er überhaupt nicht auf See schicken
dürfen, weil ihre Seetüchtigkeit angezweifelt werden musste. Aber zur Räumung der Insel wurde jedes Wasserfahr-
zeug benötigt.

Aus den großen Proviantlagern der Kriegsmarine bei
Saßnitz waren alle Fahrzeuge ausreichend mit Verpflegung
für eine Zweitagesreise versorgt worden.

Pünktlich um Mitternacht des 4. Mai 1945 begann die
Einschiffung.

Gauleiter Schwede-Coburg und sein Stab gehörten zu den
ersten. Man hatte ihm das ausgeschlachtete Kanalboot zugewiesen, das von einem Eisbrecher gezogen wurde. Er gab
sich damit ohne Widerrede zufrieden. Als sein Rettungsschiff über Kopenhagen nach Kiel gelangt war, ging er allerdings im Zeug eines Maschinisten von Bord. Er wurde trotzdem erkannt und von den Engländern abgeführt.

Der Leiter der Seetransportstelle Saßnitz hatte einge-
schätzt, dass seine „Flotte" insgesamt etwa 8 000 bis 10 000
Menschen befördern könnte. Mit fortschreitender Belegung
der Fahrzeuge zeigte sich, dass der vorhandene Schiffsraum
gut ausreichte.

Aufgrund der mangelnden Fahrtüchtigkeit einiger Schif-

fe sollten zunächst keine Flüchtlinge an Bord gelassen werden. Dann wurde doch die Hafensperre für sie aufgehoben.
Aber es kamen nur einige hundert Zivilisten. Viele Flüchtlinge aus dem Osten wollten nicht mehr weg, sie waren zu
einer weiteren Flucht mit unbestimmtem Ziel nicht mehr
in der Lage. Lieber blieben sie hier in Saßnitz in einem Massenquartier, in dem sie sich schon eingelebt hatten, oder in
einem der umliegenden Dörfer auf der Insel.

In ihrer „Treue zu Hitler" blieben eine Gruppe von SS-
Soldaten sowie der stellvertretende Gauleiter Simon und
der Kreisleiter von Deutsch-Krone in Saßnitz.

Zuletzt kamen Hitlerjungen

Kapitän zur See Dr. Jeck, der stellvertretende Inselkommandant, befand sich am späten Abend auf dem Weg nach Saßnitz. Auf der Landstraße von Bergen nach Saßnitz traf er
kurz vor Mitternacht überraschend auf eine starke HJ-Einheit. Die Jugendlichen waren bewaffnet, von der Existenz
ihrer Einheit wusste aber niemand etwas, auch General
Voigt nicht, wie sich später herausstellte.

Die Jugendlichen, insbesondere ihre Führer, erklärten
kategorisch, sie wollten als „Werwölfe" auf Rügen im Rük-
ken des Feindes weiter kämpfen. Sie glaubten immer noch,
„das Vaterland verteidigen" zu müssen.

Rügen besaß für die Hitlerjugend eine besondere Bedeutung. Hier befand sich die Hans-Mallon-Gedächtnisstätte.
Hans Mallon gehörte zu jenen 21 Hitlerjungen, die vor 1933
von Angehörigen sozialdemokratischer und kommunisti-
scher Kampfverbände ermordet wurden. Die Mallon-Ge-
dächtnisstätte, einem germanischen Langhaus nachgebildet,
wurde vor der Räumung der Insel gesprengt.

Kapitän Dr. Jeck musste seine ganze Beredtsamkeit und Überzeugungskraft aufwenden, um die Hitlerjungen von der Aussichtslosigkeit ihres Einsatzwillens zu überzeugen. Schließlich gaben einige Jungen nach, andere folgten und zum Schluss hörten alle auf den Rat des stellvertretenden Inselkommandanten, in den Saßnitzer Hafen zu marschieren und dort auf ein Schiff zu gehen. Der Kapitän schickte seinen Fahrer mit dem Wagen voraus nach Saßnitz, um den Jungen ein Schiff zu sichern, denn er wusste nicht, wie stark der Andrang dort war.

Als die 700 Hitlerjungen im Hafen eintrafen, hatte Kapitänleutnant Streitenfeldt bereits für einen Transporter gesorgt. Es war das Motorschiff „Kurland", das seit Monaten als Flüchtlingstransporter in der Ostsee eingesetzt war und schon mehrere tausend Menschen über das Meer gerettet hatte.

Ein Schiff, ein Generalstab und 600 Kinder

Über den letzten Einsatz der „Kurland" berichtet Christian Drolle, der seit April 1944 als Vollmatrose der Handelsmarine auf dem Schiff seinen Dienst versah:

Das Motorschiff »MS Kurland«, 7 336 Tonnen groß, erst 1940 in Dienst gestellt, von der Südamerikanischen Dampfschifffahrts-Gesellschaft in Hamburg bereedert, von der Kriegsmarine übernommen und eingesetzt, war ein relativ neues Schiff. Die Besatzung bestand aus Angehörigen der Kriegs- und Handelsmarine. Zu letzteren zählte auch ich. Zur Kriegsmarine gehörte der Kommandant, Kapitänleutnant Purrmann, sein Erster Wachoffizier, der leitende Ingenieur in der Maschine, ein Verwaltungsoffizier – zuständig für Öl,

Munition, Proviant und Bekleidung – und 120 Mann verschiedener Dienstgrade. Die Handelsmarine stellte den 1.,
den 2. und den 3. Offizier und das seemännische Personal
mit 30 bis 40 Mann, die für die Kriegsmarine als sogenann-
tes »Wehrmachtsgefolge« kriegsdienstverpflichtet waren.

Die »MS Kurland« gehörte zum Tross der Kreuzer »Prinz
Eugen« und »Lützow« sowie sechs weiteren Zerstörern. Die
»Kurland« war sehr gut bewaffnet mit mehreren MG-Stän-
den, 2-cm-Vierlingsflak, 3,7-cm-Geschützen, einer 10,5-cm-
Kanone, mehreren Raketenwerfern und Wasserbomben. Dazu
gehörte eine starke militärische Besatzung. Selbst wir von
der Handelsmarine hatten lernen müssen, mit den Flakgeschützen umzugehen.

In der zweiten Hälfte des Jahres 1944 waren wir in Swinemünde eingesetzt und zwei Monate in Saßnitz. Im Januar 1945, als die Flüchtlingstransporte begannen, wurden wir
nach Gotenhafen beordert. Wir nahmen dort 3 000 Flüchtlinge und 1 000 leicht verwundete Soldaten an Bord und
brachten sie in der gleichen Nacht, in der die »Gustloff« torpediert wurde, nach Swinemünde.

Am 12. März 1945 befand sich die »MS Kurland« im Hafen
von Swinemünde. Hier erlebten wir den großen Luftangriff.
Bei einem Versuch, auf der anderen Werftseite Verwundete
zu bergen, erhielt unsere Pinasse Bombenvolltreffer und sank.
Wir verloren dabei sechs unserer Kameraden, vier mussten
schwer verletzt ins Lazarett eingeliefert werden. Später übernahmen wir am Kai Munition, die zum Kreuzer »Lützow«,
der in der Kaiserfahrt lag, transportiert werden sollte. Auch
die 30 Kadetten, die sich bei uns an Bord befanden, gaben
wir ab.

Am 9. April 1945 befand sich »MS Kurland« in Kiel, um
Öl zu bunkern, als ein schwerer Luftangriff erfolgte. Unweit

Auf dem überfüllten Motorschiff „Kurland" müssen die meisten Passagiere die Fahrt von Saßnitz nach Kopenhagen an Oberdeck im Stehen, den Unbilden der See ausgesetzt verbringen. Sie sind jedoch froh, vor dem Zugriff der Soldaten der Roten Armee gerettet zu werden.

von uns kenterte, von Bomben getroffen, das Schiff »Admiral Scheer«.

Unser nächster Ostsee-Einsatzhafen war wieder Swinemünde, das geräumt wurde. Wir holten über 2 000 Flüchtlinge aus dem Hafen und übergaben sie auf große, auf der Reede liegende Schiffe.

Danach begleiteten wir die »Prinz Eugen« und sechs Zerstörer bis Saßnitz. Wir blieben auf Saßnitz-Reede liegen, um weitere Befehle für unseren Einsatz abzuwarten. Die Besatzung des Kreuzers »Prinz Eugen«, die seit den ersten Februartagen keinen Landgang mehr hatte, wurde in kleinen Grup-

Der Saßnitzer Hafen. In den ersten Maitagen 1945 versammeln sich im Hafen und auf der Reede neben der M/S „Kurland" unter anderen Minensuch- und -räumboote, Sperrboote, Frachter, ein Eisbrecher und ein Schwimmdock. Am 5. Mai, 5.00 Uhr, verlässt die „Saßnitzer Transportflotte" befehlsgemäß Rügen mit Kurs Kopenhagen.

pen, jeweils für zwei Stunden zur Erholung nach Saßnitz an Land geschickt.

Am 19. April trat die »Prinz Eugen« und die ihn beglei-tenden Zerstörer die Weiterfahrt nach Kopenhagen an. Die »MS Kurland« blieb auf Saßnitz-Reede. Erst am 4. Mai 1945, gegen Mittag, erhielten wir einen neuen Einsatzbefehl. Es wurde auch Zeit, denn in den letzten Tagen hatten sich die Nachrichten überschlagen.

Nach dem Freitod von Adolf Hitler kursierte zunächst das Gerücht, dass sich SS- und Werwolf-Einheiten von Stral-sund auf die Insel Rügen zurückgezogen hätten, um sie zu verteidigen. Hierfür wären auch Kriegsschiffe angefordert

*worden und Verstärkungen der Landstreitkräfte über See.
Dann hieß es, der Reichsführer-SS Heinrich Himmler habe
mit den Alliierten vereinbart, jetzt gemeinsam mit deutscher
Beteiligung gegen die Sowjets vorzugehen. Es waren alles
nur Gerüchte. Tatsache war, dass wir am 4. Mai 1945 erfuhren: Die Insel wird nicht verteidigt, sondern geräumt. Bereits in der Nacht vom 3. zum 4. Mai hatten wir aus Saßnitz
auslaufende Schiffe beobachtet. Die Räumung musste also
schon am Vortag begonnen haben.*

*Da wir wegen des Tiefgangs der »MS Kurland« nicht in
den Hafen von Saßnitz einlaufen konnten, mussten unsere
Passagiere vom Hafen Saßnitz mit Booten und anderen Fahrzeugen zu uns auf die Reede gebracht werden. Deshalb gehörten wir zu den ersten Schiffen, die beladen wurden, da
der Bootszubringerdienst sehr viel Zeit raubte.*

*Es waren zunächst etwa 600 Kinder im Alter von 6 bis 14
Jahren mit Begleiterinnen, die uns gebracht wurden. Wie
ich hörte, handelte es sich um das komplette Kinderheim
»Hotel Nordperd« aus Göhren auf Rügen. Die Kinder waren
mit der Bahn von Göhren nach Saßnitz befördert worden.
Bei den Kindern, vor allem bei den älteren Jungen, gab es
ein großes »Hallo«, als sie auf unser Schiff kamen. Sie freu-
ten sich auf ihre erste Seereise, vor allem, nachdem sie auf
ihre neugierige Frage: »Wohin fahren wir eigentlich?«, die
Antwort erhalten hatten: »Wir fahren nach Kopenhagen«.
Die Kinder waren sich, Gott sei Dank, nicht bewusst, dass
diese Seereise auch Gefahren in sich barg, Todesgefahren
durch Minen und Luftangriffe. Man musste mit allem rechnen. Es dauerte einige Zeit, bis wir die Kinder in Massenquartieren untergebracht hatten, denn wir erwarteten noch
weitere Passagiere.*

Diese kamen ebenfalls mit Booten. Es waren keine Flücht-

linge oder »gewöhnliche« Soldaten, sondern ein kompletter Generalstab: der Stab des Inselkommandanten Generalmajor Voigt mit insgesamt etwa 120 Mann.

In der neuen, ungewohnten Umgebung fanden viele Kinder zunächst keinen Schlaf. Einige Jungen waren ihren Betreuern entwichen; sie bestaunten die vielen Offiziere an Bord und fragten uns Besatzungsmitglieder immer und immer wieder: »Wann fährt das Schiff denn endlich los?«

Es dauerte noch Stunden. Immer mehr Schiffe kamen aus dem Hafen und ankerten auf der Reede. Die ganze Nacht über. Erst zwischen drei und fünf Uhr morgens wurde der Konvoi zusammengestellt, die langsamen Schiffe nach vorn, die schnellsten Schiffe nach hinten.

Die »MS Kurland« hatte eine ungewöhnliche Fracht an Bord, einen Generalstab und 600 Kinder, eine wertvolle Fracht, die wir wohlbehalten über die Ostsee brachten, allerdings in einem für uns ungewohnten Schneckentempo. Der Konvoi musste sich nach der Geschwindigkeit des langsamsten Schiffes richten, das den Konvoi anführte! Unser Schiff, das schnellste von allen im Konvoi, bildete den Schluss.

„Ich habe die Insel Rügen geräumt"

Als der Saßnitzer Konvoi am 5. Mai um 5.00 Uhr Rügen mit Kurs Kopenhagen verließ, befanden sich Generalmajor Voigt, sein Stellvertreter, Kapitän zur See Dr. Jeck und Kapitänleutnant Streitenfeldt noch auf der Insel.

Der Inselkommandant hatte 20 Minuten nach der Räumung seines Gefechtsstands um 3.00 Uhr einen letzten Funkspruch an das Oberkommando der Wehrmacht und das Marineoberkommando Ost abgesetzt: „Ich habe die In-

sel Rügen geräumt. Gründe: – Nach Meldung der Truppenführer Kampfmoral stark erschüttert. – Bewaffnung und
Munitionierung völlig unzureichend. – Einstellung Zivilbevölkerung gegen den Kampf. Verrat und Sabotage zu erwarten, zum Teil schon eingetreten. – Die durch Kampfhandlungen zu erwartenden Verluste unter der Zivilbevölkerung und den in einigen Orten großen Massen von Flüchtlingen."

Als Generalmajor Voigt im Saßnitzer Hafen eintraf, erwartete ihn ein vollbesetztes schnelles Flugsicherungsboot.
Es folgte dem mit nur drei Seemeilen Geschwindigkeit da-
hinschleichenden Geleit. Voigt stieg zu seinem Generalstab
auf M/S „Kurland" über.

Schiffe für „Seewolf"?

Kapitänleutnant Beerboom, der sich nach dem Verlassen
von Stralsund mit seinem Bootsverband nach Schaprode
im Westen der Insel Rügen zurückgezogen hatte, wo sich
die aus Stralsund zurückflutenden Truppen gesammelt
hatten, erlebte die ersten beiden Maitage in völliger Ungewissheit. Er wusste nicht, ob geplant war, Widerstand zu
leisten oder zu räumen. Als er die Ansichten verschiedener
Bewohner des Ortes gehört hatte und außerdem bereits einige rote Fahnen aus den Fenstern hingen, fragte er sich,
wer bei dieser Stimmung Rügen noch ernsthaft verteidigen
wollte.

Kapitänleutnant Dr. Beerboom schreibt:

*Am 1. Mai 1945 meldete sich auf meinem Boot in Schaprode
der Führer des SS-Ausbildungsbataillons Schölzke. Er teilte mir mit, dass Adolf Hitler Selbstmord begangen habe.*

Damit habe der Führer das deutsche Volk verraten. Er sähe deshalb keinen Sinn mehr darin, weiterzuleben. Er wäre nur gekommen, um sich von mir zu verabschieden. Wir kannten uns von früheren Felddienstübungen her. Auf meine Frage, was er als SS-Führer nun zu tun gedenke, wich er mir aus. Zehn Minuten später hörte ich aus dem nahen Wald zwei Schüsse. Schölzke und sein Begleiter hatten sich erschossen.

In Anbetracht der Lage verlegte ich am Abend des 2. Mai meinen Verband zur Insel Hiddensee. Mit drei Booten lag ich am Anleger in Vitte. Am nächsten Morgen wurde ich um 5.00 Uhr aus dem Schlaf geweckt. Man führte mir einen aus der See gezogenen Schiffsjungen vor, der von einem Schoner der Schiffswerft in Stralsund stammte. Dieser Schoner sei auf nördlichem Kurs plötzlich von einem Boot, das von einem Hauptmann geführt wurde, gekapert worden. Der Hauptmann habe die Schiffsbesatzung festgenommen und in das Vorschiff eingeschlossen. Er selbst sei gerade noch entkommen und gerettet worden.

Ich ließ meine Boote sofort klarmachen und auslaufen, dem Zweigaffelschoner entgegen. Nachdem meine Männer ihre Panzerfäuste und MG auf den Schoner gerichtet hatten, fuhr ich mit gezückter Maschinenpistole an den Segler heran und enterte ihn. An Deck trat mir der Hauptmann, ebenfalls mit gezogener Waffe, gegenüber. Ich forderte ihn auf, die Waffe niederzulegen, da er keine Chance habe. Dabei wies ich auf meine Männer. Wir legten beide unsere Waffen ab. Darauf entspann sich folgendes Gespräch:

»Mit welcher Berechtigung haben Sie dieses Schiff gekapert und wo befindet sich die Besatzung?«

Ich sah nur SA-Leute hinter dem Hauptmann stehen, die ihre Waffen auf mich gerichtet hielten.

Der Hauptmann zeigte mir ein Papier, Schiffe für Ein-

satzzwecke beschlagnahmen und in den Dienst des »See-
wolfs« stellen zu dürfen. Das Papier zeigte die Unterschrift
von Reichsverteidigungskommissar Schwede-Coburg.

Ich erwiderte, dass auf See nur die Kriegsmarine Befehle
zu erteilen habe und niemand anderes, auch kein Gauleiter
und Reichverteidigungskommissar. Eine militärische Orga-
nisation »Seewolf« sei mir nicht bekannt. Ich forderte den
Hauptmann auf, mit seinen Leuten den Schoner zu verlas-
sen, sonst würde ich das Feuer eröffnen lassen!

Diese Drohung wirkte. Der Hauptmann stieg in sein Boot,
das an den Schoner festgemacht war, und verließ mit seinen
Männern das Schiff mit dem Zuruf: »Ich sorge dafür, dass
Sie vor ein Parteigericht gestellt werden!«

Nachdem wir die Mannschaft des Schoners aus dem Vor-
schiff befreit hatten, übernahm sie das Schiff wieder und
fuhr weiter, am Leuchtturm Dornbusch vorbei, nach Westen.

Wieder nach Vitte zurückgekehrt, erreichte mich ein An-
ruf, wonach Rügen in der Nacht vom 3. zum 4. Mai geräumt
würde. Ich wurde gebeten, von Neuendorf aus auf Hidden-
see eine bestimmte Telefonnummer anzurufen, unter der
Kapitän Zollenkopf zu erreichen sei. In stockdunkler Nacht
fuhr ich mit dem Fahrrad nach Neuendorf. Vom Gasthaus
aus rief ich wie befohlen an. Es meldete sich der Adjutant
des Kapitäns:

»Kapitänleutnant, Sie müssen am 5. Mai, morgens
6.00 Uhr, mit sämtlichen Booten, über die Sie verfügen, am
Anleger Wittower Fähre in Granskevitz auf Rügen sein. Dort
erwartet Sie Kapitän Zollenkopf mit seinem Stab!«

Die Lage war also ernster als ich dachte. Die Sowjets
hatten bereits ihren Fuß auf Rügen gesetzt. Ich tat wie
befohlen. Da das Fahrwasser sehr eng war, hatte man es
mit Tonnen ausgelegt. Dies zwang zur langsameren Fahrt.

Mit einer Stunde Verspätung kamen wir am Bestimmungsort an.

An der Wittower Fähre herrschte Aufbruchstimmung. Meine Motorboote wurden schnell von einer Gruppe von Soldaten besetzt. Kapitän Zollenkopf hatte sich, weil ich bis 6.00 Uhr nicht eingetroffen war, bereits mit seinem Stab auf einem kleinen Küstendampfer, der aus Memel stammte und angeblich nach Schweden fahren wollte, eingeschifft.

Ich war damit aus meiner Verantwortung entlassen. Als meine Boote sämtlich besetzt waren, fuhr ich mit einer Pinasse, wie man sie im Kieler Hafen verwendet, mit sechs Matrosen, zwei Steuerleuten und vier Männern im Maschinenraum ab, vorbei am Leuchtturm Dornbusch, der Nordspitze von Hiddensee, mit Kurs Gedser in Dänemark. Dies war am 5. Mai 1945, morgens um 8.08 Uhr.

Sowjetische Truppen auf Rügen

In den letzten Tagen waren sowjetische Truppen auf Rügen weiter vorgestoßen. Da in Stralsund keine Übersetzmittel zur Überquerung des Strelasundes mehr vorhanden waren – Kapitänleutnant Beerboom hatte sie rechtzeitig sprengen lassen – mussten russische Pioniere am 4. Mai zunächst die gesprengten Brückenteile soweit instand setzen, dass sie begehbar waren. In den Mittagstunden rückte das 108. sowjetische Schützenkorps vor, dem es gelang, noch am gleichen Tag einen Brückenkopf auf Rügen zu bilden.

Ebenfalls am 4. Mai konnten sowjetische Truppen bei der Glewitzer Fähre den Strelasund überwinden. Sie marschierten auf Garz zu und drangen später bis nach Lauterbach vor, das sie am Vormittag des 5. Mai erreichten. Dort fanden sie einen fast leeren Hafen, abgesehen von einigen Jachten und

Fischerbooten, vor. Die größeren Schleppkähne, mit Lebensmitteln und Munition beladen, hatte man rechtzeitig aus dem
Hafen gebracht; sie lagen draußen auf See.

Vom Brückenkopf beim Bahnhof Altefähr aus drangen
sowjetische Truppen am 4. Mai auf Bergen vor. Bei Samtens
teilten sie sich in zwei Gruppen. Während die eine Gruppe
in Richtung Wittower Fähre marschierte, zog die andere
Richtung Bergen.

Die Sowjets waren völlig überrascht, dass sie nirgendwo
auf deutsche Soldaten und Verteidigungslinien trafen. Ihre
Offiziere hatten in Stralsund noch verkündet, auf der Insel
befänden sich 20 000 deutsche Soldaten. Da es keinen Widerstand gab, konnten sie am 5. Mai Bergen, Binz, Sagard
und einige andere Orte kampflos besetzen, am Nachmittag
auch die Stadt und den Hafen von Saßnitz. Das, was sie
erwarteten, deutsche Soldaten, die ihre Waffen niederlegen,
und Schiffe im Hafen, fanden sie nicht vor.

Erst mit der ebenfalls kampflosen Besetzung des zuletzt
geräumten Seefliegerhorstes Bug auf der Halbinsel Wittow
war am 8. Mai 1945 die Besetzung der Insel Rügen abgeschlossen. Die Rote Armee gab an, auf der Insel 4 000 Ge-
fangene gemacht zu haben. Doch diese Zahl muss bezwei-
felt werden.

Die wenigen deutschen Soldaten, die auf Rügen in
Gefangenschaft gerieten, wurden in das sowjetische Internierungslager des NKWD, das sich in der Nähe von Fünf-
eichen bei Neubrandenburg befand, gebracht.

Über Gedser nach Kiel in die Gefangenschaft

Der Saßnitzer Konvoi, der ab 5. Mai um 5.00 Uhr morgens
die Reede von Saßnitz verlassen hatte, kam mit einer Ge-

schwindigkeit von drei Seemeilen pro Stunde nur sehr langsam voran.

Generaloberst Voigt, der sich auf M/S „Kurland" befand,
berichtet über die Fahrt und ihr Ende in Kiel:

*Die geringe Geschwindigkeit der in der Kiellinie fahrenden
Schiffe bereitete mir allergrößte Sorgen. Dies nicht nur we-
gen der Minengefahr, sondern vor allem auch wegen der
Drohung des sowjetischen Befehlshabers, bei Ablehnung der
Kapitulationsaufforderung uns mit allen Mitteln aus der
Luft, vom Wasser und von der Erde aus anzugreifen. Es
musste also auch mit Fliegerangriffen sowie U-Boot-Angrif-
fen gerechnet werden. Doch es geschah nichts!*

*Am Nachmittag des 6. Mai 1945 liefen wir in Kopenha-
gen ein. Hier mussten am 8. Mai alle im Hafen und auf der
Reede liegenden Schiffe die Kriegsflagge streichen, wohl der
schwerste Augenblick im Leben eines Soldaten.*

*Nach Ausscheiden der durch den Eisbrecher gezogenen
langsamsten Einheiten und der Neuzusammenstellung des
schwimmenden Verbandes mit mehreren Großschiffen und
Torpedobooten, verließen wir am 9. Mai Kopenhagen durch
den Sund nach Norden, umrundeten die Insel Seeland
und fuhren durch den Großen Belt nach Kiel, wo wir am
11. Mai 1945 vormittags eintrafen und auf Strander Reede
ankerten.*

*Am 12. Mai 1945 nachmittags holten die Engländer alle
Soldaten von Bord der Schiffe, um uns am 13. Mai in Gefangenschaft nach Ostholstein zu bringen.*

Nicht ganz so reibungslos verlief die Fahrt von Kapitän zur
See Zollenkopf, der aus Seenot gerettet werden musste.

Während sich Kapitänleutnant Dr. Beerboom mit seiner

Pinasse auf dem Weg nach Gedser befand, sah er etwa drei Seemeilen von der Küste entfernt einen kleinen Dampfer in der See dümpeln. Das Schiff lag gestoppt; es schoss Leuchtraketen und befand sich offensichtlich in Seenot.

Kapitänleutnant Dr. Beerboom berichtet:

Ich steuerte das havarierte Schiff an und entdeckte nach dem Näherkommen durch mein Fernglas an Bord des Schiffes Kapitän Zollenkopf. Dieser rief mir durch ein Megafon zu: »Hier Kapitän Zollenkopf, bitte übernehmen Sie uns! Schiff infolge Maschinenschadens nicht mehr fahrtüchtig!«

Um Auftrieb für mein Boot zu haben, gab ich zunächst den Befehl: »Alle Waffen über Bord!« Dazu gehörten Gewehre, MG, Panzerfäuste und Munition. Dann ging ich so nahe wie möglich an das havarierte Schiff heran. Der Seegang ließ ein Anlegen nicht zu. Ich musste jeden einzeln auf mein Boot springen lassen. Es waren Kapitän Zollenkopf, sein Adjutant Vorlauf, der Bataillonskommandant von Dänholm, Korvettenkapitän Dittmers, ein Oberstabsarzt, eine Krankenschwester und zwei Maate. Als Letzter sprang, zu meiner Überraschung, ein General an Bord. Es war Generalmajor Breusing, der sich gemeinsam mit Kapitän Zollenkopf auf den kleinen Küstendampfer eingeschifft hatte.

Neben meiner Besatzung hatte ich jetzt weitere acht Personen an Bord. Mehr war bei dem geringen Auftrieb meines Bootes beim besten Willen nicht zu verantworten.

Ich ließ den im Seegang schaukelnden Dampfer mit seiner Besatzung zurück und nahm Kurs auf einen verankerten Ansteuerungspunkt der Verkehrslinie Lübeck – Kopenhagen, ein verankertes Frachtschiff, das als Kennzeichen des minenfreien Seeweges auf der Seekarte eingezeichnet war.

Es war 15.00 Uhr, als ich dieses Schiff erreichte, also nach

An der kampflosen Räumung der Insel Rügen waren beteiligt: Kapitän zur See Herbert Zollenkopf (links im Bild), sein Adjutant Oberleutnant zur See Vorlauf (Bildmitte) und Kapitänleutnant Dr. Beerboom (rechts im Bild).

acht Stunden Fahrzeit. Ich fragte bei dem Kapitän des Frachters an, welchen Kurs ich nehmen solle. Er riet mir, innerhalb der Dreimeilenzone an der dänischen Küste bis Gedser zu fahren. Dazu überließ er mir auch noch ein Fass Kraftstoff.

Mit Kapitän Zollenkopf hatte ich noch eine Meinungsverschiedenheit. Er wollte unbedingt nach Schweden, da er meinte, dort nicht in Gefangenschaft zu geraten. Ich aber steuerte Gedser an. General Breusing konnte sich zu der strittigen Frage nicht äußern. Er lag seekrank und völlig apathisch auf dem Bootsboden. Alle anderen Männer saßen auf

*den Duchten (Bänken), in Decken gehüllt. Keiner sagte ein
Wort. Beim Weiterlaufen kamen wir an vielen Wracks vorbei, von großen und kleinen Schiffen, die mehr oder weniger
noch aus dem Wasser ragten. Sie waren wohl alle Opfer von
Luftangriffen geworden.*

*Schließlich erreichten wir in den späten Abendstunden Ged-
ser. Ich empfahl General Breusing, noch in der Nacht an Land
zu gehen. Die Krankenschwester verließ mit ihm das Schiff.
Alle anderen sollten an Bord bleiben, bis ich die Lage beim
Hafenkommandanten geklärt hätte. Ich begab mich einige Zeit
später zum Hafenamt. Zu meinem Erstaunen fand ich dort
einen SS-Offizier mit seinem Stab. Er fragte mich, woher wir
kämen und wer sich an Bord befände. Als er gezielt nach Generalmajor Breusing fragte, konnte ich ihm wahrheitsgemäß
antworten, dass sich der General nicht an Bord befände. Ich
sagte ihm aber auch, dass ich schiffbrüchige Marineoffiziere
an Bord habe und fragte, wohin ich diese weitergeben könne,
da sie über Nacht nicht auf meinem kleinen Boot bleiben könnten. Die Marineleute wurden auf die im Hafen liegende Fähre
»Schwerin« beordert. Mich selbst und meine Besatzung sperrte man in eine Arrestzelle im gleichen Gebäude des Hafenam-
tes. Erst am nächsten Morgen sollte geklärt werden, was weiter mit uns geschehen solle.*

*Am nächsten Morgen gegen 6.00 Uhr wurden wir durch
großen Lärm auf dem Korridor aufgeweckt. Kurz darauf wurde unsere Arrestzellentür aufgerissen. Drei Männer mit
Stahlhelm, Karabinern und rot-weißen Armbinden fragten
uns nach unserer Straftat. Ich klärte die Männer auf. Dann
begleiteten sie uns auf die Fähre »Schwerin«, auf der man
alle deutschen Soldaten sammelte, bis die dänischen Freiheitskämpfer, zu denen die Männer gehörten, weitere Befehle erhielten.*

Kurze Zeit später geschah etwas Ungewöhnliches. Wir wurden entlassen und konnten zurück auf unser Motorboot, auf dem sich auch Kapitän Zollenkopf einfand. Er brachte folgende Nachricht mit:

Die dänischen Freiheitskämpfer hätten die Macht übernommen. Sie befürchteten, dass die Russen, die inzwischen die dänische Insel Bornholm besetzt hätten, mit Luftlandetruppen nach Gedser kämen. Das wollten die Dänen verhindern. Wir sollten bei der Verteidigung des Hafens helfen. Das wollten wir auch, uns blieb auch nichts anderes übrig. Die Dänen versorgten uns reichlich mit Verpflegung, aber auch mit Waffen und Munition.

Man berichtete uns, dass drei deutsche Minensuchboote die Einfahrt zum Hafen bewachten. Im Hafen wurden MG-Nester mit Sandsäcken als Splitterschutz eingerichtet. Doch die Sowjets kamen nicht. Gott sei Dank.

Dafür lief, von der Halbinsel Hela kommend, ein deutscher Kriegsschiffverband mit Kriegsfischkuttern in Kiellinie in den Hafen von Gedser ein und machte fest. Es war ein Zufall, dass mit diesem Verband auch Kapitänleutnant Springmann, mit dem ich in den ersten beiden Kriegsjahren als Batteriechef bei derselben Flakabteilung in Kiel-Schilksee Dienst getan hatte, nach Gedser kam. Ich bat ihn, mich mit meinem Boot in seinem Verband mitzunehmen, der mit Genehmigung der Engländer, die inzwischen in Gedser eingetroffen waren, nach Kappeln weiterfahren konnte. Ich fuhr den 14 Kriegsfischkuttern hinterher. Bei Schleimünde mussten wir unsere Kriegsflagge streichen.

Mit der Kapitulation am 8. Mai 1945 ging der Krieg für uns zu Ende. Der nächste Weg, den wir Soldaten gemeinsam gingen, vom Soldaten bis zum General, vom Matrosen bis zum Admiral, war der Weg in die Gefangenschaft. Wir hatten Glück gehabt, es war nicht der Weg in die russische Gefangenschaft.

Während man die mit Schiffen und Booten nach Dänemark gelangten deutschen Soldaten in britische Gefangenenlager abführte, wurden die in Kopenhagen und anderen dänischen Häfen angelandeten Flüchtlinge in Flüchtlingslager abtransportiert.

Kapitel 11
Der letzte Akt des Krieges in Europa

Das Ende der Flucht

Ende April 1945 war der letzte Akt des Krieges in Europa und damit der Flucht aus den Pommernhäfen eingeleitet. Die vollständige Besetzung der letzten Ostseeprovinz Deutschlands – Pommern – durch sowjetische Truppen stand kurz bevor. Über der Hauptstadt Stettin wehte seit dem 27. April die Rote Fahne; die geplante kampflose Räumung des letzten Pommernhafens Swinemünde war ebenso absehbar wie die der Insel Rügen mit dem letzten Fluchthafen Saßnitz.

Am 1. Mai 1945 warteten in Swinemünde, in Saßnitz, auf der Halbinsel Hela und in den Kurlandhäfen Libau und Windau noch weit über eine halbe Million Menschen, fast ausschließlich Frauen und Kinder sowie Verwundete und Soldaten, auf ihre Rettung über die Ostsee.

Am gleichen Tag erfuhren die Deutschen und die Weltöffentlichkeit vom Tod Hitlers, der in seinem politischen Testament Großadmiral Karl Dönitz zu seinem Nachfolger bestimmt hatte. Zwischen Bangen und Hoffen sehnten die Menschen das Ende des Krieges herbei.

Bereits Mitte April 1945 hatte sich bei allen für den Verteidigungsbereich Swinemünde zuständigen Stäben die Erkenntnis durchgesetzt, dass Swinemünde nur noch eine befristete Zeit zu halten war. Aufgrund der immer aussichtsloser werdenden Lage stimmte am 30. April General-

feldmarschall Keitel der Räumung des Verteidigungsbereiches Swinemünde zu.

Da die Räumung über den Landweg nicht mehr möglich
war, vereinbarte General Ansät mit der Kriegsmarine, dass
die Besatzung des Verteidigungsbereiches bis zum 5. Mai
verschifft werden sollte. Der Abtransport lief am 1. Mai an.
Unter dem Befehl des Führers der Zerstörer, Vizeadmiral
Kreisch, verließ am 4. Mai 1945 die gesamte Verladeflotte
mit Anbruch der Dunkelheit die Reede von Swinemünde.
Damit konnte das von der Marine sorgfältig geplante „Unternehmen Knobelbecher" am 4. Mai, eine Stunde vor Mitternacht, erfolgreich abgeschlossen werden.

Kein Platz für Flüchtlinge

Bereits Ende Februar hatte sich gezeigt, wie schwierig es
war, die von den großen Passagierschiffen in den Ostseehäfen angelandeten Flüchtlinge aus Ostpreußen, Westpreußen, Danzig und Pommern mit der Eisenbahn weiter zu
transportieren. Der Verlust des Hafens Kolberg, die Zerstörung der Anlandehäfen Saßnitz und Swinemünde durch alliierte Luftangriffe, die Beschädigung von Gleisanlagen und
Bahnhöfen und nicht zuletzt das Vorrücken der Alliierten
im Westen hatten den Weitertransport der Flüchtlinge in
den westlichen Teil Deutschlands zunehmend einge-
schränkt. Die Aufnahmekapazität im nordwestdeutschen
und norddeutschen Raum, insbesondere in Schleswig-Holstein, war inzwischen erschöpft.

Der Seetransportchef Ostsee, Konteradmiral Engelhardt,
sah als einzigen, noch verbliebenen Ausweg, die ostdeut-
schen Flüchtlinge in Dänemark unterzubringen. Zunächst
wurden dafür Schulen und leerstehende Gebäude genutzt,

Das nackte Leben gerettet. Junge Flüchtlingsfrauen im Hafen von Kopenhagen.

die jedoch für die zahllosen anlandenden Flüchtlinge bald nicht mehr ausreichten. In Dänemark stationierte Einheiten der deutschen Wehrmacht und des Reichsarbeitsdienstes errichteten Barackenlager, in denen jeweils mehrere tausend Menschen untergebracht, verpflegt und auch sanitär versorgt werden konnten.

Der Hafen von Kopenhagen wurde in kurzer Zeit zum größten Anlandehafen für die aus Pillau, Danzig, Gotenhafen, Swinemünde und Saßnitz ankommenden Schiffe. Auch kleinere dänische Häfen wurden als Anlandehäfen genutzt. In wenigen Wochen war die Zahl der in Dänemark untergebrachten deutschen Flüchtlinge auf mehr als einhunderttausend gestiegen, und jede Woche kamen Zehntausende hinzu.

Den wenigsten Flüchtlingen war bei der Überfahrt der Zielhafen bekannt. Die Menschen waren froh, überhaupt einen Schiffsplatz gefunden zu haben. Und wenn sie dann hörten, ihr Schiff steuere Dänemark an, hofften sie, dort nicht nur vor den Russen, sondern auch vor Luftangriffen der Engländer sicher zu sein. Nur wenigen war bewusst, dass sie in das von der deutschen Wehrmacht besetzte Land als ungebetene Gäste kamen und dass die Dänen den Tag herbeisehnten, an dem sie von den Besatzern befreit sein würden.

Anfangs glaubten die deutschen Flüchtlinge noch, nach dem Krieg bald in ihre Heimatorte zurückkehren zu können. Als nach der Kapitulation der deutschen Wehrmacht die deutschen Besatzer in alliierte Gefangenenlager abgeführt oder als Verwundete nach Deutschland abgeschoben wurden, fühlten sie sich ziemlich allein gelassen. Bei den Heimatlosen in den mit Stacheldraht umgebenen und streng bewachten Lagern trat Ernüchterung ein.

Hela – das letzte Tor in die Freiheit

Seit dem 23. März 1945 war die Landverbindung zur Halbinsel Hela abgeschnitten. Die in den beiden Häfen auf Hela, dem Kriegshafen und dem Fischereihafen, liegenden kleinen Schiffe und die auf Reede ankernden großen Passagierschiffe, Frachter und Kriegsschiffe waren für Abertausende die letzten Hoffnungsträger, über die Ostsee in Sicherheit gebracht zu werden und damit den Krieg zu überleben. Zehntausende vor den Russen geflohene Frauen und Kinder sowie verwundete Soldaten hatten in den letzten Wochen bereits per Schiff Hela verlassen können. Nachdem Memel, Königsberg, Pillau, Gotenhafen, Danzig, Rügenwalde, Stolpmünde, Kolberg, Stettin und Swinemünde aufgegeben und geräumt worden waren, wurde Hela zum letzten Tor in die Freiheit. Die Schiffsbesatzungen setzten alles daran, so viele Menschen wie möglich an Bord zu nehmen, was tagsüber unter fast pausenlosem Beschuss des Gegners mit Bordwaffen und unter Bombenangriffen geschah.

Am 1. Mai 1945 befanden sich auf Hela noch mehr als 200 000 Soldaten, Flüchtlinge und Verwundete. Auch das Armeeoberkommando Ostpreußen und der Stab Admiral Östliche Ostsee hatten hier ihren Sitz. Standortkommandant war Oberst Eberhard Schöpfer, der letzte Einschiffungsoffizier Major i. G. Udo Ritgen. Ebenfalls auf Hela befand sich Fregattenkapitän Adalbert von Blanc, der Chef der 9. Sicherungsdivision, der auf dem Ex-Bäderdampfer „Rugard" seinen „schwimmenden" Befehlsstand eingerichtet hatte.

Am 30. April lag kein Schiff mehr auf der Reede von Hela. Wie in den Tagen zuvor setzte Major i. G. Ritgen wieder einen Funkspruch an den Seetransportchef Ostsee ab: „Auf Hela 3 000 Verwundete, 24 000 Soldaten und 25 000 Flüchtlinge – Großer Schiffsraummangel – Armeeoberkommando Ostpreußen – i. A. Ritgen."

Major i. G. Udo Ritgen erinnert sich an die letzten schicksalhaften Tage auf Hela:

So warteten bis hinauf nach Heisternest noch weit über 52 000 Menschen auf den Abtransport. Die Halbinsel Hela lief über, Tag für Tag wuchs die Zahl um Tausende. In der schicksalhaften Nacht vom 1. zum 2. Mai 1945, in der wir vom Tod Hitlers und der Nachfolge Dönitz' erfuhren, holten wir von Kahlberg die letzten deutschen Soldaten von der

*Major im Generalstab Udo Ritgen organisierte in den letzten Kriegs-
wochen auf der Halbinsel Hela als Einschiffungsoffizier die Rettungsaktion. Nach dem Krieg trat er in die Bundeswehr ein und verließ sie
als Brigadegeneral.*

*Frischen Nehrung herunter. Die Marinefahrprähme brach-
ten von dort 1 212 Soldaten und 325 Verwundete. Von
Schiewenhorst wurden 8 440 Soldaten, 555 Verwundete,
150 Mann Sanitätspersonal, 1 660 Flüchtlinge und 33 Zöll-
ner herübergeholt. Die ganze Nacht waren wir auf den Bei-*

nen.

Am 3. Mai meldete ich zusammen mit der 9. Sicherungs-division an den Wehrmachts-Führungsstab u.a.: »... im April wurden von Hela nach Westen abtransportiert 387 076 Menschen. Von Pillau, Kahlberg, Schiewenhorst und Oxhöfter Kämpe kamen nach Hela mit Marinefahrprähmen und Sicherungsfahrzeugen 264 687 Menschen.«

Der 5. Mai brachte den Wartenden auf Hela neuen Auftrieb, als mehrere Schiffe, unter ihnen »Hansa«, »Linz«, »Nautik«, »Isar«, »Ceuta« und »Pompej«, auf Hela-Reede eingetroffen waren sowie eine Reihe von Zerstörern und Torpedobooten, unter ihnen »Galster«, »Riedel«, »Lody«, »Z 23«, »T 25«, »T 28«, »T 17«, »T 19« und »T 35«. Die Einschiffung erfolgte bei hereinbrechender Dunkelheit und wurde trotz heftigen sowjetischen Artilleriefeuers aus Gotenhafen zügig durchgeführt. Die Masse der Schiffe konnte am 6. Mai, morgens gegen 8.00 Uhr, nach Westen gehen. Rund 43 000 Menschen hatten auf diesen Schiffen Hela verlassen. In der gleichen Nacht, in der diese Verladung erfolgte, brachten Marinefahrprähme aus Schiewenhorst und Nickelswalde weitere 12 180 Soldaten, 910 Verwundete und 270 Flüchtlinge nach Hela.

An der Kurlandfront tönte es inzwischen von der sowjetischen Seite aus allen Lautsprechern: „Hitler ist tot! Berlin ist unser!" Am 2. Mai 1945 hatte Berlin kapituliert.

Am 3. Mai 1945, 19.30 Uhr, erhielt Generaloberst Hilpert, Oberbefehlshaber der Heeresgruppe Kurland, in seinem Hauptquartier auf Schloss Pelci von Großadmiral Dönitz folgenden Funkspruch: „Die veränderte Lage im Reich erfordert den beschleunigten Abtransport zahlreicher Truppenteile aus Hela und aus Kurland. Die Kampfführung der Armee Ost-

preußen und der Heeresgruppe Kurland hat sich diesen Anforderungen anzupassen. Von den zurückzuführenden Truppen-
teilen ist das Personal mit leichten Infanteriewaffen zu verladen. Alles übrige Material, einschließlich Pferde, sind zurückzulassen und zu vernichten. Heeresgruppe Kurland erhält
Operationsfreiheit zur Zurücknahme der HKL in die vorge-
schobenen Brückenköpfe Libau und Windau."

Die Kolonnen der Divisionen setzten sich befehlsgemäß
zur Küste ab. Das Heeresgruppenkommando hatte stren-
gen Befehl erlassen, dass nur jene Einheiten nach Libau
und Windau gelangten, die jeweils abtransportiert werden
sollten. Alles hing davon ab, ob genügend Schiffsraum vorhanden war. Doch diesen Schiffsraum gab es am 3. Mai 1945
nicht mehr. Die letzten großen Schiffe liefen an diesem Tag
von Hela-Reede ab. Ihre Rückkehr in die Kurlandhäfen Libau und Windau war nicht mehr möglich. Nicht nur wegen
des weiten Seeweges, den verbliebenen Schiffen mangelte
es auch an Treibstoff, ein großer Teil war beschädigt und
nicht mehr fahrbereit.

Bedingungslose Kapitulation

Die Ereignisse überschlugen sich. Nach der Unterzeichnung
der Teilkapitulation deutscher Truppen für Nordwestdeutschland, Dänemark und die Niederlande ließ Großadmiral Dönitz am 6. Mai, 17.45 Uhr, folgenden Funkspruch
absetzen: „Alle deutschen Schiffsbesatzungen aller deutschen Schiffe, die die deutsche Handelsschiffsflagge oder
die Reichsdienstflagge führen, haben in den durch die Waffenruhe betroffenen Häfen und Seegebieten jede militärische Handlung zu unterlassen. Sie dürfen die Schiffe weder selbst versenken, noch durch Zerstörung von Schiffs-

einrichtungen unbrauchbar machen. Die Besatzungen bleiben an Bord.“

Wenige Stunden später folgte ein Funkspruch von Konteradmiral Engelhardt, Seetransportchef Ostsee: „Nach eingetretener Waffenruhe wird mit sofortiger Wirkung für alle deutschen Handelsschiffe unter Reichsdienst- oder Handelsflagge befohlen: Sämtliche Schiffe dürfen ihre augenblicklichen Liegeplätze nicht verlassen, sie dürfen nicht in einen anderen Hafen verlegen oder innerhalb der Häfen verholen, ohne eine besondere Genehmigung des Oberbefehlshabers der Marine oder der Dienststelle der fremden Mächte, ausgenommen in Lagen, die durch Wetterlage bestimmt. Die Besatzungen auf allen Schiffen bleiben angemustert.“

Inzwischen versuchte eine Abordnung deutscher Militärs im Hauptquartier der westlichen Alliierten in Reims über eine Kapitulation allein vor den Westalliierten zu verhandeln, worauf sich Eisenhower nicht einließ. Nachdem die Gespräche ergebnislos blieben, schickte Generaloberst Jodl, der nur zur Unterzeichnung eines Abkommens mit dem Hauptquartier General Eisenhowers bevollmächtigt war, an Großadmiral Dönitz in Flensburg folgenden Funkspruch: „General Eisenhower besteht darauf, dass wir heute noch unterzeichnen. Anderenfalls werden die alliierten Fronten auch gegenüber denjenigen geschlossen werden, die sich einzeln zu ergeben versuchen, und alle Verhandlungen werden abgebrochen. Ich sehe keinen Ausweg, als Chaos oder Unterzeichnung. Erbitte sofortige drahtlose Bestätigung, ob ich die Vollmacht habe, die Kapitulation zu unterzeichnen.“

Gegen 1.00 Uhr nachts gab Dönitz seine Zustimmung. In den frühen Morgenstunden des 7. Mai 1945 erfolgte dann die Unterzeichnung der bedingungslosen Kapitulation al-

ler deutschen Truppen an allen Fronten. Die Kampfhandlungen waren am 8. Mai 1945, bis spätestens 23.01 Uhr
MEZ, an allen Fronten einzustellen. Am späten Abend des
8. Mai wurde im sowjetischen Hauptquartier in Berlin-Karls-
horst eine weitere Kapitulationsurkunde durch Vertreter
der drei Teilstreitkäfte der deutschen Wehrmacht sowie jeweils einem Vertreter der westlichen Alliierten und der
Roten Armee unterzeichnet.

Von der Unterschrift in Reims bis zum Inkrafttreten der
bedingungslosen Kapitulation blieben noch knapp 48 Stunden. Mit einem Blitzfernschreiben informierte die 1. Abteilung der Seekriegsleitung alle in der Ostsee befindlichen
Kriegs- und Handelsschiffe, vor allem auch die 9. und
10. Sicherungsdivision, über die Situation und die zeitlich
begrenzten Möglichkeiten. Jeder Kapitän, Kommandant
und Schiffsführer auf der Ostsee und in den Häfen wusste
jetzt, was die Stunde geschlagen hatte.

Großadmiral Dönitz und sein Seetransportchef Ostsee be-
fahlen am 7. und 8. Mai alle noch fahrbereiten schnellen
Schiffe, Zerstörer, Schnellboote und Torpedoboote nach Hela,
Windau und Libau. In den Häfen wurde alles mobilisiert,
was auf dem Wasser schwimmen und mit Menschen beladen
werden konnte: Kutter, Boote und Prähme. Obwohl jeder
Soldat sich der Situation bewusst war, vollzog sich die Beladung der Schiffe zwar in Eile, aber geordnet.

Den Helaer Fischereihafen verließen die letzten Schiffe am
frühen Abend des 8. Mai, im Kriegshafen war die Beladung
der Schiffe um 21.30 Uhr abgeschlossen. Kapitänleutnant
Temming, Kommandant des Torpedobootes „T 28" trug in
das Kriegstagebuch des Bootes ein: „8.5.1945 – 3.00 Uhr
Marsch nach Hela – 18.40 Uhr Hela-Kriegshafen übernehmen 1 237 Soldaten – 21.30 Uhr mit ‚T 23' Rückmarsch!"

In Kopenhagen werden die letzten Flüchtlinge, die mit dem Schiff aus Saßnitz gekommen sind, von britischen Soldaten empfangen und dem Roten Kreuz übergeben.

Auf „T 23" befanden sich etwa 1 500 Soldaten. Das Torpedoboot „T 33" hatte mehr als 2 000 Soldaten an Bord, noch mehr befanden sich auf den Zerstörern. Als letzter Zerstörer verließ „Karl Galster" um 22.00 Uhr den Kriegshafen, kurz darauf folgten direkt die kleinen Tanker „Julius Rütgers" und „Lieselotte Friedrich".

Um 22.45 Uhr befand sich nur noch der 1 368 BRT große Ex-Bäderdampfer „Rugard" im Helaer Kriegshafen. Bis zur letzten Stunde diente das Schiff dem Chef der 9. Sicherungsdivision, Fregattenkapitän von Blanc, als Befehlsstand. „Rugard" verließ kurz vor Inkrafttreten der Kapitulation als letztes Schiff mit Westkurs Hela.

*Der letzte Fährprahm, der Hela am Abend des 8. Mai verlassen hat,
trifft am 9. Mai in Kiel ein, wo die deutschen Soldaten in die britische
Gefangenschaft abgeführt werden.*

Nach Libau und Windau konnten nur noch einige Schnellboote entsandt werden. Ihre Anzahl reichte bei weitem nicht
aus, um auch nur einen Bruchteil der Kurlandarmee über
die Ostsee zu bringen. Die „Rettungsflotte", die am 6. und
7. Mai 1945 dort zusammengestellt wurde, bestand aus Mi-
nensuchbooten, Minenräumbooten, Flugsicherungsbooten,
Artillerieträgern, Artilleriefährprähmen, aus Fischkuttern,
Schleppern, Siebel-Fähren, Leichtern, Marinefährprähmen,
Pionierlandungsbooten, aus dem Küstenmotorschiff „Kurland", aus 19 Schnellbooten und dem Schnellboot-Begleit-
schiff „Tsingtau".

Am Morgen des 8. Mai begann in Libau und Windau die
Beladung der Schiffe. Drei Stunden vor Mitternacht erfolgte draußen auf See das große Sammeln der Schiffe und Boo-

te, der Prähme, Kähne und Kutter. Insgesamt waren es
113 Fahrzeuge, die in vier Geleiten Richtung Westen liefen.

Einen Tag später begann auch das große Sammeln der in
Kurland zurückgebliebenen Soldaten. Es waren mehr als
200 000 Mann. 42 Generäle, 8 038 Offiziere, 191 032 Un-
teroffiziere und Mannschaften sowie 1 400 lettische Freiwillige gingen in die sowjetische Gefangenschaft, die sie bis
in die sumpfigen Wälder der Waldai-Höhen und noch weiter bis nach Sibirien führte.

Das Ende in Flensburg

Am 12. Mai 1945 wurde die bereits am 6. Mai begonnene
Besetzung der Stadt Flensburg, wo in der Marineschule
Mürwik immer noch die „geschäftsführende Reichsregie-
rung" unter Dönitz ihren Sitz hatte, abgeschlossen. Die
159. britische Infanteriebrigade bezog die Grenzlandkaser-
ne, das Lager auf der Exe und die Mürwiker Kasernen; ihr
Hauptquartier richtete sie zunächst im Polizeipräsidium ein,
später im Gebäude der AOK in der Weitzstraße.

Mit der Infanteriebrigade traf auch die Alliierte
Kontrollkommission in Flensburg ein, die aus dem US-Ge-
neral Rocks, dem britischen General Foord, dem sowjetischen General Truskow sowie 23 weiteren alliierten Offizieren und Soldaten bestand und die die Durchführung der
Kapitulation überwachte. Sie bezog das bisher der Kriegsmarine dienende Wohnschiff „Patria" in der Flensburger
Förde. Um Dönitz' „Regierungssitz" in Mürwik wurde eine
Bannmeile gezogen.

Am 23. Mai 1945 wurden Dönitz und die Mitglieder seiner „geschäftsführenden Regierung" von den Briten verhaftet. Generaladmiral von Friedeburg, letzter Oberbefehls-

haber der Kriegsmarine, zog den Freitod der Gefangenschaft
vor. Dönitz und andere wurden zunächst in das Polizeipräsidium gebracht und dann in ein Gefangenenlager geflo-
gen. Im Oktober 1945 fanden sie sich als Angeklagte vor
dem Internationalen Militärgerichtshof in Nürnberg wieder.

Das letzte Schiff hieß „Hoffnung"

In den Tagen nach der Kapitulation lag auch der Dampfer
„Malaga", auf dem sich Konteradmiral Engelhardt befand,
im Flensburger Hafen. Am Sonntag, dem 13. Mai 1945, legte am Heck des Dampfers ein kleines Kriegsschiff an. Ein
Offizier grüßte militärisch in Richtung Engelhardt, der an
der Reeling stand, und rief hinauf: „Seetransport Libau mel-
det sich zurück!"
    Der Kutter war voller Menschen. Frauen, Männer, Kin-
der. Am 8. Mai, abends, hatte er Libau verlassen. Ohne
Navigationsgeräte, nur den Gestirnen folgend, hatte das
kleine Schiff fünf Tage und Nächte den Weg über die Ostsee bis nach Flensburg gesucht und gefunden.
    Engelhardt hatte allen ihm in den Ostseehäfen unter-
stellten Seetransportstäben den Befehl zum Absetzen erteilt, doch von keinem seiner Leute eine Antwort erhalten.
Er war sich aber sicher, dass seine Leute als letzte die Häfen verlassen hatten. Wie er später hörte, war sein Schiff-
fahrtsreferent auf Hela, der kein Kriegsschiff, kein Handelsschiff und keinen Kutter mehr gefunden hatte, mit einem Boot über die Ostsee bis zur Lübecker Bucht gesegelt.
Ein anderer Offizier, Kapitänleutnant der Reserve Karl-
Ernst Krüger, der nach Abschluss seines Auftrages als Einschiffungsoffizier in Pillau nach Hela gelangt war, hatte dort

einem anderen Soldaten seinen Schiffsplatz überlassen und war mit weiteren Soldaten auf Hela in die sowjetische Gefangenschaft gegangen, aus der er erst zehn Jahre später zurückkehren sollte.

Der Kutter aus Libau war noch nicht das letzte Flüchtlingsschiff, das Menschen über die Ostsee gerettet hatte. Das letzte Fahrzeug traf einen Tag später, am 14. Mai 1945, kurz nach 14.00 Uhr, in Flensburg ein. Es trug den Namen „Hoffnung" und war nur ein Kahn. In der Nacht vom 8. auf den 9. Mai hatte er, gezogen im Schlepp eines Fischkutters, Hela verlassen. 25 Frauen und Kinder, 75 Verwundete und 35 Soldaten hatten auf dem in Danzig beheimateten Binnenkahn Zuflucht gefunden, der dann im Morgengrauen des 9. Mai 1945 seine Fahrt nach Westen allein fortsetzte.

Die 135 Menschen hatten ihr Schicksal in die Hände des Schiffsführers und seiner vier Matrosen gelegt, die weder über eine Seekarte noch über Navigationsgeräte verfügten. „Das einzige, was ich habe", sagte zu ihnen der Schiffsführer, „ist Gottvertrauen". Die Menschen teilten sich das letzte Stück Brot, das letzte Trinkwasser, denn sechs Tage und sechs Nächte waren eine lange Zeit.

Die ersten, die nach dem Anlegen des Kahns mit dem Namen „Hoffnung" im Flensburger Hafen über ein ausgelegtes Brett an Land gingen, waren eine 35-jährige Mutter mit ihren beiden Kindern, zwölf und vier Jahre alt. Wo ihr Ehemann zu dieser Zeit war, ob er überhaupt noch lebte, wusste die Frau nicht. Die letzte Nachricht von ihm war im März 1945 gekommen, abgeschickt irgendwo an der Kurlandfront. Erst zehn Jahre später, kurz vor der Konfirmation seines bei Kriegsende vierjährigen Sohnes sollte er aus sowjetischer Kriegsgefangenschaft zurückkehren.

2,5 Millionen Menschen über die Ostsee gerettet

Auch Konteradmiral Conrad Engelhardt, der als Seetransportchef Ostsee im Auftrag von Großadmiral Dönitz die Ret-
tungsaktionen über die Ostsee logistisch geleitet hatte,
wurde am 23. Mai 1945 in Flensburg von den Briten verhaftet. Zuvor hatte er eine erste Bilanz gezogen und festgestellt, dass mehr als eintausend beteiligte Handels- und
Kriegsschiffe weit über 2,5 Millionen Menschen durch die
Flucht auf dem Seeweg gerettet haben.

 Leider waren dabei auch Verluste zu beklagen, nicht alle
Schiffe erreichten ihre Zielhäfen. Allein die drei großen
Schiffskatastrophen „Wilhelm Gustloff", „Steuben" und
„Goya" unweit der pommerschen Küste hatten mehr als
20 000 Menschen, vor allem Frauen und Kindern, das Le-
ben gekostet.

 An der Rettung der Frauen und Kinder, Alten und Kranken, Soldaten und Verwundeten vor Verschleppung, Gefangenschaft und Tod waren mehrere tausend deutsche Seeleute beteiligt. Auf Handels- und Kriegsschiffen, auf Booten, Kuttern oder Fähren und in den Ostseehäfen erbrach-
ten sie in der Endphase des Zweiten Weltkrieges oftmals
unter Einsatz ihres eigenen Lebens diese Leistung. Sie gilt
als die größte Rettungsaktion der Seegeschichte überhaupt.

Quellen- und Literaturverzeichnis

Das Buch „Pommern auf der Flucht – Rettung über die Ostsee 1945 aus den Pommernhäfen Rügenwalde, Stolpmünde, Kolberg, Stettin, Swinemünde, Greifswald, Stralsund und Saßnitz mit Schiffen der Handels- und Kriegsmarine" stützt sich in der Hauptsache auf

das Pommern-Archiv und das Ostsee-Archiv des Autors Heinz Schön;

Protokolle, Berichte und Niederschriften von Kommandostellen des Heeres und der Kriegsmarine;

Aussagen und Aufzeichnungen von Hafenkapitänen, Schiffsführern, Kriegsschiff-Kommandanten und Offizieren;

Berichte von Seeleuten in Häfen und auf Flüchtlings-Transportschiffen;

Erlebnisberichte von Soldaten, die in den letzten Kriegsmonaten bei der Verteidigung der Pommernhäfen eingesetzt waren;

Recherchen des Autors in Bundes-, Landes- und Stadt-Archiven;

die Auswertung von Büchern, Broschüren, Zeitschriften, Fachzeitschriften und Zeitungsbeiträgen über Geschehnisse in Pommernhäfen in den letzten Wochen und Monaten vor Kriegsende;

die Auswertung von privaten Tagebüchern sowie Kriegstagebüchern, Schiffstagebüchern, Tagesbefehlen, Meldungen und Berichten;

die Auswertung von Privatarchiven und -sammlungen.

Die wichtigsten Archive, die dem Autor zur Verfügung standen:

Archivsammlung Historischer Arbeitskreis Kolberg
Archivsammlung Historischer Arbeitskreis Stettin
Archiv des Instituts für Zeitgeschichte, München
Bundesarchiv, Koblenz
Bundesarchiv, Außenstelle Berlin
Bundesarchiv, Außenstelle Bayreuth
Bundesarchiv-Militärarchiv, Freiburg/Br.
Militärgeschichtliches Forschungsamt, Potsdam
Stadtarchiv Greifswald
Stadtarchiv Stralsund
Stadtarchiv Saßnitz/Rügen
Vorpommersches Landesarchiv, Greifswald

Bücher des Autors Heinz Schön:

Der Untergang der „Wilhelm Gustloff". Tatsachenbericht eines Überlebenden, Göttingen, 1952.

Die letzte Fahrt der „Wilhelm Gustloff". Das Taschenbuch zum Spielfilm „Nacht fiel über Gotenhafen", Göttingen, 1960.

Ostsee – Menschen, Schiffe, Schicksale, Stuttgart 1983.

Die Gustloff-Katastrophe. Bericht eines Überlebenden, Stuttgart 1984.

Flucht über die Ostsee 1944/45 – im Bild. Foto-Report über die größte Rettungsaktion der Seegeschichte, Stuttgart 1985.

Die Kraft-durch-Freude-Schiffe und ihr Schicksal im II. Weltkrieg, Stuttgart, 1987.

Die Cap Arcona-Katastrophe. Die Versenkung der Häftlingsflotte am 3. Mai 1945 in der Lübecker Bucht, Stuttgart 1989.

Ostseehäfen 1945. Die letzten Kriegstage in den 21 deutschen Ostseehäfen von Memel bis Flensburg, Stuttgart, 1995.

SOS Wilhelm Gustloff. Die größte Schiffskatastrophe der Geschichte, Stuttgart 1997.

Tragödie Ostpreußen 1944/45. Als die Rote Armee das Land besetzte, Kiel 1997.

Flucht aus Ostpreußen 1944/45. Die Menschenjagd der Roten Armee, Kiel 1998.

Im Heimatland in Feindeshand. Das Schicksal ostpreußischer Frauen unter Russen und Polen 1945-1948, Kiel 1999.

Vom Himmel zur Hölle/From Heaven to Hell. Der Untergang der Wilhelm Gustloff. Mitautor Rainer Dehnhardt. Zweisprachig: Portugiesisch/Englisch, Lissabon 1999.

Hitlers Traumschiffe. Die Kraft-durch-Freude-Flotte 1934-1939, Kiel 2000.

Das Geheimnis des Bernsteinzimmers. Das Ende der Legenden um den 1945 in Königsberg verschollenen Zarenschatz, Stuttgart 2002.

Flucht und Rettung über die Ostsee 1994/45. Die Flucht aus den Ostseehäfen, Stuttgart 2002.

Die Tragödie der Flüchtlingsschiffe. Gesunken in der Ostsee 1944/45, Stuttgart, 2004.

Ostpreußen 1944/45 – im Bild. Endkampf – Flucht – Vertreibung. Foto-Report über den Untergang Ostpreußens, Kiel 2007.

Die letzte Fahrt der Wilhelm Gustloff. Der große Bildband zum UFA/ZdF-Spielfilm „Die Gustloff", Stuttgart 2008.

Erich Koch – Hitlers brauner Zar. Gauleiter von Ostpreußen und Reichskommissar der Ukraine, München 2011.

Königsberger Schicksalsjahre 1944-1948. Der Untergang der Hauptstadt Ostpreußens, Kiel 2012.

Berichte von Zeitzeugen:

Beerbaum, Hans-Hermann, Kapitänleutnant d.R.: „Gorch Fock" befehlsgemäß versenkt!

Beerhoom, Heinrich: Bericht über meinen Einsatz als Bootsoffizier in Stralsund und auf der Insel Rügen.

Blanc, Adalbert von: Die Aufgaben der 9. Sicherungsdivision bei der Rückführung von Flüchtlingen, Verwundeten und Soldaten 1945 über die Ostsee.

Bockner, Heinz: Mit dem Flugzeug aus der eingeschlossenen Festung Kolberg geflohen.

Danielzik, Eva-Leonore: Aus Pommern mit dem Frachtschiff „Karlsruhe" über die Ostsee gerettet – dankbar für ein neu geschenktes Leben.

Drolle, Christian: Auf dem Dampfer „Kurland" im Rettungseinsatz aus Pommernhäfen.

Drolle, Christian: An Bord unseres Schiffes ein Generalstab und sechshundert Kinder auf der Flucht aus Pommern.

Feindt, Bruno: Als Kapitän auf dem Dampfer „Deutschland" im Rettungseinsatz 1945 in Pommernhäfen.

Frömming, Dieter: Meine Rettung aus Stolpmünde über die Ostsee.

Fullriede, Heinz: Als Festungskommandant in Kolberg im März 1945.

Gerlach, Gisela: Meine Flucht als Neunjährige auf dem Frachter „Consul Cords".

Greinke, Helga: Der Dampfer „Regulus" rettete mich von Rügenwalde nach Swinemünde.

Gruhlke, Manfred: Meine Flucht aus Pommern – im Schulheft notiert.

Hannemann, Walter: „Kampfgruppe Brühl" – Die Verteidigung der Festung Stettin.

Hannemann, Walter: Die kampflose Räumung von Stadt und Hafen Stettin.

Haenisch, Hans: Rettung aus Kolberg in letzter Stunde.

Hartwig, Ursula: Dem Frachter „Consul Cords" verdanke ich meine Rettung und mein Leben.

Hartwig, Ursula: Der Untergang des Frachters „Consul Cords"– wie ich ihn erlebte.

Harzheim (Kpt.): Der tragische Verlust des Dampfers „Hamburg" auf der Reede von Saßnitz.

Heidrich, Heinrich: Als Oberlotse fiel mir der Abschied aus Stolpmünde besonders schwer.

Hering, Robert (Kapitänleutnant): Der Einsatz des Torpedobootes „T 36" in Saßnitz auf Rügen.

Hetz (Fkpt.): Der letzte Swinemünde-Einsatz des Zerstörers „Z 34".

Hilliger, Gertrud: Die Evakuierung eines Kolberger Kinderheimes über die Ostsee.

Ihlenfeldt, Alexander: Als Augenzeuge erlebte ich den Terrorangriff der alliierten Luftwaffe gegen meine Heimatstadt Swinemünde.

Kirchner, Manfred: Den Untergang der „Orion" vor Swinemünde überlebt.

König, Otto: Die letzte Fahrt und das Ende des Dampfer „Hansa" in der Ostsee.

Kolbe (Fkpt): Bericht über die blitzartige Räumung des Pommernhafens Stolpmünde.

Kraeckel, Dorothea: Ich überlebte den Untergang des Frachters „Androß" am 12. März 1945 im Hafen von Swinemünde.

Kuckuck, Eva: Die Todesfahrt des Frachters „Consul Cords" miterlebt.

Lauterbach, Eugenie: Die Kapitulation von Greifswald miterlebt.

Lehmann, Werner: Mit dem Flüchtlingstransportschiff „ H 27" im Rettungseinsatz aus Pommernhäfen im Frühjahr 1945.

Lörke, Helga: Unsere Flucht aus dem Hafen von Rügenwalde in Pommern.

Lokewitz, Ulrich: Wie ich das Ende von Saßnitz erlebte.

Marquardt, O.: Bericht über die Kriegsmarine-Dienststelle Stettin über Transporte aus Kolberg über die Ostsee.

Neuhoff, Willi: Kriegsende 1945 in Stettin – Swinemünde miterlebt.

Nicol (Fkpt): Die Räumung der Festung Stettin.

Nolte, Alma: Aus Kolberg geflohen.

Nowaczyk, Erich: Überfüllte Flüchtlingszüge vom Hauptbahnhof Stettin nach „Nirgendwo".

Natzke, Ursula: Letztes Schiff aus Stolpmünde – der Frachter „Karlsruhe" – er rettete mich über die Ostsee.

Petershagen, Rudolf: Flucht des Gauleiters Pommern, Schwede-Coburg.

Perband, Siegfried: Rettung aus der Festung Kolberg in letzter Stunde. Der deutschen Marine verdanke ich mein Leben.

Prien, A.: Gefechtsbericht Marine über die Verteidigung der Festung Kolberg vom 1. bis 13. März 1945.

Ritgen, Udo (Major im Generalstab): Das Kriegsende auf Hela.

Sautter, Ernest: Stettin – Swinemünde – Wollin, April/Mai 1945.

Scheunemann, Edith: Meine Flucht mit dem Dampfer „Theseus".

Schön, Heinz: Den amerikanischen Luftschlag gegen Swinemünde als Augenzeuge miterlebt.

Schön, Heinz: Als Zahlmeister-Assistent auf Dampfer „General San Martin" in Swinemünde und Saßnitz.

Schütt, Herbert: Bürgermeister flieht mit Feuerwehr-Autos.

Schulz, Hildegard: Die Tragödie des Frachters „Androß" am 12. März 1945 im Hafen von Swinemünde miterlebt – und überlebt.

Schulz, Hildegard: Als 14-Jährige überlebte ich den Untergang des brennenden Frachters „Androß" im Hafen von Swinemünde.

Schwede-Coburg, Gauleiter und Reichsverteidigungskommissar

Pommern: Brief an Großadmiral Dönitz über die Lage auf Rügen.

Streitenfeldt, Hans: Persönlicher Bericht über die Kriegsereignisse März bis Mai 1945 in Saßnitz auf Rügen.

Sukow, Georg: Die abenteuerliche Flucht der „Haussa" von Stettin nach Schweden.

Thiedemann, von: Der Kampf um Kolberg und das Ende der Festung.

Thehos, Friedemann: Der Frachter „H 27" rettete mich aus Swinemünde.

Thehos, Friedemann: Als Flaksoldat im Hafen von Swinemünde eingesetzt.

Thielemann, Kurt: Die letzten Tage von Pommern 1945.

Voigt, Hermann: Bericht des letzten Insel-Kommandanten auf Rügen über die letzten Kriegstage.

Voigt, Hermann, Generalmajor: Die russische Aufforderung zur Kapitulation von Saßnitz.

Wenck, Walter: Die Februar-Offensive 1945 in Pommern.

Weström, Hella: Als Oberschwester den Luftangriff auf Saßnitz überlebt.

Zollenkopf, Herbert: Die Räumung von Stralsund, Saßnitz und der Insel Rügen.

Bücher anderer Autoren:

Arndt, Werner: Ostpreußen, Westpreußen, Pommern 1944/45, Friedberg 1975.

Aust, Stephan/Burgdorf, Stephan (Hrsg.): Die Flucht. Über die Vertreibung der Deutschen aus dem Osten, Stuttgart/München 2002.

Bagramjan, Ivan: Wie wir den Sieg errangen, Moskau 1978.

Baasch, Herbert: Handelsschiffe im Kriegseinsatz 1939/1945, Oldenburg 1975.

Behm/Lange: Swinemünde – Schicksal einer deutschen Stadt, Flensburg 1986.

Bekker, Cajus: Flucht übers Meer – Ostsee Deutsches Schicksal 1945, Oldenburg 1964.

Benz, Wolfgang (Hrsg.): Die Vertreibung der Deutschen aus dem Osten. Ursachen, Ereignisse, Folgen, Frankfurt/M. 1995.

Bernadotte, Folker: Das Ende, Zürich 1948.

Berthold, Willi: Der große Treck, München 1980.

Bindlinger, Ingrid: Entstehung und Räumung der Ostseebrückenköpfe 1945, Neckargemünd 1962.

Böddecker, Günther: Die Flüchtlinge, München 1980.

Brustat-Naval, Fritz: Unternehmen Rettung, Herford 1970.

Burgdorff, Stephan/Habbe, Christian: Als Feuer vom Himmel fiel. Der Bombenkrieg in Deutschland, München 2003.

Daniel, Wolfram/Christoph von der Ropp: Pommerland ist abgebrannt. Ein aktueller Bericht über Stettin und das Land östlich der Oder unter polnischer Verwaltung, Hamburg 1956.

Dönitz, Karl: Meine wechselvollen Jahre, Göttingen 1968.

Dönitz, Karl: 10 Jahre und 20 Tage – Erinnerungen, München 1962.

Dollinger, Hans (Hrsg.): Die letzten 100 Tage des Zweiten Weltkrieges, Wiesbaden 1965.

Filmer, Werner und Heribert Schwan (Hrsg.): Besiegt, Befreit... Zeitzeugen erinnern sich an das Kriegsende 1945, München 1995.

Franken, Bert: Die große Flucht – Kriegsende in Ostdeutschland, Bayreuth 1975.

Franzen, Erik K.: Die Vertriebenen – Hitlers letzte Opfer, München 2001.

Fraschka, Günter: Das letzte Aufgebot – Vom Sterben der deutschen Jugend, Rastatt 1960.

Fredmann, Ernst: Sie kamen übers Meer. Die größte Rettungs-aktion der Geschichte, Köln 1971.

Friedrich, Jörg: Der Brand. Deutschland im Bombenkrieg 1940-1945, München 2002.

Friesen, Astrid von/Wendelin, Szalai (Hrsg.): Heimat verloren – Heimat finden. Geschichten von Krieg, Flucht und Vertreibung, Dresden 2002.

Gehrmann, Karlheinz (Hrsg.): Wir Pommern, Salzburg 1951/ Frankfurt/M. 1981.

Georgi, Tina: Mein Leben im Wechsel der Zeit. Ein Mädchen aus Kolberg erzählt ihre Geschichte, Leichlingen 1977.

Giese, Ernst: Ostdeutschland – Unvergessenes Land Pommern – Schlesien – Ostpreußen, Frankfurt/M. 1957.

Gelinski, Heinz: Stettin – eine Großstadt in den 30er Jahren, Leer 1964.

Girbig, Werner: 1000 Tage über Deutschland. Die 8. amerikani-sche Luftflotte im Zweiten Weltkrieg, München 1964.

Granzow, Klaus: Tagebuch eines Hitlerjungen. Kriegsjugend in Pommern 1943-1945, Bremen 1965.

Granzow, Klaus: Letzte Tage in Pommern, München 1984.

Groehler, Olaf: Geschichte des Luftkrieges, Berlin-Ost 1981.

Grube Frank/Richter, Gerhard: Flucht und Vertreibung zwischen 1944 und 1946, Hamburg 1980.

Güth, Rolf: Zerstörer „Z 34", Herford 1980.

Guderian, Heinz: Erinnerungen eines Soldaten, Heidelberg 1961.

Hansen, Brigitte: Sage nie, das kann ich nicht. Als Kind in den Ruinen von Danzig und Stettin, Leer 1986.

Harlan, Veit: Im Schatten meiner Filme, Gütersloh 1966.

Haupt, Werner: Als die Rote Armee nach Deutschland kam, Fried-berg 1985.

Heiber, Helmut (Hrsg.): Lagebesprechungen im Führerhauptquartier 1942-1945, Stuttgart 1962.

Heinl, Peter: Maikäfer flieg. Dein Vater ist im Krieg. Seelische Wunden aus der Kriegskindheit, München 1994.

Henning, Eleonore: Aus Deutschlands dunklen Tagen. Erlebnisse in Pommern am Ende des Zweiten Weltkrieges, Bad Liebenzell 1982.

Hillgruber/Hümmelchen: Chronik des Zweiten Weltkrieges, Frankfurt/M. 1966.

Hillmann, Jörg (Hrsg.): Kriegsende 1945 in Deutschland, München 2002.

Hirsch, Helga: Schweres Gepäck. Flucht und Vertreibung als Lebensthema, Hamburg 2004.

Höffkes, Karl: Hitlers politische Generale. Die Gauleiter der NSDAP, Tübingen 1987.

Hoßbach, Friedrich: Flüchtlingstransporte aus dem Osten über See, Frankfurt/M. 1968.

Hubatsch/Hillgruber/Schramm (Hrsg.): Das Kriegstagebuch des Oberkommandos der deutschen Wehrmacht, Frankfurt/M. 1963.

Hubatsch, Walter (Hrsg.): Hitlers Weisungen für die Kriegsführung 1939-1945. Dokumente des Oberkommandos der Wehrmacht, München 1962.

Hüttenberger, Peter: Die Gauleiter. Studie zum Machtgefüge der NSDAP, Stuttgart 1969.

Jahn, Hans-Edgar: Pommersche Passion, Preetz 1964.

Kadelbach, Gerd: Die Stunde Null, München 1962.

Karweina, Günter: Der große Treck, Stuttgart/Wien 1958.

Klätte, Axel: Die Kampfhandlungen in Vorpommern im April/Mai 1945, Anklam 1991.

Knütter, H. H.: Das Kriegsende in Stralsund und auf Rügen, Recklinghausen, 1986.

Köhler, Nils: Der Golm und die Tragödie von Swinemünde, Kamminke 2011.

Kopelew, Lew: Aufbewahren für alle Zeit, Hamburg 1975.

Kurowski, Franz: Der Luftkrieg über Deutschland, Düsseldorf 1977.

Längin, Bernd G.: Unvergessene Heimat Pommern. Städte, Landschaften und Menschen, Augsburg 1995.

Lange, Erna: Unvergeßliches Kolberg. Eine Erinnerung an unsere verlorene Heimat, Leichlingen 1953.

Lindenblatt, Helmut: Pommern 1945. Eines der letzten Kapitel in der Geschichte vom Untergang des Dritten Reiches, Leer 1984.

Loßberg, Bernhard von: Im Wehrmachtführungsstab, Hamburg 1950.

Lorenz, Hilke: Kriegskinder – Das Schicksal einer Generation, München 2003.

Lüdde-Neurath, Walter: Die letzten Tage der Regierung Dönitz, Göttingen 1953.

Mammach, Klaus: Der Volkssturm. Das letzte Aufgebot 1944/45, Köln 1961.

Mehner, Kurt: Die geheimen Tagesberichte der deutschen Wehrmachtsführung im Zweiten Weltkrieg 1939-1945, Band 12, 1. Januar bis 9. Mai 1945, Osnabrück 1984.

Meyer, Hans-Jürgen: Blinkzeichen am Rügendamm, Berlin-Ost 1975.

Minz, I. J.: Der Große Vaterländische Krieg der Sowjetunion, Berlin-Ost 1947.

Mühlfenzl, Rudolf: Geflohen und vertrieben, Königstein 1981.

Müller, Wolfgang: Schiffsschicksale Ostsee 1945. Bilder und Dokumente, Hamburg 2001.

Müller, Wolfgang/Kramer, Reinhard: Gesunken und verschollen. Menschen und Schiffsschicksale Ostsee 1945, Hamburg 1996.

Murawski, Erich: Der Deutsche Wehrmachtsbericht 1939-1945, Boppard 1967.

Murawski, Erich: Die Eroberung Pommerns durch die Rote Armee, Boppard 1969.

Norman, Käthe von: Tagebuch aus Pommern 1945, München 1962.

Pagel, Karl-Heinz: Stolp in Pommern. Ein Buch über unsere pommersche Heimat, Lübeck 1977.

Paul, Wolfgang: Der Endkampf um Deutschland 1945, Esslingen 1976.

Petershagen, Angelika: Entscheidung für Greifswald, Berlin-Ost 1989.

Petershagen, Rudolf: Gewissen in Aufruhr, Berlin-Ost 1985.

Prüfer, Thomas (Hrsg.): 1945 – Untergang und Neubeginn, Köln 2005.

Rahn, Werner/Schreiber, Gerhard: Kriegstagebuch der Seekriegsleitung 1939-1945, Herford 1996.

Reepel, Martin: Pommern – Reiseführer 1932, Nachdruck Leer 1988.

Reepel, Martin: Ostpommern. Land und Mensch, Stettin 1938.

Reichenberger, E.J.: Ostdeutsche Passion, Düsseldorf 1948.

Rendulic, Lothar: Gekämpft – Gesiegt – Geschlagen, Heidelberg 1952.

Richter, Hans Werner: Deutschland, deine Pommern. Wahrheiten, Lügen und schlitzohriges Gerede, Hamburg 1970.

Salewski, Michael: Die deutsche Seekriegsleitung 1939-1945, Frankfurt/M. 1970.

Schäufler, Hans: Die Tragödie an der Weichsel, München 1976.

Schäufler, Hans: Panzer an der Weichsel, Stuttgart 1979.

Scheurig, Bodo: Verräter oder Patrioten. Das Nationalkomitee „Freies Deutschland" und der Bund Deutscher Offiziere in der Sowjetunion 1943-1945, München 1960/Berlin 1993.

Schieder, Theodor (Bearb.): Dokumentation der Vertreibung aus Ost-

und Mitteleuropa. Bd. 1-3. Die Vertreibung der deutschen Bevölkerung östlich der Oder und Neiße, Bonn 1953-1960.

Schmidt M./Kludas A.: Die deutschen Lazarettschiffe im Zweiten Weltkrieg, Stuttgart 1978.

Schramm, P. (Hrsg.): Kriegstagebuch des Oberkommandos der Wehrmacht–Wehrmachtsführungsstab 1944/45, Frankfurt/M. 1965.

Schultz-Naumann, Joachim: Die letzten dreißig Tage. Das Kriegstagebuch des OKW vom 23. April bis 22. Mai, München 1985.

Schukow, G. K.: Erinnerungen eines Feldmarschalls der Roten Armee, Berlin-Ost 1976.

Schnatz, Helmut: Der Luftangriff auf Swinemünde – Dokumentation einer Tragödie, München 2004.

Schwadtke, Karl-Heinz: Deutschlands Handelsschiffe 1939-1945, Oldenburg 1974.

Schwuchow, Norbert: Pommersche Erinnerungen 1935-1947, Berlin 2006.

Seidler, Franz W.: Deutscher Volkssturm. Das letzte Aufgebot 1944/45, München 1989.

Solschenitzyn, Alexander: Ostpreußische Nächte, Darmstadt 1976.

Sonntag/Wollenberg: Als der Osten brannte, Friedberg 1965.

Sponholz, Hans/Behr, Hildegard: Das war unser Kolberg. Ein Heimatbuch, Würzburg 1974.

Stargardt, Nicholas: Maikäfer flieg – Hitlers Krieg und die Kinder, München 2006.

Stoewer, Rudolf: Geschichte der Stadt Kolberg, Kolberg 1927.

Struss, Dieter: Das war 1945 – Fakten, Daten, Zahlen, Schicksale, München 1980.

Thorwald, Jürgen: Die große Flucht. Es begann an der Weichsel/Das Ende an der Elbe, Stuttgart 1949/1965.

Tieke, Wilhelm: Das Ende zwischen Oder und Elbe, Stuttgart 1971.

Verrier, Antony: Bombenoffensive gegen Deutschland, London/ Frankfurt/M. 1968/70.

Völker, Ernst (Hrsg.): Stettin – Daten und Bilder zur Stadtgeschichte, Leer 1986.

Voelker, Johannes: Geschichte der Stadt Kolberg, Leichlingen 1964/ Hamburg 1984.

Voelker, Johannes: Die letzten Tage von Kolberg, Würzburg 1985.

Wagner, Gerhard (Hrsg.): Lagevorträge des Oberbefehlshabers der Kriegsmarine vor Hitler 1939-1945, London/Frankfurt/M. 1970.

Wehrmann, Martin: Geschichte der Stadt Stettin, Stettin 1911/ Nachdruck Frankfurt/M. 1979.

Wehrmann, Martin: Pommern. Ein Gang durch seine Geschichte, Arolsen 1949.

Wilkens, Hans-Jürgen von: Die große Not, Münster 1981.

Winterberg, Yury und Sonya: Kriegskinder – Erinnerungen einer Generation, Berlin 2009.

Zawlalow, Alexander S.: Die Angriffsoperation der Roten Armee in Ostpommern, Moskau 1950.

Zayas, Alfred Maurice de: Die Anglo-Amerikaner und die Vertreibung der Deutschen, München 1977.

Zeidler, Manfred: Kriegsende im Osten. Die Rote Armee und die Besetzung Deutschlands östlich von Oder und Neiße 1944/45, München 1996.

Zentner, Christian: Lexikon des Zweiten Weltkrieges, Hamburg 1977.

Zilm, Franz-Rudolf: Geschichte der Festung und der Garnison Stettin, Osnabrück 1988.

Beiträge in Zeitungen, Zeitschriften, Sammelbänden und speziellen Presseveröffentlichungen:

Aischmann, Bernd: Die Grenzziehung auf der Insel Usedom 1945-1951. Hat Polen Usedom besetzt? In: Der Golm, 2011.

Bayer, Wolfgang: Das geplante Inferno. In: Als Feuer vom Himmel fiel. Spiegel Spezial 1/2003.

Beer, Mathias: Die Vertreibung der Deutschen – Ursachen, Ablauf, Folgen. In: Flucht und Vertreibung, Hamburg 2005.

Behrmann, Günter C.: Jugend, die meinen Namen trägt. Die letzten Kriegseinsätze der Hitlerjugend. In: Kriegsende in Deutschland, Hamburg 2005.

Brandes, Detlef: Vorgeschichte von Flucht und Vertreibung. In: Wach auf, mein Herz, und denke, S. 380-390.

Caspar, Gustav-Adolf: Die Endkämpfe zwischen Oder und Elbe im April 1945. In: Militärgeschichtliches Beiheft zur Europäischen Wehrkunde 2/1990.

Dröse, Lothar: Die letzten Deutschen in Swinemünde 1945-1951. In: Der Golm 2011.

Echternkamp, Jörg: Von Opfern, Helden und Verbrechern. Anmerkungen zur Bedeutung des II. Weltkrieges in den Erinnerungskulturen der Deutschen. In: Hillmann/Zimmermann: Kriegsende 1945.

Friedrich, Jörg: Zahlen und Sinn – Zum Charakter des Bombenkrieges. In: Der Golm, 2011.

Granzow, Klaus: 671 Bomber über Swinemünde. In: Pommersche Zeitung, 16. März 1985.

Hartwig, Dieter: Marine und Handelsschifffahrt bei Rettungaktionen in der Ostsee bei Kriegsende 1945. In: Das Zusammenwirken von Handelsschiffen und Seestreitkräften in Deutschland, Düsseldorf 2005.

Interessengemeinschaft Golm: Das Inferno von Swinemünde.

Überlebende berichten über die Bombardierung der Stadt am 12. März 1945.

Klätte, Axel: Der Tod ist ein Meister aus London. In: Pommersche Zeitung, 16. November 1991.

Klätte, Axel: Verheerendes Bombardement auf Swinemünde. Anglo-amerikanische Terrorangriffe erreichen ihren Höhepunkt über Pommern. In: Pommersche Zeitung, 11. März 1995.

Köhler, Nils: Die Geschichte der Opferzahlen und die Frage der Tieffliegerangriffe auf Swinemünde am 12. März 1945. In: Der Golm, 2011.

Kolakowski, Leszek: Denkmal. Noch einmal. Über das Schlimmste. In: Die Zeit, 39/2003.

Lakowski, Richard: Die Ostseebrückenköpfe in den politischen und strategischen Plänen des faschistischen deutschen Imperialismus. In: Militärgeschichte 1/1985.

Mai, Joachim: Dokumente über den Einsatz der 2. Belorussischen Front in der Berliner Operation 1945. In: Militärgeschichte 3/1980.

Mrotzek, Fred: Vae Victis – 1945. Die Russen in Vorpommern. In: Der Golm, 2011.

Müller, Rolf-Dieter: Der Angriff auf Swindemünde im Kontex der alliierten Luftkriegsstrategie. In: Der Golm, 2011.

Müller, Wolfgang: Die Stunde Null – Kriegsende und Neubeginn im Küstenabschnitt der heutigen DDR. In: Jahrbuch der Schifffahrt 1985, S. 6-15, Berlin-Ost 1984.

Nolzen, Armin: Die Stunde Null. Zwischen Legenden und Erfahrung. In: Kriegsende in Deutschland, Hamburg 2005.

Reinhard, Oliver: Der Luftschlag gegen Swinemünde. Ein Sturm der Empörung. In: Sächsische Zeitung, 20. April 2000.

Ritscher, H.: Das Ende des Schweren Kreuzers „Lützow". In: Leinen los!, 6/1955.

Rosenthal, E.: Ein Massaker an unschuldigen Zivilisten. Britischer

Luftangriff auf die Hafenstadt Swinemünde am 12. März 1945. Ein Zeitzeuge berichtet. In: Pommersche Zeitung vom 10. April 1993.

Rohwer, Hans-Jürgen: Die sowjetische U-Boot-Waffe in der Ostsee. In: Wehrwissenschaftliche Rundschau X/1956.

Schnatz, Helmut: Der Luftangriff auf Swinemünde am 12. März 1945. In: Der Golm, 2011.

Schön, Heinz: Flucht über die Ostsee 1945. In: Heim und Welt, 12 Fortsetzungen, 1951.

Schön, Heinz: Der große Treck über die Ostsee. In: Flensburger Tageblatt, 20 Fortsetzungen, 1983.

Schön, Heinz: Flucht über die Ostsee 1944/45 – Die größte Rettungsaktion der Seegeschichte. In: Flucht und Vertreibung, Hamburg 2005.

Schön, Heinz: Sturm auf die Festung Kolberg – Die Rote Armee in Pommern. In: Deutsche Militärzeitschrift Nr. 20/2000.

Schön, Heinz: Danzig gefallen – Königsberg kapituliert. Sowjetischer Durchbruch an der Ostseefront. In: Deutsche Militärzeitschrift Nr. 21/2000.

Schön, Heinz: Die Stunde Null in Deutschland – Die Räumung der letzten Ostseehäfen. In: Deutsche Militärzeitschrift 23. 10. 2000.

Schön, Heinz: Die Gustloff-Katastrophe – Zahlen, Daten, Fakten. In: DAMALS – Zeitschrift für Geschichtliches Wissen, Januar 1971.

Schützack, Axel: Die Flucht über die Ostsee – Evakuierung des deutschen Ostens. In: DIE WELT, April 1965.

Schwendemann, Heinrich: Verbrannte Erde? Hitlers Nero-Befehl vom 9. März 1945. In: Kriegsende in Deutschland. Hamburg 2005.

Schwendemann, Heinrich: Deutsche Menschen vor der Vernichtung durch den Bolschewismus zu retten. Das Programm der Regierung Dönitz und der Beginn der Legendenbildung. In: Hillmann/Zimmermann: Kriegsende 1945.

Swinemünde – Schicksal einer deutschen Stadt. Bilder der Erinnerung, zusammengestellt von den alten Swinemündern Wilhelm und Lilli Behn und Karl und Irmgard Lange, Flensburg 1965.

Sollbach, Gerhard E.: Flucht nach Hause. Das Ende der Kinderlandverschickung. In: Kriegsende in Deutschland, Hamburg 2005.

Sudmeier, Wilhelm: Dampfer „Kurisches Haff" – die Retter, die in die Hölle fuhren. In: Kehrwieder 1985.

Süß, Dietmar: Die Endphase des Luftkrieges. In: Kriegsende in Deutschland, Hamburg 2005.

Surminski, Arno: Schweigen ist keine Antwort. In: Flucht und Vertreibung, Hamburg 2005.

Utplatel, Klaus: Mildernde Umstände für den Luftangriff auf Swinemünde am 12. März 1945. In: Der Golm, 2011.

Zeidler, Manfred: Der Zusammenbruch des NS-Staates. In: Kriegsende in Deutschland, Hamburg 2005.

Zeidler, Manfred: Kriegsende im Osten. In: Kriegsende in Deutschland, Hamburg 2005.

Zeidler, Manfred: Flucht und Vertreibung aus Ostpreußen, Westpreußen, Danzig und Pommnern. In: Flucht und Vertreibung, Hamburg 2005.

Zimmermann, John: Die Wehrmacht in der Endphase. In: Kriegsende in Deutschland, Hamburg 2005.

Historische und heutige Ortsnamen

Altdamm (Stettin)	Dąbie, Polen
Arenswalde (Mykossen)	Mikosze, Polen
Arnswalde	Choszczno, Polen
Belgard	Białogard, Polen
Berent	Kościerzyna, Polen
Bergland	Czama, Polen
Binow	Binowo, Polen
Brandenburg	Uschakowo, Russland
Bublitz	Bobolice, Polen
Cammin	Kamień Pomorski, Polen
Danzig	Gdańsk, Polen
Deep	Mrzezyno, Polen
Deutsch Krone	Wałcz, Polen
Dievenow	Dziwnów, Polen
Dirschau	Tczew, Polen
Drawöhnen	Dreverna, Litauen
Ebenrode	Nesterov, Russland
Elbing	Elbląg, Polen
Eydtkau	Tschernyschewskoje, Russland
Falkenwalde	Tanowo, Polen
Ferdinandstein	Daleszewo, Polen
Gerdauen	Schelesnodoroschnyj, Russland
Glogau	Glogów, Polen
Goldap	Gołdap, Polen
Gollnow	Goleniów, Polen
Gotenhafen	Gdynia, Polen
Graudenz	Grudziądz, Polen
Greifenhagen	Gryfino, Polen

Heide-Waldburg	Pribreschny (Kaliningrad), Russland
Heisternest	Jastarnia, Polen
Hela	Hel, Polen
Hochstüblau	Zblewo, Polen
Insterburg	Tschernjachowsk, Russland
Jauer	Jawór, Polen
Jeseritz (Stettin)	Jezierzyce, Polen
Johannisburg	Pisz, Polen
Kahlberg-Liep	Krynica Morska, Polen
Kikol	Kikół, Polen
Klebow	Chlebowo, Polen
Klein Reinkendorf	Warzymice, Polen
Klütz (Stettin)	Klucz, Polen
Kolberg	Kołobrzeg, Polen
Königsberg	Kaliningrad, Russland
Konitz	Chojnice, Polen
Körlin	Karlino, Polen
Köslin	Koszalin, Polen
Kratzwieck	Krainica, Polen
Kulmsee	Chełmza, Polen
Kurow	Kurów, Polen
Lauenburg	Lębork, Polen
Leba	Łeba, Polen
Libau	Liepaja, Lettland
Liegnitz	Legnica, Polen
Löwenhagen	Komsomolsk, Russland
Mandelkow	Będargowo, Polen
Marienwerder	Kwidzyn, Polen
Markthausen	Starozreby, Polen
Memel	Klaipeda, Litauen
Mühlenbeck (Stettin)	Śmierdnica, Polen

Nassenheide	Rzędziny, Polen
Nemitz (Stettin)	Niemierzyn, Polen
Nickelswalde	Mikoszewo, Polen
Oberhof	Pucice, Polen
Oxhöft	Oksywie, Polen
Pillau	Baltijsk, Russland
Plathe	Płoty, Polen
Podejuch (Stettin)	Podjuchy, Polen
Pölitz	Police, Polen
Pommerensdorf (Stettin)	Pomorzany, Polen
Posen	Poznań, Polen
Pritzlow	Przecaw, Polen
Pustamin	Postomino, Polen
Rastenburg	Kętrzyn, Polen
Regenwalde	Resko, Polen
Rogasen	Rogoźno, Polen
Rügenwalde	Darłowo, Polen
Rügenwaldermünde	Darłowko, Polen
Rummelsburg	Miastko, Polen
Schiewenhorst	świbno, Polen
Schivelbein	Świdwin, Polen
Schlawe	Sławno, Polen
Schlawin	Słowino, Polen
Schmellenthin	Smolęcin, Polen
Stargard	Stargard Szczeciński, Polen
Stettin	Szczecin, Polen
Stolp	Słupsk, Polen
Stolpmünde	Ustka, Polen
Stutthof	Sztutowo, Polen
Swinemünde	Świnoujście, Polen
Sydowsaue (Stettin)	Żydowce, Polen

Wirballen	Virbalis, Litauen
Windau	Ventspils, Lettland
Wollin	Wolin, Polen
Zanow	Sianów, Polen
Zehden	Cedynia, Polen

Jürgen Zils
Jahrgang 37 erzählt
Erinnerungen aus Mecklenburg-Vorpommern
1937-2002. 228 Seiten, zahlreiche Fotos.
Broschiert. Sammlung der Zeitzeugen
Band 82. ISBN 978-3-86614-256-5

Ingrid Volkmann
Vom Dritten Reich zur Nachkriegszeit
Kindheit und Jugend im Schatten des
Reichsarbeitsdienstes 1935-1955
426 Seiten, Fotos. Broschiert.
Sammlung der Zeitzeugen. Band 85
ISBN 978-3-86614-271-8-

Jörg Sielaff
Gespräch mit meinem vermissten Vater
Was ich dem U-Boot-Offizier gerne erzählt hätte
200 Seiten, zahlreiche Fotos. Broschiert.
Sammlung der Zeitzeugen. Band 84
ISBN 978-3-86614-267-1

Reinhard Tischer
Der Lagerjunge
17 Jahre in Baracken
144 Seiten, zahlreiche Abbildungen.
Broschiert.
Sammlung der Zeitzeugen. Band 70
ISBN 978-3-86614-166-7

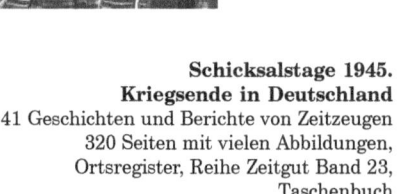